高等职业教育财经类"十三五"系列规划教材·市场营销

新编现代商务礼仪
（第2版）

陈向红　岳晓琪　主　编

刘　冰　梅　桂　蔡　益　副主编

马朝阳　主　审

电子工业出版社
Publishing House of Electronics Industry
北京·BEIJING

内 容 简 介

本书首次出版于2011年，几年来，一直为多所高职院校教学及社会培训所用。编者经过多年的教学与培训实践，结合商务礼仪理论与实践的发展现状，对本书予以系统修订。在修订中更加突出了系统性、创新性、实用性三大特色。

修订后的本书增加了礼仪的产生与发展、商务谈判礼仪、商务旅行礼仪、涉外商务礼仪等项目，丰富了能力培养训练题，设置了9个学习项目。通过29个任务的完成，向学习者全方位、系统地展示了商务人员应知、应会的商务礼仪理论知识和商务礼仪规范，力求对学习者的商务礼仪操作能力进行系统的训练与培养。全书由浅入深地引领读者进入商务礼仪的殿堂，书中既有商务礼仪规范的介绍，又有丰富的案例、图片、小资料；既有基本理论的表述，又有能力培养与训练，内容丰富、形式多样。通过项目目标的揭示，指导学生把握重点；通过任务介绍，导入将要学习的内容；通过丰富的图片，形象地展示相关礼仪知识；通过自检，以及思考与训练、案例分析、实操训练、角色扮演、情景剧等栏目，帮助学生理解商务礼仪规范，掌握学习要点，培养学生施行商务礼仪的实际操作能力。在部分项目中设有过程性考核，可随时检验学习成果。本书是培养和塑造适应现代商务工作的、具有礼仪素养的应用型人才不可或缺的教材。

本书既适用于高职高专院校市场营销、经济管理、电子商务、物流管理、会计电算化专业及经贸类院校其他专业学生，也适用于成人高等院校相关专业学生、在职商务人员，以及经贸领域新入职人员。

未经许可，不得以任何方式复制或抄袭本书之部分或全部内容。
版权所有，侵权必究。

图书在版编目（CIP）数据

新编现代商务礼仪/陈向红，岳晓琪主编. —2版. —北京：电子工业出版社，2019.1
ISBN 978-7-121-35835-7

Ⅰ．①新… Ⅱ．①陈… ②岳… Ⅲ．①商务－礼仪－高等职业教育－教材 Ⅳ．①F718

中国版本图书馆CIP数据核字（2018）第290632号

策划编辑：张云怡
责任编辑：刘元婷
印　　刷：北京七彩京通数码快印有限公司
装　　订：北京七彩京通数码快印有限公司
出版发行：电子工业出版社
　　　　　北京市海淀区万寿路173信箱　邮编　100036
开　　本：787×1 092　1/16　印张：19　字数：486.4千字
版　　次：2011年8月第1版
　　　　　2019年1月第2版
印　　次：2021年1月第3次印刷
定　　价：47.90元

凡所购买电子工业出版社图书有缺损问题，请向购买书店调换。若书店售缺，请与本社发行部联系，联系及邮购电话：（010）88254888，88258888。
质量投诉请发邮件至zlts@phei.com.cn，盗版侵权举报请发邮件至dbqq@phei.com.cn。
本书咨询联系方式：（010）88254573，zyy@phei.com.cn。

前　言

您是否想了解在求职应聘时应怎样修饰仪表，怎样进行自我介绍？

您是否想知道在商务交往中应怎样递接名片？握手有什么禁忌？怎样与人交谈？宴请客人怎样更为有礼？怎样馈赠礼品？如何利用通信工具塑造个人形象和企业形象？

您是否非常希望了解商务交往中迎来送往的礼仪规范？

您是否对组织各类商务会议的礼规（如程序、座次）存在很多疑惑？

您是否想知晓在商务谈判中应遵循的礼仪？

您是否想尽快了解各类商务仪式中的礼仪？

您是否对商务旅行礼仪很感兴趣？

您是否想了解世界主要国家的商务习俗与禁忌？

如果以上答案均是"是"的话，那么阅读本书将使您的需求得到满足，一切问题将迎刃而解。

本书特色

1. 契合社会需求

已经步入社会和即将步入社会的青年学子，经常要面对客户、用人单位，介绍产品、推荐自我，若不能讲礼貌、懂礼节，不能施行相关的商务礼仪，则往往是寸步难行，屡遭失败。

对于培养高职高专应用型人才的高等职业技术院校来说，要尽力提升学生的礼仪素养和商务礼仪的操作能力，使学生零距离地步入社会商界，成为留得住、用得上、高质量、创佳绩的人才；对于企业、公司来说，要扎实做好员工培训，提升员工的礼仪素养和综合素质，使其成为本组织的新生力量；对于个人来说，苦练内功、提升素质乃为急需，机会总是眷顾有准备的人，商务礼仪不能直接带给你利益，但一定能为你获得利益创造条件。

本书一定不负众望，给各位带来新的符合现代商界领域实际需求的知识和方法，以及能够提升施行礼仪能力的训练指导。

2. 结构科学，内容新颖实用

本书打破以往同类教材的编写体例，结合社会商务活动实践，整合各种商务礼仪规范，选取典型工作任务的礼仪规范进行介绍，整体结构围绕商务领域工作实际，脉络清晰，从认知商务礼仪开始，循序渐进，设置9个学习项目，通过29个任务的完成，培养学生具备基本的礼仪素养及商务礼仪操作能力，内容新颖，非常实用。具体内容为：

项目1：认知礼仪及商务礼仪（礼仪的起源与发展，礼仪的含义、特征、功能、作用，商务礼仪的含义、基本特征，商务礼仪的基本理念及原则，商务礼仪的功能与作用）；

项目2：职场个人礼仪（仪容修饰、服饰礼仪、仪态礼仪、求职面试礼仪）；

项目3：商务社交礼仪（商务会面礼仪、商务交谈礼仪、商务宴请礼仪、商务馈赠礼仪、商务通联礼仪）；

项目4：商务接待与拜访礼仪（商务接待礼仪、商务拜访礼仪、办公室礼仪）；

项目5：商务会议礼仪（会议基本礼仪、常见的商务会议礼仪）；

项目6：商务谈判礼仪（谈判礼仪的原则、商务谈判的基本礼仪、谈判过程中的礼仪）；

项目7：商务仪式礼仪（开业仪式、剪彩仪式、签约仪式、交接仪式礼仪）；

项目8：商务旅行礼仪（商务旅行的准备，商务出行途中的礼仪，出国旅行礼仪，入住宾馆、酒店的礼仪）；

项目9：涉外商务礼仪（涉外商务礼仪的原则与规范、世界主要国家商务礼俗与禁忌）。

本书的编写在注重内容新颖、实用的同时，还注重形式的多样性。整体结构中包括名人名言、项目目标（知识目标、能力目标、素质目标）、引导案例、小资料、小案例、项目小结、自检内容、能力培养与训练，训练项目包括思考与判断、案例分析、实操训练、情景剧、课后作业等几项，生动活泼、寓教于乐，既帮助学习者学习了知识，又锻炼了能力。

3．明确指导"能力培养与训练"

在多年的商务礼仪教学实践中，我们尝试和探索以就业为导向，以培养学生商务礼仪的实际操作能力为主旨，组织学生进行动脑、动口、动手的能力培养与训练，积累了大量的教学经验和可行的训练方法与手段，并在服务于社会的过程中，不断地探索、改革、创新，形成了本书的一大特色，不仅设置了"能力培养与训练"板块，而且在训练项目中提出了具体要求，对具体操作给予明确指导，对教、学者和培训者给予了最大的帮助。

4．新型考核方式

对于部分商务礼仪内容的学习与训练，提出了过程性考核与评价的建议，使得学习、训练、考核一体化，以此考核接受者的学习效果。

5．图文并茂

为使学习者能够准确领悟礼仪规范的内容，在文字描述的基础上，同时附加图片，图文并茂、形象生动地进行介绍与展示，增加学生的感性认识，帮助学生理解相关知识，开阔眼界，增加对社会商务活动的了解。

教学建议

1．多种教学方法并用

使用本书进行教学时，可使用多种教学方法。

（1）对于礼仪基本知识与规范的文字性介绍内容，可采用阅读法、小组讨论法、文献综述法，组织学生课下自学或进行小组学习。教师通过检查学生阅读后在书上所做的文字标志，判定学生阅读情况，进行讲评；通过小组上交的知识综述材料，把握学生讨论学习的情况，可利用课堂前10~15分钟进行评议。

（2）对于能力培养与训练的内容，应作为商务礼仪课程的主要教学内容，利用大量时间，投入主要精力。在学生对基本知识、礼仪规范掌握的基础上，除了使用书中提到的案例分析法、实操训练法、角色扮演法外，还可以使用头脑风暴法及其他方法进行教学训练，着力组织开展活动，力争人人参与、个个操作，以实现能力培养目标。

2．多种教学手段并用

（1）使用多媒体教学。在本书教学中，宜使用多媒体教学手段，图文、声像能使学生在单位时间内获得更大的信息量，以及更为直观的认识。

（2）利用校内实训室、校外实训基地进行教学。

（3）利用本地区正在进行的大型商务活动，进行实地锻炼、学习，可以组织学生观摩、现场服务，也可以由教师实录后，放给学生观看。

适用对象

本书主要适合高职高专市场营销、电子商务、物流管理、会计电算化专业的学生，以及经贸类院校其他专业的学生使用，也适合成人高等职业院校相关专业学生、在职商务人员以及经贸领域新入职人员学习、培训之用，还可为社会各界人士自学之用。

编者

本书由长春职业技术学院教师陈向红、岳晓琪担任主编，吉林交通职业技术学院教师刘冰，长春职业技术学院教师梅桂、蔡益担任副主编，参加编写的还有赵延明老师、刘柳老师。全书由陈向红统稿并校对。

本书的编者从事商务礼仪教学工作二十余年，共为企、事业单位培训职员数以万计，带领学生走向社会进行礼仪服务几百次，有着丰富的教学及实践经验。在教材的编写过程中，大家齐心协力，融入了大量理论与实践的知识、经验，丰富了本书的各项内容。

鸣谢

本书在编写过程中，参考了大量有关礼仪方面的书籍、文献，吸收了国内学者最新的研究成果，借助互联网收集了大量相关资料，在此谨向各位专家、学者、同行教师表示衷心的感谢！期待着读者在使用过程中提出宝贵意见。

为便于教学，本书配备电子课件等教学资源，选用本书作为教材的教师可免费从华信教育资源网（www.hxedu.com.cn）下载。

"学礼完善自我，懂礼形神俱佳，守礼诚信社会，用礼耀我中华。"——赵书（中国民间文艺家协会主席）。

为华夏盛昌，为您的事业走向成功，《新编现代商务礼仪》（第2版）愿精诚助力！

编　者
2018年9月

目 录

项目1 认知礼仪及商务礼仪⋯⋯⋯（1）
  任务1 认知礼仪⋯⋯⋯⋯⋯⋯（2）
    一、礼仪的起源与发展⋯⋯⋯（2）
    二、礼仪的含义与特征⋯⋯⋯（5）
    三、礼仪的功能和作用⋯⋯⋯（8）
    四、现代礼仪的原则⋯⋯⋯⋯（9）
  任务2 认知商务礼仪⋯⋯⋯（11）
    一、商务礼仪的含义⋯⋯⋯⋯（11）
    二、商务礼仪的基本特征⋯⋯（11）
    三、商务礼仪的基本理念、
        原则⋯⋯⋯⋯⋯⋯⋯⋯⋯（12）
    四、商务礼仪的功能⋯⋯⋯⋯（13）
    五、商务礼仪的作用⋯⋯⋯⋯（13）
  项目小结⋯⋯⋯⋯⋯⋯⋯⋯⋯（14）
  能力培养与训练1⋯⋯⋯⋯⋯（15）

项目2 职场个人礼仪⋯⋯⋯⋯（18）
  任务1 掌握仪容修饰的方法和
         技巧⋯⋯⋯⋯⋯⋯⋯（19）
    一、仪容修饰的要求⋯⋯⋯⋯（20）
    二、化妆的功能、基本原则⋯⋯（20）
    三、化妆的礼仪规范⋯⋯⋯⋯（21）
  任务2 掌握商务人士着装的礼仪
         规范⋯⋯⋯⋯⋯⋯⋯（25）
    一、基本着装中的礼仪规范⋯（25）
    二、现代男士的着装要点⋯⋯（27）
    三、职业女性的衣着指南⋯⋯（30）
    四、饰物的选择与佩戴⋯⋯⋯（31）
  任务3 掌握商务人士仪态礼仪
         规范⋯⋯⋯⋯⋯⋯⋯（40）

    一、站姿的礼仪⋯⋯⋯⋯⋯⋯（41）
    二、坐姿的礼仪⋯⋯⋯⋯⋯⋯（42）
    三、走姿的礼仪⋯⋯⋯⋯⋯⋯（42）
    四、下蹲姿态的礼仪⋯⋯⋯⋯（43）
    五、手势的礼仪⋯⋯⋯⋯⋯⋯（44）
    六、表情的礼仪⋯⋯⋯⋯⋯⋯（45）
  任务4 掌握求职面试礼仪规范⋯（58）
    一、求职面试礼仪的作用⋯⋯（59）
    二、要克服不健康心理⋯⋯⋯（59）
    三、求职面试时的禁忌⋯⋯⋯（60）
    四、面试时应注意的问题⋯⋯（60）
  项目小结⋯⋯⋯⋯⋯⋯⋯⋯⋯（64）
  能力培养与训练2⋯⋯⋯⋯⋯（65）

项目3 商务社交礼仪⋯⋯⋯⋯（74）
  任务1 掌握商务会面礼仪规范⋯（75）
    一、介绍礼仪⋯⋯⋯⋯⋯⋯⋯（76）
    二、名片礼仪⋯⋯⋯⋯⋯⋯⋯（78）
    三、握手礼仪⋯⋯⋯⋯⋯⋯⋯（81）
    四、鞠躬礼仪⋯⋯⋯⋯⋯⋯⋯（84）
    五、致意礼仪⋯⋯⋯⋯⋯⋯⋯（85）
  任务2 掌握商务交谈礼仪规范⋯（93）
    一、商务介绍的语言礼仪⋯⋯（93）
    二、商务交谈的语言礼仪⋯⋯（95）
  任务3 掌握商务宴请礼仪规范⋯（102）
    一、宴请者礼仪⋯⋯⋯⋯⋯⋯（103）
    二、赴宴者礼仪⋯⋯⋯⋯⋯⋯（111）
    三、用餐礼仪⋯⋯⋯⋯⋯⋯⋯（111）
  任务4 掌握商务馈赠礼仪规范⋯（123）
    一、馈赠的目的和原则⋯⋯⋯（123）

二、馈赠礼品的礼仪…………（125）
　　三、受礼礼仪………………（130）
　　四、国际交往中的馈赠常识……（132）
任务5　掌握商务通联礼仪规范……（136）
　　一、接打电话的基本礼仪……（137）
　　二、特殊电话的接听技巧……（138）
　　三、过滤电话的技巧…………（138）
　　四、使用移动电话的礼仪……（139）
　　五、收发传真、电子邮件的
　　　　礼仪………………………（140）
项目小结……………………………（148）
能力培养与训练3……………………（149）

项目4　商务接待与拜访礼仪………（156）
任务1　掌握商务接待礼仪规范……（157）
　　一、迎客礼仪………………（157）
　　二、待客礼仪………………（159）
　　三、送客礼仪………………（161）
任务2　掌握商务拜访礼仪规范……（164）
　　一、办公室拜访礼仪…………（164）
　　二、到家中拜访的礼仪………（166）
任务3　掌握办公室礼仪规范………（168）
　　一、办公室环境礼仪…………（169）
　　二、办公室礼仪禁忌…………（170）
项目小结……………………………（173）
能力培养与训练4……………………（174）

项目5　商务会议礼仪………………（177）
任务1　掌握会议基本礼仪…………（178）
　　一、会议前的准备……………（178）
　　二、会议中的礼仪……………（182）
　　三、会议结束后的工作………（183）
任务2　掌握常见的商务会议礼仪……（185）
　　一、展览会礼仪………………（185）
　　二、新闻发布会礼仪…………（188）
　　三、茶话会礼仪………………（194）
项目小结……………………………（200）
能力培养与训练5……………………（200）

项目6　商务谈判礼仪………………（204）
任务1　认知谈判礼仪的特征、原则及
　　　　作用………………………（205）
　　一、商务谈判礼仪的特征……（205）
　　二、商务谈判礼仪的原则……（206）
　　三、商务谈判礼仪的作用……（207）
任务2　掌握商务谈判的基本礼仪……（207）
　　一、商务谈判的类型…………（207）
　　二、主、客座谈判的礼仪……（208）
任务3　掌握商务谈判过程中的
　　　　礼仪………………………（212）
　　一、商务谈判过程中的语言
　　　　礼仪………………………（212）
　　二、谈判达成协议后的签约
　　　　礼仪………………………（213）
项目小结……………………………（215）
能力培养与训练6……………………（216）

项目7　商务仪式礼仪………………（218）
任务1　掌握开业仪式礼仪…………（219）
　　一、开业仪式筹备的礼仪……（220）
　　二、参加开业仪式的礼仪……（223）
任务2　掌握剪彩仪式礼仪…………（225）
　　一、了解剪彩仪式……………（225）
　　二、剪彩仪式的准备…………（226）
　　三、剪彩人员的礼仪…………（228）
任务3　掌握签约仪式礼仪…………（233）
　　一、草拟合同的礼仪…………（233）
　　二、签约仪式准备的礼仪……（234）
任务4　掌握交接仪式礼仪…………（239）
　　一、交接仪式准备的礼仪……（239）
　　二、交接仪式程序的礼仪……（241）
项目小结……………………………（243）
能力培养与训练7……………………（243）

项目8　商务旅行礼仪………………（249）
任务1　做好商务旅行的准备工作……（250）
　　一、商务旅行前的准备工作……（250）

目 录

二、商务旅行中的基本礼仪
原则…………………………（251）
三、商务旅行中的禁忌…………（251）
任务2 掌握商务出行旅途中的
礼仪…………………………（253）
一、商务人士步行的礼仪………（253）
二、商务人士驾车出行的
礼仪…………………………（253）
三、商务人士乘坐轿车的
礼仪…………………………（254）
四、商务人士乘坐公交车的
礼仪…………………………（255）
五、商务人士乘坐大型巴士的
礼仪…………………………（256）
六、商务人士搭乘地铁的
礼仪…………………………（256）
七、商务人士乘坐列车的
礼仪…………………………（256）
八、商务人士乘坐飞机的
礼仪…………………………（258）
任务3 掌握商务人员出国旅行的
礼仪…………………………（260）
一、出国商务旅行的相关
准备…………………………（260）
二、出国前应杜绝7种陋习……（261）

三、出国参观游览礼仪…………（261）
任务4 掌握入住宾馆、酒店的
礼仪…………………………（265）
一、入住宾馆、酒店的礼仪……（265）
二、出国旅行住宿的礼仪………（266）
项目小结……………………………（268）
能力培养与训练8…………………（269）

项目9 涉外商务礼仪……………（271）
任务1 明确涉外商务礼仪的原则与
规范…………………………（272）
一、什么是涉外商务礼仪………（272）
二、涉外商务礼仪的原则………（272）
三、涉外商务礼仪规范…………（277）
任务2 理解世界主要国家商务礼俗
与禁忌………………………（280）
一、世界主要国家在商务交往中
涉及的礼俗与禁忌…………（280）
二、欧洲其他国家的习俗
略述…………………………（289）
三、与东南亚人交往时要注意的
问题…………………………（290）
四、阿拉伯国家的习俗…………（290）
项目小结……………………………（292）
能力培养与训练9…………………（292）

参考文献…………………………（294）

项目 1 认知礼仪及商务礼仪

人无礼则不生，事无礼则不成，国无礼则不宁。

——荀子

【项目目标】

❖ 知识目标：

1. 了解礼仪的起源与发展历程。
2. 理解礼仪和商务礼仪的含义，明确礼仪和商务礼仪的特征。
3. 认知礼仪和商务礼仪的功能及作用。
4. 掌握商务礼仪的基本原则。

❖ 能力目标：

通过完成本任务，能够充分认识礼仪和商务礼仪的功能及作用，掌握并运用商务礼仪的基本原则，为今后商务礼仪的学习与实践打下基础。

❖ 素质目标：

增强自觉学习礼仪、遵循礼仪的意识。

【项目导入】

即将走入社会从事商务活动的莘莘学子，不仅要具有丰富的专业知识和精湛的专业技能，而且要有良好的职业道德和礼仪素养。我们学习现代商务礼仪知识，就是要按照商务礼仪来规范自己的言行，做一个彬彬有礼的现代商人。学习和掌握商务礼仪规范，首先要从认知商务礼仪开始。要认知商务礼仪，首先得认知什么是礼仪，以及礼仪的产生与发展过程；要理解礼仪和商务礼仪的含义，明确礼仪和商务礼仪的特征；要认知礼仪和商务礼仪的功能及作用，掌握商务礼仪的基本原则。

导入案例

无礼的后果

某市的华宇公司要添置 300 万元的办公家具，公司总经理决定向本市的吉盛公司购买。

这一天，吉盛公司的销售人员打来电话，说要来拜访这位总经理。总经理心想，当对方来时就可以在订单上盖章。不料对方提前来访，原来是因为对方打听到华宇公司职工宿舍楼即将落成，希望职工宿舍需要的设备也能向吉盛公司购买，所以带着一大堆资料，摆满了桌子。当时总经理正好有事，便让秘书请对方等一下。对方等了一会儿，不耐烦地收起资料说："那我改天再来打扰吧。"突然，总经理发现对方在收拾资料准备离去时，不小心把总经理的名片掉在地上，并在走时不小心踩了一脚。就因为这一行为，使得这位销售人员永远失去了与华宇公司做生意的机会。

案例分析：销售人员要尊重客户、理解客户。案例中的销售人员没有如约到访，而是提前到访；本应耐心等待，而他却不耐烦；更为严重的错误是：得到客户的名片不珍惜，没有收藏起来，反而掉在地上，又踩上一脚，这就更加不尊重客户，也就不可能取得合作机会。

在商界，商务礼仪是商务人士的必修课，只有那些知礼、懂礼、守礼、施礼者才能在商海中游刃有余。我们要学礼、懂礼，在商务活动中运用礼仪，首先要认知礼仪和商务礼仪，明确其特征、功能及作用，还要掌握商务礼仪的基本原则。

任务 1 认知礼仪

我国是有着五千年悠久历史的文明古国，素有"礼仪之邦"的美誉，在历史演变中不仅形成了一套完整的礼仪思想和礼仪规范，而且知礼、懂礼、守礼、施礼已成为中华民族的优良传统和美德。讲究礼仪是一个国家社会风气的反映，是一个民族精神文明的重要标志。对于社会来说，礼仪能改善人们的道德观念，净化社会风气，提高社会文化素质；对于个人来说，礼仪可以树立自尊，增强自重、自信、自爱，为人际交往铺平道路，有利于处理好各种人际关系。我们应从礼仪的起源与发展、礼仪的含义与特征、礼仪的功能和作用，以及现代礼仪的原则几方面来认知礼仪。

一、礼仪的起源与发展

1. 礼仪的起源

礼仪是人类文明的产物，是随着社会的进步而逐渐形成的。中国是世界文明古国之一，

项目 1 认知礼仪及商务礼仪

中华民族有着五千年文明史，创造了灿烂的文化，形成了高尚的道德准则、完整的礼仪规范，被世人誉为"文明古国，礼仪之邦"。

我国礼仪起源于原始社会，其形成和发展，经历了一个从无到有、从低级到高级、从零散到完整的渐进过程，形成了具有强大感召力的道德规范、礼节仪式及社会准则，已成为中华民族共同的财富，对中华民族精神文明的建设起到了极其重要的作用。

了解礼仪的起源，有利于我们认识礼仪的本质，自觉地按照礼仪规范去做。对于礼仪的起源，学者们有着多种观点，其中有一种观点认为：礼仪起源于祭祀。

礼仪的产生可以追溯到远古时代。一方面，礼仪起源于原始的宗教祭祀活动，是人类对大自然的认知过少而产生崇拜所致；另一方面，礼仪起源于人类为协调矛盾冲突的需要，因为人与人之间的交往需要借助一定的方式来传达善意，于是礼仪便产生和发展起来。

在远古时代，原始人类认识自然的能力很低，面对变幻莫测的自然现象和无法驾驭的自然力量，如电闪、雷鸣、地震等，往往迷惑不解，从而对自然界产生出神秘莫测感和恐惧敬畏感。于是产生了"万物有灵"的原始宗教观念，并采用原始的宗教仪式，如祭祀、跪拜、祈祷等，企图以人们的虔诚来感化和影响自然神灵，以使其多赐福，少降灾。东汉许慎的《说文解字》对"礼"字的解释是这样的："礼，履也，所以事神致福也。"即礼是用来"事神""致福"的行为。后来，这种敬畏神灵的祭祀逐渐扩展到人类自身，转到那些在人类与自然界斗争中创造了奇迹、做出了贡献的先贤先哲。

另一方面，在原始社会时期，同一氏族成员间在共同的集聚、狩猎、饮食生活中形成的习惯性的语言、表情、动作，是构成礼仪的萌芽。而不同氏族、部落间为沟通而使用的一些被普遍认同的语言、动作、表情，可以看成是礼仪的最初形态。随着社会分工的出现和生产力的发展，人们在社会生产中逐渐形成一些群体。在群体生活中"男女有别、老少有异"，既是一种天然的人伦秩序，又是一种需要被所有成员共同认定、保证和维护的社会秩序。人类的社会群体性使得人与人之间相互依赖、相互制约。在同一群体或不同群体之间逐步积累和自然约定出的观念，以及反映等级权威的礼制和协调社会关系的礼俗逐渐产生。

2. 礼仪的发展

纵观中国礼仪发展的历史，大致可以分为以下 6 个阶段。
第 1 阶段，礼仪的起源时期（公元前 21 世纪前）。
第 2 阶段，礼仪的形成时期（公元前 21 世纪—公元前 771 年）。
第 3 阶段，礼仪的发展和变革时期（公元前 771 年—公元前 221 年）。
第 4 阶段，礼仪的强化和衰落时期（公元前 221 年—公元 1911 年）。
第 5 阶段，现代礼仪时期（公元 1911 年—公元 1949 年）。
第 6 阶段，当代礼仪时期（公元 1949 年至今）。

（1）礼仪的起源时期：夏朝以前（公元前 21 世纪前）。

礼仪起源于原始社会，在原始社会中、晚期（约旧石器时代）出现了早期礼仪的萌芽。据考证，距今约 18 000 年前的山顶洞人，就有了礼的观念和实践：山顶洞人缝制衣服以遮羞御寒；把贝壳串起来，挂在脖子上来满足审美的需要。一旦族人死了，还要举行宗教仪式，如在死人身上撒赤铁矿粉，以祈求逝者早日起死回生。整个原始社会是礼仪的萌芽时期，礼仪较为简单和虔诚，还不具有阶级性。原始社会的礼仪包括：制定了明确血缘关系的婚嫁礼仪；区别部族内部尊卑等级的礼制；为祭天敬神而确定的一些祭典仪式；制定一些在人们的相互交往中表示恭敬的礼节和动作。

（2）礼仪的形成时期：夏、商、西周三代（公元前21世纪—公元前771年）。

当人类社会进入了奴隶社会，统治阶级为了巩固自己的统治地位，把原始的宗教礼仪发展成符合奴隶社会政治需要的礼制，形成了比较完整的国家礼仪与制度。如"五礼"就是分别用于祭祀、冠婚、宾客、军旅和丧葬的"吉礼""嘉礼""宾礼""军礼""凶礼"。这是一整套涉及社会生活各方面的礼仪规范和行为标准。这些礼仪内容，对后世人们的行为规范、人际交往以及社会公德的形成，都产生了极大的影响。

古代的礼制典籍也多撰于这一时期，如中国历史上第一部记载"礼"的书籍是《周礼》。《周礼》《仪礼》《礼记》一起统称为"三礼"，其中，《周礼》偏重官员制度，《仪礼》偏重各种典礼仪式，《礼记》偏重礼的性质、意义和作用。"三礼"所涉及的各种礼制，涵盖了中国古代"礼"的主要内容。

（3）礼仪的发展和变革时期：春秋战国时期（公元前771年—公元前221年）。

这一时期，学术界形成了百家争鸣的局面，以孔子、孟子、荀子为代表的诸子百家对礼教给予了研究和发展，对礼仪的起源、本质和功能进行了系统阐述，第一次在理论上全面而深刻地论述了社会等级秩序的划分及其意义。

孔子对礼仪非常重视，把"礼"看成是治国、安邦、平定天下的基础。他认为"不学礼，无以立"；"质胜文则野，文胜质则史。文质彬彬，然后君子"。他明确要求人们用礼的规范来约束自己的行为，要做到"非礼勿视，非礼勿听，非礼勿言，非礼勿动"，倡导"仁者爱人"，强调人与人之间要有同情心，要相互关心，彼此尊重。

孟子把"礼"解释为"对尊长和宾客严肃而有礼貌"，即"恭敬之心，礼也"，并把"礼"看作人的善性的发端之一。

荀子把"礼"作为人生哲学思想的核心，把"礼"看作做人的根本目的和最高理想，"礼者，人道之极也"。他认为"礼"既是目标、理想，又是行为过程。"人无礼则不生，事无礼则不成，国无礼则不宁。"

管仲把"礼"看作人生的指导思想和维持国家的第一支柱，认为"礼"关系着国家的生死存亡。

（4）礼仪的强化和衰落时期：秦汉到清末（公元前221年—公元1911年）。

在我国长达2 000多年的封建社会里，尽管在不同的朝代，礼仪文化具有不同的社会、政治、经济、文化特征，但却有一个共同点，就是一直为统治阶级所利用，礼仪是维护封建社会的等级秩序的工具。这一时期的礼仪的重要特点是尊君抑臣、尊夫抑妇、尊父抑子、尊神抑人。董仲舒在孔子"礼治"的基础上提出了"三纲""五常"。"三纲"即"君为臣纲，父为子纲，夫为妻纲"；"五常"即仁、义、礼、智、信。董仲舒强调，"三纲"和"五常"是"天"的意志的表现，"三纲"的主从关系是绝对不可改变的。董仲舒的这一学说一直是人们的礼仪准则。它一方面起着整合、调节人际关系的作用，作为一种无形的力量制约着人们的行为，使人们循规蹈矩地参与社会生活；另一方面，它又成为妨碍人类中个性自由发展、阻挠人类平等交往、窒息思想自由的精神绳索。

纵观封建社会的礼仪，内容大致有涉及国家政治的礼仪制度和家庭伦理两类。这一时期的礼仪构成中华传统礼仪的主体。

（5）现代礼仪时期：（公元1911年—公元1949年）。

辛亥革命以后，受西方资产阶级"自由、平等、民主、博爱"等思想的影响，中国的传统礼仪规范、制度受到强烈冲击。辛亥革命后，全国男子绝大部分都剪掉了辫子；服饰上的变化是知识分子和青年学生喜欢穿一种简便的西服，被称为"学生装"。很多人穿起了"中山装"。中山装是孙中山先生倡导的一种具有特殊意义的服装，中山装上的5个扣子代表中国5大民族，袖口3个扣子代表孙中山先生所倡导的三民主义，上衣4个兜代表东南西北全国的统一。中山装以其特有的政治含义很快被中国的知识分子和青年学生接受并迅速推广开来，中国由此出现了"男子穿中山装，女子穿旗袍"的局面，百姓也开始穿上洋衣洋袜。结束了统治中国2 000多年的封建专制制度，新的礼仪礼俗也就随之出现。

五四新文化运动摧毁了腐朽、落后的礼教，符合时代要求的礼仪被继承，那些繁文缛节被摒弃，同时接受了当时国际上通用的礼仪形式，新的礼仪标准、价值观念得到推广和传播。

（6）当代礼仪时期（公元1949年至今）。

新中国成立后，新型的社会关系和人际关系的确立，标志着我国礼仪进入了一个新的发展时期。这一时期，确立了同志式的合作互助关系和男女平等的新型社会关系，尊老爱幼、讲究信义、待人以诚、先人后己、礼尚往来等中国传统礼仪中的精华得到了继承和发扬。

虽然在一段时期内，优良的民族传统、良好的礼仪礼俗被作为"封、资、修"扫进"垃圾堆"，但是，改革开放的大潮使传统礼仪获得了新的生命。

改革开放以来，随着中国与世界的交往日趋频繁，西方一些先进的礼仪、礼节陆续传入我国，现代礼仪进入了全新的发展时期。大量的礼仪书籍相继出版，各行各业的礼仪规范纷纷出台，礼仪讲座、礼仪培训日趋火红，人们学习礼仪知识的热情空前高涨，讲文明、讲礼貌蔚然成风。

二、礼仪的含义与特征

1. 礼仪的含义

要理解礼仪的含义，首先要明了"礼"的含义。"礼"的含义非常丰富，跨度和差异也很大。

"礼"本谓敬神，逐步引申为表示致意的通称。古人讲"礼者，敬人也"。"礼"既可以指为表示隆重和敬意而举行的仪式，也可以泛指社会交往中的礼貌和礼节，是人们在长期的生活实践中约定俗成的行为规范。"礼"还特指奴隶社会或封建社会等级森严的社会规范和道德规范。

常见的与礼相关的词有：礼貌、礼节、礼仪。

（1）礼貌的含义。礼貌是人们在交往时相互表示敬重和友好的行为规范。礼貌是一个人在待人接物时的外在表现,主要通过有礼貌的语言和讲礼貌的行为来表现对他人的谦虚和恭敬。在日常生活中,礼貌表现在人们的举止、仪表、语言上;在商务活动中,表现在对客人的态度上,表现在服务的规范、程序上。礼貌的内容既是社会公德的核心内容,也是商务职业道德的基本规范。

(2) 礼节的含义。礼节是指人们在日常交往中,相互表示尊敬、祝愿、问候、祝贺、致意、慰问、哀悼以及给予必要的协助与照料的惯用形式。

礼节是礼貌的具体表现形式,是礼貌在语言、行为、仪表等方面的具体体现。从形式上看,它具有严格的规范;从内容上看,它既反映着某种道德原则,又反映着对他人的尊重和友善。

(3) 礼仪的含义。礼仪是对礼节、仪式的统称,指各民族在长期的社会生活和交往中,以一定的约定俗成并共同遵守的程序、方式来表现的律己、敬人的具体行为规范体系。

从广义的角度来看,礼仪是一系列特定的礼节的集合。它既可以指在较大、较正规的场合隆重举行的各种仪式,也可以泛指人们在社交活动中的礼貌礼节。礼仪是一种待人接物的行为规范,也是交往的艺术,既为人们所认同,又为人们所遵守,是以建立和谐关系为目的的各种符合交往要求的行为准则和规范的总和。

(4) 礼貌、礼节、礼仪的联系与区别。礼貌、礼节、礼仪的核心都是要人们在相互交往中表示尊重、友好,从本质上说,三者是一致的,但三者之间又有区别。

① 礼貌主要强调个人的道德品质。

② 礼节强调的是表达这种品质的惯用形式。有礼貌而不懂礼节就容易失礼,想表示尊敬、友好却不知如何正确表达,会在与人交往时出现尴尬、紧张等情况;不讲礼貌只学些礼节形式,就难免形成机械模仿、故作姿态的情况,显得虚情假意。因此,礼貌、礼节应当是相辅相成的,既要讲礼貌又要懂礼节,内在品质与外在形式应该互相统一。

③ 礼仪的内涵更加深刻,礼仪是由一系列表现礼貌的具体礼节所构成的。

小资料

从不同角度对礼仪进行诠释

(1) 从个人修养的角度来看,礼仪是一个人的内在修养和素质的外在表现。

(2) 从道德的角度来看,礼仪是为人处世的行为规范、标准做法或行为准则。

(3) 从交际的角度来看,礼仪是在人际交往中适用的一种艺术、一种交际方式或交际方法,是人际交往中约定俗成的示人以尊重、友好的习惯做法。

(4) 从民俗的角度来看,礼仪是在人际交往中必须遵守的律己、敬人的习惯,也可以说是在人际交往中约定俗成的待人尊重、友好的习惯做法。

(5) 从传播的角度来看,礼仪是一种在人际交往中进行相互沟通的技巧。

(6) 从审美的角度来看,礼仪是一种形式美,是人心灵美的必然外化。

2. 礼仪的特征

(1) 规范性。礼仪是约定俗成的律己、敬人的惯用形式,既有内在的道德准则,又有外在的行为尺度,对人们的言行举止和社会交往具有普遍的规范和约束作用。遵循礼仪规范，就会在社会交往中彬彬有礼，得到社会的认可和赞许；违反礼仪规范，就会到处碰壁、招致反感、受到批评，正所谓"有'礼'走遍天下，无'礼'寸步难行"。明代的颜元曾说："国尚礼则国昌，家尚礼则家大，身有礼则身修，心有礼则心泰。"

（2）共同性。礼仪随着社会的发展变化而不断充实完善，逐渐成为社会各阶层共同遵守的行为准则。其内容大都以约定俗成的民俗习惯、特定文化为依据，集中地反映了一定范围内人们共同的文化习俗和生活习惯，从而带有明显的共同性。礼仪又被应用于人们的社会交往之中，其范围和准则必须得到广泛的认可，才能在相当的范围内共同遵守，这也决定了礼仪的共同性。由于交往范围不断扩大，许多礼仪形式被越来越多的人认可和接受，礼仪的共同性特点将会日趋显著。

（3）差异性。不同的文化背景，产生不同的礼仪文化，不同的地域文化决定着礼仪的内容和形式，不同的民族，其风俗习惯、礼仪文化各有千秋。礼仪作为一种约定俗成的行为规范，其运用要受到时间、地点和环境的约束，一般而言，适合应用礼仪的，主要是初次交往、因公交往、对外交往这3种场合。当所处场合不同，所具身份不同时，所要应用的礼仪往往会各有不同，有时甚至还会差异很大，这就是礼仪的差异性特点。

（4）可操作性。礼仪规范以人为本，重在实践，人人可学，规则简明，易学易会，实用可行，行之有效，可操作性是礼仪的显著特征。它不是纸上谈兵、空洞无物、不着边际、故弄玄虚、夸夸其谈，而是既有总体上的礼仪原则、礼仪规范，又在具体的细节上以一系列的方式、方法，仔细周详地对礼仪原则、礼仪规范加以贯彻，把它们落到实处，使之"言之有物""行之有法"，不是空谈。礼仪的易记易行，能够受到广大公众的认可，而且反过来，又进一步地促使礼仪简便易行、容易操作。

（5）多样性。社会生活纷繁复杂，礼仪涉及社会生活的方方面面，因而礼仪具有多样性。礼仪规范是约定俗成的，不同国家、不同地区由于民族特点、文化传统、宗教信仰、生活习惯不同，往往有着不同的礼仪规范，正所谓"十里不同风，百里不同俗"。需要多方了解，尊重差异，不能唯我独尊。

（6）等级性。礼仪的等级性表现为对不同身份、地位的人士礼宾待遇的不同。在官方交往中，要依据所担任公职的高低来确定礼宾次序。这不意味着尊卑贵贱，而是现代社会正常交往秩序的表现，反映了各级公务人员的社会身份。礼仪的等级性还表现为对等性，即在交往中，双方人员在公职身份上要相互对等，以此来表示对对方的尊重。

（7）社会性。礼仪贯穿于人类社会的始终，遍及社会的各个领域，渗透到各种社会关系之中，有着广泛的社会性。只要有人和社会关系存在，就会有规范人的行为准则的礼仪存在。

（8）传承性。礼仪将人们在长期生活及交往中的习惯、准则固定并传承下来，有着广泛的社会文化基础，礼仪的这种传承性是根深蒂固的。在社会生活中，礼仪是人们约定俗成的行为规范，在人们相互交往中传播、继承、沿习并积淀下来。在这个过程中，传统礼仪那些烦琐的、保守的内容不断被摒弃，那些体现了人类的精神文明和社会进步，代表着中华民族传统文化本质和主流的礼仪，得以世代相传，并被不断完善和发扬。中华民族"礼仪之邦"五千年的文明史，深深地融入现代礼仪之中，约束和规范着现代人的行为。

（9）时代性。礼仪是一种社会发展的产物，并具有鲜明的时代特点。一方面，它是在人类长期的社会活动实践之中形成、发展、完善起来的，随着时代的迅速发展而有所变化，有所进步，推陈出新，吸收借鉴，与时代同步，以适应新形势下新的要求。

（10）发展性。礼仪文化不是一成不变，而是随着社会的进步不断发展的。一方面，礼仪文化随着时代的不断进步发生着变化；另一方面，随着国家对外交往的不断扩大，我国的传统礼仪也被赋予了许多新鲜的内容。礼仪向符合国际惯例的方向发展，形成了一整套既富有我国的传统特色，同时又符合国际惯例的礼仪规范。

随着经济的全球化发展，各个国家、各个民族、各个地区之间的交往日益密切，其礼仪、礼俗也不断地相互影响，相互渗透，取长补短，不断被赋予新的内容。这就使礼仪具有新时代的特征。

三、礼仪的功能和作用

1. 礼仪的功能

（1）尊重、亲近功能。礼仪交往的核心是相互尊重，这是礼仪得以延续、发展并发扬光大的真正动力。尊重作为礼仪的精髓，能够满足人们高层次的精神追求，体现良好的道德风尚。

（2）约束、规范功能。礼仪作为约定俗成的行为准则与规范，对人们的各种行为有着广泛的约束力。礼仪的实施不具有强制性，也不需要他人的督促和监督，主要是自觉地利用礼仪规范约束自身行为，纠正不良习惯，调节人际关系，维护社会秩序。

（3）内聚、和谐功能。礼仪通过艺术设计、环境布置、现场表演等活动，营造一种浓厚的情感氛围，使每个参与者都能受到熏陶，在感情和心理上产生共鸣，行为上趋于融合，从而增强组织上的凝聚力和向心力。

（4）协调、沟通功能。礼仪的重要功能是对人际关系的调解。在现代社会中，人们之间的关系错综复杂，各种冲突时有发生。礼仪有利于促使冲突各方保持冷静，缓解已经激化的矛盾，避免某些不必要的情感对立，建立起和谐的新型人际关系，从而容易使人们之间的交往获得成功。

2. 礼仪的作用

在当代社会，礼仪已经渗透到社会各个层面、各个角落，成为社会交往、事业成功、组织兴旺、国家富强以及国际间交往中必不可少的行为规范。在现代生活中，礼仪的重要作用主要体现在以下几个方面。

（1）从个人的角度来看。
① 礼仪有助于提高人们的自身修养；
② 礼仪有助于美化自身、美化生活；
③ 礼仪有助于促进人们的社会交往，改善人际关系；
④ 礼仪有助于净化社会风气。

（2）从团体的角度来看。
① 塑造组织形象。礼仪是企业文化、企业精神的重要内容，是企业形象的主要附着

点。一个单位、一个企业通过讲究礼仪，可以在公众心目中塑造出良好的社会形象，使自己在激烈的市场竞争中广交朋友，左右逢源，产生很好的社会效益和经济效益。

② 传播沟通信息。

③ 提高办事效率。

但凡国际化的企业，对于员工礼仪素养都有较高要求，都把礼仪作为企业文化的重要内容，以及获得国际认可的重要条件。

（3）从民族、国家的角度来看。

① 礼仪是衡量国民素质和一个民族的道德水准的重要尺度。

② 礼仪能促进人与人之间的和谐，实现人与人团结友善、平等互助、共同进步，从而提高全民族的文明程度，促进社会的和谐发展。

③ 礼仪是国家富强、社会文明的标志。

四、现代礼仪的原则

在日常生活中学习、应用礼仪时，有必要在宏观上掌握一些具有普遍性、共同性、指导性的礼仪原则。在社会交往中，需要遵守的礼仪原则很多，主要是尊敬的原则、遵守的原则、自律的原则、平等的原则、适度的原则、宽容的原则、真诚的原则和从俗的原则，它们同等重要，缺一不可。掌握这些原则，将有助于学习礼仪、运用礼仪。

1. 尊敬的原则

正如孔子所说："礼者，敬人也。"敬人是礼仪的重点与核心。在对待他人的诸多做法中，最要紧的就是敬人之心长存，处处不能失敬于人，不伤害他人的尊严，更不能侮辱对方的人格。掌握了这一点，就等于掌握了礼仪的灵魂。与他人交往，要互相谦让，互相尊敬，友好相待，和睦相处，要把对于交往对象的重视、恭敬和友好放在第一位。古人云，"敬人者，人恒敬之""人敬我一尺，我敬人一丈"，要获得他人的尊敬，促进交往的成功，必须以敬人为先。

2. 遵守的原则

在交往之中，每一位参与者都必须自觉、自愿地遵守礼仪，以礼仪去规范自己在交往活动中的一言一行、一举一动。对于礼仪，不仅要学习、了解，更重要的是学以致用，要将其付诸实践。任何人，不论身份高低、职位大小、财富多寡，都要自觉遵守、应用礼仪，否则就会受到公众的指责，交往就难以成功，这就是遵守的原则。

3. 自律的原则

礼仪规范由对待自己和对待他人两部分组成。对待自己的要求，是礼仪的基础和出发点。学习、应用礼仪最重要的是自我要求、自我约束、自我控制、自我反省、自我检点和自我对照，这就是自律的原则。孔子很重视反省，他要求自己"吾日三省吾身"。孔子还说："己所不欲，勿施于人。"若不首先要求自己，人前人后不一样，待己宽，律人严，那么讲究礼仪也就无从谈起，更不用说自尊与尊敬他人了。

4. 平等的原则

礼仪的重点与核心是尊重交往对象，对待交往对象要一视同仁，给予同等程度的礼遇，不能因为交往对象的职业、身份、地位、财富、文化以及种族的不同而厚此薄彼。尤其是在涉外交往中，国家不分大小、贫富、强弱，应一律平等，若违反了这点，就会破坏两国关系，甚至产生国际争端，从而影响世界和平。当然，在人际交往中，人的身份与地位存在着差异，要根据不同的交往对象采用不同的方法。

5. 适度的原则

适度的原则就是要求应用礼仪时，为了保证取得成效，必须注意把握分寸，恰当得体。这是因为凡事过犹不及。运用礼仪时，假如做过了头或者做得不到位，都不能正确地表达律己、敬人之意。在人际交往中，该行则行，该止则止。如果连话都不敢说，未免过于拘谨，无法形成宽松融洽的氛围；相反，我行我素，目中无人，高谈阔论，全然不顾他人的感受，也会走向另一个极端。

6. 宽容的原则

宽容就是心胸坦荡、豁达大度，能设身处地地为他人着想，谅解他人的过失，不计较个人得失，有很强的容纳意识和自控能力。宽容是一种高尚的情操，是克服不健康心态的良药。宽容原则要求人们在交往中要严于律己，宽以待人。要多容忍他人，多体谅他人，多理解他人，不求全责备，不斤斤计较，不过分苛求。对不同于自己、不同于众人的行为要耐心容忍，不必要求其他人处处效法自身，实际上这也是尊重对方的重要表现。

7. 真诚的原则

礼仪的真诚原则，要求人们在交往中，务必待人以诚，要诚心诚意、诚实无欺、言行一致、表里如一，要有信用。只有如此，才能表达对于交往对象的尊敬和友好，才能赢得对方的好感与信赖，最终获得交往的成功。如果有人把礼仪当成一种道具和伪装，在具体运用时口是心非、表里不一、弄虚作假、投机取巧，人前一个样，人后一个样，则有悖礼仪的宗旨，是不会受欢迎的。

8. 从俗的原则

俗话说，"十里不同风，百里不同俗"。由于国情、地区、民族和文化背景的不同，礼仪种类繁多、五花八门。在交往中不要自高自大，唯我独尊，或少见多怪，妄加非议，否定他人的做法。各种礼仪都有自己的适用范围，没有优劣、对错之分，都应得到尊重，所谓"入境而问禁，入国而问俗，入门而问讳"就是这个道理。只有尊重对方特有的习俗，"入乡随俗"，才能增进双方之间的理解和沟通，才能更好地表达己方的真诚和善意。在交际过程中，犯了对方的"禁"，往往是因为对交际对象所特有的风俗习惯不了解。所以运用从俗原则，前提条件是要充分了解对方衣、食、住、行等多方面的风俗习惯。

通过上述知识的学习，同学们应该了解了礼仪的产生和发展过程，理解了礼仪的含义，明确礼仪的特征、功能及作用，应该重点掌握现代礼仪的基本原则，遵循这些原则，以此指导自己的思想，约束自我、尊重他人。

项目 1 认知礼仪及商务礼仪

任务 2 认知商务礼仪

商务人士在商务活动中,要与上下游企业、客户、竞争对手、社会的许多组织打交道,要处理好各方面的关系,必须遵循商务礼仪,规范自身言行,尊重交往对象,与交往对象和谐相处,实现商务交往的目的。那么,什么是商务礼仪?商务礼仪有哪些特征?其基本原则和功能、作用有哪些?搞清楚这些问题,就帮助我们认知了商务礼仪。

一、商务礼仪的含义

商务礼仪是指公司或企业的商务人员在商务活动中,为塑造良好的个人和组织形象而应当遵循的相互尊重与友好的规范或程序。同一般的礼仪相比较,商务礼仪有很强的规范性和可操作性,并且与商务组织的经济效益密切相关。随着商业逐步全球化,人与人之间、公司与公司之间商业往来的日益频繁,尤其是我国加入WTO(World Trade Organization,世界贸易组织)后,商务礼仪越来越受到商务人员的重视。

商务礼仪包括:

(1)个人行为的商务礼仪,如个人的素质、行为、仪表、服饰、举止、教养等;

(2)日常商务交往礼仪,如见面、约请、应邀、做客、宴请、赠礼礼仪等;

(3)日常商务工作礼仪,如接待客户、推销工作、商务服务的礼仪等;

(4)专题商务活动的礼仪,如开业、庆典、发布会、展销会、洽谈会、签字仪式礼仪等。

二、商务礼仪的基本特征

1. 规范性

规范性是指强调商务人员待人接物的标准做法。商务礼仪的规范是一个舆论约束,与法律约束不同,不具有强制性。在商务交往中失礼,虽不违反具体法律法规,但一定会受到交往失败的惩罚,有些甚至会受到良心与道德上的谴责。

小案例

无 语

在某公司王总经理主办的一次酒会上,作为客人的李经理在醉意朦胧时揪着王总经理说:"你们这儿的人漂亮的不多啊。"王总经理知道其酒已过量,就与其打哈哈道:"是啊,我们这儿漂亮的人不多。"李经理接着又指着前方一位女士说:"你看那女的怎么像头猪啊。"王总经理生气地说："那是我老婆。"酒醒得差不多的李经理也未失聪明，接着说："我怎么会说你夫人呢？我认识你夫人。我是说你夫人后面那位年轻姑娘。"王总经理说："那是我女儿。"李经理无语，尴尬之极。

2. 对象性

商务礼仪强调区分对象、因人而异。例如引导客人，当客人认识路时，领导和客人走在前面；不认识路时，引导者要走在左前方进行引导。

小思考

李先生到某公司去找王经理，公司秘书李小姐从一楼将李先生引领到二楼王经理的办公室。谁该走在前面？为什么？

3. 技巧性

在实际应用中，商务礼仪具有很强的技巧性。例如，问客人喝什么饮料，"您需不需要饮料"，这就不合适，应该问客人"您来点可乐还是橙汁"。

三、商务礼仪的基本理念、原则

1. 商务礼仪的基本理念

（1）尊重为本。孔子曰："礼者，敬人也。"礼仪的核心是尊重，商务礼仪也不例外。作为商务工作人员，首先要认识自己，通过分析找到自己的优势，增强自信；其次要尊重自己所从事的职业，热爱自己的工作岗位和工作单位；再次要尊重他人，懂得换位思考。正所谓：尊重上级，是一种天职；尊重同事，是一种本分；尊重下级，是一种美德；尊重客户，是一种常识；尊重对手，是一种风度；尊重天下人，则是做人的一种境界。

（2）守时、守约。时间就是金钱，时间就是效率——这是生活在今天的人们对时间的理解。遵守时间是对于交往对象最大的尊重。商务人员在商务活动中一定要遵守时间，履行约定。

（3）诚实、守信。诚信是商务人员在人际交往中的基本态度。文明经商，诚信经商，既是商务人员应有的职业道德规范，也是商务礼仪的核心内容。

（4）热情、周到。待人热情、礼貌周到是每个商务工作者的基本工作态度。

2. 商务礼仪的基本原则

商务礼仪的基本原则，是指商务人员在处理各种人际关系时的出发点和指导原则。

（1）敬人的原则。作为商务人士，其工作的本质就是为他人服务，"敬人之心长存"尤为重要。要时时处处不失敬于人。遵循敬人的原则，就能与人交往顺畅，得到对方的尊重，成为受欢迎的人。

（2）自律的原则。商务人士经常出差，对时间安排、工作进度、行动路线等没有直接受人控制，一定要自律，不能借出差机会游山玩水；商务人士在工作中要接触钱、物，一定要自律，不能贪占公款，不能假公济私。

（3）尊重的原则。商务人士要尊重所有的交往对象，从细微之处做起，一言一行、一举一动处处尊重对方。

（4）平等的原则。不论身份地位，不论富有贫穷，不论性别长相，"童叟无欺"。

（5）诚信的原则。古人云：人无信不立，店无信不昌。作为商务人士，诚信是做人之本、经商之道，一定要坚守诚信原则。

（6）遵守的原则。遵守承诺是商务合作的基础。商务人士一旦有了承诺，就要一丝不苟地遵守，要"一诺千金"。在商务领域，有很多因不遵守约定而导致合作失败的教训，商务人士要引以为戒。

（7）适度的原则。施行商务礼仪，要把握好"度"。适度的礼让、适度的谦虚、适度的恭敬、适度的赞美、适度的热情、适度的致歉、适度的馈赠、适度的宴请等，在待人接物、施行礼仪的过程中，讲究的就是适度。

（8）宽容的原则。商务人士接触众多的交往对象，其职业、身份、地位、年龄、兴趣、爱好、性格等方面千差万别。要与交往对象和睦相处，就必须有宽广的胸怀，包容他人。

（9）从俗的原则。商务人士接待和访问的交往对象，可能属于不同地区、不同民族、不同国家，要遵循从俗的原则，才能充分体现尊重对方的心态，交往才能愉悦、顺畅。

（10）自信的原则。商务人士在商务交往中，会遇到很多困难和失败，不能被困难和失败所困扰，逐渐失去自信，怀疑自身能力。要坚守自信原则，相信企业、相信产品、相信自己。要找出问题与不足，改进方式方法，继续努力，战胜困难，取得成功。

四、商务礼仪的功能

（1）规范行为。商务礼仪有助于商务人员增进自身修养及规范言行。在众多的商务规范中，礼仪规范可以使人明白应该怎样做，不应该怎样做，哪些可以做，哪些不可以做，有利于确立自我形象，赢得友谊。

（2）传递信息。礼仪传递了信息，通过传递信息可以表达出尊敬、友善、真诚等感情，使别人感到温暖。在商务活动中，恰当的礼仪可以获得对方的好感、信任，进而有助于事业的发展。

（3）增进感情。商务礼仪能调节人际关系，增进感情。在商务活动中，恰当的礼仪可以获得对方的好感、信任，进而有助于事业的发展。商务礼仪具有协调和沟通的功能，具有凝聚情感的作用。

（4）树立形象。商务礼仪能维护个人和企业的形象。一个具有良好信誉和形象的公司或企业，容易获得社会各方的信任和支持，能在激烈的竞争中处于不败之地。所以，商务人员时刻注重礼仪，既是个人和组织良好素质的体现，也是树立和巩固良好形象的需要。

五、商务礼仪的作用

有人把商务礼仪看作商务人员从事商务活动的敲门砖，有人称商务礼仪是商务活动的通行证，更有人直言："商务礼仪将决定着商务活动的成败。"商务礼仪的作用，一言以蔽之：内强素质，外塑形象。具体说，商务礼仪有以下重要作用。

（1）商务礼仪有助于提高商务人员的个人素质。市场竞争最终是人员素质的竞争，对商务人员来说，其自身素质就是商务人员个人修养的表现。修养体现在细节上，细节展现素质。

（2）商务礼仪有助于建立良好的人际关系。在商务交往中，人们互相影响，互相作用，相互合作。在众多的商务规范中，礼仪规范可以使人明白应该怎样做，不应该怎样做，哪些可以做，哪些不可以做，有利于确立自我形象，赢得友谊。

（3）商务礼仪有助于维护商务人员和企业的形象。商务人员或企业员工的形象就是其形体外观和举止言谈在商务交往对象心目中形成的综合化、系统化的印象，是影响交往能否成功的重要因素。运用商务礼仪，可以在公众心目中塑造出良好的组织形象，使企业在激烈的市场竞争中立于不败之地并产生很好的社会效应和经济效益。

（4）商务礼仪能增进商务人员之间的感情。在商务活动中，随着交往的深入，双方可能都会产生一定的情绪体验。礼仪容易使双方相互吸引，增进感情，促使良好的人际关系的建立和发展；反之，如果不讲礼仪，粗俗不堪，那么就容易产生感情排斥，造成人际关系紧张。

（5）商务礼仪能提高商务活动的效益。商务人员通过规范的仪容、仪表、服务用语、操作程序等，使服务质量具体化、标准化、制度化，向顾客提供高水准的礼仪服务，使顾客得到一种尊重、信任和感情上的满足，"回头客"的比重大大增加了，就会给企业带来巨大的经济效益。

美国形象设计大师罗包特·庞德说过："你的整体展示——服装、身体、面部、态度为你打开了胜利之门，你的出现向世界传递你的权威、可信度、被喜爱度。"

的确，礼仪是一个人的教养、风度以及人格魅力的最好展现。随着商业活动的开展，面对开放的世界、开放的社会，只有扩大交流才能够让自己迅速发展，而礼仪是这其中重要的工具之一。每个人都想成功，成功需要提升自我形象，增强自身的竞争力，这就要求我们必须学好礼仪知识。恰当的礼仪、优雅的谈吐是赢得众人好感的法宝。

项目小结

本项目通过两项任务介绍了礼仪的产生与发展阶段，阐明了礼仪和商务礼仪的含义，强调了商务礼仪的功能及作用，以及应该遵循的现代礼仪及商务礼仪的基本原则。同学们应该了解礼仪的产生与发展过程，理解礼仪和商务礼仪的含义，明确礼仪和商务礼仪的特征，认知礼仪和商务礼仪的功能及作用，掌握现代礼仪及商务礼仪的基本原则，为将来在社会生活和工作中施行礼仪或商务礼仪，奠定良好的基础。

自检内容

1. 什么是礼仪？礼仪的产生和发展经历哪几个阶段？
2. 简述礼仪的特征、功能和作用。

3. 现代礼仪的原则有哪些？
4. 什么是商务礼仪？简述商务礼仪的基本特征。
5. 商务礼仪的基本原则有哪些？
6. 试述商务礼仪的作用。

能力培养与训练 1

一、能力培养目标

（1）认知商务礼仪的功能和作用，重视商务礼仪知识的学习和礼仪能力的培养。
（2）培养和训练理解及应用商务礼仪基本原则的能力。

二、思考与训练

1. 判断题
（1）传统礼仪与现代礼仪泾渭分明，不可兼容。（　　）
（2）礼仪是礼节的基础，礼节是程序化了的礼仪。（　　）
（3）言行的规范被称为礼貌。（　　）

2. 单选题
（1）纵观中国礼仪发展的历史，大致可以分为（　　）阶段。
　　A. 4个　　　　B. 5个　　　　C. 6个　　　　D. 7个
（2）礼仪的发展和变革时期是在（　　）。
　　A. 夏朝以前　　　　　　　B. 春秋战国时期
　　C. 夏、商、西周三代　　　D. 秦汉到清末
（3）下列原则中哪一项是现代礼仪的原则？（　　）
　　A. 遵守的原则　　　　　　B. 差异的原则
　　C. 和谐的原则　　　　　　D. 双赢的原则

3. 多选题
（1）礼仪具有（　　）等特征。
　　A. 规范性、共同性、差异性　　B. 可操作性、等级性、社会性
　　C. 创造性、前瞻性、发展性　　D. 多样性、传承性、时代性
（2）礼仪的功能包括（　　）等。
　　A. 尊敬、亲近的功能　　　　　B. 约束、规范的功能
　　C. 内聚、和谐的功能　　　　　D. 协调、沟通的功能
（3）商务礼仪的基本原则还包括（　　）。
　　A. 自律的原则　　　　　　　　B. 平等的原则
　　C. 适度的原则　　　　　　　　D. 从俗的原则

三、案例分析

案例分析 1-1

新来的大学生

某公司管理财务的刘女士经历过这样一件事。

因为刘女士管理财务,不用和项目组的同事坐在一起,所以她的办公桌在公司一进门的旁边。公司前段时间新来了一个大学毕业生,每次进门看见刘女士,不打招呼也不点下头,直直地看她一眼就进去了。刘女士怀疑这位新人可能以为她是个前台的阿姨,所以不屑一顾。

过了几天,大概这位新人终于搞清楚了刘女士并非是接电话、收快递的阿姨,而是掌管工资的"财政大臣",便开始殷勤了起来,进门"刘老师"叫得山响。此时再怎么尊敬,刘女士对她也没什么好感了,心里想:怎么一个大学生刚进社会就学会了势利?如果我真的是前台阿姨,是不是她这辈子都不打算跟我打招呼?

试分析:

1. 新来的大学生的行为存在什么问题?
2. 她应该学习和遵循哪些礼仪原则?

案例分析 1-2

最好的介绍信

有人问某公司经理:"为什么要录用一个没有任何人推荐的小伙子?"经理说道:"他带来了许多介绍信。他神态清爽,服饰整洁;在门口蹭掉了脚下带的土;进门后随手轻轻地关上了门;当他看见残疾人时主动让座;进了办公室,其他的人都从我故意放在地板上的那本书上迈了过去,而他却很自然地俯身捡起并放在桌上;他回答问题简洁明了、干脆果断。这些难道不是最好的介绍信吗?"

试分析:

(1) 经理话里的"介绍信"指的是什么?
(2) 这些"介绍信"介绍了小伙子哪些优点?

四、实操训练

实操训练 1-1

小品:应聘

训练目的: 通过训练,加深对商务礼仪的基本原则的理解。

训练内容: 求职应聘。

训练步骤:

(1) 以下面的资料为素材,由学生自愿选择角色,进行表演。

一位老师带领学生前往一家大公司参观、应聘,这家公司的老总亲自迎接他们后,就去处理一些事情。工作人员带领学生们来到了会议室。在会议室里，工作人员为每位同学倒水，其中有位女生表示自己只喝红茶。学生们坐在那里，大多坦然接受服务，没有半分客气。当老总办完事情回来后，不断向学生表示歉意，竟然没有人应声。当工作人员送来笔记本，老总亲自双手递送给每一位学生时，学生们大都伸着手随意接过，没有起身，也没有致谢。从头到尾只有一个同学起身双手接过工作人员递过来的茶和老总递来的笔记本，并客气地说了声："谢谢，辛苦了！"

最后，这家公司录用了这位学生。有些同学很疑惑，甚至不服气："他的成绩并没有我好，凭什么录用他而不录用我？"老师叹气说："我给你们创造了机会，是你们自己没有把握住。"

（2）以小组为单位，在观看表演后，讨论以下问题。

① 是什么原因导致这些同学失去机会的？

② 这些同学有哪些行为不合乎礼仪？

（3）选出小组代表，将讨论后的观点在全班进行阐述。

实操训练 1-2

生活中的观察

在一天时间里，观察你周围的人，分析他们哪些言行举止符合礼仪要求，哪些不符合礼仪要求。记下给你印象最深刻的言行，在下次课中向全班同学表述。

项目 2 职场个人礼仪

面必净，发必理，衣必整，纽必结；头容正，肩容平，胸容宽，背容直；气色勿傲、勿暴；颜色宜和、宜静、宜庄。

——南开中学镜铭

【项目目标】

❖ 知识目标：

1. 掌握仪表礼仪的知识，认识仪表礼仪在商务活动中的重要作用，明确仪表礼仪中的禁忌，规避商务活动中不恰当的仪表带来的尴尬和误解。
2. 掌握仪容修饰的方法和技巧、基本着装的礼仪规范以及男女职业装的着装规范。
3. 掌握仪态礼仪的站姿、坐姿、走姿、下蹲的姿态和手势的运用、表情的控制。
4. 明确面试礼仪的重要作用，掌握面试时的仪容服饰、仪态礼仪。

❖ 能力目标：

1. 能进行适合工作环境的个人仪容修饰。
2. 掌握基本着装的礼仪规范，具有符合职业形象的着装搭配技能。
3. 修炼个人仪态，能形成正确的站、坐、走、蹲姿态。
4. 能够恰当地使用手势、运用目光和微笑，塑造良好的个人礼仪形象，为从事商务工作打下基础。

❖ 素质目标：

培养良好的仪表礼仪素养，能塑造高雅、大方、得体的职业形象；有针对性地修饰和美化自己的仪容、仪态，正确运用自己的表情和手势，以提升审美品位，形成优雅、文明的礼仪形象。

项目 2 职场个人礼仪

【项目导入】

人们通常用仪表端庄、容貌秀美、风度翩翩、举止潇洒等词语来赞扬一个人的仪表美。仪表美使人赏心悦目，令人感叹赞美，也反映出人的气质、性格特征、思想修养、道德品质、生活情调、学识才智、审美修养等内在素质。商务人士要注重自己的仪表形象，因为仪表实际上反映了个人形象和组织形象。那么，仪表礼仪包括了哪些方面？商务人士应该如何修饰仪容？在职场上怎样着装？商务人士得体的姿态是怎样的？应如何参加求职面试？这些都是我们要通过本项目的学习和训练来掌握的。

导入案例

小李的问题出在哪儿

小李是个销售员，口头表达能力不错，对公司产品的介绍也到位，人既朴实又勤快，在业务人员中学历又最高，老总对他抱有很大的期望，可他做销售代表半年多了，业绩总上不去。

问题出在哪儿呢？

原来，他是一个不修边幅的人，双手拇指和食指喜欢留着长指甲，里面经常藏着很多"东西"。脖子上的白衣领经常是灰黑色，有时候手上还记着电话号码。他喜欢吃大饼卷葱，吃完后也不去除口腔内的异味。在大多数情况下，客户都对他"敬而远之"，草草结束交谈。

可见，商务人员没有良好的个人形象，在职场中会举步维艰。形象就是宣传、形象就是效益、形象就是服务、形象就是生命，形象重于一切。

商务礼仪中的"形象"即外界对商务人员和企业的印象和评价。商务人员的个人形象代表企业形象、产品形象、服务形象甚至国家和民族形象，商务人员一定要高度重视自身形象的塑造。

任务 1 掌握仪容修饰的方法和技巧

质于内而形于外，文化修养高、气质好的人，懂得如何修饰自己的形象。仪表端正体现了一个人的素养、自尊和品位格调，也是对人和周围环境的尊重。

仪表是指人的仪容、服饰、言谈举止。正式的、得体的、优雅的仪表能够增加人的自信和积极奋发的、进取的、乐观的心态，使之去面对现实，处理所遇到的各种矛盾、困难和问题，这样就可能走向事业的成功。

那么，首先我们要懂得如何修饰自己的仪容，掌握仪容修饰的方法和技巧。

一、仪容修饰的要求

仪容主要指一个人的容貌，是仪表的重要组成部分。仪容由发式、面容以及人体所有未被服饰遮掩的肌肤（如手部、颈部）等内容所构成。仪容在人的仪表美中占有举足轻重的地位。

仪容修饰即对个人的仪容、发型进行修整妆饰，使其外在形象达到整洁、大方、美观、典雅的效果。仪容修饰的要求如下。

（1）修饰要整洁。皮肤要干净，经常洗脸、梳头、理发、修剪指甲、鼻毛等。

（2）修饰要自然。即靓丽不俗，淡雅无灰，柔和顺眼。

（3）修饰要有整体感。整体形象的协调统一方为美。

（4）修饰要突出重点。即突出自己最美的部分，使其更美，还要巧妙地运用修饰技巧，弥补不足之处。

（5）修饰要与环境气氛统一。不同的环境有不同的色泽、光线条件和社交气氛，因而人与环境处于一体，应以与环境"相容"为宜。

二、化妆的功能、基本原则

1. 化妆的功能

（1）塑造组织形象。商界女士化妆上岗，有助于体现统一性、纪律性，有助于使其单位形象更为鲜明、更具特色，这是塑造单位形象所必需的。

（2）体现尊重。化妆上岗，可以向商界的交往对象表示尊重，也就是说，在商务交往中化妆与否，绝非个人私事，而是衡量其对于交往对象是否尊重的一个尺度。

2. 化妆的基本原则

（1）自然美化原则。化妆要化得美丽、生动，具有生命力，更要真实、和谐、自然，切不可矫揉造作。化妆是为了修饰自己容貌的不足之处，使自己变得更加靓丽，但要避免人工修饰的痕迹过浓。要突出自己的自然美，淡雅的容妆会给他人留下最深刻的印象。

（2）整体协调原则。面部化妆部位色彩搭配应浓淡适宜；面部化妆还要注意与发型、发色、服饰、饰物协调，力求取得完美的整体效果；化妆要与所去的场合气氛要求一致；化妆后要适合自己所从事的职业。

（3）"扬长避短"原则。要根据自己的工作性质、面容特征来进行化妆。

（4）化妆的"3W"（When，什么时间；Where，什么场合；What，做什么）原则。化妆的浓淡要根据不同的时间、场合和事由来选择。例如白天是工作的时间，一般以化淡妆为宜；在夜晚的娱乐时间，不论浓妆还是淡抹都是比较适宜的。

化妆的浓淡还应当考虑场合的问题。不同场合应有相称的妆容，才能显示你的教养和礼貌，为你的仪态加分。

（5）讲究科学的原则。

① 科学选择化妆品。对待任何一种化妆品，都要先了解其成分、特点、功效，然后根

据自己皮肤的特点，合理选择试用，经过一段时间后，把选用的化妆品相对固定下来。这样做既起到美容的作用，又避免了化妆品对皮肤的伤害，以求自然美和修饰美的完美统一。

② 讲究科学的化妆技法。在化妆时，若技法出现了明显的差错，将会暴露出自己在美容素质方面的不足，贻笑大方。要熟悉化妆之道，不可贸然化妆。

（6）"修饰避人"原则。在公共场合（尤其是在工作岗位上）化妆是极为失礼的，既不尊重别人，也不尊重自己，给人以轻佻、无修养的印象。

（7）不以残妆示人的原则。由于出汗、休息或用餐之后妆容呈现了残缺，会给人懒散、邋遢之感，所以，职业女性在上班时不但要注意化妆，而且要注意及时检查和补妆。

三、化妆的礼仪规范

化妆时，应遵循以下礼仪规范。

（1）要及时补妆。残缺的妆面会给人以低俗、随便的感觉，所以应及时补妆，场合要选择比较隐秘的地方，洗手间是最适宜的。

（2）不借用他人的化妆品，这样做既不卫生，也不礼貌。

（3）不评论他人的化妆。每个人的审美观不同，所以各自化妆的喜好不同，这是个人的事情，对他人化妆不能妄加评论，也不可随意打听："你用的粉底是什么牌子的？""你眼线是纹的还是画的？"诸如此类的问话都是失礼的。

（4）慎用香水。在工作岗位上，应当慎用香水。正确使用香水的位置有两个：一是离脉搏跳动比较近的地方，如手腕、耳根、颈侧、膝部等处；二是既不会污损衣物，又容易扩散出香味的服装上的某些部位，如内衣、衣领、口袋、裙摆的内侧，以及西装上所用的装饰手帕的下端。

【任务实战】

商务人士如何进行仪容修饰

一、男性商务人士的仪容修饰

1. 男士仪容的修饰方法

（1）对头发进行修整。

① 保持清洁。头发要常洗、常理、常梳、常整，做到洁净、整齐、无头屑。

② 长短适宜。男士头发一般前不及眉，侧不及耳，后不及领。男士头发修饰如图 2-1 所示。

③ 发式自然。不能将头发染成五颜六色。发型的选择要时尚、大方、得体，不要标新立异。

男士在商务活动中，应当显得刚劲有力、潇洒大方，短发能够体现出男士们真正的阳刚之气。例如，青年式可使男士看上去精力充沛；板寸式可以突出男士坚强刚毅的气质；背头式可使男士显得儒雅大气；西装式可以让男士们看起来风度不凡；分头式可以让男士潇洒帅气；平头式可以表现男士的朴实无华。

（2）保持眼睛清澈明亮。眼睛应无眼屎，无睡意，无充血，不斜视。眼镜端正、洁净明亮，与人谈话时不戴墨镜或有色眼镜。

（3）对鼻部进行清理。鼻腔要随时保持干净，不要让鼻涕或别的东西充塞鼻孔，经常修剪一下长到鼻孔外的鼻毛，严禁鼻毛外现。

（4）对面部进行修整。胡须要刮干净或修理整齐，不留长胡子，不留八字胡或其他怪状胡子。在正式场合，男士留着乱七八糟的胡须，一般会被认为是很失礼的，而且会显得邋遢。

（5）保持口腔清洁。要坚持每天早、晚两次刷牙。在会见顾客之前忌食蒜、葱、韭菜、腐乳等让口腔发出刺鼻气味的东西。做到牙齿洁白，口无异味，嘴角无泡沫，会客时不嚼口香糖等。

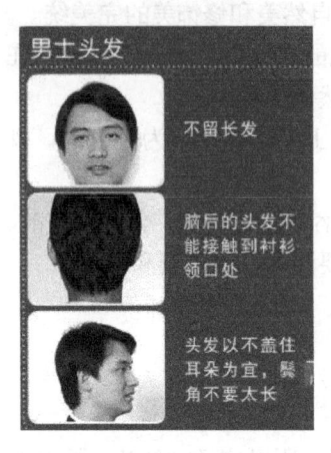

图 2-1　男士头发修饰

（6）保证耳部清洁。耳朵内外要干净，无耳屎。如果耳毛长得比较长，就应该修剪一下。

（7）保持手部清洁。手是肢体中使用最多、动作最多的部分，要完成各种各样的手语、手势，所以手部要清洁，不蓄长指甲，不染色。

2. 男性皮肤的护理方法

很多人觉得男性没必要护理皮肤，其实这是很片面的看法。男性因为雄性激素的影响，皮脂腺较发达，肤纹粗，角质层也较厚，大多数男士又是油性皮肤，因此更应加强清洁和调理。如果对皮肤疏于护理，那么油脂分泌极旺盛者难免会受痤疮之苦，所以，平日多注重洁肤、护肤是十分必要的。

（1）面部皮肤的清洁。男士可以使用男用洗面奶或普通洗面奶，早晚认真清洗面部，此外，尽可能每星期一次或两次使用磨砂膏或去角质霜，彻底清理皮层，使毛孔通畅，避免粉刺产生。

（2）面部皮肤的养护。男士可选择清爽的乳液或面霜滋润肌肤。面霜以男用为宜，不能有脂粉味，色泽也要格外注意，自然色泽或略深于肌肤颜色的较为合适，千万不可给人留下"油光满面"的印象。

3. 男士的化妆

（1）男士的化妆标准。从事商务活动的男士在工作岗位上应当化淡妆。淡妆的主要特征是简约、清丽、素雅，具有鲜明的立体感。男士妆容以整洁和反映男子自然具有的肤色、五官轮廓和气度为佳。

（2）男士工作淡妆的内容。男士的工作淡妆，一般包括美发定型；清洁面部与手部，使用护肤品进行保护；使用无色唇膏和无色指甲油，保护嘴唇与手指甲等。

二、女性商务人士的仪容修饰

1. 女士发式修饰要求

（1）干干净净。干干净净意味着勤快，有朝气、活力，有生活品位。

（2）梳理整齐。头发梳理要整齐，意味着为人讲究规范，有条理。

（3）长短适当。从事商务活动的女士，头发不宜长于肩部，如长于肩部，在上班或重要场合要做些处理，如盘起来、挽起来或梳起来，给人以庄重、工作生活节奏快的感觉。

（4）发型简洁。发式应当简单、明快。发型修饰要干净利落、端庄持重，给人以办事果断、明快，朴素典雅的印象。

（5）装饰要少。头上不宜添加过分花哨的发饰，发卡应朴实无华，以深色为主。

（6）本色自然。不染色，不追逐潮流，体现淳朴、本分、自然美。

（7）亮出额头。给人以清爽、大方的感觉，坦诚、不遮掩。

女士头发修饰如图 2-2 所示。

2. 女士面部的修饰

在商务活动中，大方得体的化妆可以展现女士的端庄和美丽，展示职业女性的独特魅力。恰如其分的化妆不但可以增加个人形象得分，还能展示良好的精神风貌，体现出对自身职业的尊重，同时也是尊重他人的一种表现。适当化妆不但可以突出女性最美的部分，还可以巧妙地遮掩和矫正缺陷或不足的部分。

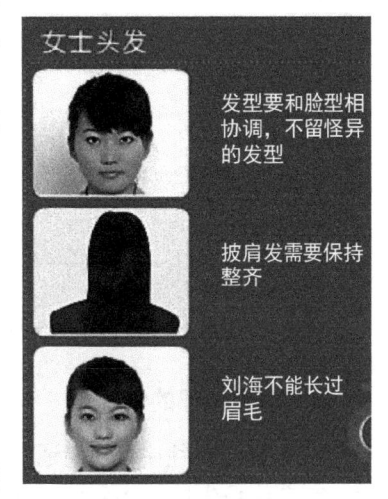

图 2-2　女士头发修饰

（1）女士皮肤的养护。与人谋面，第一眼看到的除了头发就是面部，面部皮肤好比人体的"窗口"，通过它，可以折射出人的健康状况、年龄和情绪状况。

① 遵循健康的生活方式。面部皮肤保养及护理在日常生活中至关重要。要保护好自己的健美皮肤，必须遵循良好的生活方式，如正确的生活态度、充足的睡眠、乐观的情绪、与人为善的心态。

② 保持清洁、积极锻炼、自我按摩。这是日常生活中健肤美容的重要因素。

经常保养皮肤可以改善皮肤质地，同时为面部化妆打下基础。

（2）女士化妆的技巧及步骤。

① 洁面。用洗面奶清洗面部，擦干后用少量的护肤乳液滋润皮肤。

② 打粉底。用粉扑蘸上粉底霜拍打在脸上，从里向外薄薄地拍一层，同时在脖子上拍一点，使其与面部协调，然后从上往下轻轻地扑一层干粉，以显得透明自然。

③ 修饰眉毛。画眉最好选用眉刷，蘸上眉粉，一点儿一点儿地刷上去。修饰眉毛的重点应放在眉长的 1/3 处，如图 2-3 所示。

④ 描眼影、眼线。由眼角开始轻轻地涂上深色的眼影，较大范围地涂在上眼睑上，重点放在眼尾，在下眼睑的外 1/3 处也要描上眼影，然后用黑色眼线笔勾画出上下眼线。

⑤ 涂腮红。用刷子轻蘸腮红，一点儿一点儿地涂扫，涂的范围应高不过眉，低不过嘴角，内不超过眼长的 1/2 处。肤色不好者更适宜使用腮红。腮红的中心应在颧骨部位，刷腮红用腮红刷从颧骨处向四周扫匀，越来越淡，直到与底色自然相接。圆脸型的人，腮红的形状应是长条形的，以减弱胖的感觉；长形脸的人应刷得宽些，以增加胖的感觉。腮红的颜色：皮肤较白的人，可选用淡而明快的，如浅桃红、浅玫瑰红；皮肤较黑的人，腮红色可深一些、暗一些。

⑥ 涂口红。先用唇笔勾出唇线、唇形。要在唇边涂深些，唇内涂浅些；口红的颜色要与自己的肤色、服装相配，不宜太深。唇形如图 2-4 所示。

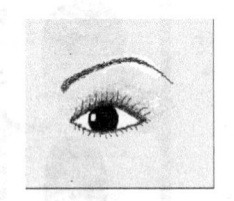

图 2-3　眉毛的修饰　　　　　　　　图 2-4　唇形

3. 女士手部的修饰

在与客户交往中，我们通常以握手的礼节来表示对客人的欢迎，然后再伸出手递送名片，客户总是先接触到我们的手并形成第一印象。通过观察手，可以判断出一个人的修养与卫生习惯，甚至对生活的态度。因此，应经常清洗自己的手，修剪指甲。手的清洁与一个人的整体形象密切相连，应当引起足够的重视。在任何公众场合修剪指甲，都是不文明、不雅观的举止。

（1）清洁手部。注意勤洗手，保持手部的洁净。出席重大场合之前应注意洗手，做到手上无汗渍、无异味、无异物。平时应该对手进行保养，一双健康、干净的手能给交往对象留下良好的印象，促进双方的交往。

（2）不画彩甲。商务场合中女士不能涂抹彩色指甲油，要保持指甲自然清洁。

（3）要注意指甲长度。商务人员不留长指甲，指甲长度以与指尖齐平为佳，一般不长于指尖，并保证指甲内无污垢。

4. 身体其他暴露部位的修饰

（1）身体暴露部位的体毛必须修整。腋毛在视觉中不美观也不雅观，职业女性应有意识地不穿暴露腋毛的服饰。在与客户交往中穿着腋窝外现的服装，必须剃去腋毛，以免破坏形象。

（2）清理手臂汗毛。个别人手臂上长有较为浓密的汗毛，必要时应当采取行之有效的方法将其去除。

（3）腿部和脚部不暴露。有人说：皮肤是人的第二张脸。腿和脚部不要暴露，因为这些部位的皮肤不像脸部那样光滑细腻、光鲜亮洁。所以，出席正式场合，不要光腿、光脚露出脚趾或露脚跟，这会显得过于散漫，会使交往对象产生反感。

任务2 掌握商务人士着装的礼仪规范

莎士比亚说："一个人的穿着打扮，就是他的教养、品位、地位最真实的写照。"

古今中外，着装体现着一种社会文化，体现着一个人的文化修养和审美情趣，是一个人的身份、气质、内在素质的无言的名片。从某种意义上说，服饰是一门艺术，它所能传达的情感与意蕴甚至难以用语言来表达。在各种正式场合，商务人士得体的着装通常体现着自身的仪表美，同时也有助于增加交际魅力，给人留下良好的印象，使人愿意与其深入交往，同时，注重服饰礼仪也是每个事业成功者的基本素养。那么，基本着装的礼仪规范有哪些？商务人士该如何着装？如何进行服饰搭配？这些都是我们要学习和掌握的。

一、基本着装中的礼仪规范

在现实生活中，我们看到许多人的着装不仅不美，看上去还有点别扭，这其实是穿着不和谐，违反了基本着装的礼仪规范。那么，基本着装的礼仪规范有哪些呢？

1. 着装的 TPO 原则

TPO 是英文中时间（Time）、地点（Place）、场合（Occasion）三个单词的缩写。

（1）时间原则。时间既指每一天的早、中、晚三个时间段，也包括每年春夏秋冬的季节更替，以及人生的不同年龄阶段。时间原则要求着装考虑时间因素，做到随"时"更衣。

例如，白天工作时间的着装应根据工作特点和性质，以便于工作、庄重大方为原则；晚间的宴请、音乐会之类活动中，穿着应以晚礼服为宜。

夏季以凉爽、轻柔、简洁为着装格调，冬季应以保暖、轻便为着装原则，避免臃肿不堪，也要避免为形体美观而着装太单薄。

（2）地点原则。地点原则指随着地方、场所、位置不同，着装应有所区别，特定的环境应配以与之相适应、相协调的服饰，才能获得视觉和心理的和谐美感。

例如，穿着只有在正式的工作环境才合适的职业正装去娱乐、购物、休闲、观光，或者穿着牛仔服、网球裙、运动衣、休闲服进入办公场所和社交场地，都是与环境不和谐的表现。在办公室穿着一身很随意的休闲服，穿一双拖鞋，或者在绿草如茵的运动场上穿一身笔挺的西装，脚穿皮鞋，往往会引起人们的疑惑、猜忌、厌恶和反感，导致交往空间距离与心理距离的拉大和疏远。

（3）场合原则。不同的场合有不同的服饰要求，只有与特定场合的气氛相一致、相融合的服饰，才能产生和谐的审美效果，实现人景相融的最佳效果。

例如，参加会议、庆典仪式、正式宴会、商务或外事谈判、会见外宾等隆重庄严的活动，服饰应当力求庄重、典雅，凡是请柬上规定穿礼服的，可以按规定办事。庄重场合，一般不宜穿夹克衫、牛仔裤等便装，更不能穿短裤或背心。女子不宜赤脚穿凉鞋，要穿长筒袜。

2. 适体性原则

（1）着装应与性别年龄相适宜。男士不宜选择色彩鲜艳和大花图案的服装；中老年女士不宜穿着没过膝的短裙。如果一定要反其道而行之，只会落得一个贻笑大方。

（2）着装应与容貌肤色相适宜。中国人的皮肤颜色大致可以分为白净、偏黑、发红、黄绿和苍白等几种，穿着必须与肤色在色彩上相协调。肤色白净者，适合穿各色服装；肤色偏黑或发红者，忌穿深色服装；肤色黄绿或苍白的人，最适合穿浅色服装。

（3）着装应与体型相适宜。人的身材有高矮胖瘦之分，可以有针对性地选择服饰的质地、色彩、图案、造型工艺，引起别人的各种错觉，达到美化自己的目的。例如，胖人穿横条衣服会显得肥胖；身材矮小者适宜穿造型简洁、色彩明快、小花图案的服装；脖子短的人穿低领或无领衣服可以使脖子显得稍长；深色的有收缩感，适宜肥胖者穿戴，而浅色的料子有扩张性，身材瘦小者穿上后有丰腴的效果。

（4）着装应与个性气质相适宜。人的个性气质不同，要借助服装美化自身，首先要懂得服装彰显的含义。若一个性格活泼的女士穿着鱼尾裙的话，可能裙摆会摆动不停，这就与她的个性气质不相适应，看上去感觉不好。

（5）着装应与职业身份相适宜。职业、身份不同，着装自然应不同。若身为教师，戴着戒指和耳环上课，或穿着一身休闲装上课，就不符合职业要求，不仅损坏了自身形象，也破坏了教师在学生心目中的形象。

3. 整体性原则

（1）着装的整体协调。着装整体协调，指的是着装的上下、内外从色彩上、质地上、款式上要搭配和谐，还要与鞋子、袜子相协调。

（2）佩饰的整体协调。即所佩戴的饰物的色泽、质地、款式、风格要协调一致。

（3）妆饰、着装、佩饰的整体协调。化妆、头饰与着装要整体协调。如公司的白领女士，上班要化淡妆，穿着浅色的套裙，所戴的耳环和项链要色泽淡雅、纤细一些，这样看起来整体协调。和谐为美是人所共知的道理，所以从头到脚的整体协调能达到美的效果。

4. 独特性原则

有些人关注"今年流行"的服装，只要是流行的，就要买到手，穿上身，不怕"撞衫"。这是从众心理，认为大家都穿，一定是美的，没有自己的品位和主见。着装不能一味地追逐"流行"，也不能看别人穿什么，自己就效仿。要有能体现自己审美和品位的独特之处，穿出自己的风格。

5. 适度性原则

（1）适当的修饰程度。修饰要有度，要浑然一体，虽精心雕琢，但不露痕迹。妆容要适合所处环境，服装上的点缀要适宜。

（2）适度的饰品数量。适量地使用饰品，能起到点缀的作用，但数量不能超过3种，且要和谐呼应。如果数量过多，则可能形成"圣诞树"的效果，使人觉得眼花缭乱，给人以审美水平低下、没品位的印象，反而破坏了形象。

（3）适宜的修饰技巧。仪容、服饰的修饰、装扮要与个人自身特点相结合，在修饰中摸索出适合自己的修饰方法和技巧，不能一味地效仿他人。例如，长脸人修了个门帘式的刘海，能修饰脸型，使之美观，但如果是圆脸人也修这样的刘海，就使得脸型成扁状，破坏了美观。所以要掌握适合自己的修饰技巧。

小资料

服务的色彩哲学

色彩因其物理特质之故，常对人的生理感觉形成刺激，诱发人们的心理定式和联想等心理活动，色彩还具有某种社会象征性，许多色彩象征着某种性格、情感、追求等。如：

黑色，象征神秘、悲哀、静寂、死亡，或者刚强、坚定、冷峻；

白色，象征纯洁、明亮、朴素、神圣、高雅、恬淡、空虚、无望等；

黄色，象征炽热、光明、庄严、明丽、希望、高贵、权威等；

大红，象征活力、热烈、激情、奔放、喜庆、福禄、爱情、革命等；

粉红，象征柔和、温馨、温情等；

紫色，象征高贵、华贵、庄重、优越等；

橙色，象征快乐、热情、活力等；

褐色，象征谦和、平静、沉稳、亲切等；

绿色，象征生命、新鲜、青春、新生、自然、朝气等；

浅蓝，象征纯洁、清爽、文静、梦幻等；

深蓝，象征自信、沉静、平稳、深邃等；

灰色是中间色，象征中立、和气、文雅等。

二、现代男士的着装要点

西装是举世公认的国际服装，它美观大方、穿着舒适，又因其简练、富有气派的风格，成为当今世界上标准、通用的礼服，在各种礼仪场合被广泛穿着。人们常说："西装七分在做，三分在穿。"商界男士参加商务及社交活动，都要穿西装，所以要遵守西装的穿着规范。

1. 西装的款式与穿着场合

（1）西装的款式。现代商界男士常穿的西装主要有两种款式，一种是平驳领、圆角下摆的单排扣西装，如图2-5所示；另一类是枪驳领、方角下摆的双排扣西装，如图2-6所示。

另外，西装还有套装（正装）和单件上装（简装）之分。套装要求上下装面料、色彩一致，这种两件套西装再加上同色同料的背心（马甲）就成为三件套西装。

图 2-5　平驳领西装　　　　　　　　　图 2-6　枪驳领西装

（2）西装的穿着场合。

① 正式场合。在正式的场合应穿着西服套装作为礼服，色调应比较深，最好用毛料制作。

② 半正式场合。在半正式的场合，如在办公室参加一般性的会见等，可穿色调较浅的或有条纹的西装。

③ 非正式场合。在非正式的场合，如外出游玩、购物等，如穿西装，最好是穿单件的上装，配以其他色调和面料的裤子。

2. 西装穿着的"三个三"（三色原则、三一定律、三大禁忌）

（1）三色原则。三色原则是指男士在正式场合穿着西装时，全身颜色必须限制在三种之内，否则就会显得不伦不类，失于庄重。

（2）三一定律。三一定律是指男士穿着西服外出时，身上有三个部位的颜色必须协调统一，即鞋子、腰带、公文包的色彩必须统一起来。最理想的选择是鞋子、腰带、公文包皆为黑色。

（3）三大禁忌。三大禁忌是指在正式场合穿着西服时，不能出现的三个错误。

① 袖口上的商标未拆。袖口上的商标应该在买西服时就由售货人员拆掉，不然就显得不懂行了。

② 领带的打法出现错误。

③ 穿白色袜子、尼龙袜子出现在正式场合。

小贴士

1983 年 6 月，美国前总统里根出访欧洲四国时，由于他在庄重严肃的正式外交场合上没有穿黑色礼服，而穿了一套花格西装，引起了西方舆论一片哗然。有的新闻媒介批评里根不严肃、缺乏责任感，与其演艺生涯有关；有的新闻媒介评论里根自恃大国首脑，狂妄傲慢，没有给予欧洲伙伴应有的尊重和重视。

如果一个人的服饰不符合一定的场合要求是会引起误会的。在商务工作中要避免衣饰华丽，也不可衣饰庸俗，要恰如其分地打扮自己，表现出商务工作人员的优雅气质，表现出个人内在的涵养。有研究表明，客户更青睐那些穿着得体的商务人员。

3. 穿着西装要注意的问题

（1）拆除商标。在西装上衣左边袖子上的袖口处，通常会缝有一块商标，有时，那里还同时缝有一块纯羊毛标志。在正式穿着西装之前，应将其拆除，这种做法意味着对外宣告这套西装已被启用。如若西装穿过商标依旧没有拆除，则有招摇过市之嫌。

（2）熨烫平整。在每次正式穿着之前，应进行认真的熨烫，要定期对西装进行干洗，不穿西装的时候，应用衣架挂着，保持平整，这样的西装穿在身上才能显得线条笔直，平整挺括，美观而大方。另外，还要悉心呵护，不可以挽着西装衣袖和裤脚。

（3）扣好纽扣。穿西装时，上衣纽扣的系法尤为讲究。站立时，尤其是在大庭广众面前起身而立时，西装上衣的纽扣应当系上，以示郑重其事；就座之后，西装上衣的纽扣要解开，以防其"扭曲"走样。

单排扣上衣与双排扣上衣纽扣的系法各不相同。系单排两粒扣西装的纽扣时，讲究"扣上不扣下"，即只系上边那粒纽扣。系单排三粒扣西装的纽扣时，可以只系中间纽扣，也可以系上面两粒纽扣，以示郑重。而系双排扣西装的纽扣时，在通常情况下，应系上所有纽扣。

（4）少装东西。西装的外部口袋应不装或少装东西，以保证西装不走样。通常，西装左侧的外口袋除可以插入一块用以装饰的真丝手帕外，不应再放其他任何东西。西装内侧的胸袋可以放钢笔、钱夹或名片夹等，但不要放过大过厚的东西。西装裤兜不宜放物，以求美观。

（5）注意内衣搭配。西装的标准穿法是西装里面直接穿着衬衫，而衬衫之内不穿棉纺或毛织的背心、内衣。不穿衬衫，而让T恤衫直接与西装配套的做法，是西装穿着的大忌。

（6）慎穿毛衫。在西装上衣之内，原则上不允许穿毛衫。如果在冬季时实在寒冷难忍，也只宜穿上一件薄型"V"领的单色羊毛衫或羊绒衫。

（7）不挽起西装衣袖和裤脚。在正式场合，应该时刻注意细节问题，如不能卷起西装裤的裤脚，或者挽起西装的衣袖，注重整体形象，以免给人以粗俗的感觉。

（8）掌握四个不要。
① 衣袖不要过长（最好在手臂向前伸直时，衬衫袖子露出2~4厘米）；
② 衣领不要过高（一般以衬衫后领口露出西装后领口1~2厘米为宜）；
③ 雨天不要穿西装；
④ 不要只穿一套西装。

4. 男士穿着西装有八忌

（1）西裤过短。
（2）衬衫放在西裤外。
（3）不扣衬衫扣。
（4）西服袖子长于衬衫袖。
（5）领带太短。
（6）西服上装两扣都扣上（双排扣西服除外）。
（7）西服的衣、裤袋内鼓鼓囊囊。
（8）西服配便鞋。

三、职业女性的衣着指南

作为职业女性，穿着得体的服饰将增添自信，尤其是一位女性代表着一个企业、一个组织的形象时，更要追求大方、简洁、素雅的风格。套裙以它严整的形式、多变却不杂乱的颜色、新颖而不怪异的款式，成为职业女性最为规范的工作装。

1. 职业女性的套裙特色

商界职业女性在正式场合要着裙装，所穿着的套裙通常应具备以下特色：
（1）套裙应由高档面料制作而成；
（2）上衣与裙子应当采用同一质地、同一色彩的素色面料；
（3）提倡量体裁衣、扬长避短、做工考究；
（4）上衣注重贴身、平整、挺括，较少使用饰物、花边进行点缀；
（5）裙子应以窄裙为主，并且裙子的长度应当是及膝或者过膝。

2. 职业女性着装禁忌

成功的职业女性应该懂得如何适宜地装扮自己，在日常生活中，职业女性的着装应避免出现以下问题。

（1）忌过分时髦。现代女性热爱流行的时装是很正常的现象，但有些女性盲目追求时髦。一个成功的职业女性对于流行的选择必须有正确的判断力。穿着过于时髦，给人以踏实不足，不够平易近人的印象。

（2）忌过分暴露。夏天的时候，许多职业女性不够注重自己的身份，穿起颇为性感的服装，在正式场合穿着过露、过紧、过短和过透的衣服，如短裤、低胸背心、超短裙、紧身裤、透视装等，这样的着装可能会将个人才能和智慧埋没，甚至还会被看成轻浮。职业女性即使在炎热的夏季也应注意自己仪表的整洁、大方。

（3）忌过分正式。穿着不分场合、地点，过分正式、严肃，就缺少了优美、雅致的女性美。这个现象还是比较普遍，很多人是因为没有置备适合多种场合的服装，使着装过于单调、朴素。

（4）忌过分潇洒。最典型的例子就是穿一件随随便便的 T 恤或罩衫，配上一条泛白的"破"牛仔裤，丝毫不顾职业形象。

（5）忌过分可爱。服装市场上有许多可爱俏丽款式的服装，并不适合在职场中穿着，这样的着装会给人幼稚或不稳重的感觉，使得交往对象对自己的信赖感大打折扣。

（6）忌在正式场合不穿袜子。夏天有的职业女性穿着裙装却不穿袜子，这样往往会被人视为故意卖弄风骚。而穿半截裙子的时候，穿半截袜子，袜子和裙子中间露出一段腿肚子，结果导致"三截腿"——裙子一截、袜子一截、腿肚子一截，这在国外会被视为没有教养的表现。

3. 女士穿着西服套装时要注意"六不"

（1）不允许过大或过小。

（2）不允许不扣衣服扣。
（3）不允许不穿衬裙。
（4）不允许内衣外现。
（5）不允许随意搭配。
（6）不允许乱配鞋袜。

四、饰物的选择与佩戴

饰物即人们在穿着打扮时所使用的装饰物，它可在服饰中起到烘托主题和画龙点睛的作用。

1. 饰物佩戴的原则

商务人士饰品佩戴总的原则是"符合身份，以少为佳"。

（1）数量原则。选择佩戴饰品应当是起到锦上添花、画龙点睛的作用，而不应是过分炫耀、刻意堆砌，切不可画蛇添足。佩戴饰物一般不超过三件。

（2）质色原则。在商务交往中，佩戴两种或两种以上的首饰，应"同质同色"，即质地、色彩相同。

（3）搭配原则。

① 应讲求整体的效果。饰品的佩戴要和服装相协调。一般穿考究的服装时，要佩戴昂贵的饰品，服装轻盈飘逸，饰品也应玲珑精致，穿运动装、工作服时不宜佩戴饰品。

② 应考虑相关因素。饰品的佩戴还应考虑季节、场合、环境等因素。如春秋季可选戴耳环、别针，夏季选择项链和手链，冬季则不宜选用太多的饰品，因为冬天穿着衣服臃肿，饰品过多反而效果不佳；上班、运动或旅游时以不戴或少量戴饰品为好，在交际应酬的时候佩戴饰品才合适，可以展示个性和品位。

（4）扬长避短原则。饰品的佩戴应与自身条件相协调，如体型、肤色、脸型、发型、年龄、气质等。

（5）习俗原则。饰品佩戴要注意寓意和习俗，如戒指、手镯、玉坠等的佩戴。

2. 男性饰物的选择与佩戴

（1）选择与佩戴皮带。除了固定裤子外，皮带的装饰作用日益突出。选择一条质量上乘、款式大方、新颖别致的皮带，可以增加男人的风度和气质。皮带质地有真皮（包括羊皮、牛皮、鹿皮）的、塑料的、金属的及人造革的等。皮带卡有金属扣和嵌入扣的。皮带色彩与裤子色彩搭配时，应采用同一色、相似色。

（2）选择公文包。公文包被称为商界男士的"移动办公桌"，随身携带之物均可装在公文包里的既定之处，有条不紊地摆放整齐。对穿西装的商界男士而言，外出办事时若是少了公文包，会有诸多不便，也会使其神采和风度大打折扣。

商界男士所选择的公文包，其面料以真皮为宜，并以牛皮、羊皮制品为最佳，色彩以深色、单色为好，浅色、多色甚至艳色的公文包，均不适用于商界男士。一般情况下，黑色、棕色的公文包，是最正统的选择。除商标之外，商界男士所用的公文包在外表上不宜带有任何图案、文字，否则有失自己的身份。

皮包中，应准备好钢笔、记事本、电话本、计算器，以便随时随手记下他人的电话号码和其他信息。

（3）选择皮夹和名片夹。对商界男士来说，皮夹是重要的随身物品，最好购买真皮的，颜色可选含有华贵之感的深咖啡色或黑色。皮夹中不宜塞过多的东西。

名片夹用来装自己的名片和他人给予的名片，以皮制的为最好，金属的次之。

（4）选择与佩戴手表和笔。在正规的社交场合，手表往往被视同首饰，备受重视，有人甚至强调说："手表不仅是男人的首饰，而且是男人最重要的首饰。"商界男士佩戴手表，通常意味着时间观念强、作风严谨。与首饰作用相同的是，在社交场合商界男士所戴的手表往往体现其地位、身份和财富状况，因此，在社交场合中，商界男士所戴的手表大都引人注目。

① 选择机械表。男士最好戴款式简单的机械表。在国外，一般不戴电子表、潜水表、卡通表去参加宴会、谈判等。

② 色彩庄重。商界男士在社交场合中所戴的手表，一般宜选择单色手表、双色手表，不应该选择三色或三种以上颜色的手表，其色彩要高贵、典雅、清晰，金色、银色、黑色的手表，是最理想的选择。

③ 不带图案。手表上除数字、商标、厂名、品牌外，不应出现其他图案。

④ 笔的选带。男士在公务商务活动或社交活动中应该携带一支钢笔和一支铅笔。在较为正式的场合最好带一支金笔，因为笔同样是男士经济实力、身份和地位的代表，笔可以放在公文包内或西装上衣内侧的口袋内，不要插在西装上衣左胸外侧的装饰性口袋中。

（5）选择与佩戴眼镜。随着社会的发展和人们对美的追求，眼镜已经超越了矫正视力、保护眼睛的功效，而具有装饰或作为时装搭配物的功能，甚至被认为是人们风度气质、身份修养的体现。

① 要与自身条件相适宜。选择眼镜时，要充分考虑自己的身材、脸型和肤色。身材矮小、脸盘较小、肤色较深者不宜戴深色、宽边的大眼镜，因为它会给人造成压抑感和沉重感，身材清瘦、脸盘较小、肤色略白的人戴浅色、细边框的眼镜较合适。

② 不得戴着墨镜与人讲话。在交谈和行礼时，应先把太阳镜摘下来，过后再戴上，忌讳把太阳镜架在头顶上。有眼疾者，戴有色眼镜时，应向客人说明或在握手、说话时将眼镜摘下，离别时再戴上。

③ 保持镜片清洁。眼镜应保持清洁，镜片上不要留下斑斑点点，这样既不美观，又影响视觉。

3. 女性服装饰物的选择与佩戴

（1）选择与佩戴手套。手套不仅可御寒，而且是衣服的重要饰件。

① 手套的色彩。手套颜色应与衣服的颜色相一致，穿深色大衣，适宜戴黑色手套。

② 手套的材质。女性在穿西服套装或夏令时装时，可以挑选锦纶手套、薄纱手套和网眼手套。

③ 手套的长度。女士在舞会上戴长手套时，不要把戒指、手镯、手表等放在手套外

边，穿短袖或无袖衣裙参加舞会，一定不要戴短手套。

（2）选择与佩戴围巾。围巾有长巾、方巾、三角巾和领围之分，其装饰作用越来越突出。女士们偏爱轻柔飘逸的丝织围巾，可以根据场合、服装和当天的化妆、发型来选配围巾的色泽和款式，丝巾打法如图2-7所示。

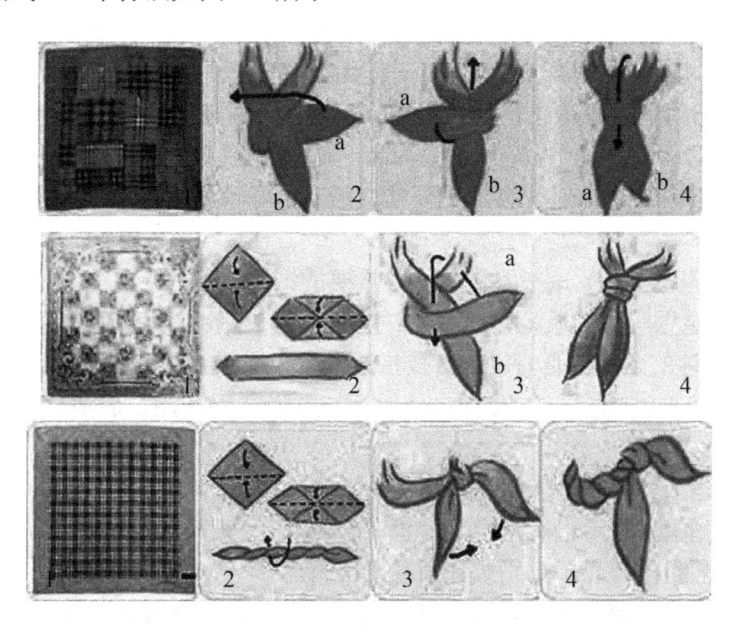

图2-7　丝巾打法

① 考虑身材、服装等因素。身高者，丝巾要宽大些，花型小一些，色彩柔和一些；体型纤弱者，丝巾应短一些，花色可繁杂艳丽些。新潮的服装可配素雅围巾。

② 掌握多种扎法。丝巾的扎法各种各样，如蝴蝶结，显得婉约典雅；披肩式，体现轻松自然，俏丽或有动态轻快的感觉。

（3）选择皮包。女士皮包多种多样。皮包的颜色要与季节、服装、场合、气氛相协调。

① 在严肃的社交场合，可使用颜色较暗、形状较方正的皮包；
② 参加舞会或宴会，可使用颜色鲜艳的羊皮小包或缎面小包；
③ 夏季皮包应该小巧淡雅，冬季皮包可以宽大艳丽；
④ 正规场合应用羊皮、鳄鱼皮等珍贵的皮包。

4. 女性首饰的选择与佩戴

商界女士合理地佩戴首饰，能反映其脱俗的审美品位和文化素养。首饰的选择以服装为依据，要保持整体风格一致。对于商界女士来讲，应选择简练大方的首饰，使其具有一种完整性、和谐性。正式场合中选用与服装相称的套件首饰可显得隆重而气度不凡。

（1）女性首饰的佩戴原则。

① 与服装相协调。艳丽的服装与色彩淡雅的首饰相配，深沉单色的服装可配一些色彩明亮、款式细巧的首饰；编织毛衣可选佩戴玛瑙、紫晶、虎石等制成的项链；穿真丝衬衫或裙装时，一条金项链足矣。

② 与形体相貌相协调。选择首饰时要考虑年龄、体型、发式、脸型等个性特点，否则会不伦不类，显得多余。例如，脖子粗短者不宜戴多串式项链，应戴长项链，使脖子显得稍长；圆脸或戴眼镜的女士，要尽量避免戴大耳环和圆形耳环；年纪大的女士要戴一些贵重的、精致的首饰，年轻女士应选择质好、色好、款式新潮的时装首饰。

③ 首饰之间的协调。佩戴首饰要少而精，力戒繁杂。戴一种以上首饰时，颜色、外形、风格要协调起来，最好配套。

④ 与环境相协调。佩戴首饰得考虑季节和场合，年轻女性在夏季可戴鲜艳的工艺仿制品，冬季则可戴一些珍珠、宝石、金银饰品；上班时戴首饰要少，可选淡雅简朴的胸针、耳环、项链等；参加晚会或外出参加重要社交活动，可佩戴大型胸针、项链和带坠子的耳环等闪光的饰品。

（2）选择与佩戴戒指。戒指不仅是一种重要的饰品，还是特定信息的传递物，尽管它有钻石、珍珠、金银等不同质地，有浑圆、方形及雕花、刻字等不同造型，但其佩戴的方法是一致的，表达的含义也是特定的。戒指通常戴在左手上，一般来说：

① 拇指通常不戴戒指。如果戴就是扳指，古为箭手所用，后演化为权力、地位的象征。

② 戴在食指上，表示尚未恋爱，正在求偶。

③ 戴在中指上，表示已有意中人，正在恋爱。

④ 戴在无名指上，表示已正式订婚或已结婚。

⑤ 戴在小指上，意为誓无婚恋，笃信独身主义。在不少西方国家，未婚女子的戒指戴在右手而不是左手上；修女的戒指总是戴在右手无名指上，这意味着她已经把爱献给了上帝。

一般情况下，一只手上只戴一枚戒指，戴两枚或两枚以上的戒指是不适宜的。戴薄纱手套时戴戒指，应戴于其内。从造型上讲，商界女士所戴戒指讲究小巧玲珑，注重艺术化。

（3）选择与佩戴项链。项链，是戴于颈部的环形首饰，其种类繁多。一般来讲，金项链的"足赤"给人一种华贵富丽的感觉；珍珠项链则以白润光洁而给人以高雅的美感。它们可以与各色服装相配，给人以华美的总体印象。

项链在改变脸型、颈部轮廓方面具有很好的效果：

① 短项链可以使脸部变宽、脖子变粗，所以，长脸和长脖子的女性应佩戴颗粒大而短的项链，使其在脖子上占据一定的位置，在视觉上能减少脖子的长度；

② 脖子短的人要佩戴颗粒小而长的项链；

③ 方脸型短脖子的女性应佩戴长项链，穿着领口大一点、低一点的上衣，这样可以让项链充分显露出来；

④ 瓜子脸的女性，由于给人温柔、忧郁的感觉，因此，可佩戴稍粗的、中等偏短的粗犷型项链。

（4）选择与佩戴手镯、手链。手镯，即佩戴于手腕上的环状饰物，很久以来就是女性的装饰物，有传统的银手镯、金手镯、珐琅手镯、翡翠手镯、玉石手镯等。手链，主要包括花式手链、表式手链、多用式手链等。佩戴手镯，所强调的是手腕与手臂的美丽，故二者不美者应慎戴。

（5）选择与佩戴耳环。耳环又叫耳坠，也是商界女士的主要首饰之一，使用比较普遍。耳环虽小，却是戴在一个明显而重要的位置上，直接引起他人的注意，因此，美观大方的耳环对人的风度气质的影响很大。

一般来讲，纯白色的耳环和金银耳环可配任何衣服，而鲜艳色彩的耳环则需与衣装颜色相一致或接近。从质地方面看，佩戴熠熠闪亮的钻石耳环或洁白晶莹的大珍珠耳环，必须配以深色高级天鹅绒旗袍或高档礼服，否则显得不搭配。

每一位商界女士，在佩戴耳环时必须考虑自己的肤色、脸型、发型、服装等因素。

（6）选择与佩戴胸针、领针。胸针，即别在胸前的饰物，其图案以花卉为多，故又称胸花。胸针式样要注意与脸型协调，长形脸宜配近于圆形的胸针；圆形脸应配以长方形胸针；如果是方形脸，则适宜配用圆形胸针。佩戴领针以一枚为限，而且不宜与胸针、纪念章、奖章、企业徽记等同时使用。

【任务实战】

商务人士在正式场合应如何着装

一、商界男士的西装搭配与穿着

商界男士穿着西装时，对与西装相搭配的衬衫、领带、鞋袜和公文包等都有一定的要求。有句行话说："西装的韵味不是单靠西装本身穿出来的，而是用西装与其他衣饰一道精心组合搭配出来的。"由此可见，西装与其他衣饰的搭配，对于成功穿着西装是非常重要的。

1. 西装与衬衫搭配

与西装相配的衬衫，应当是正装衬衫。一般来讲，正装衬衫具备下述几个方面的特征。

（1）色彩。正装衬衫必须为单一色彩，在庄重的商务场合中，白色衬衫可谓商界男士的最佳选择。除此之外，在一般商务场合，也可选择棕色、灰色、黑色、蓝色等颜色的衬衫，杂色或是黄色、红色、橙色、粉色等颜色的衬衫穿起来通常会有失庄重之感。印花及带有人物、动物、植物、文字、建筑物等图案的衬衫，均为非正装衬衫。较细的竖条衬衫在一般性商务活动中也可以穿着，但是，穿这种衬衫的时候，切记不要同时穿着带竖条的西装。

（2）面料。正装衬衫主要以高支精纺的纯棉、纯毛制品为主。以棉、毛为主要成分的混纺衬衫，也可酌情选择。

（3）衣领。正装衬衫的领型多为方领和尖领，在进行选择时，须兼顾本人的脸型、颈长及所打领带结的大小。立领、翼领和异色领的衬衫，通常都不适合于同正装西装相配。

（4）衣袋。正装衬衫以无胸袋者为佳，即便穿有胸袋的衬衫，也要尽量少往胸袋里塞东西。

（5）衣袖。正装衬衫必须为长袖衬衫，就其袖口而言，又有单层袖口与双层袖口之分。后者又称法国式衬衫，主要的作用是可以佩戴装饰性袖扣。装饰性袖扣又称链扣或袖链，使用时如恰到好处，可平添高贵典雅的风度。

2. 西装与领带搭配

男士穿西装时,最抢眼的通常不是西装本身,而是领带,因此,领带常被称为西装的"灵魂"。一位男士,若只有一身西装,只要经常更换不同的领带,往往也能给人耳目一新的感觉。在正式场合,穿西装一定要打领带;在非正式场合可以不打领带,但应把衬衣领扣解开,以示休闲洒脱,避免给人忘记打领带之感。

作为西装的灵魂,领带的选择讲究甚多。商界男士在挑选领带时,至少要重视以下几点。

(1) 面料、质量、色彩、图案。

① 面料。领带最好是用真丝或者羊毛制作的,以涤纶丝制成的领带售价较低,有时也可选用,而用棉、麻、皮、革、绒、珍珠、塑料等物制成的领带,在商务活动中均不宜佩戴。

② 质量。外形要平整、美观,无疵点、无跳丝、无线头,悬垂挺括,显示厚重。

③ 色彩。在商务活动中,灰色、蓝色、黑色、棕色、紫红色等单色领带都是十分理想的选择。商界男士在正式活动场合中,应尽量少打艳色或浅色领带,同时,切勿使自己佩戴的领带多于三种颜色。

就领带和西装的搭配而言,选择领带的色彩有一个原则:以衬衫为轴。穿深色西服、白色衬衫,出席正式场合,领带的颜色要与西装颜色相协调,如图2-8所示;穿有色衬衫,出席非正式场合,领带颜色要与衬衫颜色相协调,如图2-9所示。

图 2-8　穿白色衬衫　　　　　图 2-9　穿有色衬衫

④ 图案。以单色无图案的领带为庄重,也可佩戴以圆点、方格、条纹等规则的几何形状为主要图案的领带。含有其他类型图案的领带,一般不适用于商务活动场合。

一般来说,带有斜纹的领带,彰显果断权威、稳重理性,适用在谈判、主持会议、演讲的场合;带有圆点、方格的领带则规规矩矩、按部就班,适合初次见面和见长辈、上司时用;不规则图案的领带,显得活泼、有个性、有创意和朝气,比较随意,适用于酒会、宴会和约会。

(2) 款式。领带的款式有宽窄之分,选择时,应注意使用适合自己身体条件的。身材高的人应该系上超大的领带,身材魁梧的人必须打比较宽的领带。另外,领带还有箭头与平头之分,箭头的领带下端为倒三角形,适用于各种场合,比较传统;下端为平头的领带比较时髦,多适用于非正式场合。值得注意的是,对于那种简易式的领带,如"一拉得"领带、"一挂得"领带等,均不适合在正式的商务活动中使用。

(3) 佩饰。领带佩饰的基本作用是固定领带,其次才是装饰。常见的有领带夹、领带针和领带棒,它们分别用于不同的位置,但一次只能选用其中的一种,切不可同时登场。选择领带佩饰,应多考虑金属质地制品,并要求素色为佳,形状与图案要求雅致、简洁。

① 领带夹。使用的正确位置应当是在衬衫从上往下数的第4粒、第5粒纽扣之间，最好不要在系上西装上衣扣子之后外露。

② 领带针。其作用是将领带别在衬衫上，并发挥一定的装饰作用，其含有图案的一端应处于领带之外，含有细链一端则应免于外露。使用领带针时，应将其别在衬衫从上往下数第3粒纽扣处的领带正中央，使含有图案的一面为外人所见。但要注意的是，千万别把领带针当领针使用。

③ 领带棒。其作用是穿扣领衬衫时将其穿过领带，并固定于衬衫领口处。使用领带棒，如果方法得当，会使领带在正式场合既显得飘逸，又减少麻烦。

（4）领带的打法。领带有温莎结、双环结和平结等几种打法，如图2-10所示。领带的长度要适当，以达到皮带的下缘为宜。如果穿毛衣或毛背心，应将领带下部放在毛衣领内。系领带时，衬衣的第一个纽扣要扣好。

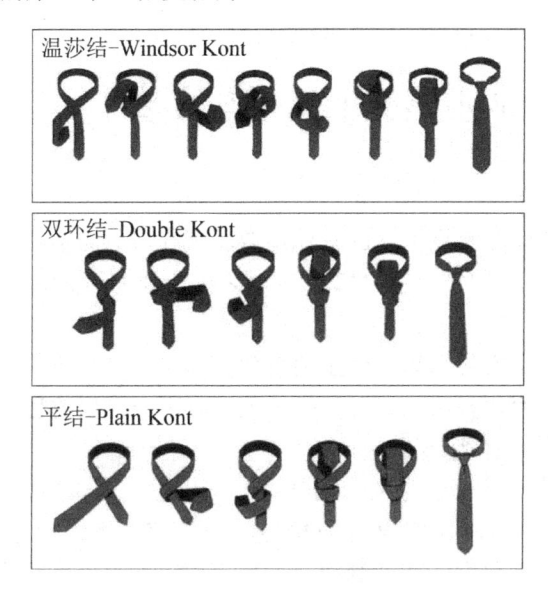

图2-10　领带的打法

3. 西装与鞋袜搭配

商界男士穿西装时，所穿的鞋子与袜子均应认真地进行搭配。对于商界男士来说，鞋袜在正式场合也被视为"足部的正装"，不遵守相关的礼仪规范，会令自己"足下无光"。

（1）鞋子的材质。选择与西装配套的鞋子，只能选择皮鞋，与西装配套的皮鞋，应当是真皮而非仿皮的。一般来说，牛皮鞋与西装是最佳搭配，羊皮鞋、猪皮鞋则不甚合适，磨砂皮鞋、翻毛皮鞋也不适合与西装搭配。

（2）鞋子的颜色。在正式场合穿的与西装配套的皮鞋，应庄重、正统，为深色、单色，没有任何图案和装饰。黑色皮鞋能配任何一种深颜色的西装。皮鞋擦得很亮的人，会显得特别光鲜，容易给人以好感。

（3）鞋子的款式。系带皮鞋是最佳之选，船形皮鞋、盖式皮鞋、拉锁皮鞋等都不合适。

（4）袜子的选择。与西装、皮鞋搭配的袜子，最好是纯棉、纯毛的。

商界男士在穿袜子时，必须遵守下列 5 项规则。

① 完好。穿袜之前，一定要检查一下它有无破洞、跳丝，如果有，要及时更换。

② 干净。袜子务必要做到一天一换、洗涤干净，以防止产生异味而令自己难堪，令他人难忍。

③ 色彩。袜子色彩与西装的搭配应和谐，应穿深色或单色的袜子，其中黑色比较正规。通常，深色袜子可以配深色的西装，也可以配浅色的西装，浅色的袜子能配浅色西装，但不宜配深色西装，忌用白色袜子配西装。

④ 配双。无论如何，穿袜子时都要穿成双的袜子。不要自行将原非一双的两只袜子随意穿在一起，如二者色彩不同、图案各异，更是令人笑话。

⑤ 合脚。袜子的大小一定要合脚。袜子太小，不仅易破，也容易从脚上滑下去，袜子太短，则容易露出脚踝。一般而言，袜子的长度最好要及小腿上部，穿着太短的袜子当坐下来时稍不留意就会露出皮肉，很不雅观。

二、商界女士职业套裙的搭配与穿着

1. 选择套裙的款式

（1）领型的变化。职业套裙上衣的变化主要表现在衣领方面，除了常见的平驳领、枪驳领、圆状领、一字领、"U"字领、"V"字领之外，还有青果领、燕翼领、披肩领、束带领等领型。

（2）衣扣的变化。上衣的另外一个主要变化则体现在衣扣方面，它既有无扣式，也有单排式、双排式的；既有明扣式，也有暗扣式的；有用一粒扣的也有用多粒扣的。有的纽扣发挥实际作用，有的纽扣则起着装饰作用。

（3）裙子形状的变化。最常见的有西装裙、一步裙、筒式裙、围裹裙等，款式端庄、线条优美；旗袍裙、开衩裙、喇叭裙、百褶裙、"A"字裙等，飘逸洒脱、高雅漂亮。

（4）件数的变化。商界女士职业套裙有两件套的，即上衣和裙子；也有三件套的，即上衣、裙子加上背心。

2. 选择套裙的面料

所选套裙面料最好是纯天然质地的，质料上乘的上衣、裙子以及背心等，应当选用同一种面料。在外观上，套裙所选用的面料，追求匀称、滑润、平整、光洁、丰厚、悬垂、柔软、挺括，不仅弹性、手感要好，而且应当不会起毛、不会起球、不会起皱。绝对不可选择皮质面料。

套裙的上衣、裙子以及背心等面料一致为最佳，这样的套裙看起来高档、雅致、美观、脱俗。

3. 选择套裙的色彩

（1）选择冷色调。在色彩上，套裙应当以冷色调为主，借以体现出着装者的典雅、端庄与稳重，不应该选择鲜亮抢眼的色彩。要兼顾自己的肤色、形体、年龄与性格，而且要与所从事商务活动的具体环境相协调。

一般情况下,加入了一定灰色色彩,如藏青、烟灰、炭黑、雪青、土黄、茶褐、紫红等稍冷一些的色彩,都是商界女士可以选择的。

(2)可选同一或不同色彩。套裙上衣与裙子的色彩可以是一色,也可以采用上浅下深或上深下浅的两种不同的色彩,从而形成鲜明的对比,以强化给他人留下的印象。有时,即使穿着上衣下裙为同一色的套裙,也可以采用与其色彩所不同的衬衫、领花、丝巾、胸针、围巾等饰物,对其加以点缀,以使之生动、活泼。

4. 选择套裙的图案

商界女士在正式场合穿着的套裙,可以不带有任何图案,如果出于个人喜好,可以选择以各种或大或小的圆点、或明或暗的条纹、或宽或窄的格子为主要图案的套裙。套裙不应以符号、文字、花卉、宠物、人物为主体图案,绘有这类图案的面料,在本质上与套裙的风格是不相容的。

5. 选择套裙的点缀

套裙上不宜添加过多的点缀,否则,极有可能使其显得杂乱、琐碎、低俗和小气,点缀过多还会使穿着者有失稳重。套裙上的点缀宜少不宜多、宜简不宜繁、宜精不宜糙。

6. 选择套裙的尺寸

一般说来,套裙长短没有明确而具体的规定,传统的观点是:裙子短则不雅,裙子长则无神。恰到好处的应为裙子的下摆正好抵达小腿肚子最为丰满之处。商界女士在选择时,要考虑个人偏好、身材特点以及流行时尚,出于自尊自爱等方面的考虑,商界女士须注意套裙中的超短裙并非越短、越"迷你"越好,过多地裸露自己的大腿是不文明的。

套裙上衣与裙子的尺寸有四种基本形式:上长下长式、上长下短式(见图2-11)、上短下长式及上短下短式(见图2-12),可根据自身需要来选择。

图2-11 上长下短式   图2-12 上短下短式

7. 选择与套裙相配的衬衫

与套裙相配的衬衫颜色很多,如白色、黄白色或者米色。丝绸是最好的面料,但价格比较贵，纯棉的必须浆过并且熨烫平整。

8. 选择与套裙相配的鞋、袜

在西方国家，鞋子和袜子被称作"脚部时装"和"腿部时装"，颇为重要。得体的鞋袜可以增进女士衣着的整体美。

（1）鞋子的选择。与套裙配套的鞋子是皮鞋，并且以黑色的牛皮鞋为最好，与套裙同一色彩的皮鞋也可以选择。鞋的式样应该是高跟、半高跟的船型皮鞋或盖式皮鞋；系带式、丁字式皮鞋以及皮靴、皮凉鞋等，都不适宜选用。

（2）袜子的选择。用来和套裙配套的袜子，可以是尼龙丝袜或羊毛袜，颜色最好是肉色的，通常情况下，高筒袜和连裤袜是与套裙的标准搭配。切勿将健美裤、九分裤等裤装当成长袜来穿。袜子应当完好无损，可在皮包内放一双备用丝袜，以便在丝袜被弄脏或破损时可以及时更换，避免难堪。

（3）鞋子、袜子、裙子相协调。穿套裙的时候，要注意鞋子、袜子、裙子之间的颜色是否协调，鞋子、裙子的色彩必须深于或略同于袜子的色彩，鞋子和袜子尽可能没有图案和装饰，或者图案和装饰少些。

9. 套裙的穿着

（1）系好纽扣。商界女士在正式场合穿套裙时，上衣的衣扣必须全部系上，不要将其部分或全部解开，更不要当着别人的面随便将上衣脱下。

（2）衣着整齐。上衣的领子要整理好，有盖子的衣袋要盖好。不要将上衣披在身上或者搭在身上。裙子要穿得端端正正，应将衬衫下摆掖入套裙裙腰之内。

三、连衣裙的穿着

（1）色彩的选择。在夏季参加一般商务活动，可以选择连衣裙，对于职业女性来说，可以选用灰色、藏青色、暗红色、米色、驼色、黄褐色、红色和玫瑰红颜色的布料。

（2）面料质地的选择。连衣裙的面料可以选择丝绸或者亚麻，但需要加入人造纤维，否则容易起皱。

（3）穿着合体。穿连衣裙要注意合体，要宽松适当，长短适中，裙装造型与体形相互补充。

（4）饰品的选配。穿连衣裙，饰品点缀要少，要体现大方、优雅、飘逸、优美之感。

任务3 掌握商务人士仪态礼仪规范

培根说："相貌的美高于色泽的美，而秀雅合适的动作的美又高于相貌的美。"这是因为姿态比相貌更能表现人的精神气质。

仪态，是指一个人举止的姿态和风度。姿态，是指一个人身体显现出来的样子，如站立、行走、弓身、就座、手势、眼神、面部表情等。风度则是一个人内在气质的外在表现。人的内在气质包括许多内容，如道德品质、学识修养、社会阅历、专业素质与才干、个人情趣与爱好、专长等，主要是通过人的言谈举止、动作表情、站姿、坐相、走态、眼神及服饰装扮等体现出来的。

在商务交往过程中，仪态用一种无声的体态语言向人们展示出一个人的道德品质、礼貌修养、人文学识、文化品位等方面的素质与能力。

商务人员需要拥有的仪态是：挺拔的站姿、端庄的坐姿、自然的走姿、优雅的蹲姿、恰当的手势和甜美的微笑。优雅的仪态不但是商务人员自身气质的展现，同时也是对他人尊重、尊敬、礼貌的体现。商务人员的仪态可以体现自信、能力、修养，可以使交往顺利，带来成功和好运。我们要通过学习和训练，掌握商务人士仪态礼仪规范。

一、站姿的礼仪

1. 站立的正确姿态

古人说，"站如松"。站立的标准就是如松柏一样挺拔，给人以优雅、充满自信、气宇轩昂、乐观向上的感觉。女性的站姿要有女性的特点，要表现出女性的温顺、娇巧、纤细、轻盈、娴静、典雅之姿，给人一种"静"的优美感。男性的站姿要有男性的气质，要表现出男性的刚健、强壮、粗犷、剽悍、英武、威风之貌，给人一种"劲"的壮美感。

具体要求身体各部位达到以下基本要求。

（1）挺胸、收腹、梗颈。

（2）下颌微收，双眼平视。

（3）双唇微闭，面带微笑。

（4）双肩展开，双臂自然下垂。

（5）注意双手的位置。

（6）注意两脚的位置。

2. 站姿禁忌

（1）忌东倒西歪。工作时站没站相，东倒西歪，很不雅观。

（2）忌弯腰驼背。当胆怯、疲劳、无所事事时，呈现出弯腰驼背，影响形象。

（3）忌双腿大叉。男性双腿分开过大，女性膝关节打开时，呈现不雅形象。

（4）忌双手乱放。将手插在裤袋里，随随便便，悠闲散漫，双手抱于脑后，双肘支在某处，手托下颌，这都是懒散的表现。还有抱臂在胸前，显得傲慢。

（5）忌脚部位置不当。人字步、蹬踏式、双腿大叉等都是不得体的。

（6）忌趴伏倚靠。懒洋洋地倚趴在桌上、靠在墙上或椅子上，很懒散。

（7）忌半坐半站。半坐在桌子边缘、半坐在椅子靠背上，脚支撑在地上，都是不讲文明的体现。

(8)忌浑身乱动。站着的时候下意识地做小动作，如摆弄打火机、香烟盒，玩弄衣服、发辫，咬手指甲等，这样不但显得拘谨，给人以缺乏自信的感觉，而且有失仪表的庄重。

二、坐姿的礼仪

1. 坐姿的正确姿态

古语谓"坐如钟"，说的是坐姿沉稳端正。坐姿文雅，坐得端庄，不仅给人以沉着、稳重和冷静的感觉，而且也展现高雅庄重和尊敬他人的良好风范。

2. 坐姿的礼仪规范

（1）遵循"左进左出"原则。从椅子左边走到座位前入座；起座后从椅子左边离开。

（2）入座轻缓，起座稳重。入座的动作不要太快或太慢、太重或太轻。太快显得有失教养；太慢则显得懒散；太重给人粗鲁不雅的印象；太轻给人谨小慎微的感觉；应大方自然、不卑不亢地轻轻落座。

（3）不要坐满椅子。商务服务人员，可坐在椅子的2/3处，以随时起身服务于顾客。

（4）穿短裙的女士一般不要架腿。

（5）架腿时切忌脚尖朝天。在泰国这会被认为是盛气凌人，是一种侮辱性举止。

3. 不正确的坐姿

（1）坐时将双手夹在双腿之间或放在臀下。

（2）将双臂抱于胸前或放在脑后。

（3）将双腿分开得过大，或将脚伸得过远，把腿架成"4"字形，架起二郎腿晃悠，或不停地抖动，摇晃双腿。

（4）全身完全放松，瘫软在椅子上。

（5）头部靠在椅背上，臀部溜到椅子边缘，双脚跷起或伸直。

（6）弯腰驼背，全身挤成一团。

（7）在落座或离座时，碰倒杯子，踢倒椅子，打翻了东西，弄出声响。

（8）与人交谈时，坐得太深，靠在椅背上。

（9）叉开双腿倒骑在椅子上。

以上各种姿态都是不雅的坐姿，给人以懒散、无礼、缺乏教养的印象。

三、走姿的礼仪

1. 走姿的标准姿态

"行如风"是古人对人的走姿提出的标准，是说"行"要如微风吹拂在水面上，泛起层层微波，既有动感又无大起大伏，优美而平稳。优美的走姿很能表现一个人的风度、风采、韵味、青春活力和积极向上的精神状态。走姿正确，很自然地就会流露出自信、精神的气质，同时也给人以专业的信赖感。在行走时应既优雅从容，又保持平稳和节奏，这样才可体现走姿的动态美。

走路时步态美不美,关键在步幅和步位,步幅是指行进时前后两脚之间的距离。在生活中,步幅的大小往往与人的身高成正比,与穿着也有关系,女性穿高跟鞋时的步幅大约是一脚间隔。步位也很重要,落脚应成直线,且脚尖应正直向前。

要保持步态的优美,行进的速度应保持均匀、平稳,不能过快过慢、忽快忽慢。

2. 走姿的礼仪要求

(1) 切忌身体摇摆。行走时切忌晃肩摇头,上体左右摆动,给人以庸俗、无知和轻薄的印象。脚尖正直向前,不要向内或向外,形成"内八字"或"外八字",或者弯腰弓背,低头无神,步履蹒跚,给人以压抑、疲倦、老态龙钟的感觉。

(2) 双手不可乱放。工作时,无论男女,走路的时候,都不可把手插在衣服口袋里,尤其不可插在裤袋里,也不要叉腰或倒背着手,因为这样不美观。走路时,两臂应为前后均匀地随着步伐摆动。

(3) 目光注视前方。走路时眼睛注视前方,不要左顾右盼,不要回头张望,不要老是盯住行人乱打量,更不要一边走路,一边指指点点地对别人评头论足。这不仅有伤大雅,而且不礼貌。

(4) 脚步干净利索。走路时脚步要干净利索,有鲜明的节奏感,不可拖泥带水,也不可发出咚咚响声。

(5) 有急事莫奔跑。如果碰到急事,可以加快脚步,但切忌奔跑,特别是在楼里。

(6) 同行不要排成横队。几个人在一起走路时,不要勾肩搭背,不要拍打。多人在一起走的话,要成纵队。

(7) 走路要用腰力。走路时腰部松懈,会有吃重的感觉,不美观,拖着脚走路,更显得难看。走路的美感产生于下肢的频繁运动与上体稳定之间所形成的对比和谐,以及身体的平衡对称。

(8) 关照女性。男女两人同行,女士步幅较小,男士步幅较大,男士应适当调整步幅,尽量与女士同步行走。

四、下蹲姿态的礼仪

在拿取低处的物品或者拾起落在地上的东西时,下蹲的姿态如何,能体现一个人的文明与教养。在公众场合,人们从低处取物或俯身拾物时,弯腰曲背,低头撅臀或双腿敞开、平衡下蹲,尤其是穿裙子的女士下蹲时两腿敞开,都是不文明的。

下蹲姿势的注意事项。

(1) 不要摇晃。下蹲时无论采取哪种蹲姿,都应掌握好身体的重心,避免在他人面前东倒西歪,摇晃不稳,出现尴尬的局面。

(2) 不要毫无遮掩。女士在下蹲时还应注意一手掩住领口,一手牵拉上衣底边,以防下蹲时暴露身体部位。

(3) 不要突然下蹲,给周围人造成不安心理。

（4）不要距人过近。距人过近，有失自尊。

（5）不要方位失当。无论男士还是女士，在下蹲的时候都应注意不要面对宾客蹲下，应侧身相向。

（6）不要蹲在椅子上。这样做既不卫生，也不雅观。

（7）不要蹲着休息。让人产生联想，也不雅观，国外视为"卫生间姿势"。

五、手势的礼仪

手势在人际交往中具有丰富的表现力，是"体态语"的重要组成部分。商务人员的手势运用要给人一种庄重含蓄、彬彬有礼、优雅自如的感觉。

1. 手势的类型

人的手势可分很多种类型，在商务活动中，经常会用到以下几种。

（1）情意性手势。主要用于带有强烈感情色彩的内容，其表现方式极为丰富，感染力极强。例如，当交往的对方遇到了悲痛之事，你上前安慰，一只手握着对方的手，一只手轻拍对方的背，表达深深的情谊。

（2）象征性手势。主要用来表示一些比较复杂的感情和抽象的概念，从而引起对方的思考和联想。例如，讲话时有人常紧握拳头挥舞着，表示决心。还有人讲话时习惯用手指表示不同的数目，屈指计数等。

（3）指示性手势。主要用于指示具体事物或数量，其特点是动作简单，表达专一。例如，用手指人、指物、指示方向等。

（4）描述性手势。如用手比画物体，表示形状、大小、厚薄、方圆、长短、深浅、高度、速度等。

2. 使用手势的要求

（1）手势的使用要准确。一般认为，掌心向上的手势有一种诚恳、尊重他人的含义；掌心向下意味着不够坦率、缺乏诚意等；伸出手指来指点是要引起他人的注意，含有教训人的意味。因此，使用手势要准确。

（2）手势的使用要规范。手势规范：五指并拢，自然伸直，腕关节伸直，手与小臂成一直线。在做手势的同时，要配合眼神、表情和身体姿态，方显得体大方。

（3）手势的使用要适度。

3. 使用手势的注意事项

（1）不要过多使用。

（2）不要用手指人。

（3）不要背手与人讲话。

（4）打招呼、致意、告别、欢呼、鼓掌等都属于手势范围，应该注意其力度的大小、速度的快慢、时间的长短，不可以过度。

（5）不要用大拇指指人指己。

六、表情的礼仪

表情是指人的面部情态,即通过面部的眉、眼、嘴、鼻的动作和脸色的变化表达出来的心理活动和情感信息。表情能生动、充分地展现人类的各种情感,如高兴、喜悦、兴奋、激动、悲伤、忧郁、惶恐、失望、气恼、愤怒、自负、自卑等,把人的复杂心态表现得淋漓尽致。

在商务交往中,热情友好、待人以诚的商务人士,有必要正确地把握和运用好自己的表情,其友善与敬意才会真正为交往对象所理解,这不只是商务人员的一种职业要求,而且应当是商务人士待人接物所"必备"的一种修养。微笑如图2-13所示。

1. 表情的特点

(1)表情的复杂性。
(2)表情的共同性。
(3)表情的真实性。

图2-13 微笑

感情的表达=语言(7%)+声音(38%)+表情(55%)。健康的表情留给人们的印象是深刻的,它是优雅风度的重要组成部分。正因为表情具有这种传情达意的重要功能,因此它也是商务交往中一种很重要的交际手段,特别是目光和微笑最具有礼仪功能和表现力。

2. 目光的运用

眼睛是心灵的窗户,在交际中往往通过视线接触来传递信息,所以,商务人员面对客人说话时,不要上下打量,左顾右盼,或目光旁视,心不在焉,这都会使对方感到不愉快。在多数情况下,商务人员要面带笑容,目光平视。

一个良好的交际形象,目光应是坦然、亲切、和蔼、有神的。商务交往活动中,目光的运用要符合一定的礼仪规范,以免失礼,给对方留下无礼的印象。

在交往中,目光的运用包括注视的时间、注视的部位和视线的位置三个方面。

(1)注视的时间。权威人士的调查研究发现,人们在交谈时,视线接触对方脸部的时间占全部谈话时间的30%~60%。超过这一平均值,可认为对谈话者本人比谈话内容更感兴趣;低于平均值,则表示对谈话内容和谈话者本人都不怎么感兴趣。不难想象,如果谈话时心不在焉、东张西望,或由于紧张、羞怯不敢正视对方,目光注视的时间不到谈话的1/3,这样的谈话,必然难以被人接受和信任。

(2)注视的部位。人们在日常交谈中常用的注视部位分为三个区域。

① 公务注视。一般用于洽谈、磋商、谈判等场合,给人以一种严肃、认真的感觉,注视的位置在对方的双眼至额头之间的三角区域内(上三角区)。

② 社交注视。一般在社交场合,如舞会、酒会上使用,位置在对方的双眼至嘴唇中线之间的三角区域内(中三角区)。

③ 亲密注视。一般在亲人之间、恋人之间、家庭成员等亲近人员之间使用,注视的位置在对方的双眼至胸部之间(下三角区)。

（3）视线的位置，如图 2-14 所示。

图 2-14　视线的位置

（4）目光的不良表达方式。
① 在别人讲话时闭眼，给人的印象是傲慢或没有教养。
② 盯住对方的某一部位"用力"看，这是愤怒的最直接表示，有时也暗含挑衅之意。
③ 浑身上下反复地打量别人，尤其是对陌生人，特别是异性。
④ 窥视别人，这是心中有鬼的表现。
⑤ 用眼角瞥人，这是一种公认的鄙视他人的目光。
⑥ 频繁、反复地眨眼看人，看起来心神不定，挤眉弄眼，失于稳重，显得轻浮。
⑦ 左顾右盼，东张西望，目光游离不定，会让对方觉得用心不专。

3．笑容

美国密歇根大学的心理学家詹姆士·麦克奈尔教授谈到，有笑容的人在管理、教导、推销上更能成功，更可以培养快乐的下一代。

笑是最美好的形象，它是眼、眉、嘴和颜面的动作集合。人类的笑多种多样，有微笑、欢笑、大笑、狂笑、苦笑、奸笑、狞笑、嘲笑等。轻轻一笑可以招呼他人或者委婉地拒绝他人，抿嘴而笑能给人以不加褒贬、不置可否、似是而非之感，大笑则特别令人振奋、欣喜、激动、忘情，而微笑是其中最常见的、用途最广的、效益最佳的形象，微笑是最完美的礼仪。

中国有句老话叫"和气生财"，还有"抬手不打笑脸人"，这两句话说的都是：你的表情和你的生意之间有很多的关联，愉悦的表情让你赚进更多的钱，即使遇到生气的顾客，你的热情的态度和友好的微笑也会把对方的怒火熄灭。

（1）微笑的价值。微笑是社交场合最富有吸引力、最有价值的面部表情，它表现着人际关系友善、诚信、谦恭、和蔼、融洽等最为美好的感情因素，所以它已成为各国宾客都理解的心理性"国际语言"。

"你今天对顾客微笑了没有？"美国著名的希尔顿酒店的董事长唐纳·希尔顿经常这样问下属。他还要求职员们记住："无论旅馆本身遭遇的困难如何，希尔顿旅馆服务员脸上的微笑，永远是属于旅客的阳光。"果然，服务员脸上永恒的微笑，帮希尔顿旅馆度过了 20 世纪 30 年代美国空前的经济萧条时期，在全美国旅馆倒闭了 80% 的情况下，跨入了黄金时代，发展成显赫全球的旅馆。

(2) 微笑的功能。

① 强化有声语言的沟通。在社会交往中，微笑能强化有声语言的沟通，增强交往效果。

② 有时候能代替有声语言的沟通。微笑与其他肢体语言配合，能代替有声语言的沟通。如微笑着向别人道歉，会消除对方的不满情绪；微笑着接受批评，能显示你承认错误但又不诚惶诚恐；即使微笑着委婉拒绝别人，也代表你的大度，不会使人感到难堪等。

真诚的微笑不但可以让人们和睦相处，也给人带来极大的成功。

(3) 微笑的作用。

① 可以调节情绪。微笑会使自己心情愉悦，同时也能感染对方。

② 可以消除隔阂。在社会交往中，出现了不和谐现象的时候，一个微笑就能消除隔阂。

③ 可以获取回报。"一笑值千金"。在商务领域，微笑的价值不可估量。

④ 有益身心健康。俗话说：笑一笑，十年少。微笑能保持良好心情，有益于身心健康。

⑤ 能表现心境良好。乐观向上，善待人生，会产生魅力。

⑥ 能表现充满自信、不卑不亢。使人产生信任感，被别人接受。

⑦ 能表现真诚友善。反映自己心底坦荡，善良友好，待人真心实意，缩短心理距离。

⑧ 能表现乐业敬业。热爱本职工作，乐于恪尽职守。

微笑是一种魅力。在社会交往中，亲切、温馨的微笑，可以有效地缩短双方的距离，创造良好的心理气氛，使"强硬的"变得温柔了，"困难的"变得容易了，甚至有时还会反败为胜。

然而，要笑得好，笑得自然，并不容易。面对亲密的人笑得过火，会显得不稳重；硬挤出的淡淡的笑，则给人一种虚伪的感觉。微笑要发自内心，亲切自然。

(4) 微笑的种类。

① 自信的微笑。这种微笑充满着自信和力量，一个人即使在遇到困难或危险时，若能微笑以待，那一定能冲破难关。

② 礼貌的微笑。这种微笑像春风化雨，滋润人的心田。一个懂得礼貌的人，会将微笑当作礼物，慷慨地赠予他人。

③ 真诚的微笑。表现对别人的尊重、理解、同情。

微笑作为一种表情，它不仅仅是形象的外部表现，而且也往往反映着人的内在精神状态。一个奋发进取、乐观向上的人，一个对本职工作充满热情的人，总是微笑着走向生活，走向社会。这是一种基本的职业修养。

【任务实战】

如何练就优雅端庄的体态举止

一、掌握挺拔的站姿的要领

1. 身体各部位姿态要达标

(1) 挺胸、收腹、梗颈。

① 挺胸能使人身体舒展，显得英姿勃发，充满力量。挺胸的方法是双肩略向后下方

用力，平时要多做上肢运动，增强胸肌、背肌、腹肌的力量。

② 收腹，既可使男女的胸部突起，也可以使臀部上抬，这种直立姿态，显得很稳定、很平衡。

③ 梗颈是指脖颈正直，腰部用力，背脊挺直，不要弯腰或垂头，不要显出萎靡不振或松松垮垮的样子。

（2）下颌微收，双眼平视。

① 下颌扬起，给人以傲气、张扬或缺少智慧之感；下颌尽收，给人以羞怯懦弱之感；只有下颌微收，才显现出典雅、含蓄，使面容端正。

② 目光如向上或向下看，都会使人对其印象不佳。

（3）双唇微闭，面带微笑。

（4）双肩展开，双臂自然下垂。站立时，应注意身体的轻松自然，双臂自然下垂，双手自然并拢，中指位于裤缝，并保持平衡，如图 2-15 所示。

（5）注意双手的位置。

① 在庄严肃穆地站立时，应双臂下垂，双手中指贴于裤缝。

② 在其他情况下站立时，若手中不拿文件，男士的双手可轻搭于腹前或背后，右手虎口张开握于左手腕根部，左手自然伸开，双臂自然弯曲，如图 2-16 所示。

③ 女士可双手叠放，手指自然伸直，拇指向内，左手四指轻轻握右手四指，即左手四指在外侧，这样既美观又有益于女性健康；也可右手四指在左手外侧，即右手四指搭握在左手四指上，这样便于右手随时离开做其他手势，如图 2-17 所示。

图 2-15　站立姿态　　　　图 2-16　男士站姿手位　　　　图 2-17　女士站姿手位

④ 不管双手是哪种搭法，双臂都要自然弯曲，轻提搭于肚脐下 3 厘米左右之处（显示彬彬有礼），或后腰下部（显示恭敬），或者轻放于正面腰部，手指自然弯曲，掌心向下（显示优雅舒适）。

⑤ 不要牵拉衣角或插在兜里，更不可抱臂或上举。

（6）注意两脚的位置。

① 在庄严地站立时，男士、女士的双脚可成"V"字形，脚跟并拢，脚尖适度分开。

② 在其他环境下站立时，男士两脚可以分开，与肩同宽，重心可在两脚中间，肌肉

略有收缩感，身体的重量均衡地落在双脚上，显得稳重、大气。

③ 女士最好脚跟并拢，也可以站成小"丁"字步，即两脚尖稍稍展开，右脚在前，将右脚跟靠于左脚心内侧，双腿绷直并拢，亦可反向。

④ 在休闲时站立，两腿可以成纵向分开，双脚前后错开，双腿不可横向拉开，有失雅观。

2. 站姿的练习

（1）背靠背训练。可由身高相仿的两人组成一对，背靠背地站立，两人的头部、肩背部、臀部、足部靠紧站立，持续10～15分钟，体会姿态，记忆感觉，然后保持姿态。

（2）贴墙训练。背贴着墙站好，使身体的后脑、双肩、后背、臀部、小腿肚及足跟均与墙壁紧密接触，站立10～20分钟。

（3）顶着书训练。在站立姿态训练时，按照要求站好后，将书放于头顶，稳住不动，站立10～20分钟，如图2-18所示。

（4）对镜训练。面对镜子墙或穿衣镜站立，按照要求站立好，保持10～20分钟，体会姿态，记忆感觉，然后保持这种姿态。

图2-18 站姿练习

（5）站姿训练口诀。头正、目平、梗颈、挺胸、收腹、立腰、腿绷直、脚并拢、双臂下垂、莫乱动。

二、掌握端庄优雅坐姿的要领

1. 正确的坐姿

（1）从入座开始。

图2-19 入座

① 入座要轻、稳。走到座位前15厘米左右站好，右脚后撤半步，小腿贴近座位下端，然后屈膝，用大腿力量支持上体落座，上体保持原状，不得弯腰撅臀，入座如图2-19所示。

② 穿裙装的女士需要稍拢裙摆，以保持裙子平整。

③ 坐下后将后撤的右脚前提与左脚并拢，双膝靠拢，双手叠放搭于右腿内侧，右手在上，握左手四指，双臂自然弯曲。

④ 要做到成"三个直角"：上体与大腿成直角，大腿与小腿成直角，小腿与脚面成直角（这很重要，大于直角略显松散，小于直角略显拘谨）。

（2）端坐的姿态。即端庄正直的坐姿。这种坐姿端庄、正统，可用于庄重场合，或初次见面的几分钟内，久坐显得拘谨。端坐是其他坐姿的基础。

① 身体各部位状态是：头正，目平，表情自然，重心垂直向下，腰部挺直，上身微向前倾；双膝双脚并拢，双手搭起放于两腿中间偏右腿处，距膝 10～15 厘米，双臂自然弯曲，以舒服自然为好。

② 男女端坐的区别在于手的搭法：男士为右手握左手腕根部，如图 2-20 所示；女士为右手搭左手四指，拇指内收，手指应自然伸直，如图 2-21 所示。

图 2-20　男士端坐　　　　图 2-21　女士端坐

（3）男士常用坐姿。

① 分腿式坐姿。在端坐的基础上，男士可以将右腿向右移动 10 厘米，分腿而坐，并将双手打开放于两腿之上，不要盖住膝盖，也不要置于大腿根，双臂要自然弯曲，以舒服为好。这种坐姿显出恭敬、庄重、有教养、懂礼节，但要根据环境、气氛的改变而变换姿态，如图 2-22 所示。

② 单曲式坐姿。分腿式姿态坐久了，会有疲劳感，此时可将一条小腿后撤，脚尖着地，放松休息后，过段时间还原，后撤另一条腿。这种坐姿舒服又不失礼貌。

③ 架腿式坐姿。将左腿搭在右腿外侧（亦可反之），脚尖下绷，形成架腿式，双手搭起放于腿上。这种坐姿虽然自信、大气，但要在对方先做时再做，以示礼貌，如图 2-23 所示。

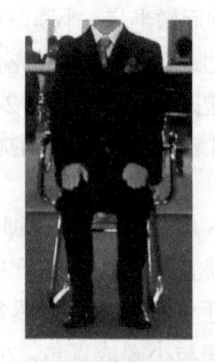

图 2-22　分腿式坐姿　　　　图 2-23　架腿式坐姿

（4）女士常用坐姿。

① 双腿斜放式坐姿。在端坐的基础上，女士可将右脚向右平拉，拉开的距离大小由骨骼和韧带决定，以舒服自如为好（注意膝关节并紧，有教养的女性，坐姿时膝关节永远是并拢的），左脚跟进与右脚并拢，双小腿向右倾斜，上体和大腿保持原位，双手仍搭在一起，稍有位移；反之亦然，只是小腿形成左倾斜。这种坐姿展现出女性的曲线美，保持了端庄，突显出优雅、有教养，如图 2-24 所示。

② 小"丁"字式坐姿。在端坐的基础上，右脚向右侧拉开，脚尖略向右前方，左脚跟进，左脚心紧贴右脚跟，成小"丁"字脚形，且向右侧倾斜；反之，成左侧小"丁"字脚形，向左倾斜（记住膝关节并紧，上体和大腿保持原位）。这种坐姿严谨、典雅，如图 2-25 所示。

图 2-24　双腿斜放式坐姿　　　　　图 2-25　小"丁"字式坐姿

③ 脚踝相交式坐姿。在端坐姿态的基础上，右脚向右侧拉开，脚尖略向右前方，左脚跟进，向右脚外侧移动，左脚掌外侧贴右脚跟外侧，左脚尖点地，双脚踝贴紧，双脚成麻花状在右侧斜放；反之，左脚向左，右脚移至左脚跟外侧，成麻花状在左侧斜放。这种坐姿可显得腿部修长，呈现女性曲线美，优美得体，如图 2-26 所示。

④ 双腿叠放式坐姿。在端坐的基础上，右脚向右侧拉开，脚尖略向右前方，左腿膝部贴着右膝上移，架于右腿外侧，形成叠放，向右侧倾斜，亦可反之。这种坐姿可展示女性自信、成熟美，如图 2-27 所示。

图 2-26　脚踝相交式坐姿　　　　　图 2-27　双腿叠放式坐姿

(5)起座。起座是入座的反动作。起座时,右脚后撤半步,用小腿的三角支撑和大腿的力量支持上体起身,轻稳离座,不得弯腰撅臀以及双手拄膝而起。

2. 坐姿的训练

(1)就座姿势练习(1~4拍)。

① 右脚退后半步;

② 女士双手拢裙;

③ 上体正直,用腿部三角支撑向下落座;

④ 右脚向前,与左脚相并拢,双手搭握在腿上。

动作要求:

① 女子手拢裙子的动作要娴雅得体;

② 女子坐于椅子的2/3处。

(2)起座姿势练习(1~4拍)。

① 右脚向后收半步;

② 右脚蹬地,起身;

③~④:收回右脚,成规范站立姿态。

动作要求:

起立时右脚要用力蹬地,要注意重心的移动过程。

(3)各种常用坐姿的学习。学生要在教师示范的同时,模仿学习各种常用坐姿,达到掌握姿态要领,正确完成各种坐姿的目的。

三、掌握自然走姿的要领

1. 自然的走路姿态身体各部位的标准

(1)上体。上身挺直,头正、挺胸、收腹、立腰,双肩平稳,重心稍前倾。

(2)表情。目光平视,下颌微收,面容平和自然。

(3)摆臂。手臂伸直放松,手指自然弯曲,以肩关节为轴,大臂带动小臂自然摆动,摆幅以30°~35°为宜。

(4)步幅。步幅适中,步幅与性别、着装有关,一般以一脚之长为宜。

(5)步速。步子的速度应保持相对稳定,既不要太快,也不能太慢(一般80~120步/分钟)。过快给人以轻浮印象,过慢则显得没有时间观念,没有活力。

(6)步位。注意步位。女士两脚内侧成一线,显得优雅娴娜,如图2-28所示;男士两脚内侧成平行线,显得稳健大气,如图2-29所示。

在不同的场合,走姿也有不同的变化。例如,在室内走路脚步轻松而平稳;在病房或阅览室轻盈柔和;外出游玩轻快活泼;参加仪式稳健大方;参加丧礼沉重缓慢。

(7)总体要求。走姿端正、稳健、轻盈、有节奏感、充满活力,鞋跟不要发出太大声响。

图 2-28　女士步位　　　　　图 2-29　男士步位

（8）靠右行走。要尽量靠右行走，携带吊挂式皮包时，应挂在右肩上；携带手提式皮包或袋子时，应右手提；携带手拿式皮包或牛皮纸袋时，应拿在右身侧或偏右侧。

（9）交谈。行进间，若迎面遇见熟人，则点头微笑打招呼即可；若要停下步伐交谈，则注意不要影响他人行进。

（10）上下楼梯。上下楼梯时，要保持上体正直，脚步轻稳；一般不要手扶栏杆。

2. 变换方向的走姿

（1）后退步。与人告别时，不能扭头就走，应先向后退三步，再转身离去。退步时脚轻擦地面，不要高抬小腿，后退步幅要小；转体时要身先转，头稍后一些转。

（2）引导步。引导步是用于走在前边给宾客带路的步态。引宾时，要尽量走在宾客的左侧前方，整个身体半转向宾客方向，左肩稍前，右肩稍后，保持两三步的距离。遇到上下楼梯、拐弯、进门时，要伸出左手示意，提示客人先走。

（3）前行转身步。在前行中要拐弯时，要在距所转方向远侧的一脚落地后，立即以该脚掌为轴，转过全身，然后迈出另一只脚。向左拐弯时，要右脚在前时转身，向右拐弯时，要左脚在前时转身。

3. 穿职业装的走姿要求

所穿服饰不同，步态应有所区别。一般来讲，直线条的服装具有舒展、庄重、大方的特点，而以曲线条为主的服装则显得妩媚、柔美、优雅、飘逸。走时要展现所穿服装的特点。

（1）穿西装的走姿要求。西服以直线条为主，应当走出穿着者的挺拔、优雅的风度。穿西装时，后背保持平正，两脚立直，步幅可略大些，手臂放松伸直摆动，手势简洁大方。行走时男士不要晃动，女士不要左右摆动髋部。

（2）穿西服套裙的走姿要求。西服套裙多以半长筒裙与西装上衣搭配，所以着装时应尽量表现出这套职业装的干练、洒脱的风格特点，穿这类服装时要求步履轻盈、敏捷、活泼，步幅不宜过大，可用稍快的步速节奏来调和，以使走姿活泼灵巧。

(3) 穿旗袍的走姿要求。旗袍作为东方晚礼服的杰出代表,在世人眼里拥有着经久不衰的魅力。穿着这款服装,最重要的是要表现出东方女性温柔、含蓄的柔美风韵,以及身材的曲线美,所以穿旗袍时要求:

① 身体挺拔,下颌微收;塌腰撅臀是穿着旗袍的大忌;

② 旗袍必须搭配高跟或中跟皮鞋才能走出这款服装的韵味;

③ 行走时,走交叉步直线,步幅不宜过大,以免旗袍开衩过大,暴露过多。

④ 步子要稳,双手自然摆动,髋部可随着身体重心的转移,稍有摆动,但上身决不可跟着晃动。

总之,穿旗袍应尽力表现出一种柔和、妩媚、含蓄、典雅的东方女性美。

(4) 穿裙装的走姿要求。

① 穿着有摆长裙显出女性身材的修长和飘逸美,行走时要平稳,步幅可稍大一点,转动时,要注意头和身体相协调,调整头、胸、髋三处的角度。

② 穿着短裙,要表现轻盈、敏捷、活泼、洒脱的风度,步幅不宜过大,但脚步频率可以稍快些,保持轻快灵巧。

(5) 穿高跟鞋的走姿要求。女士在正式场合经常穿着黑色高跟鞋,行走要保持身体平衡。具体做法为:直腿立腰、收腹、收臀、挺胸抬头。为避免膝关节前屈,导致臀部向后撅的不雅姿态,行走时一定要把踝关节、膝关节、髋关节挺直,只有这样才能保持挺拔向上的形体。行走时步幅不宜过大,每一步要走实、走稳,这样步态才会有弹性并富有美感。

4. 走姿的训练

走姿的训练口诀:"以胸领动肩轴摆,提臀提膝小迈步,跟落掌接趾推送,双眼平视背放松。"

(1) 双肩双臂摆动训练。学生列横队,看齐,找好间距,面对镜墙,听教师口令开始原地摆臂,以肩关节为轴,大臂带动小臂自然摆动;保持上体姿态,做到摆臂协调自然,幅度符合要求。

(2) 步位步幅训练。利用教室地面直线(地砖、地板缝,或用线绳拉出),学生按照走姿要求,练习步位和步幅。

(3) 顶着书训练。采用头顶书本走路的方法,对于走路时喜欢低头看地、头部歪向一方、肩膀习惯前后晃动的人来说,这是一种很好的纠正方法。

(4) 步态综合训练。室内放适合行进的音乐,学生纵向排成一排行走,进行步态综合练习。教师可随时让符合要求的同学停止,让没达到要求的同学继续,直至全体同学基本符合了走姿要求。

四、掌握优雅、标准的下蹲姿势

1. 下蹲姿势的要求

正确的蹲姿:上体不要弯,臀部不要翘,使用腿部力量屈膝下蹲。

具体做法是,走到物品旁边,即物品的左(右)侧,右(左)腿后退半步,屈膝蹲下去拿，不要低头，也不要弓背，取完物品后，腿部用力站立起来，然后收回即可。

2. 女士的蹲姿

女士下蹲姿态有两种。

（1）高低式。高低式下蹲姿态的动作要领：右腿后退半步，屈膝蹲下，两腿膝部要靠紧，不能分离，右脚掌着地，脚跟提起，臀部下沉，可位于右脚跟上，这样省力且稳当。因为女士多穿裙装，所以下蹲时还应用双手从体侧向腿前收拢一下裙摆，防止裙子产生褶皱或拖地，如图2-30所示。

（2）交叉式。交叉式下蹲姿态的动作要领：右腿向左前移半步，移至左腿左前方，上体不变，两腿膝关节交叉着一同弯曲下蹲，右脚全脚着地，左脚脚跟提起，臀部下沉，落在左脚跟，姿态优雅、省力，如图2-31所示。

3. 男士的蹲姿

男子右腿后退半步，上体保持不变，屈膝蹲下后，左脚全脚着地，小腿基本垂直于地面，右脚脚跟提起，脚掌着地；右膝低于左膝，右膝内侧靠于左小腿内侧，形成左膝高右膝低的姿态，臀部下沉，基本上以右腿支撑身体，如图2-32所示。

图2-30　高低式下蹲姿态　　图2-31　交叉式下蹲姿态　　图2-32　男士的蹲姿

五、掌握恰当的手势要领

商务活动中常用的指示性手势如下。

（1）横摆式。表示"请进""请"时使用。

具体操作方法：将右（左）手抬至中腹，再向右（左）上方摆动到脸前45度位置时，头部向右（左）稍微点一下说道"您请"，面带微笑，目光始终注视对方，见对方会意，便放下手臂，如图2-33所示。

（2）直臂式。为对方指示方向时使用。

具体操作方法：在注视对方的同时，将一手臂伸直，整体抬起指向欲达方向，手臂要与肩同高,掌心向斜上方,此时目光转向所指方向,同时用语言表述指引的内容,然后转视对方,见对方会意,便放下手臂,结束指引,如图2-34所示。

图2-33　横摆式手势　　　　　　　　　图2-34　直臂式手势

（3）曲臂式。当右（左）手被占用时,用左（右）手做向右（左）"请"的动作。

具体操作方法：目光注视对方,面带微笑,将左（右）手向上抬起后,斜向摆动至身体右（左）前方与身体相距20厘米处停下,同时头部向右（左）侧略微点一下道："您请。"见对方会意后可结束姿势,如图2-35所示。

（4）斜下式。用在请客人入座时。具体操作方法：目光注视对方,面带微笑,右（左）手抬起至中腹部,手与前臂成一条直线,掌心略斜向上,大臂不动,以肘关节为轴向右（左）斜下方摆动,前臂与地面夹角成45度,方向直指座位,头部与之配合,稍做示意（侧向点一下）,见对方会意,便放下手臂,结束指引,如图2-36所示。

图2-35　曲臂式手势　　　　　　　　　图2-36　斜下式手势

（5）鼓掌的手势。鼓掌时,双手提起至胸部高度,距离身体10～15厘米,掌心相对,拇指错开,手指自然伸直,用右手掌轻击左手掌,表示喝彩或欢迎。注意鼓掌的力度、速度和时间长度,恰到好处为佳,过度则失礼。

六、掌握并遵循表情礼仪规范

1. 在交谈中怎样理解与安置目光

（1）有的人在与陌生人打交道时,往往因为不知道怎样安置目光而窘迫不安,被人注视而将视线移开的人,大多怀有"相形见绌"之感。

（2）仰视对方，一般体现"尊敬、信任"的语义。

（3）频繁而又急速的转眼，是一种反常的举动，常被作为掩饰的一种手段。

（4）如果死死地盯着对方或者东张西望，不仅是极不礼貌的，而且也显得漫不经心。

（5）如果对对方的讲话感兴趣，就要用柔和友善的目光正视对方的眼区，内心充溢着爱慕、友善和敬意。

（6）如果想要中断谈话，那么可以有意识地将目光稍微转向他处。

（7）当对方说了幼稚或错误的话显得拘谨害羞时，不要马上转移自己的视线，相反，要继续用柔和、理解的目光注视对方，否则，容易被别人误解为嘲笑他。

（8）当双方缄默不语时，不要再看着对方，以免加剧尴尬的局面。

（9）当谈得很投入时，不要东张西望，否则别人认为你已听得厌烦了。

（10）当你被介绍与人认识时，眼睛要看着对方脸部，但不能上下打量对方。

（11）当有求于对方或者等待对方回答时，眼睛应略朝下看，以示谦恭和恳请。

（12）进入上级的办公室，不要把目光落在桌上的文件上。

（13）走进陌生人的居室，不要东张西望。

（14）和长辈说话时，最好走近他，用尊敬的目光直视对方。

（15）在上台讲话时，要先用目光环顾四周，以示对到会人的尊重。

（16）在社交场合，最忌讳与别人眉来眼去和使用满不在乎的眼神，这是没有礼貌和修养的表现。

（17）不能将目光长时间地集中在对方的脸上或身体的某一部位，特别是初次见面的人或异性之间。在不太亲密的交往对象之间，长时间地直盯着对方，是一种失礼行为。

2. 学会正确运用微笑

（1）掌握微笑的要领。微笑的基本做法是不发声、不露齿，肌肉放松，嘴角两端向上略微提起，面含笑意，使人如沐春风。

（2）注意整体的配合。微笑应当与仪表和举止相结合，以得体的着装、优雅的姿态，结合着亲切、自然的微笑，展现出最佳的礼仪形象。

（3）微笑要发自内心。微笑要发自内心，发自肺腑，无任何做作之态。当一个人心情愉快、兴奋时，都会自然地流露出这种笑容。这是一种情绪的调节，是内心情感的自然流露，绝不是故作笑颜，故意奉承。发自内心的微笑既是一个人自信、真诚、友善、愉快的心态表露，同时又能制造富有人情味的生意气氛。发自内心的真诚微笑应该做到笑到、口到、眼到、心到。

只有笑得真诚，才显得亲切自然，与你交往的人才能感到轻松愉快。商务人员想要笑得真诚很容易，只要把顾客想象成自己的朋友或亲人，就可以自然大方、真实亲切地微笑了。

（4）微笑要适度。微笑很美，能给人以美的享受，但也不能随心所欲，随便乱笑，不加以节制。

3. 正确微笑8原则

（1）主动微笑。

（2）自然大方微笑。

(3) 眼中含笑。
(4) 真诚微笑。
(5) 健康微笑。
(6) 最佳时机和维持。
(7) 一视同仁。
(8) 天天微笑。

4. 微笑的训练

做法：距镜子1尺远，嘴角微微上提，肌肉上提，眉毛向两端舒展。

第一步：念"一"。

因为人们在微笑时，嘴角两端向上翘起，所以，练习时，为使双颊肌肉向上抬，口里可念着普通话的"一"字音，用力抬高嘴角两端。

第二步：口眼结合。

眼睛会"说话"，也会"笑"，如果内心充满温和、善良和关爱时，眼睛的笑容就一定非常感人，否则眼睛的笑容是不美的。要学会用眼睛的笑容与顾客交流。

眼睛的笑容，一是"眼形笑"，二是"眼神笑"，这也是可以练习的：取一张厚纸遮住眼睛下边部位，对着镜子，心里想着最使你高兴的事情，鼓动起双颊，嘴角两端做出微笑的口型。这时，你的眼睛便会露出自然的微笑，然后再放松面肌，嘴唇也恢复原样，可目光仍旧含笑脉脉，这是眼神在笑。学会用眼神与客人交流，这样的微笑才会更真诚亲切。

第三步：笑与语言结合。

微笑地说"您好""早上好""欢迎光临"等礼貌用语。

如果每一个商务人员都牢固树立"顾客是上帝"的观念，如果人与人之间都能以兄弟姐妹般来对待，那么，面容上就不难保持发自内心的微笑。总之，可以肯定地说，不善微笑便不善社交，善意的、恰到好处的微笑，能使自己轻松自如，使别人心旷神怡。

任务4 掌握求职面试礼仪规范

面试，对于刚刚走出校门的大学生来说，是步入职场的第一关。在面试中，面试官对求职者的了解，语言交流只占了30%的比例，眼神交流和面试者的气质、形象、身体语言占了绝大部分，所以求职者在面试时一定要遵循在职业场所的个人礼仪的各项规范，以良好的个人礼仪形象，给用人单位的面试领导留下深刻印象。

小案例

国内某名牌大学的一个毕业生王静到广州中卫集团去面试求职，那天恰好是公司总经理亲自出马作为面试官，王静以为天赐良机，便滔滔不绝地"自我推销"起来。正在兴头上时，总经理突然来了一句："小姐，你的'庐山真面目'我还未见到哩。"原来，王静长发披肩，"刘海"把清秀的脸遮去一大半。这样的一种"犹抱琵琶半遮面"的形象，怎么能让主考人员下结论呢？最后，总经理说："我尊重人才，才亲自面试，可人才也得尊重我呀，像你这种只见人不见脸的求职者，连形象我都难下结论，我怎么能把你放到重要的职位上？所以，我建议你把头发弄清爽了再来求职。"

类似于王静这样的不懂得求职面试礼仪的求职者还有很多，他们的做法使自己不能成功应聘理想的职位。

一、求职面试礼仪的作用

求职面试礼仪是求职者整体素质的一个重要表现，它对于能否实现求职者的意愿，能否被理想单位录用起着重要作用。

（1）求职面试礼仪能体现求职者的文化素质。总体来说，求职者的文化层次越高，对礼仪规范掌握越多，对礼仪的理解也越深。招聘者往往能从求职者所表现出的礼仪规范中看出求职者的文化修养。

（2）求职面试礼仪能体现求职者的道德水准。一个讲文明、懂礼貌、爱社会、爱集体、尊敬长者、尊重他人的人，一个有较高道德素养的人，在其礼仪行为中，必然处处体现出较高的道德素养。招聘者与求职者的接触时间较短，只能从求职者的行为礼仪中探索了解其道德水准。

（3）求职面试礼仪能体现求职者的个性特征。招聘单位要求求职者具有良好的个性特征，礼仪体现着求职者个人的素质、修养和境界，有经验的招聘者，往往十分注意并且能从求职面试礼仪中，发现具有本企业所需要的个性特征的求职者。

（4）求职面试礼仪能促成面试的顺利完成。一个注重求职礼仪的人，既能反映他的文明修养，又给人以美的享受，使人乐意与他交谈，招聘者就会有兴趣进一步了解其各方面的情况，甚至当发现其与其他应聘者相比，有欠缺的地方，也能给予理解、关怀和鼓励，从而使求职事半功倍，最终被录用。

总之，求职面试时的基本礼仪反映了人的修养程度，有礼仪修养的人，给人以有教养、有风度、有魅力的感觉，给人以亲近感、信任感，能使求职面试活动进展顺利，为求职成功打下基础。招聘单位如果招聘了礼仪素质好的人才，就能促进工作顺利开展，提高企业的形象，进一步增加企业的影响力和声誉。

二、要克服不健康心理

（1）羞怯心理。即将毕业走入社会的大学生，很多时候是初次接触用人单位，面试中感觉手足无措，言语举止都显得紧张失常，过分考虑自己留给面试官的印象，担心面试官瞧不起自己。在交谈时，不敢正视对方。具有这种心理的人，应该学会正确、客观地评价自己，看到自身优势，增强自信心。另外，还要多参加社会活动，多与陌生人交谈。

（2）攀比心理。有人说：生活之累，一半源于生存，一半源于攀比。在求职面试中，有的人看到别人的证书一大摞，自己只有两三本，顿时自信心下降了；有人觉得对方给的待遇比别人的低，顿时不想去了。这都是负面的攀比，要克服这种攀比心理。要对自己和客观环境做理性的分析，对自己予以肯定，对招聘单位做客观、全面的分析。

（3）依赖心理。有依赖心理的人，把希望寄托在他人身上，依赖别人给自己拿主意，不能独立思考，会陷入犹豫不决的困境。要克服依赖心理，在求职面试时，自己前往面试场所，自己去做最后的决定。

（4）乡土心理。有的同学来自农村，父母务农，在毕业求职时，心里存在着自卑感，这是传统观念在作怪，要克服这种心理。现如今，很多农民在扮演着城市人口的角色，完成着城市人口完不成的任务。而作为其接受了高等教育的后代来说，在社会的各行各业都大有人在，并在做出巨大的贡献。

（5）低就心理。有些同学认为自己在就学期间也没学到什么，没什么特殊才能，在求职中，有个单位能要自己就行。这种低就心理是要不得的。要对自己做客观评价，找出优势，还要有决心在干中学习。

（6）造假心理。这是坚决要克服的心理，并应杜绝造假行为。在填写毕业生推荐表时，要实事求是。真诚做人，踏实做事。

三、求职面试时的禁忌

（1）忌面试迟到，还找借口；
（2）忌面试前喝酒、吃蒜；
（3）忌面试时带陪伴，没有信心；
（4）忌答题没有逻辑性，思路不清，没有考虑雇主的需求，没有能力证明；
（5）忌滔滔不绝；
（6）忌狂妄自大：请你们三思，请你们认真考虑；
（7）忌妄加评论；
（8）忌任意插话；
（9）忌奉承拍马；
（10）忌不拘小节；
（11）忌计较薪金问题；
（12）忌随意评价其他同类公司；
（13）忌手势过多，使用方言，与对方争辩；
（14）忌对这份工作没有热情，回答简单、机械；
（15）忌与对方有抵触情绪；
（16）忌对方问你有什么问题吗，回答没有。

四、面试时应注意的问题

（1）要整齐、清洁。一个热爱生活、富于理想的人，他的形象往往是整洁美观的；一个文化素养较高的人，他的穿戴常常是端庄高雅的；一个勇于进取、热情似火的人，他的装扮大多是新颖不俗，富有创造性的；一个工作作风严谨的人，他的着装是清洁得体的，因此，求职面试着装有讲究。如果衣冠不整、邋里邋遢、不修边幅、稀奇古怪，会被认为生活无规律、作风拖沓、生活懒散、社会责任感不强，难以得到人们的信任。

（2）用形象增强自信。一位拥有工商管理硕士学位的重庆籍移民青年前不久求职于总部设在美国洛杉矶的跨国公司"新闻集团"，该公司总裁约他某日到澳洲分公司面谈。考虑到初次见面，"第一印象"举足轻重，于是他特地穿了一套名牌西装前往。面谈结束，这位移民青年获得了一份年薪不菲的白领工作和一个远大的前程。

事后这位青年感慨地说："虽不能说是那套西装帮了我的忙，然而除了学识和双语背景之外，应当说也有'包装'成功的因素。如果我穿一套休闲服前去面谈，恐怕还没走进那幢气宇轩昂、进出皆白领的办公大楼，便先'自虚'了几分……"看来在某些场合，重视着装，西装革履，的确能给人稳重、庄重和值得信任的印象，同时也增强了自信心。

（3）可投其所好。有些求职者总是喜欢根据自己的爱好来装扮，这样的好处是面谈时感到自然轻松，但如果你的形象不符合主考官的习惯，不能投其所好，则有可能影响录用。

一般来说，如果主考官文化层次较高，年纪较轻，是见过世面、背景优越的人，身为主管，自为表率，他的衣服可能都是质量高的品牌货品，如果你装扮随意，他不会觉得你是可堪重用之才。

如果主考官背景一般，是靠经验丰富、奋斗成家的，他可能不懂得怎样穿着打扮，而且认为太注重打扮不是好事，如果你的服装太讲究，他不会觉得你是可堪重用之才，只觉得是一副衣架而已，成不了大事，也不会录用你。

（4）注意形象端庄。作为一名女性求职者，应该注意服装传递出的信息，职业女性着装应端庄大方。有家中外合资企业招聘一名办公室秘书，某小姐学过文秘专业，会计算机操作及简单的英语会话，应该说条件不错，具有竞争实力，然而，应聘面试那天，她穿着太露，而且化了浓妆，结果落选了。企业招聘的是办公室秘书，穿着太露给人以轻佻的印象，显然不适宜办公室场合。

（5）适应未来工作的需要。求职者应根据所应聘的工作性质和类型，确定自己的穿着。当你对应聘工作环境一无所知时，不妨以清纯整洁的打扮去面试。

（6）不要盲目赶时髦。多数人追逐流行，相信只要是时髦、新颖的形象就是好的。但在职场中，时髦并不是被广泛接受的。根据市场调查，绝大多数的人力资源部经理或公司主管都不愿意雇用衣着太时髦的员工，他们也不赞成部门的员工经常穿着太时髦的服饰。

（7）力求舒适。形象在得体之余，还要力求舒适，包括精神上和肉体上的舒适。亲切、熟悉的事物，才能令你的精神舒适，因此如果身穿以前穿过的衣服，能感觉自如，那就可以不必穿着新装。

（8）面试时不要他人陪伴。无论应聘什么职位或工种，独立性、自信心都是招聘单位对每位应聘者的基本素质要求。应试者让人陪同，给主考官的印象是其自信心不足，缺乏独立性，容易遭到淘汰。

（9）保留一定距离。面试时，求职者和主考官必须保持一定的距离，留有适当的空间。如果应试人员过多，招聘单位一般会预先布置好面试室，把应试人员坐的位置固定好。你进入面试室后,不要随意将椅子挪来挪去,不要表现亲密,把椅子往前挪,这是失礼行为,而且主考官也不喜欢别人坐得太近。如果应试人员少,主考官也许会让你同坐在一张沙发上,这时,你应该保持距离——太近了,容易给人轻佻的印象;坐得太远,则会使主考官产生疏远的感觉,影响沟通的效果。

(10) 不卑不亢。面试中求职者应不卑不亢,既不卑躬屈膝,又不高傲自大;既不妄自菲薄,又不盛气凌人,与人交谈要豁达开朗,坦诚乐观,谨慎而不拘谨。

(11) 举止要大方。举止大方是指举手投足自然、优雅,不拘束,从容不迫,显示良好的风貌。

(12) 切勿犹豫不决。机不可失,失不再来。求职者应聘时不能举棋不定,这样容易丧失机遇,也容易让对方感到你是个信心不足的人,怀疑你的工作作风与实际能力;在某种程度上还反映了应聘者对单位的不信任,缺乏必要的诚意,这样用人单位怎么能录用你呢?

【任务实战】

在面试中应如何遵循面试礼仪规范

一、修整仪容、服饰

"佛要金装,人要衣装"。面试当天的穿着打扮对录取与否,有着举足轻重的影响,虽说留下完美的第一印象未必会被录取,但若给人留下坏印象,则彻底没机会了。所以,随着面试日期的到来,应花费心思为自己塑造一个良好的外在形象。

1. 男士的仪容、服饰修整

(1) 注意头发的修整,如果稍嫌过长,应修剪一下。
(2) 选择藏青色、黑色等庄重颜色的西服,并熨烫笔挺。
(3) 配以挺括的白色衬衫。
(4) 佩戴深色的、与西装颜色呼应的带条纹、暗格、小圆点的领带,要有光泽,看上去比较高档。
(5) 将领带打成完美的温莎式,可别上领带夹。领带不平整给人一种衣冠不整的感觉。
(6) 穿黑色皮鞋,鞋面应洁净,配深色袜子。
(7) 戴眼镜的朋友,镜框的佩戴最好能使人感觉稳重、调和。

2. 女士的仪容、服饰修整

(1) 头发梳理整齐,最好束起、盘好。切勿顶着一头蓬松乱发去应试。
(2) 应略施脂粉,以提高自己肤色的亮度,并修整眉眼,弥补缺陷。切勿浓妆艳抹。
(3) 不宜喷洒香水,以洗涤用品的清新气息为佳。
(4) 面试前一天应修剪指甲,忌涂抹指甲油。
(5) 不要佩戴标新立异的装饰物。
(6) 穿着应有职业女性的气息,裙装套装是最合宜的装扮。裙装长度应在膝盖左右或以下，太短有失庄重。

（7）面试时应穿着高跟鞋，与裙装配套。

（8）夏季服装颜色以淡雅或同色系的搭配为宜，其款式不宜暴露。

总之，穿着打扮应谨守成熟、稳重的原则，给人以"信得过"的印象。

二、注意求职面试时的仪态要符合礼仪规范

（1）在任何情况下都要注意，进入面试场所应先敲门。

（2）以稳健、自信的姿态走到适当的位置，站稳后，目光平视，面带微笑，搭起双手向面试官鞠躬、问候。

（3）在面试时，站姿挺拔，切忌双腿大叉、腿脚抖动。

（4）当需要坐下时，注意入座的姿势和坐着的姿态。入座时要轻而缓，坐下后，上身保持挺直，头部端正，目光平视面试官。无论采取哪一种坐姿，都要自然放松，面带微笑，双手不应有多余的动作；男生双腿不宜分开过大，也不要把小腿搁在大腿上，更不要把两腿直伸开去，或反复不断地抖动，这些都是缺乏教养和傲慢的表现。

（5）说话清晰，音量适中。

（6）神情专注，切忌边说话边整理头发。

（7）手势不宜过多，需要时适度配合。

（8）求职面试结束时，轻声起立并将座椅轻推至原位。

（9）有礼貌地与面试官握手并致谢。

（10）出门时对接待人员表示感谢。

三、参加面试时要见面有礼

（1）遵守时间，信守承诺。提前10～20分钟到达面试地点，然后稍事整理，熟悉一下周围环境；如果有客观原因造成迟到要先电话告知。

（2）放松心情。保持心态平稳，才能发挥正常。

（3）以礼相待。注意细节，对任何人都以礼相待。

（4）电话礼节。注意进入面试场所之前将手机关机。

（5）入室敲门。进入面试场所要先敲门，等两三秒后再进入，无论门是否关着都要敲门。

（6）相逢微笑。见面热情，保持微笑。

（7）招呼问好。开口注意称呼恰当，并问候施礼。

（8）莫先伸手。当对方伸出手来有握手意思时，再伸出手来相握。

（9）"请坐"才坐。当面试官说出"请坐"时，再轻稳地入座。

（10）递物大方。递出自己的简历等物品时，要大方、从容、双手递出。

四、回答问题要注意应答礼仪

（1）听清题目及要求。
（2）保持轻松自如，遇事冷静。
（3）诚实坦率。
（4）多谈对方，少谈自己。例如"你为什么要来面试我们单位？"多说单位的情况，少说自己的情况。

五、注意面试结束告别的礼仪

（1）表达谢意，表示与面试者的交谈获益匪浅。
（2）忌言辞过分，不使用"拜托你啦""请多关照""愿意做您忠实的追随者"等言辞。
（3）告别时的走姿：先退后两三步，再转身往外走。
（4）感谢招聘方。面试后发一份感谢信或者打一个感谢电话，一开头应提及你的名字及概况，提及面试时间，内容要简洁。在信中可重申你对该公司、职位的兴趣，增加一些有竞争力的内容。

项目小结

本项目通过 4 项任务，介绍了商务人士仪容修饰的方法与技巧、基本着装礼仪规范、商务人士仪态礼仪规范，以及求职面试礼仪规范等内容。同学们应掌握仪容修饰的方法与技巧，掌握商务人士基本着装礼仪规范，掌握体态礼仪规范，学会正确运用微笑、目光与人交往，掌握求职面试的礼仪规范，为今后从事商务工作打下良好的基础。

自检内容

1. 商务人员男性、女性如何修饰仪容？
2. 化妆的功能和基本步骤有哪些？
3. 基本着装中的礼仪规范有哪些？简述西装的穿着要领、西装的搭配技巧。
4. 职业女性该如何着装？
5. 简述站姿、坐姿、走姿、蹲姿的礼仪规范。
6. 社交中常见的手势有哪几种？如何运用目光？简述正确微笑 8 原则。
7. 求职应聘参加面试该如何着装？如何表现良好的礼仪素养？

能力培养与训练 2

一、能力培养目标

（1）巩固所学仪容修饰、着装、配饰等方面的知识，能进行符合职场环境的仪容修饰。
（2）掌握基本着装的礼仪规范，具有符合职业形象的着装搭配技能。
（3）修整个人仪态，能形成正确的站、坐、走、蹲姿态。
（4）能够恰当地使用手势，运用目光和微笑，塑造良好的个人职场礼仪形象，促进事业走向成功。
（5）在求职面试中，能够进行较为全面的自我介绍。

二、思考与训练

1. 判断题

（1）穿有色衬衫时，领带颜色应与西装颜色相协调。（　　）
（2）当女性站立时，两手可在体前交叉，一般是左手放在右手上。（　　）
（3）在走路时，男性的双脚内侧应走在一条线上，女士双脚呈平行线。（　　）
（4）社交注视的区域是从对方两眼到胸部的倒三角区域。（　　）
（5）在办公室，B 男士和 C 女士在谈话时，目不转睛地直视 C 女士。（　　）

2. 单选题

（1）在正式场合，男士穿的西服有三个扣子，只能扣（　　）。
　　A．下面 1 个　　　　B．中间 1 个　　　　C．上面 2 个　　　D．三个都扣
（2）系好领带后，领带的最下端应（　　）。
　　A．在皮带上缘处　　　　　　　　　　B．在皮带上下缘之间
　　C．在皮带下缘处　　　　　　　　　　D．比皮带下缘略长一点
（3）西服穿着的三大禁忌包括（　　）。
　　A．袖口上的商标没有拆　　　　　　　B．在正式场合穿着夹克打领带
　　C．正式场合穿西服套装时袜子出现问题　D．以上都包括
（4）下列哪一项不是穿西装必要的？（　　）
　　A．一定要打领带　　　　　　　　　　B．一定要穿皮鞋
　　C．一定要配领带夹　　　　　　　　　D．一定要穿衬衫
（5）一位女士拥有 5 枚戒指、3 条手链、4 条项链、2 副耳环，则她应该（　　）。
　　A．全部佩带　　　　　　　　　　　　B．各佩带一件
　　C．佩带某一类的全部　　　　　　　　D．总共佩带不超过 3 件

3. 多选题

（1）着装的原则包括"TPO"原则以及（　　）。
　　A．适体性原则　　　　　　　　　　　B．整体性原则
　　C．独特性原则　　　　　　　　　　　D．适度性原则

（2）在正式场合男士穿西服要求（　　）。
　　A．扎领带　　　　　　　　　　　　B．露出衬衣袖口
　　C．钱夹要装在西服上衣内侧的口袋中　D．穿浅色的袜子
（3）三一定律指的是男士穿着西服时，身上有三个部分的颜色必须协调统一，这三个部分是（　　）。
　　A．鞋子　　　B．公文包　　　C．衬衣　　　D．腰带
（4）假设有一位体形肥胖的人，请你帮她设计一款服饰，在如下的条件下，你会选择哪几种色彩与款式？（　　）
　　A．大方格图案　　　　　　　　　　B．暖色调
　　C．纵条纹　　　　　　　　　　　　D．冷色调
（5）女性优美、规范的蹲姿有（　　）等。
　　A．双腿交叉式　　　　　　　　　　B．双腿高低式
　　C．双腿平行式　　　　　　　　　　D．双腿前后式

三、案例分析

案例分析2-1

一头长发

某中日合资公司，双方预定在某日进行谈判，中方为了慎重起见，特意从某大学里挑选了一位女大学生做翻译，她梳着一头披肩发，无论身材、长相、语言水平都无可挑剔，谈判如期进行。在谈判中，日方向中方提出要求，你们必须换翻译，否则我们无法进行谈判。这时，中方感到很纳闷，便问："是她翻译得不好？还是她长得不漂亮？"日方说："她翻译得很好，长得也很漂亮，但她的头发总是甩过来甩过去，使我们无法集中精神。"

分析讨论：
（1）这名女大学生违反了什么礼仪规范？
（2）你认为这名女大学生应该怎么做？

案例分析2-2

不拘小节的结果

某照明器材厂的业务员小刘按约定，带着企业新设计的样品，兴冲冲地来到兴业贸易公司，脸上的汗珠未来得及擦一下，便直接走进了业务部李经理的办公室，正在处理业务的李经理被吓了一跳。"对不起，这是我们企业设计的新产品，请您过目。"小刘说。李经理停下手中的工作，接过小刘递过的照明器，随口称赞道："好漂亮啊！"并请小刘坐下，倒上一杯茶递给他，然后拿起照明器仔细研究起来。小刘看到李经理对新产品如此感兴趣，如释重负，便往沙发上一靠，跷起二郎腿，一边吸烟一边悠闲地环视着李经理的办公室。当李经理问他电源开关为什么装在这个位置时，小刘习惯地用手搔了搔头皮——好多年了，别人一问他问题，他就会不自觉地用手去搔头皮。虽然小刘进行了较详尽的解释，李经理还是有点半信半疑。谈到价格时，李经理强调："这个价格比我们预算高出许多，能否再降

低一些？"小刘搔了搔头皮，反反复复地说："造型新、寿命长、节电。"李经理托词离开了办公室，只剩下小刘一个人。小刘等了一会儿，感到无聊，便随便地抄起办公桌上的电话，同一个朋友闲谈起来。这时，门被推开了，进来的不是李经理而是办公室的秘书。

试分析：

（1）接下来的情况会是怎样的？为什么？

（2）分析造成小刘的生意没有谈成的礼仪缺陷有哪些？

（3）在商务活动中，小刘应该如何注意自己的个人礼仪问题？

以小组为单位讨论，派代表在全班发言。

四、实操训练

实操训练 2-1

仪容礼仪——头发修饰

训练内容： 出席商务洽谈会的女士发式修整。

有着一头漂亮长发的市场部职员张莉、王玫等，今天要去参加一个重要的商务洽谈会，请为她设计一个合适的发型。

训练组织： 由 3～5 人组成一组，将长、短发女生和男生搭配组合，为组内的长发女生设计发型。

训练步骤：

（1）选一名长发女生为模特，教师为其进行盘发示范；

（2）各组同学选组内一名长发女生为模特，准备好发夹等盘发工具；

（3）由组内其他同学为长发女生盘发；

（4）按照完成的先后顺序进行展示。

实操评价： 教师与同学代表组成评议组，为各组所完成的发型评分（结合时间和质量综合评价），小组所获成绩记为组内每位同学的个人成绩。

实操训练 2-2

仪容礼仪——面容修饰

训练内容： 化妆的步骤和技巧。

训练组织：

（1）教师亲身示范或播放相关录像，让学生整体感知化妆的步骤和技巧，并形成印象；

（2）可以组织学生观看专业化妆师毛戈平的"现代美容化妆技法"录像，学习化"日妆"及"晚妆"的技法；

（3）教师或学生准备化妆品。

训练步骤：

（1）教师采用分步讲解、示范化妆的程序，学生跟随练习；

（2）学生各自或相互进行职业淡妆的化妆练习，以熟悉化妆的步骤，掌握化妆技法；

（3）教师对学生进行指导；

（4）教师选出典型作品在全班进行展示、讲解。

实操训练 2-3

服饰礼仪——领带的系法

训练内容：领带的系法，选择温莎式打法。

市场部职员李先生今天要去参加一个重要的商务洽谈会，他已经穿好西装，却不会打领带，请你用温莎式的领带打法，为他打好领带。

训练组织：教师准备及学生自备领带；可2人一组，也可以个人为单位。

训练步骤：

（1）教师示范领带的温莎式打法；

（2）学生模仿着进行操作；

（3）在15分钟内系好领带，系好后上台展示，并由老师点评。

实操评价：教师对学生系好的领带进行逐一评分，并记录成绩。

实操训练 2-4

着装符合礼仪规范

训练目的：通过训练，用自己的审美情趣，塑造个性的、美好的服饰形象，从而为综合形象增添魅力，使学生能够深刻地理解着装对一个人形象及企业形象的重要作用。演练口号如下：

（1）穿出品位来；

（2）精心打扮自己的每一天；

（3）服装是最好的名片（英国丘吉尔）；

（4）人之初识，90%来自服饰（日本齐藤竹之助）；

训练步骤：

(1) 从头开始，完成自我发型设计。

(2) 身材确认及个案搭配练习。

① A型：上身优势下身不足——上紧下松；

② Y型：上身不足下身优势——上宽下收；

③ X型：上下不足腰部优势——收腰；

④ H型：上下匀称没有不足——各种款式；

⑤ O型：上下不足肥胖宽大——简单宽松。

(3) 建立自己的色彩档案。

① 了解色相：红黄蓝三原色、间色、复色、调和色；

② 了解色性：缩扩、远近、冷暖、轻重。

(4) 按照你对以下原则的理解穿着商务装。

① 适己性原则——符合自己的性别、心情、身材、身份等特征；

② 合时性原则——符合时代特征、季节特征、场合特征；

③ 合理性原则——款式颜色搭配得体，符合规则。
(5) 将参与者划分为4人一组，小组内互相分析。
(6) 每组做出分析汇报，看每个人的个人商务形象设计能否得到认可。
(7) 根据评价结果改进个人着装。

实操训练2-5

仪态礼仪——站姿训练

训练内容： 正确的站姿。

假如你即将参加某公司的招聘面试，想给用人单位留下良好印象，争取到这份工作。你知道要以良好的形象出现在面试人员面前，其中站立姿态是占了很大比重的，怎样站立的效果最佳呢？

训练组织： 可以男女生分列或以小组为单位站成横排，按照教师示范的动作，进行模仿。教师选出站姿标准的同学作为助教，指导同学练习，学生要进行自我调整，尽量用心去感觉动作要领。学生应身穿职业服，女生穿高跟鞋，训练时可放些优雅、欢快的音乐，调整学生的心境，使微笑更自然。

训练步骤：

(1) 学生听教师口令列队，进行准备活动；
(2) 教师示范，学生模仿。内容包括：肃立姿态，男、女生各种站姿；
(3) 肃立姿态训练；
(4) 男、女生各种站姿的学习、训练，直至基本掌握；
(5) 3分钟复习时间，然后进行考核（或者自我复习，下周进行随堂考核）。

实操评价： 教师按照名册顺序，以5名同学为一组，进行站姿考核。教师逐一赋分，并记录成绩。

实操训练2-6

仪态礼仪——坐姿训练

训练内容： 正确的坐姿。

训练背景： 在职场中的正式场合，你要坐下来与对方交谈，面前没有桌子或茶几遮挡。怎样坐才有礼仪素养呢？

训练组织： 可以男女生分别成排，按照教师示范的动作，进行模仿。教师选出坐姿标准的同学作为助教，指导同学练习。学生的着装要求与站姿训练中的要求一样。

训练步骤：

(1) 教师示范，学生模仿。内容包括入座、起座、端坐，以及男、女生各种坐姿的学习；
(2) 入座、起座的训练。入座时，教师说"请坐"，女生双手略微收拢一下裙子，按规范动作坐下，起立时，既轻又稳。
(3) 端坐的训练。按规范的端坐姿态坐好，放段舒缓的音乐。

（4）男、女生各种坐姿的训练，直至基本掌握。也可练习在高低不同的椅子、沙发上，不同交谈气氛下的各种坐姿。训练时，重点强调上身挺直，双膝不能分开，用一张小纸片夹在女生双膝间，自始至终不能掉下来。

（5）3分钟复习时间，然后进行考核（或学生自我复习，在下周随堂考核）。

实操评价：教师按照名册顺序，以5名同学为一组，进行坐姿考核。教师逐一赋分，并记录成绩。

经过实训，同学们应主要把握男士、女士的各种站姿、坐姿的礼仪规范，并在生活中主动实践，体现出优雅的姿态。

实操训练 2-7

仪态礼仪——走姿训练

训练内容：正确的走姿。

在求职面试中，你要走到用人单位主考官面前，该以怎样的姿态走上前呢？

训练组织：可以男、女生分别成排，按照教师示范的动作，进行模仿。放上《路灯下的小姑娘》乐曲（行进速度适中，节奏明快），教师指出走姿已经符合标准的同学停止练习。学生应穿着西服（女生穿高跟鞋）进行练习。

训练步骤：

（1）利用地线，学生成单排行走；行走时男生双脚落地成两平行线，间距适中；女生双脚（内侧）落地成一条直线；配上音乐，训练行走时的节奏感；强调眼睛平视、收腹、挺胸；表情平和自然，充满自信。

（2）为了纠正个别学生走路时摆头晃脑的毛病，可顶书行走，以保持在行走中头正、颈直。

（3）练习背小包、拿文件夹、提公文包、穿旗袍时的行走姿态。

实操训练 2-8

仪态礼仪——蹲姿、手势、目光、微笑训练

训练内容：蹲姿、手势、目光、微笑。

训练组织：可以男、女生分别成排，按照教师示范的动作，进行模仿。教师选出蹲姿、手势、目光、微笑俱佳的同学做样板，并指导同学练习。

训练步骤：

（1）教师示范，学生模仿；

（2）男、女生分别进行下蹲姿态的练习；

（3）进行横摆式、曲臂式、直臂式、斜下式手势的训练；

（4）进行公务凝视、社交凝视目光的训练和运用；

（5）进行表情的对镜训练、两人面对面地进行训练。

实操评价：可对手势礼仪姿态训练结果进行评价。教师按照名册顺序，以5名同学为一组，进行考核。教师逐一赋分，并记录成绩。

项目 2 职场个人礼仪

【情景剧】

求职面试

由学生中有意愿的同学组成表演小组,根据下面的素材,进行准备。确定角色人选,设定解说和旁白并确定人选,另有剧务、道具等专人。组员共同合作,在下次课上进行表演。

公司名称:生物科技企业集团

考评面试官:人力资源总监邓小姐(D)

应聘部门:企划部

应聘职位:营销企划专员

应聘者简介:

姓名:方大伟(F)　　　　性别:男

年龄:22岁　　　　　　　婚姻状况:未婚

工作经历:无　　　　　　专业:市场营销

方大伟在经过一轮激烈的笔试竞争后,终于接到了生物科技企业集团的面试通知,时间是2017年10月18日上午10点30分,地点位于繁华商业中心的创业大厦的公司总部。生物科技企业集团是本地著名的高科技企业,能进入这样的企业工作是方大伟长久以来的心愿,他决心抓住这次难得的机会,好好准备,把自己的优点全都表现出来。

10月16日,方大伟特意在发廊剪了头发,师傅的手艺不错,原本凌乱的头发经过一番修饰之后,方大伟的精神面貌看上去大不相同。他带着简历、身份证、大学六级英语证书等所有与面试有关的文件到系里的文印办公室,将它们每样复印了三份。

10月17日,吃过晚饭,方大伟又检查了一下公文包,看看所需的资料是否已经准备完善,又查阅了一些关于该公司的信息。之后方大伟开始准备第二天的着装,他先修剪了手指甲,保证指甲看上去整齐而且指甲缝里不留任何污垢,然后从衣柜里挑出了一件蓝色的带竖条的衬衫,让自己看上去稳重而且有活力,又选了一条相称的领带,一套深灰色的西装和西裤。看到衬衫有些皱,方大伟拿出熨斗用不太熟练的技术终于将衬衫熨烫平整(场外音:其实在求职期间,将衬衫花钱送到附近的洗衣店熨烫整齐也是值得的),然后用衣架将这些衣物挂起。当然方大伟也不会忘了将皮鞋擦干净。

处理完这些事以后,方大伟还冲了个凉,晚上10点30分左右就上床就寝,躺在床上又将有关面试和生物科技企业集团的资料重新看了一遍。在床上,他脑子里像过电影一样,把学校就业辅导中心老师提到过的面试应该注意的礼仪问题都复习了一遍,才沉沉地睡着了。

10月18日,方大伟早上7点半起床,梳洗完毕。吃过早餐后,方大伟穿上衬衣和早已准备好的西裤,打领带时,方大伟精心地打了一个较为正规的温莎式,与他一身深灰色的西装很相称,显得大方而稳重。方大伟又对着镜子将头发梳理整齐,他想,人家是著名的高科技合资公司,很注重员工形象,在这方面也不能逊色。他又换上灰色的袜子,黑色的皮鞋,整个人看起来精神抖擞、神清气爽,显得年轻精干又信心百倍。

9点整,方大伟在出发前再次检查了所有应该携带的文件,确定没有一样东西遗漏。公文包里的笔记本、笔都放在自己熟悉的夹层里,一切都准备妥当了。

上午 10 点 20 分，方大伟提前 10 分钟抵达生物科技企业集团总部。

10 点 30 分，方大伟被前台小姐领进人事部，面试开始。

D：你好！请坐，我是生物科技企业集团的人力资源总监，我姓邓。

F：邓总，您好！很高兴能有机会与您面谈。

小提示：

- 第一印象产生——决定性因素。
- 注意眼神接触，保持微笑。
- 注意礼貌。

D：从你的简历和求职信来看，你各方面的条件都不错，能不能谈一下你在大学求学期间有没有什么相关的社会活动经验？

F：我学的是市场营销专业，与社会接触比较多，平时也比较喜欢参加学校的团体活动和社会实践活动。在二年级的时候就是班级的干部，连续两个暑假参加了加拿大安美森公司主持的国际商务论坛，在该公司做过兼职的市场助理，做一些相关的联络工作……

小提示：

- 回答问题要诚实中肯，切忌撒谎和浮夸。
- 力争引起对方的共鸣。

D：为什么想到我们公司工作呢？

F：我看到贵公司的招聘广告，对贵公司刊登的职位信息进行了一些研究，觉得我所学的专业与贵公司的职位要求相符，我还在贵公司的网站上看到了贵公司将在三年内大幅度扩大营销队伍的新闻……

小提示：

- 收集公司情报，了解职务内容。
- 充分把握展示自己的机会。

D：如果你获得这个工作机会的话，你可不可以想象 5 年后的自己？你有没有考虑过自己的职业生涯规划？

F：虽然这个社会有很多不可预测的事情，但我还是认为在这 5 年里自己会随着公司一起成长，我在生物技术领域的知识一定会紧紧跟随着公司的最新进展，而在较高层次的营销策划上，我也已经取得了较大的进步……

小提示：

- 充分表达出自己对工作的热忱和对自己的未来充满信心，这是任何个性的人力资源经理都喜欢的。

D：你觉得你有足够的能力来完成这份工作吗？

F：有，即使有某些经验不完善的地方，但我相信当逐渐熟悉公司的运作计划和操作环节后，我一定能……

小提示：

- 回答应表现出高度的自信心及魄力。

D：你所期望的待遇可能超过了我们公司的预期，我们无法满足你的要求，你能接受吗？

F：我所提出的期望待遇与国内这个行业的职位薪酬标准相比，是属于中等偏上的，当然具体的待遇标准还要由贵公司评估我的表现及资历来最后确定。我愿意在双方达成一个共识的基础上，在一定时期内按贵公司新进入公司的员工待遇标准工作……

小提示：

- 回答这类问题的方法有很多种，要根据面谈时的气氛和具体的情境来灵活回答，但基本原则是：要勇于为自己争取公正的待遇，诚实而不欺瞒，并以双赢的心态去协商。保持充满了弹性的好心态，让一切充满可能性。

D：你有没有什么要问的？

F：有，请允许我询问关于……方面公司的策略是什么？

小提示：

- 切忌回答"没有问题"。
- 表达出争取工作的决心。
- 搞清楚有待了解的部分。

D：方先生，由于时间的关系，我们今天的面试就到此为止了。由于还有一部分候选人要进行这一轮面试，所以我们要在对所有参加面试的候选人进行全面比较衡量后，才能决定合适的人选。如有进一步的消息，我们会及时通知你的，谢谢你。

F：十分感谢邓总抽出宝贵的时间和我面谈，我从中受益匪浅。希望下次有机会再当面请教。再见。（与邓总握手道别，并将椅子放回原处后离开。经过前台时，和引导他进入人事部的钱小姐说："谢谢你，再见。"）

小提示：

- 注意，直到离开公司所有人的视野后，你的面试才结束。
- 表达完美的人际交往能力。
- 注意，如果公司门口有张纸片或小块杂物等，不要视而不见地走过，而要将它捡起来扔到垃圾桶里。因为这很可能是公司故意设计的面试细节，看看每个候选人是不是具有过人的观察力和从我做起的精神。

10月18日下午，方大伟按照生物科技企业集团的地址给人力资源总监邓小姐发了一份感谢信，表示通过面试更进一步了解了生物科技企业集团的企业文化和高效率，表达了自己仍然很想为该公司服务的愿望，也有信心做好营销企划的工作，希望有机会向邓总多多学习。

项目 3 商务社交礼仪

在人与人的交往中，礼仪越周到越保险。

——[英]托·卡莱尔

【项目目标】

❖ 知识目标：

1. 了解商务交往中自我介绍的时机、他人介绍的姿态、名片的用途、握手的禁忌；掌握介绍的顺序与方法；掌握递接名片的礼仪规范、握手的礼仪要求以及鞠躬礼的要领。

2. 了解称谓礼仪、自我介绍和他人介绍的语言礼仪，交谈的礼仪原则；掌握商务交谈中的礼仪、交谈的技巧以及交谈中宜选和忌讳的话题。

3. 了解常见的商务宴请形式，理解商务宴请礼仪的基本原则；掌握座位的排列次序；掌握宴请者、赴宴者的礼仪规范；掌握中餐、西餐、自助餐用餐礼仪及敬酒的礼仪知识，达到理论与实践相结合的目的，更好地运用到各种宴请活动中。

4. 了解常见馈赠礼品的种类、礼品的包装方法、国际交往中的馈赠常识，理解商务馈赠的目的和原则；掌握礼品的选择方法；掌握馈赠礼品的礼仪以及受礼的礼仪。

5. 了解接打电话的基本礼仪，收发传真、电子邮件的礼仪；理解通话的基本原则；掌握拨打电话、接听电话的礼仪以及使用移动电话的礼仪。

❖ 能力目标：

1. 能够根据实际情况及时准确地进行自我介绍和为他人进行介绍，按照见面礼仪规范要求正确运用握手礼仪、递接名片礼仪等，具备与人交往的基本素质，体现商务人员待人接物的优雅风度。

2. 在商务交谈中，能够恰当地称呼对方，得体地进行自我介绍和他人介绍，初步具备选择合适的话题，与交往对象礼貌交谈的能力。

3. 能够掌握宴请礼仪的正式做法和标准要求；在商务宴请中能够根据对方的特点和饮食习惯来安排、招待客人，表现出良好的礼仪风范；初步具备举办不同形式宴会的组织、接待能力。

4. 能够运用所学商务馈赠基本知识及礼仪规范，具备初步的选择礼品、包装礼品的能力。

5. 能够掌握拨打电话、接听电话的礼仪以及使用移动电话的礼仪，初步具备良好的电话礼仪形象，以及商务电话交往沟通能力。

❖ **素质目标：**

培养学生良好的商务交往礼仪素养，使之初步形成在各类商务交往场合中大方得体的职业形象，为今后在各种商务社交场合中言行举止得体，尊重、礼待交往对象打下基础，力求更好地体现礼仪素养，塑造良好的企业形象和个人形象。

【项目导入】

商务人员在商务活动中，要能够恰当地称呼对方，并准确地进行自我介绍；要向客户施行见面礼仪；在商务交谈中，要选择合适的话题与交往对象礼貌地交谈；要宴请、接待客户；要进行商务馈赠活动；要利用现代通信工具与客户进行沟通等。在每项交往活动中，都必须遵循商务交往礼仪规范，一言一行都必须符合礼仪规范，这样才能够与对方顺畅沟通、和谐交往，给对方留下良好的印象，得到对方的信任，促使商务社交活动顺利进行，最终实现商务社交的目的。

那么，这些商务社交礼仪规范包括哪些内容呢？我们应该如何遵循和施行商务社交礼仪规范呢？这就是我们下面要学习掌握的。

导入案例

如此介绍

"请问有人吗？"刘新来到办公室门口。"进来！"办公室主任老胡大声应了一声。见到来人，老胡觉得很陌生，随口问道："你有什么事吗？"刘新赶忙说："我叫刘新，是南方化工厂副厂长，南方化工协会理事，南方化工研究会理事，南方开发公司经理，今天来这里是想……"老胡皱了皱眉头："哦？看你不像南方人嘛。"

商务人士与顾客进行商务交往首先要从认识开始，互相认识通常要借助介绍。介绍在人与人之间起到桥梁和沟通的作用，是人们开始交往的第一步，也是推销活动中使用很频繁的一种礼仪形式。成功的介绍凭借几句话就可以缩短人与人之间的距离，为进一步交往开个好头。而失败的介绍，则往往会使交往就此结束。

任务 1　掌握商务会面礼仪规范

商务人士与他人交往，首先应通过自我介绍或他人介绍来结识对方，还要与对方互换名片，握手寒暄，有些时候需要鞠躬等，通过这些行为来表达尊敬、友好之意。这介绍、递接名片、握手、鞠躬都是会面礼仪。商务人员应该掌握商务会面礼仪规范，并能够恰当地施行商务会面礼仪，这样才能在见面之初彬彬有礼，给对方留下良好印象，使得商务交往顺利进行。

一、介绍礼仪

介绍是人与人相识的最基本的形式,商务社交场合中互相认识及了解的基本方式是靠介绍。介绍时的称谓和先后顺序等都有一定的礼仪规范,商务人士了解和掌握介绍的基本礼仪,有助于在商务交往中结识更多的商业伙伴和客户,同时,通过落落大方的介绍,可以显示出个人良好的礼仪风范。

1. 自我介绍

商务人士的自我介绍,就是在一定的商务社交场合,把自己介绍给其他人,以使对方认识自己的一种方式。恰当的自我介绍,不但能增进他人对自己的了解,而且还可能创造出意料之外的商机。

(1) 自我介绍的时机。在进行自我介绍时把握时机是很重要的,要让自我介绍能够给对方留下深刻的印象,应把握好时机。当对方忙于工作,或是正与他人交谈,或是精力集中在其他事情上的时候,进行自我介绍有可能打断对方,会很失礼,而且对方没有注意倾听,效果一定不会好。如果对方没有专注于工作或某一事情上,又是在轻松愉快的环境中,把自己介绍给对方,会有良好的效果。在商务场合中,如遇下列情况,是进行自我介绍的良机:

① 在聚会上与身边的陌生人共处时;
② 不相识者对自己很有兴趣时;
③ 他人请求自己做自我介绍时;
④ 求助的对象对自己不甚了解,或一无所知时;
⑤ 前往陌生单位进行业务联系时;
⑥ 在旅途中与他人不期而遇而又有必要与之接触时;
⑦ 初次登门拜访不相识的人时;
⑧ 遇到秘书挡驾,或是请不相识者转告时;
⑨ 初次利用大众传媒,如报纸、杂志、广播、电视、电影、标语、传单,向社会公众进行自我推荐、自我宣传时;
⑩ 利用社交媒介,如信函、电话、电报、传真、电子信函,与其他不相识者进行联络时。

(2) 自我介绍的方式。自我介绍的具体形式如下。

① 应酬式。适用于某些公共场合和一般性的社交场合,这种自我介绍最为简洁,往往只包括姓名一项即可,如"你好,我叫王斌"。
② 工作式。适用于工作场合,包括本人姓名、单位及部门、职务或从事的具体工作等,如"您好!我是腾飞公司的销售经理,我叫李强。"
③ 问答式。适用于应试、应聘和公务交往。问答式的自我介绍,应该是有问必答,回答对方的提问。

（3）自我介绍应注意的事项。

① 力求简洁。进行自我介绍要力求简洁，尽可能地节省时间，通常以 1 分钟左右为佳。但是真正能在 1 分钟左右结束自我介绍的人，只占很小一部分，实践中有的长达 6 分钟，有的短到只有 15 秒。时间短的可能只介绍了身份和名字，而时间长的则是绕了好多圈子。

② 语言流畅。进行自我介绍时，语言要流畅，不要让口头语"嗯""啊""这个""那个""就是吧"等占用更多的时间，说话的人费劲，听的人更难受，效果不佳。

③ 提高效率。为了提高效率，在做自我介绍的时候，可利用名片、介绍信等资料加以辅助。

④ 讲究措辞。自我介绍时要把握用词的分寸，不炫耀自己、夸夸其谈、华而不实，也不能为了表现谦虚，故意贬低自己，让人觉得虚假、不诚实。在做自我介绍时要讲究措辞。

⑤ 讲究态度。在做自我介绍时，态度应自然、友善、亲切、随和，整体上讲求落落大方，笑容可掬，同时，举止要庄重、充满自信，这样容易使人产生信赖和好感。另外，在介绍时要语气自然，语速正常，语音清晰。

2. 他人介绍

他人介绍，又称第三者介绍，是经第三者为彼此不相识的双方引见、介绍的一种方式。在商务活动中，经常需要商务人士为交往双方进行介绍。

（1）他人介绍的原则。

① 要弄清双方是否有结识的愿望。如果双方根本不愿结识而去介绍，会使双方陷于被动，这是失礼的。

② 把握时机。当发现互不认识的双方相互注视，或者一方有意注视而另一方并不回避，并且双方不是很快离去时，就是为他们介绍的好时机。

（2）他人介绍的时机。在商务交往中为他人做介绍时，下列情况可以是进行介绍的好时机。

① 陪同上司、长者、来宾时，遇见了其不相识者，而对方又跟自己打了招呼。

② 本人的接待对象遇见了其不相识的人士，而对方又跟自己打了招呼。

③ 在家中或办公地点，接待彼此不相识的客人或来访者。

④ 接受为他人做介绍的请求。

⑤ 打算推荐某人加入某一方面的交际圈。

3. 集体介绍

集体介绍是他人介绍的一种特殊形式，是指当介绍者在为他人介绍时，被介绍者其中一方或者双方不止一个人，甚至是许多人。

（1）集体介绍的基本原则。在需要做集体介绍时，原则上应参照为他人介绍的顺序进行。其基本规则是：介绍双方时，先介绍地位低的，再介绍地位高的；而在介绍其中各自一方时，则应当从高到低进行介绍。

(2) 集体介绍的顺序。

① 将一人介绍给大家。在被介绍者双方地位、身份大致相似，或者难以确定时，应使一人礼让多数人，先介绍一人或人数少的一方，后介绍人数较多的一方。

② 将大家介绍给一人。若一人地位、身份明显高于人数多的一方，应先介绍人数多的一方，再介绍地位、身份高的这位。

③ 人数较多的双方介绍。若需要介绍的双方人数均较多，可采取笼统的方法进行介绍，如可以说："这些是黄海公司的销售员，这边的是宜家公司的销售员。"可按位次尊卑顺序进行介绍。先介绍主方，后介绍客方。

④ 人数较多的多方介绍。当被介绍者不止两方，而是多方时，应根据合乎礼仪的顺序，确定各方的尊卑，由尊至卑，按顺序介绍各方。

4. 介绍时应注意的事项

在做介绍时，应注意以下几方面问题。

(1) 事先征求。介绍前一定要征求被介绍双方的意见，不能盲目介绍。

(2) 欣然接受。当介绍者询问是否有意愿结识对方时，被介绍者一般应欣然应允，实在不愿意应讲明原因。

(3) 尊重礼貌。介绍人和被介绍人都应起立，以表示尊重和礼貌；待介绍人介绍完毕后，被介绍双方应微笑、点头示意或握手致意。

(4) 同等对待。介绍时应同等对待，不能厚此薄彼。

(5) 微笑致意。在宴会、会议、谈判等场合，介绍人和被介绍人可不必起立，被介绍者可点头微笑致意。

(6) 握手问候。介绍完毕后，被介绍者双方应依照合乎礼仪的顺序握手，并且问候对方。

二、名片礼仪

在现代社会里，名片是商务人士必备的、表示其身份的证明，名片在商务交往中可以广结良缘，联络老朋友，结交新朋友。"名片"是和他人联系的重要资料，也是给别人留下良好印象的重要手段。如果使用精致而漂亮的名片，无疑能为自己增色不少，给别人留下良好的印象。

1. 名片的用途

对商务人士来讲，名片的用途十分广泛，最主要是用来做自我介绍，也可随赠鲜花或礼物，以及发送介绍信、致谢信、邀请信、慰问信等时使用，在名片上面还可以留下简短的附言。

(1) 用于自我介绍。当商务人士与他人初次相识时，要口头上做自我介绍，但限于时间、环境、口音、对方的听力与记忆力等方面因素的影响，口头上的自我介绍效果不一定理想，此时，再递上自己的名片，就能够很好地提高自我介绍的效果，因为名片上介绍得详细、清楚，还可随时过目，信息准确清晰。

（2）进行自我宣传。商务人士在商务交往中，随时要宣传、介绍所在组织与个人，以更好地扩大交往面，增加客户、拓展业务。关于自身所在单位、所任职务、所具职称等信息，不好一并道来，一是信息较多，二是不好自夸，所以不便一一口头叙述，与他人交换名片，对商务人员来说，主要是为了恰当地进行自我宣传，而且还可以宣传一下单位的业务，为获得合作伙伴、开拓业务创造条件。

（3）可以结交朋友。在初次见面时，若希望成为对方的朋友，深入交往下去，可留下联络方式，主动递出自己的名片，便于日后交往，也代表着友好与信任。

（4）通报情况。求见他人时，为了便于对方了解自己，最好先请人转递上一张自己的名片，通报自己的简况。另外，当自己变动工作单位、电话号码、居住地址时，应当告知生意伙伴与亲朋好友，寄交一张新名片，通报一下情况。

（5）维持联系。商务人员在商务交往中所获得的名片，是宝贵的信息资源库，客户或生意伙伴的姓名、单位地址、电话等资料，是商务人员沟通、联系的重要工具。自己送给对方的名片，也可使客户、生意伙伴随时随地与自己联系。

（6）替代礼单。商务人士常以名片代替礼单，在向他人赠送礼品时，可将本人名片放入未封口的信封，然后固定于礼品外包装的正上方。

2. 名片的制作

名片的制作，可以交由专业人士来做，但从内容到形式上还是得自己预先思考、设计。

（1）选择印刷方式。名片一般分为电脑名片、胶印名片、特种名片和数码名片等，其中电脑名片最为普遍。

（2）选择名片的颜色。名片浅色明快，深色厚重。可根据具体情况而定。

（3）确定单、双面印刷。单面印刷还是双面印刷要根据需要而定。若为工作名片，可将企业、公司信息印于名片背面。

（4）确定名片内容。名片上的信息主要由文字、数字、图片（图案）和单位标志构成。文字、数字信息包含单位名称、名片持有人的姓名、头衔以及联系方式，部分商业名片还可以列出经营范围，印上经营理念，这样可以为企业营销做宣传。公司的标志，如视觉形象标志，也可以印在名片上，如图3-1所示。若用于对外交往，还应该考虑多种语言文字。

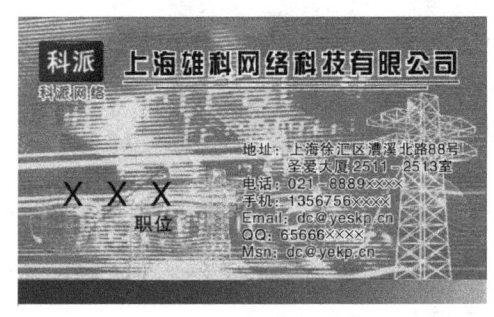

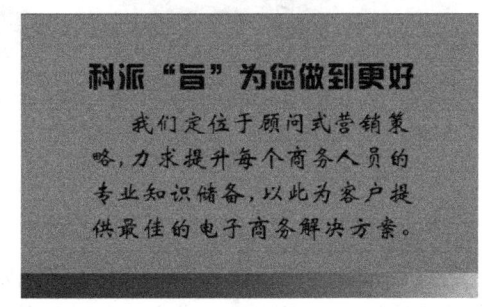

（a）正面　　　　　　　　　　（b）背面

图3-1　名片内容

（5）名片的设计。随着名片使用日益广泛，除所用纸张越来越好以外，名片的版面设计也越来越新颖,如可以在片头上印一些装饰图案,还可以将单位徽记印在名片上,以树立企业形象。名片的风格、个性,主要表现在片面布局与字体的选择以及设计方面。就字体而言,行、草、篆、隶以及各种美术字体均可。名片的式样分为横版和竖版。

① 横版。行序由上而下,字序从左到右。第一行书写持片人的单位名称;第二行是持片人的姓名,用较大字号写在名片正中,有职务、职称或学衔的,通常用小字标在姓名右下侧;第三行是持片人的详细地址及电话号码、邮政编码。横版名片如图3-2所示。

图3-2 横版名片

② 竖版。行序由左到右、由右到左的都有,字序从上到下,竖版名片如图3-3所示。也有横版内容排列在竖式版面上的。

图3-3 竖版名片

名片上的文字同其他应用文一样,首先要合乎规范,否则会引起误解,影响交际效果。在合乎规范的前提下,可以讲究自己的风格,表现自己的个性。

(6) 名片制作的注意事项。

① 名片不能随意涂改。商务人员有时因为名片上的内容有变更,又没来得及印新的名片,或者不愿意将原有的名片作废,就采取在旧名片上涂改的方法更新信息。例如手机

号变动了，就在名片上面增补，虽然看似认真，殊不知名片犹如脸面，在上面改来改去，会贻笑大方。

② 私宅电话视需要标注。在国际商务交往活动中，应遵循涉外礼仪的规范。涉外礼仪讲究保护个人隐私，有教养、有身份的人不向别人索取私宅电话号码。在国际交往中，讲究公私分明，工作名片上留的电话就是办公室的电话，手机号码、私宅电话则不标注。在国内商务活动中，为了联系方便，可将手机号码和私宅号码印在名片上。

③ 不标两个以上的头衔。名片上标明的头衔很多，会给人以三心二意或蒙人之感，因此，商务人士的名片上，最好不标注两个以上的头衔。在国外，一些有地位有身份的人有很多头衔，他会准备好几种名片，按照不同的交往对象，根据自己不同的身份来使用，这种做法值得借鉴。

3. 递送名片的时机

（1）希望结识时。一般情况下，希望认识对方，或自己被介绍给对方的时候需要递交名片。

（2）对方索要时。遇到对方向自己索要名片，或者对方提议交换名片的时候，如果自己觉得与对方还会有进一步交往的可能或必要，可以递交。

（3）初次拜访时。初次登门拜访对方时一般应主动递交名片。

（4）结束谈话时。如果是约定好的面谈，或双方都有所了解，不一定忙着交换名片，可在交谈结束、临别之时递送名片，以加深印象，表示保持联络的诚意。

4. 会议时或用餐时，不可递送名片

5. 名片的保管

商务人员接受了名片之后，应将其插入名片夹内，放在上衣内左侧的口袋里，以示对对方的礼貌和尊重。若在夏天，没有上衣内袋，应将名片夹放在手提包内。

应该及时地将名片加以分类整理，便于以后查找使用，整理的时候可以按照姓名的拼音字母分类，或按照姓名笔画分类，也可以按照部门、行业、国别和地区分类。

三、握手礼仪

1. 握手的意义

握手是商务交往的常用礼节，也是国际通行的礼节。那些司空见惯的商务会面礼仪，却可以从握手中传递出许多信息：热情的问候、真诚的祝愿、殷切的期盼、由衷的感谢，也可以传达出虚情假意、敷衍应付、冷漠与轻视，所以，要遵循握手的礼仪规范。

小资料

握手礼的由来

说法之一：战争期间，骑士们都穿盔甲，除两只眼睛外，全身都包裹在铁甲里，随时准备冲向敌人。如果表示友好，互相走近时就脱去右手的甲胄，伸出右手，表示没有武器，

互相握手言好。后来，这种友好的表示方式流传到民间，就成了握手礼。当今施行握手礼都不戴手套，朋友或互不相识的人初识、再见时，先脱去手套，才能施握手礼，以示对对方尊重。

说法之二：握手礼来源于原始社会。早在远古时代，人们以狩猎为生，如果遇到素不相识的人，为了表示友好，就赶紧扔掉手里的打猎工具，并且摊开手掌让对方看看，示意手里没有藏东西。后来，这个动作被武士们学到了，他们为了表示友谊，不再互相争斗，就互相摸一下对方的手掌，表示手中没有武器。随着时代的变迁，这个动作就逐渐形成了现在的握手礼。握手是我们日常生活中最常用到的礼节。

说法之三：来源于原始社会。当时，原始人居住在山洞，他们经常打仗，使用的武器是棍棒。后来他们发现互相之间可以消除敌意，结为朋友，而最好的表达方式是见面时先扔掉手中的棍棒，然后再挥挥手。

2. 握手的场合

商务人士对于握手的场合应特别重视，不要疏忽。一般来说，下列场合要施行握手礼。

（1）被介绍后。在被介绍与人相识，双方互致问候时，应握手致意，表示为相识而感到荣幸与高兴，愿与对方建立友谊与联系，但要注意应符合握手的先后次序。

（2）久别重逢时。友人久别重逢或同事多日未见，相见时应握手表示问候、关切和为见面感到高兴。

（3）表示祝贺时。当对方取得很大的成绩或重大的成果，获得奖赏，被授予荣誉称号或有其他喜事时，见面应与之握手以表示祝贺。

（4）表示感谢时。在领取奖品时，应与发奖者握手以表示感谢。当有人向自己赠送礼品、发表祝词讲话时，应与其握手以表示感谢。

（5）表示问候时。在社交场合突然遇见友人或领导时，应握手表示问候和表达欣喜之情，但要注意符合握手的先后次序。

（6）参加宴请后。在参加宴请（包括各种茶话会、招待会、家庭宴会等）后，应和主人握手表示感谢。

（7）求人办事时。当拜托别人为自己做某件事后准备告别时，应握手表示感谢和恳切企盼之情。

（8）拜访告辞时。在拜访友人、同事或上司等之后辞别时，应握手以表示希望再见之意。

（9）送别客人时。邀请客人参加活动，在告别之时，主人应和所有的客人握手，以表示感谢对方的光临。

3. 各种握手样式

（1）对等式握手。这是标准的握手样式，双方掌心方向向左，垂直于地面。同事、朋友、社会地位相等的人之间常用这种握手形式，这是一种单纯的、礼节性的表达友好的方式。

（2）双手握。在用右手紧握对方右手的同时，再用左手加握对方的手背、前臂、上臂或肩部。使用这种握手方式的人是在表达一种热情真挚、诚实可靠的感情，显示自己对对方的信赖和友谊。从手背开始，对对方的加握部位越高，其热情友好的程度也就显得越高。

（3）支配式握手。也称"控制"式握手，是指用掌心向下或向左下的姿势握住对方的手。以这种样式握手的人想表达自己的优势、主动、傲慢或支配地位。这种人一般说话干净利落、办事果断、高度自信，凡事一经决定，就很难改变观点，作风不民主。在交际双方社会地位差距较大时，社会地位较高的一方可采用这种方式与对方握手。

（4）谦恭式握手，也叫"乞讨式"握手。与支配式握手相反，指用掌心向上或向左上的手势与对方握手。用这种样式握手的人往往性格软弱，处于被动地位，这种人可能处世比较民主、谦和，平易近人，对对方比较尊重、敬仰，甚至有几分畏惧。

（5）抠手心式握手。两手相握之后，不是很快松开，而是双手掌相互缓缓滑离，让手指在对方手心适当停留。抠手心式握手一般只见于恋人、情人之间或心有灵犀的好朋友之间。

（6）拉臂式握手。将对方的手拉到自己的身边相握，且往往相握时间较长。这常常是社会地位较低者，特别是那些有较强自卑感的人在与社会地位较高者握手时采用的形式。

（7）捏手指式握手。不是两手的虎口接触对握，而是有意或无意地只捏住对方的几个手指或手指尖部。女性与男性握手时，为了表示自己的矜持与稳重，常采取这种样式，如果是同性别的人之间这样握手，就显得有几分冷淡与生疏。

（8）"死鱼"式握手。握手时伸出一只无任何力度、质感，不显示任何信息的手，给人的感觉就好像是握住一条死鱼。这种人的特点如不是生性懦弱，就是对人冷漠无情，待人接物消极傲慢。

（9）"棍棒"式握手。握手时，将自己胳膊伸得很直，支出很远，给人感觉相距很远，有拒人千里之意味，同时很生硬，冷酷。

4. 握手的八项禁忌

一是不要用左手相握，尤其是和阿拉伯人、印度人打交道时要牢记，因为在他们看来左手是不洁的；

二是在和基督教信徒交往时，要避免握手时与另外一位握手者在同时、同一处形成十字交叉状，这种形状类似十字架，在他们眼里这是很不吉利的；

三是不要在握手时戴着手套或墨镜，只有女士在社交场合戴着薄纱手套握手，才是被允许的；

四是不要在握手时另外一只手插在衣袋里或拿着东西；

五是不要在握手时面无表情、长篇大论、点头哈腰、过分客套；

六是不要在握手时仅仅握住对方的手指尖，好像有意与对方保持距离；

七是不要在握手时把对方的手拉过来、推过去，或者上下左右抖个没完；

八是不要拒绝和别人握手，即使有手疾或汗湿、弄脏了，也要和对方说一下"对不起，我的手现在不方便"，以免造成不必要的误会。

四、鞠躬礼仪

1. 鞠躬礼的由来

"鞠躬"起源于中国,是中华民族的传统礼仪,商代有一种祭天仪式"鞠祭":祭品牛、羊等不切成块,而将整体弯卷成圆的鞠躬形,再摆到祭祀处祭奉,以此来表达祭祀者的恭敬与虔诚。这种习俗在一些地方一直保持至今。如今在现实生活中,鞠躬已成为一种比较常见的礼仪,在初见的朋友之间、主人客人之间、下级上级之间、晚辈长辈之间、接待服务人员与宾客之间,为了表达对对方的尊重,或表示深深的感激之情,都施以鞠躬礼。

2. 鞠躬礼的种类

鞠躬适用于庄严肃穆、喜庆欢乐的仪式场合,也适用于普通的社交和商务活动场合。常见的鞠躬礼有以下三种。

(1) 三鞠躬。三鞠躬的基本动作规范如下。

① 行礼之前应当先脱帽,摘下围巾,身体肃立,目视受礼者。

② 男士的双手自然下垂,贴放于身体两侧裤线处,如图 3-4 所示;女士的双手下垂搭放在体前,如图 3-5 所示。

③ 上体以腰为轴,如图 3-6 所示,向前下倾斜约 90°,然后恢复原样,如此三次。

图 3-4　男士鞠躬手位　　　图 3-5　女士鞠躬手位　　　图 3-6　以腰为轴

(2) 深鞠躬。其基本动作同三鞠躬,区别在于深鞠躬一般只要鞠躬一次即可,但要求鞠躬幅度一定要达到 90°,以示敬意。

(3) 社交、商务鞠躬礼。

① 行礼时,立正站好,保持身体端正;

② 面向受礼者,距离为两三步远;

③ 以腰部为轴,整个上体向前倾或 15°,或者 30°,或者 45°,应视具体情况而定,同时问候"您好""早上好""欢迎光临"等。一般来说:

15°鞠躬多用在握手、递送茶水,递接名片、单据、文件、作业等物品时;

30°鞠躬多用于迎接宾客、问候、致谢等情况下;

45°鞠躬多用于送别宾客、非常感谢的情况下。

3. 受礼者的礼仪要求

接受了同等层次人的鞠躬礼，应当还以鞠躬礼。若为长者、上级、宾客、教师等接受了年轻者、下级、接待人员、学生的鞠躬礼，可向右前方迈出一步，让行礼者先过，便是还礼了，也可点头、微笑表示谢意。

五、致意礼仪

致意礼仪逐渐成为商务交往中使用频率最高的一种礼节。致意即表示问候、尊敬之意。致意时，应该诚心诚意，表情和蔼可亲。若毫无表情或精神萎靡不振，则会给人敷衍的感觉。

1. 致意礼的种类

（1）点头致意。用点头作为见面礼，大多适用于与对方不宜交谈的场合。例如，会议或会谈正在进行，行进在人声嘈杂的街道上，或是置身于影院、剧院等公共场合之中。在商务交往时相逢，或是与相识者在同一场合中多次见面，可以点头致意。点头致意的正规做法应是用头部向下稍许点一下，同时目视致意者。

（2）微笑致意。在商务交往中，与交往对象目光相对时，作为见面有礼的行为表现，可施以微笑致意。微笑即面带笑容，不出声、不露齿地笑。微笑要真诚、自然、朴实无华，否则会有悖于与人为善的初衷。

（3）欠身致意。欠身致意是通过降低自己的体位以表示对他人的敬意，多用于身体处于座位的时候，而且不便起立的场合，如会议中、餐饮中、观看演出等。欠身致意的要领：在目视被致意者的同时，全身或身体的上半部分微微前倾一下，约 15°，意在表示对他人的恭敬。

（4）挥手致意。挥手致意常用在相距较远的熟人之间打招呼，或行走匆匆不宜停留打招呼时。挥手致意的操作要领是：将右手及小臂提起至脸部右前方，掌心朝向对方，以手腕为轴，左右轻轻摆动一两下手，不要反复摆动。一般在距对方 2~5 米远致意比较合适，再远一些就得将胳膊抬起，以肩为轴，左右摆动，常用于送别。

2. 致意礼仪注意事项

（1）可多种并用。上述各种致意方法，不是只能单独使用，而是可以几种并用。例如，点头、微笑、挥手等，可以一气呵成，如图 3-7 所示。

（2）使用礼貌用语。在施行致意礼的同时，应使用"您好""早上好"等简洁的问候语，这样会使致意显得生动，更具活力。

（3）回礼。受礼者一般应用相同的致意礼和语言，进行回礼，表示谢意。

图 3-7 微笑、挥手致意

（4）注意礼貌。施行致意礼的同时，问候语的声音大小要适中，切忌大嚷大叫，特别是在公共场合。

【任务实战】

商务人士如何施行会面礼仪

一、掌握商务介绍的礼仪规范

1. 掌握自我介绍的礼仪规范

（1）明确自我介绍的基本程序。

① 在做自我介绍时应先向对方问好，点头致意，面带微笑；

② 得到回应后再向对方介绍自己的姓名和身份，同时递上自己的名片。

（2）自我介绍时的表现。自我介绍时，表情要自然、亲切；目光注视对方；举止庄重、大方；态度镇定而充满信心；表现出渴望认识对方的热情。

（3）自我介绍的技巧。商务人士为了成功地进行自我介绍，给对方留下良好的、深刻的印象，应讲究自我介绍的技巧。

① 从介绍自己名字的含义入手。例如："我叫王立强，父母给我起这个名字，一定是要我成长为一个自立自强的人，看来我没有辜负他们的期望。"

② 从介绍生肖入手。例如："我是属羊的，我的人也与我的属相相似，我很平和，待人友善。我叫……"

③ 从职业特征入手。例如："我是从事会计工作的，职业的关系让我养成了严谨、认真的处事态度。我叫……"

④ 从对事业的态度入手。例如："我是个很执着的人，对待我所从事的事业，百折不挠。我叫……"

2. 掌握他人介绍的方法和正确姿态

（1）他人介绍的顺序。根据商务礼仪规范，在为他人做介绍的时候，必须遵守"尊者优先了解情况"原则，也就是说在为他人介绍前，先要确定双方地位的尊卑，然后再行介绍，使位尊者先了解位卑者的情况。根据这个规则，为他人做介绍时的商务礼仪顺序如下：

① 介绍上级与下级认识时，先将下级介绍给上级，再把上级介绍给下级。介绍时首先称呼上级人员，然后再将被介绍者介绍出来。例如："李经理，这是我的秘书张林。张林，这是宏浩公司的李经理。"

② 介绍公司同事与客户认识时，先将公司同事介绍给客户，然后再介绍客户给同事。

③ 介绍长辈与晚辈认识时，先介绍晚辈，后介绍长辈。介绍晚辈给长者，首先要称呼长者，然后把晚辈介绍给长者，最后再对长辈做以介绍。

④ 介绍女士与男士认识时，应先介绍男士，后介绍女士。需要注意的是，在商务场合，不必采用"女士优先"的原则，而是不分性别年龄，都应遵从"职位高有优先权"的原则。在商业界，只有当两个人的社会地位相同时，才遵循女士优先知情的惯例。

⑤ 介绍来宾与主人认识时，应先介绍主人，后介绍来宾。

⑥ 介绍与会先到者与后来者认识时，应先介绍后来者，后介绍先来者。

⑦ 介绍同事、朋友与家人认识时，应先介绍家人，后介绍同事、朋友。

⑧ 介绍已婚者与未婚者认识时，先介绍未婚者，后介绍已婚者。

但是在一些非正式的场合，不必讲究先后，介绍人一句"我来介绍一下"，然后即可进行简单的介绍，也可直接报出被介绍者各自的姓名。

（2）他人介绍的方法。在商务活动中为他人做介绍时，所采取的常见方法如下。

① 标准式。主要以介绍双方的姓名、单位、职务等为主，这种介绍方式适合于正式场合。例如："贺总您好！请允许我来为您介绍一下。这位是鸿泰公司的经理王刚先生；王经理您好！这位是华宇集团副总贺宏先生。"

② 引见式。介绍者所要做的是将被介绍者双方引到一起，这适用于普通场合。例如："两位早上好！互相认识一下吧。"

③ 简单式。即只介绍双方姓名一项，或只提到双方姓氏，这适用于一般的社交场合。例如："两位老总好！我来为二位介绍一下。这位是王总，这位是刘总。希望大家交往愉快。"

④ 强调式。用于强调其中一位被介绍者的情况，以引起另一位被介绍者的重视。

⑤ 推荐式。介绍者将被介绍者举荐给另外一人，介绍时通常会对前者的优点加以重点介绍。例如："刘董您好！这位是李峰先生，他刚从国外留学回来，是经济学博士、管理学专家。李先生您好！这位是皓月公司的刘朋董事长。"

⑥ 礼仪式。这是一种正规的他人介绍，适用于正式场合，介绍时语气、表达、称呼上都规范和谦恭。例如："王女士，您好！请允许我把××公司的总经理王东先生介绍给您；王先生，这位就是××集团的生产部经理王玲女士。"

（3）他人介绍时的姿态。

① 在为他人做介绍时，态度要热情友好，语言要清晰明快，开口前首先要把目光投向身份高的人，然后转向将要介绍的人。

② 介绍时手的正确姿势：五指自然伸直、并拢，前臂与手成一条直线，提起前臂至左（右）侧前方，掌心向上，略向外倾，指向被介绍者，但目光反向，告知对方这位是谁，如图3-8所示。

（a）介绍一方 　　　　　　　　　　　　（b）介绍另一方

图3-8　介绍时手的正确姿势

介绍人不能用手去拍打被介绍人的肩、胳膊和背等部位，更不能用手指指向被介绍的任何一方。

③ 接受他人介绍时，除女士和年长者外，一般应点头示意或起身站立，面带微笑，目视被介绍者或对方。经介绍后，身份高的、年长者、女士，应主动与对方握手，问候对方，表示非常高兴认识对方。若在会谈进行中，或在宴会等场合，则不必起身，只略微欠身致意即可。

二、掌握递接名片的礼仪规范

1. 掌握递送名片的礼仪规范

（1）明确递送名片的顺序。

① 一般是地位低的人首先给地位高的人递送名片，男士先向女士递名片；

② 当多人交换时，应先将名片递给职务较高、年龄较大者；

③ 如分不清职务高低和年龄大小时，则可先和自己对面左侧方的人交换名片。

（2）掌握递送名片的礼节。

① 递送名片应注意5个要点：

a．面带微笑注视对方；

b．字迹朝向对方；

c．15°鞠躬；

d．用双手从腰间递出；

e．语言恰当。

② 递送名片的姿态和语言。用双手食指和拇指执名片的上方两角，递送时可以介绍自己的名字、身份、单位："我是××公司的×××，这是我的名片，请多指教。"递送名片如图3-9所示。

③ 交换名片时，如果双方是坐着的，应当起立或欠身递送。

④ 与外宾交换名片时，要先留意对方是单手还是双手递过来的，然后再跟着模仿。西方人、阿拉伯人和印度人习惯用一只手与人交换名片；日本人则喜欢在一只手接过他人名片的同时，用另一只手递上自己的名片。

图3-9 递送名片

2. 掌握接受名片的礼仪要求

（1）掌握接受名片的礼节。

① 接受他人名片时，也应注意5个要点：

a．面带微笑双手接受；

b. 15°鞠躬；
　　c. 表达谢意；
　　d. 认真阅读；
　　e. 道出职务。
　　② 接受名片的姿态和语言。用双手的拇指和食指接住名片的下方两角，表示"谢谢"，认真默读单位、姓名、职务，然后说出职务，以示敬重。例如："哦，您是××公司的王总，认识您很高兴！"如果遇到读不准的文字，应马上询问："请问您，这个字在姓氏中怎么读？"这样询问非但不会失礼，而且使对方觉得受到尊重，是讲究礼貌的表现。接受名片后如图3-10所示。

（a）默读　　　　　　　　　（b）收起

图3-10　接受名片后

　　（2）切忌失礼。拿到名片看也不看，随手放入口袋，或一直放在桌子上不收藏起来，或把名片卷起来，随意折叠，这些都是失礼的行为。

　　（3）有序排列名片。会谈时，同时接受多人名片，可将名片与对方一一对应，有序排列，以免交谈时出现误称，张冠李戴，是严重的失礼。

3. 掌握索取对方名片的方法

　　在公共场合欲索取他人的名片，可以婉转的口气礼貌地行事。

　　（1）交换法。将欲取之，必先予之；来而不往非礼也。商务人员欲索取对方的名片，可以先递出自己的名片，一般情况下，对方会回敬自己的名片。

　　（2）谦恭法。对长辈、嘉宾或地位、声望高于自己的人，可以说："久仰您的大名，非常希望得到您的教诲，不知以后怎样才能向您请教？"

　　（3）明示法。直接明示自己的本意："认识您很高兴，能换一下名片吗？"直截了当的表达，也会行之有效。

　　（4）联络法。对平辈和身份、地位相仿的人，可以说："认识您很高兴，希望以后能够与你保持联络，不知道今后怎么和您联系？"

4. 婉拒对方索要名片

　　不论他人以何种方式索要名片都不宜拒绝，要是真的不想给，可以说："不好意思，我忘了带名片。"或者说："非常抱歉，我的名片用完了。"这样比较有礼貌。

三、掌握握手的礼仪规范

1. 遵循握手的礼仪要求

（1）握手姿态要正确。

① 行握手礼时，身体立正，面带微笑，目视对方，右臂自然向前伸出，高度约与对方腰部持平，右手四指并拢，拇指张开，上身微前倾，虎口相交与对方相握，如图 3-11 所示，边握手边说"你好！见到你很高兴""欢迎您""恭喜您""辛苦啦"等。

② 要注意，掌心向下握住对方的手，显示着一个人强烈的支配欲，无声地告诉别人，他此时处于高人一等的地位，应尽量避免采用这种傲慢无礼的握手方式。而掌心向上握手显示出一个人的谦卑和毕恭毕敬。平等而自然的握手姿态是两人的手掌心方向都正向左侧，如图 3-12 所示。

图 3-11　握手　　　　　　图 3-12　掌心朝向左

③ 下级、年轻者、男士应上体稍前倾，约有 15°鞠躬，以示对领导、上级、年长者、女士的尊重，然后恢复原状，如图 3-13 所示。若与对方关系亲近，握手时可稍加力度和抖动，甚至双手相握。

图 3-13　握手时身体稍前倾

（2）握手必须用右手。握手应用右手，如果恰好右手正在做事，一时抽不出来，或者手不净、手很湿，应向对方说明，摊开手表示歉意；立即洗干净手后，与对方热情相握；如果戴着手套，那么应取下后再与对方相握。否则都是不礼貌的。

（3）握手时态度应热情。握手时双眼要注视着对方的眼睛，微笑致意。切忌漫不经心、东张西望，边握手边看其他人和物，或者迟迟不伸手，表现冷淡、傲慢。

（4）握手力度应适中。握得太轻，或只触到对方的手指尖，不是握住整只手，会给人以傲慢、缺乏诚意之感；握得太用力，会给人热情过度、粗鲁、不庄重之感，这些都是失礼的。

（5）握手时间应适度。握手持续的时间应适度，在一般情况下，握手持续时间为3～5秒。如果要表示自己的真诚和热烈，也可较长时间握手。

（6）不要有太多附加动作。不要边握手边拍打肩、背，更不要有其他轻浮不雅的举动。

（7）要快步前迎。与贵宾或与老人握手时还应当注意：当对方伸出手来时，自己应快步上前，用双手握住对方的手，还可根据场合，边握手边问候。

（8）做到不卑不亢。与上级握手时，应热情大方，不卑不亢，礼貌待人；与下级握手时，应热情诚恳，面带笑容，不要冷漠无情，架子十足，更不能握手后用手帕擦手，这些都是无礼的举动。

（9）要尊重女性。与女士握手时，男士可不握到虎口，轻轻一握即可，为了表示热烈祝贺或真挚感谢可握得更富有感情些。在握手前，男子必须先摘下手套，而女子则可戴着手套（薄纱手套）相握。不过，在商务交往活动中，与人握手时不应戴手套。

2. 明确握手时伸手的先后次序

握手时谁先伸手，有一定的礼仪规范。按照"尊者有权决定是否握手"的原则，其握手的先后次序一般为：

（1）领导先向下级伸手；

（2）年长的先向年轻的伸手；

（3）身份地位高的先向身份地位低的伸手；

（4）女士先向男士伸手；

（5）老师先向学生伸手；

（6）拜访时，一般是主人先伸手，表示欢迎；告别时，应由客人先伸手，以表示感谢，并请主人留步。

3. 握手的注意事项

不应先伸手的就不要先伸手，见面时可先行问候致意，待对方伸手后再与之相握，否则是不礼貌的。应注意的是：

（1）在社交场合无论谁先向我们伸手，即使他忽视了握手礼的先后顺序而已经伸出了手，都应看作友好、问候的表示，应马上伸手相握；

（2）拒绝他人的握手是很不礼貌的；

（3）许多人同时握手时，要顺其自然，不要交叉握手；

（4）在商务交往时如果人数较多，可以只跟相近的几个人握手，而向其他人点头示意就行；

（5）在公务场合，握手时伸手的先后次序主要取决于职位、身份，而在社交、休闲场合，主要取决于年龄、性别、婚否。

四、掌握鞠躬礼的要领

1. 明确鞠躬口诀

行鞠躬礼时面对受礼人，"身体立正、手搭好；以腰为轴体前倾；鞠躬角度要分清；面带微笑示心诚。"应理解其含义，并按照口诀去做。

2. 鞠躬的连续动作

（1）站立正直后，双手搭于体前。男士右手虎口张开，搭握在左手腕根部，这不同于三鞠躬，双手也要搭上。女士右手四指搭握在左手四指上，目光朝向受礼者，然后开口说话，如："各位领导……"；

（2）此时以腰为轴，上体整体向下倾，继续说道："上午好！"注意声音要洪亮，鞠躬果断；

（3）话音刚落，应鞠躬到位，目光随身体姿态下移至体前1米处，此时鞠躬为30°，停1～2秒后，以稍慢于下倾的速度抬起上体；男士、女士鞠躬姿势如图3-14所示；

（4）面带微笑，目视受礼者，以示心诚。

(a) 男士鞠躬姿势 　　　　　　　　　(b) 女士鞠躬姿势

图3-14　男士、女士鞠躬姿势

3. 鞠躬时的注意事项

（1）行礼者和受礼者互相注目，不得斜视或环顾周围。

（2）鞠躬时要注意将帽子摘下，因为戴帽子施行鞠躬礼，既不礼貌，又容易使帽子滑落，使自己处于尴尬境地。

（3）鞠躬时目光应随上体向下而向下看，表示一种谦恭的态度，不可以在弯腰的同时抬起眼睛望着对方。

（4）鞠躬礼毕起身时，目光应有礼貌地注视对方，如果目光旁视，会让人感到行礼不是诚心诚意的。

任务2 掌握商务交谈礼仪规范

语言是人们思想的载体，是社会交际的工具，是人们表达意愿、交流思想感情的媒介和符号，也是一个人道德情操、文化素养的反映。商务人士在与他人交往中，应该遵循商务交谈的礼仪规范，使用商务交际语言，做到言之有礼、谈吐文雅，给人留下良好的印象。那么，商务交谈的礼仪规范有哪些呢？

一、商务介绍的语言礼仪

介绍是人与人之间进行沟通的起始，其突出的作用就是传递信息、结识并交往。对于商务人士来说，做好介绍一环，可以结识商业伙伴与客户，也有助于展示自我、宣传企业。

1. 称谓礼仪

称谓是指人们在日常交往中，所采用的彼此之间的称呼语。在商务活动中，称谓是与人交往沟通中的首要一环，称谓恰当、有礼是商务沟通的基础。在商务交往中的自我介绍及他人介绍，也都要从称谓开始，因此，商务人士要注重称谓礼仪。

（1）职务性称谓。

① 仅称职务。在工作中，对有职务的人，可以仅称对方的职务，如厂长、经理。

② 在职务之前加上姓氏。在对方的职务前加上姓氏，如张厂长、王经理，可以比较确切地称呼对方。

③ 在职务之前加上姓名。在职务前加上姓名，这样显现出正式，一般适用于极其正式的场合，如张伟厂长、王斌经理。

（2）职称性称谓。

① 仅称呼其职称。即在工作中，对于有职称的人，可以仅称呼其职称，如教授、工程师。

② 在职称前加上姓氏。即在对方的职称前，加上姓氏，如李教授、刘工程师。

③ 在职称前加上姓名。即在职称前，加上全名，如李强教授、刘洋工程师等。这种称谓适用于十分正式的场合。

（3）学衔性称谓。

① 仅称对方学衔，即交往中，仅称对方的学衔，如博士。

② 在学衔前加上姓氏，如黄博士。

③ 在学衔前加上姓名，如黄涛博士。

④ 将学衔具体化，说明其所属学科，并在其后加上姓名，如金融学博士黄涛。

（4）行业性称谓。

① 称呼职业，如律师、记者、医生等。

② 常规称呼。在改革开放后的商界交往中，经常可见使用"小姐""女士""先生"这样的称呼。

2. 自我介绍的语言礼仪

在商务交往活动中，常常要向交往对象做自我介绍，用简洁、清晰、流畅、风趣的语言将自己介绍给对方，让生人认识你、熟人了解你，以赢得别人的好感和信任。

（1）介绍的语言要平和。炫耀、标榜自己的自我介绍，不会收到良好的效果，只有谦逊、平和的自我介绍，才能赢得对方的尊敬与信任。例如："您好，我叫王强，是万达房地产公司庆典策划部的。"

小资料

自我介绍的妙语

1. 中国台湾影视艺术家凌峰在某一年的中央电视台春节联欢晚会上是这样进行自我介绍的："在下凌峰，我和文章不同，虽然我们都获得过'金钟奖'和'最佳男歌星'称号，但我以长得丑而出名，一般来说男观众对我的印象特别好，本人这个样子对他们没有构成威胁，女观众对我的印象不太好，她们认为我是人比黄花瘦，脸比煤炭黑（笑声），但是我要特别声明，这不是本人的过错，实在是父母的过错，当初没有征得我的同意就把我生成这个样子（笑声）。现在的男人基本上可以分成三种：第一种，看上去很漂亮，看久了也就那么一回事，就像我的朋友刘文正这种；第二，看上去很难看，看久了以后是越看越难看，就像我的好朋友陈佩斯这种；第三种，看上去很难看，看久了以后，就会发现他有一种男人的味道，这就是在下这种了。鼓掌的都表示同意了（笑声）！鼓掌的都是一些长得和我差不多的。"

2. 陈毅将军在一次欢迎大会上的自我介绍："我叫陈毅，耳东陈，毅力的毅，刚才司仪先生称我将军，实在不敢当，我现在还不是将军，当然叫我将军也可以，我是受全国老百姓的委托，去'将'日本鬼子的'军'，这一将，直到把他们'将死'为止。"

3. 有一次礼仪小姐大赛的决赛中，一位叫江南的女孩做了这样的即兴介绍："唐代大诗人白居易有一首词，'江南好，风景旧曾谙，日出江花红胜火，春来江水绿如蓝，能不忆江南？'我就是'能不忆江南'的江南，'春风又绿江南岸'的江南。"

（2）自我介绍要从容。要做好自我介绍，就要有所准备。准备自我介绍，最好的方法是事先写出自我介绍的底稿，然后对着镜子练习，应吐字清楚，表达流畅，直到自己满意为止。这样，在实施自我介绍时就能从容自如。

（3）牢记他人的名字。记住他人的姓名，在商界交往中尤为重要。人们听到的从他人嘴里发出的最悦耳的声音就是叫自己的名字，因此，要表达尊敬重视之意，成功地实现交往的目标，很重要的一点就是记住他人的名字。记住他人的名字，并在交往中说出来，就是对对方巧妙而有效的赞美。

3. 他人介绍的语言礼仪

（1）语言简洁，表达完整。作为介绍人，语言应简洁，并且应该表达完整。介绍时，陈述的时间宜短不宜长，内容宜简不宜繁。

（2）介绍时应注意称呼有礼。通常的做法是连姓带名加上尊称、敬语。较为正式的可以说："尊敬的李刚先生（或尊敬的刘丽女士），请允许我把王国盛先生介绍给您。"一般场合下，可以略去敬语及被介绍人的名字，如："两位经理上午好！请允许我为你们介绍一下，这位是我们公司销售部的刘经理，这位是长江房地产公司的李经理。""张小姐，让我来给你介绍一下，这位是王先生。"

（3）不可只称名而不称姓。无论是正式场合的介绍，还是一般场合的介绍，都不宜略去被介绍人的姓，而只称其名，这样做不够礼貌，也会使得接受介绍的人，无法在接下来的交往中称呼对方。

（4）不可给人厚此薄彼的感觉。商务人士在为他人做介绍时，不可给人厚此薄彼的感觉。在语言表达上，分量要均衡，不可以对一方介绍得很多，而对另一方"蜻蜓点水"；也不可介绍一方"这是我的好朋友"，而对另一方只字未提，让人感觉另一方不是你的朋友，显得关系不够密切。

（5）注意语音、语调、语速。在商务交往活动中，在为他人做介绍时态度要认真、热情友好，要注意自己的语言表达。注意音量不要过大或过小，语调不要过高或过低，语速不要过快或过慢，表述要清晰，使双方听得很清楚。不能给人以敷衍了事或油腔滑调的感觉。

二、商务交谈的语言礼仪

1. 交谈中的礼仪

人们见面后的第一印象往往决定着交往的成败。整体外观给对方的第一印象除了仪容、服饰、举止外，另一重要因素就是言谈，这4个因素组成了人的仪表。商务人士在交往中，要时刻注意自己的谈吐，注意在打招呼、做介绍、进行交谈时的礼仪，以留给交往对象良好的第一印象。

（1）使用敬语。商务人士在交往中，应善于使用敬语，以表示尊敬和礼貌，也体现了个人的文化修养。

① 恰当的称呼。恰当的称呼是商务人士不可缺少的，使用了不恰当的称呼就会失礼。例如，称呼一位教授为"师傅"，就显得不够尊重。

② 有礼貌地询问。询问对方姓名可用"贵姓""尊姓大名""芳名"（对女性）等；询问对方年龄可用"高寿"（对老人）"贵庚""芳龄"（对女性）等。

③ 善用"请"字。"请"字是语言礼仪中最常用的敬语，如"请""请坐""请进""请用茶""请慢用""请稍等""请就座"等。商务人士如善用"请"字，会使商务交往活动顺畅进行。

敬语，一般是在与人初次打交道时，与不太熟悉的人交往时，与身份、地位较高的人交谈时，在比较正规的社交场合，会议、谈判等公务场合中使用。

(2) 使用谦语。谦语又称"谦辞",是向人表示谦恭的一种词语。商务人士在交往中,正确地使用谦语,能给对方以谦虚恭敬之感,形成融洽的交谈气氛,为交谈奠定良好的基础。但使用不当,也会造成不利的影响,引起对方的反感或误解。

商务人士在社交场合中,可以使用如下谦语。

① 称自己及家人。称自己为"在下""鄙人""晚辈";称自己的家人为"家严""家兄""舍妹""小侄"等。

② 出现失误时。当自己的言行不当,出现失误时,应说"很抱歉""对不起""失礼了""不好意思"等。

③ 请求别人谅解时。当要请求别人谅解时,可说"请包涵""请原谅""请别介意"等。

在商务交往中,对谦语的使用虽然不多,但谦虚恭敬的意识应无处不在,只要在交往的言谈中表现出谦虚、诚恳与恭敬,就会得到他人的尊重。

(3) 使用雅语。雅语即比较文雅的词语。商务人士使用雅语,会给人感觉彬彬有礼,能体现个人的文化素养以及尊重他人的个人素质。例如,在待客中,说"请用茶""请用一些茶点";就餐结束时说"大家请慢用"等。雅语不要机械地使用,应适时、恰当、灵活地使用。

小资料

谦辞雅语

与人相见说"您好",问人姓氏说"贵姓",问人住址说"府上",初次见面说"久仰";长期未见说"久违",求人帮忙说"劳驾",向人询问说"请问",请人协助说"费心";请人解答说"请教",请人批评说"指教",求人指点说"赐教",请人修改说"斧正";请人办事说"拜托",麻烦别人说"打扰",请给方便说"借光",接受好意说"领情";得人帮助说"谢谢",向人祝贺说"恭喜",老人年龄说"高寿",看望别人说"拜访";送礼给人说"笑纳",对方来信说"惠书",送人照片说"惠存",欢迎购买说"惠顾";希望照顾说"关照",赞人见解说"高见",归还物品说"奉还",请人赴约说"赏光";自己住家说"寒舍",身体不适说"欠安",需要考虑说"斟酌",无法满足说"抱歉";请人谅解说"包涵",言行不妥说"对不起",慰问他人说"辛苦",迎接客人说"欢迎";宾客来到说"光临",等候客人说"恭候",未及迎接说"失迎",客人入座说"请坐";陪伴朋友说"奉陪",中途先走说"失陪",起身作别称"告辞",临分别时说"再见";请人勿送说"留步",出门送客说"慢走",送人远行说"平安",祝人健康说"保重";请人决定说"钧裁",接受教益说"领教",谢人爱意说"错爱",受人夸奖说"过奖";交友结亲说"高攀",尊称老师为"恩师",书信结尾说"敬礼",问候教师说"教祺"。

商务人士在交往中使用谦辞雅语,可以使陌生人愿意相识,使熟人更加亲近,使他人乐于相助,使双方相互谅解,使伙伴愿意合作。

2. 商务交谈的话题

为使谈话能正常进行,必须选择一个话题,使对方感到轻松愉快,如体育运动和近期赛事、小说、电影、电视节目、食物、烹饪、天气、名胜古迹、自然风光、流行时装、畅销书、热门话题、个人嗜好、个人的特殊经历等。归纳起来，可以分为如下几类。

(1) 宜选的话题。

① 既定的话题。是经双方商议好要谈的话题，如向对方征求意见，与对方讨论问题等。

② 高雅的话题。谈及文学艺术、历史、建筑等，是高雅的话题，这要求交谈双方都具有一定的文化底蕴和丰富的相关知识。这类话题要视交谈对象的具体情况来决定是否选择。

③ 轻松的话题。与交谈对象谈及文艺演出、体育比赛、国内外旅游等，都是比较轻松、有趣的话题。

④ 时尚的话题。谈及当前热门的话题，如正在直播的足球比赛、股市高涨期，或谈及时尚服饰、时尚生活等很惹人关注的话题。这应视交谈对象的喜好而定。

⑤ 擅长的话题，是指交谈对方有研究的、有兴趣的、擅长的话题，选择并谈及这样的话题，会引起对方的兴趣，滔滔不绝地谈下去。

(2) 忌谈的话题。

① 个人隐私的话题。例如，女士年龄、婚恋、家庭、健康、男士的收入、财产等话题，是忌讳谈及的。

② 捉弄对方的话题。交谈中忌讳用尖酸刻薄、捉弄对方的问题作为话题，或乱开玩笑。

③ 非议诽谤他人的话题。切忌非议、诽谤他人，或传播闲言碎语、小道消息。

④ 倾向错误的话题。切忌选择违背道德的话题，或生活颓废、堕落的话题。

⑤ 令人反感的话题。忌选择使对方伤感、不快的话题，这令对方反感，非常失礼。

有了合适的话题，还要有继续交谈的内容，内容来自生活，来自你对生活的观察和感受。从一个人的言谈可以看出其丰富的内心世界和对生活的情感。

3. 商务交谈的禁忌

商务人士掌握了交谈的礼仪与技巧，就会很轻松地进行交谈，但还应注意一些禁忌。

(1) 夸夸其谈说大话。"这事没问题""这事交给我好了！只要有我，一切都好办"这类大话，虽然平时朋友之间说了，感觉很痛快，也能引起对方的好感，但在商务社交场合不适宜。说这类话要十分慎重，因为把话说大了，一旦受客观因素影响没能做到，就会失信于对方。不如说的时候就留有余地，做的时候全力办到，给人以可信任和真诚的感觉；如果没能办到，也刚好如事先所说，给人以实在的感觉。

(2) 以自我为中心。商务人士在与人交谈中，当谈到自己时一定要有分寸，适可而止。要让对方进入谈话，成为核心，围绕对方展开交谈。以自我为中心的人，会引起听话者的反感。例如，推销产品时，不能口不离"我""我们""我都跑了好几趟了，您看您怎么也得有个考虑，我们这个产品很好，卖得很快，您先买下我们的产品试试，我保证您不会后悔"，对方会想：听起来好像是在怨我，也不是我让你来的，不管你跑多少趟，我也得对企业负责啊，产品好我自然会买的啊。这样的交易会谈不下去，因为你已经使对方心中不悦了。

反过来，如果这样说："我知道您很忙，来了几次都见您忙着，这些东西的采购都得您亲自跑，为这一个小件，还得耽误您的时间，这不，我给您送来了，省得您再单独去跑。"把谈话中的"我""我们"换成"您""你们"，这样就为对方着想，以对方需要为核心了，围绕对方的利益展开交谈，就能使对方愿意听和参与谈了。

在谈及自己或本企业时，应尽可能用些实在的词，把话讲得客观真实，有理有据，避免使用夸大的形容词或提及某些有名气的人以抬高自己。

（3）说话唠唠叨叨。与人交谈应有所节制，说话时要动脑筋，该长则长，该短则短，还要善解人意，注意观察对方的神态，不要不管不顾，说起话来没完没了。对方表现出不愿听的话，应及时止住，否则，会引起对方反感，最终导致对方漫不经心，使交谈的效果大打折扣。

（4）与人争辩。商务人士应创造和谐的交谈气氛，不能使用尖刻的言语。一旦交谈中产生不和谐的苗头，应尽力扭转，更不能与人争辩，有矛盾可以协商、探讨、相互退让，以使交谈能够继续进行下去。

（5）行为失礼。

① 旁若无人。切忌在公共场合旁若无人地高声谈笑，或我行我素地高谈阔论，应顾及周围人的谈话和思考。

② 喋喋不休。切忌喋喋不休地谈论对方一无所知或毫无兴趣的事情，让对方无法参与交谈，以致对方无法忍受，借口结束谈话。

③ 话题犯忌。应避开疾病、死亡、灾祸以及其他使对方不愉快的事，以免影响交谈对象的情绪和交谈的气氛。

④ 争辩指责。不要在社交场合高声辩论，也不要当面指责，更不要冷嘲热讽。交谈要在平等的环境下进行，否则即便对方很有涵养，也会在心中暗生不悦。

⑤ 恶语相向。不要出言不逊，恶语伤人。"良言一句三冬暖，恶语伤人六月寒"，没有人愿意与恶语相向的人进行交谈。

⑥ 自以为是。切忌在社交场合态度傲慢、自以为是、目空一切，用这样的态度与人交谈，即便对方不走，也不愿意继续听下去。

⑦ 心不在焉。切忌与人谈话时心不在焉、左顾右盼、注意力不集中，这是对交谈对方的不重视、不尊重。

⑧ 手舞足蹈。谈话时不要手舞足蹈，这样的行为不仅令人反感、眼花缭乱，而且反映出自身的礼仪素养不高。

⑨ 口气难容。切忌谈话前吃洋葱、大蒜等有气味的食品，令对方难以容忍，以致无法继续交谈，匆匆走掉。

语言是人们交流的重要工具，商务人士掌握了语言礼仪规范，就能够促进交流和沟通，有助于人际关系的和谐和事业的成功。

【任务实战】

如何提高商务交谈的技巧

商务交谈是商务人士传递信息和情感、增进彼此了解和友谊的一种方式，要使商务交谈达到很好的效果，商务人士应培养和提高自己的商务交谈技巧。那么，怎样才能培养和提高自己的商务交谈技巧呢？

一、遵循商务交谈的礼仪原则

商务交谈是一种双向沟通的活动，而不是一方发表演说或"独白"。在商务交谈中应遵循的商务交谈礼仪原则如下。

（1）态度诚恳，语言准确。商务人士在同他人进行交谈时，态度要诚恳，语言表达应准确，让交谈对象清晰明确地理解你要表达的意思，使交谈的目的得以实现。

（2）待人平等，语言亲切。在交谈中，要理解和信任对方，以自然平等的姿态进行交谈，既不能一味地听命于他人，也不能摆架子，不能给人留下自以为是、傲慢无礼的印象。在交谈的过程中，语言应该亲切，让对方感到友好、轻松、愉快，体现平等、和谐、坦率和诚实。

（3）举止大方，语言幽默。商务人士在交谈中应落落大方、从容不迫，应注意语言的幽默感。幽默是人的睿智、机敏、友善和诙谐的表现，在交谈中能有助于形成和谐的交谈氛围。

（4）言语有礼、流畅。交谈中应使用礼貌用语，注意语言表达流畅，应去掉多余的口头语，如"那个""反正""然后"等，保持语言的流畅，给人以思维敏捷、有逻辑的印象。

（5）善于倾听。商务人士在交谈中，应时刻注意留给对方说话的机会，不能只顾自己说，不让别人插嘴。而在对方说话的时候，也不要心不在焉或抢着说，而要善于倾听，明了对方语言的含义，以获得良好的交谈质量和效果。

（6）注意交谈话题的禁忌。在交谈的过程中，商务人士要注意禁忌的话题，如疾病、死亡、黄色淫秽之类，另外，女性的年龄、婚否，对方履历、工资收入、家庭财产、衣饰价格等私人生活方面的话题，也应避免提及。对于对方不愿回答的问题切忌追问，提及了对方反感的问题应表示歉意，并立即转移话题。谈话中不应涉及对长辈、身份高的人员的批评，不能讥笑、讽刺他人，不能随便议论宗教问题。

（7）保持适当的距离。与交谈对象保持适当的距离是控制"界域"。所谓界域，即交往中相互距离的确定，主要受双方关系状况的制约，同时也受到交往的内容、交往的环境以及不同文化、心理特征、性别差异等因素影响。保持适当距离一是为了让对方听清自己说话，二是出于礼仪上的考虑。说话时与对方离得过远，会使对方误认为你不愿向他表示友好和亲近，这显然是失礼的；然而如果在较近的距离与人交谈，稍有不慎就会把口沫溅在别人脸上，这是最令人讨厌的——尽管有些人知趣地用手掩住自己的口，但这样形同"交头接耳"，样子难看也不够大方，因此交谈要保持适当的距离。

美国西北大学人类学教授爱德华·T.霍乐博乐博士在他的《人体近身学》中提出了广为人知的四个界域：亲密距离、个人距离、社交距离、公众距离。

① 亲密距离：距离在46厘米之内，是人际交往的最小距离，适于亲朋、夫妻和恋人之间拥抱、接吻，但不适宜在社交场合、大庭广众面前出现。

② 个人距离：其近段距离在0.46～0.76米，适合握手、相互交谈；其远段距离在0.76～

1.2 米，普遍适用于公开的社交场合，这段距离可以使别人自由进入这个交往空间进行交往。

③ 社交距离：主要适合于礼节性或社交性的正式交往，其近段距离为 1.2～2.1 米，多用于商务洽谈、接见来访或同事交谈等；远段距离在 2.1～3.6 米，适合同陌生人进行一般性交往，也适合领导同下属的正式谈话、高级官员距离的会谈及较重要的贸易谈判。

④ 公众距离：近段距离在 3.6～7.6 米，远段距离则在 7.6 米以外，适合于做报告、演讲等场合。

（8）及时肯定对方。在交谈过程中，当对于对方的观点基本赞同时，应抓住时机，进行赞美与肯定。赞美、肯定的语言在交谈中常常会产生异乎寻常的积极作用，能使整个交谈气氛变得活跃、和谐起来，拉近了交谈双方的心理距离。交谈双方有来有往的双向交流，增进了感情，融洽了气氛，从而为达成一致协议奠定了良好的基础。

（9）注意语速、语调和音量。交谈中陈述意见要尽量做到平稳中速，在特定的场合下，可以通过改变语速来引起双方的注意，加强表达的效果。一般问题的阐述应使用正常的语调，保持能让对方清晰听见而不引起反感的高低适中的音量。

二、掌握商务交谈的技巧

（1）就地取材开好头。"万事开头难"，说好第一句话很重要，也很不容易。商务人士在交谈时，可能不熟悉对方，不了解对方的性格与爱好，受时间与条件的限制，通常不允许做过多的了解或考虑，又不能冒昧地谈及不适宜的话题，在这种情况下，就地取材往往是既简单又得体的途径，即按照当时的环境寻取话题。可以从赞美开始，也可以从聊天开始，可聊聊籍贯、就读学校、所学专业等，这些都可以作为交谈的开始。

总之，交谈开始时要有寒暄。初次见面，若是单刀直入地进行交谈，会被误认为是粗鲁、无教养的表现，使人反感，势必会影响交谈的效果。即使是熟人交谈也应该有铺垫，然后再转入正题进行交谈。

（2）适时询问。询问能起到投石问路的作用，还能把握交谈方向，控制话题，从而达到沟通的目的。"好为人师"是许多人的特点，被询问的一方，通常会感到受尊重。

作为商务人员，应该掌握问话的艺术和礼仪。问话，应注意以下几个方面。

① 视交谈对象而问。问问题首先要适应对方的水平和能力，提的问题刚好是对方擅长的，能顺利回答的，对方才能娓娓道来，这样交谈才能愉快地继续。

② 多用开放式问题。围绕交谈的主题，应问一些有具体内容的问题，问话要尽可能少用封闭式问题，多用开放式问题，以避免回答"是"或"否"，只知态度，不知缘由，使交谈不能深入下去。

③ 态度要谦逊。问话时应态度谦虚、语气谦和、彬彬有礼，如"能向您请教个问题吗？""想听听您的看法，行吗？""对此，您怎么看，可以谈谈吗？"这样问话，气氛就显得平和，对方回答也会很从容。

④ 不涉及某些问题。商务人士在对他人进行问话时切忌涉及机密或个人隐私等问题，除非是很熟悉的亲友，或有特殊的工作需要，但也要注意委婉、有礼。

（3）恰当回答。恰当地回答对方的提问，同样能显示出商务人士的涵养、风度及才智。回答提问一般会有两种情况。

① 回答没有恶意的提问。对于没有恶意的提问，应采取从容而有礼貌的态度进行回答，体现出商务人士的智慧、自信和风度。

② 回答有意刁难的提问。在商务交往中，难免会遇到对方有意刁难的提问，此时，商务人士可以采用"模糊"的词语或"诙谐幽默"的方式来回答。"模糊"词语有很多，如"良好""比较高"等。当不便或不愿意谈出真实想法时，就可以对要说出的信息进行"模糊化"处理，既不伤害对方，也不暴露实质。另外，使用诙谐幽默的方式来回答，反而能轻松化解问题，并不失礼貌，显示出商务人士的涵养、风度及智慧。

（4）少讲自己。商务交谈中应少谈自己，尽量少用"我"字，少谈"我怎么样"等，应关注对方，谈及对方感兴趣的问题，或者大家共同感兴趣的问题。应以礼待人，不能一味地高谈阔论，借题发挥地炫耀自己，这样会引起对方的反感。

（5）学会倾听。善于倾听是商务人士的基本素养之一。倾听是对他人的尊重，只有倾听了他人的谈话，才能更多地接收信息，更好地理解他人的想法，而且，可以听出话外音，有时间思考如何回答。认真倾听，给人的印象是恭敬虔诚、谦虚好学、专心稳重、诚实可靠，善于倾听的人常常会有意想不到的收获。倾听要做到以下几点。

① 专心地听。目光要注视对方，专心地听对方谈话，态度应谦虚，不做无关的事情，没有思维溜号的行为表现。

② 附和着听。要善于通过语言或体态语给予必要的附和，给对方以积极的反应。例如点头表示赞同，微笑表示赞赏，以表明对谈话感兴趣，或用"嗯""哦""是啊"等表示自己确实在听并鼓励对方说下去。

③ 不打断对方。打断对方的谈话是不礼貌的，会让对方觉得你不尊重他。不要轻易打断对方的谈话，以免影响对方的思绪。

④ 尊重对方的话题。想要转移对方的话题，实现预期的交谈目的，一定要在对方讲完之后，稍做附和，然后适时地岔开话题，引入既定的话题上来，表现出礼貌与尊重。

⑤ 随时学习。倾听的过程实际也是学习的过程，每个交谈对象都各有长处，在倾听过程中，应仔细品味其谈话内容，获取信息，汲取营养，丰富知识和经验。

⑥ 分清主次。善于倾听的人，能够在倾听过程中，分辨主次，理解并掌握对方的主要观点。在对方讲完话时，可以重复其某个观点，这样反映出你在倾听。同时可以表达自己的想法，如："正如您指出的，我认为……""我完全同意您的看法……"

⑦ 善于分析。听的速度比讲的速度要快两三倍，倾听者可以在理解其意的同时，进行思考，从对方的言语中听出言外之意，分析判断对方的真实意图。

⑧ 委婉地表达。当不认同对方的观点，或对方的观点以及表述的内容有误时，不要直言反驳，而应委婉地表示："您的想法很独特""您的观点有新意"，然后，通过摆事实、讲道理的方式，委婉地提出自己的看法。

（6）适度地赞美。喜欢被他人赞美是人的天性，赞美可以拉近双方的心理距离，商务人士尤其要养成赞美他人的习惯。对男士进行赞美侧重其才华、能力、前途；对女士赞美侧重其仪表、气质、品位等。赞美是"嘴边的春风""言语的钻石""开启人心的钥匙"，使交往沟通更加和谐顺畅。赞美他人要发自内心，当内心中充满了对他人的尊重、欣赏和爱护时，赞美就会油然而生。赞美的原则包括以下几点。

① 真诚。要待人真诚，善于发现他人的优点，欣赏他人，发自内心地赞美他人。
② 自然。赞美要自然，在交谈中自然而然地真实流露。
③ 具体。赞美要具体，如果说，"你真好""这个真不错"，会给人虚假不实的感觉。
④ 恰当。赞美的用词要恰当，不恰当的赞美会使人感到很尴尬。

任务3 掌握商务宴请礼仪规范

宴请即设宴招待宾客。在商务活动中，商务宴请是商务交往中一种重要的社交方式，是与合作伙伴联络和增进感情的重要途径。通过宴请，可以展示商务组织热情好客、崇尚礼仪的风貌，同时可以传递一种信息，表达一定的感情，树立良好的组织形象及个人形象。但如果宴请时没有遵循一定的礼仪规范，那就不会收到上述理想的效果。因此，商务人员一定要掌握商务宴请的礼仪规范。那么，商务宴请的礼仪规范有哪些呢？

小案例

宴请非易事

小李是保险公司的一名推销员。这一年，他签下了不少的保单，取得了不错的销售成绩。为了感谢顾客的支持、同事的帮助、上司的指点，他决定举办一次宴会，宴请所有帮助他成功的人。

好友知道了他的这个决定后，就建议："宴请宾客并非易事，有很多事情需要提前考虑，你还是早做准备吧！"小李不置可否地笑着说："瞧你，那么紧张干什么呀？不就是请人吃饭吗？有钱付账就行了！"好友听他如此说，只好默不作声了。

到了宴会那一天，宾客按时来到了宴会地点。看到小李，宾客们无一例外地松了一口气，原来这个餐厅地址偏僻，交通不便，宾客们经过多方打听才找到这里，故见到小李，松了一口气。而有一些宾客则通知小李，因为他们怎么也找不到举办宴会的这家餐厅，所以他们今天不能来赴宴，请小李见谅。

小李引导客人入座时出现了另一个问题，因为他不懂得位次的排列礼仪，事先又没有安排好，所以此时他不知道让每位客人坐在哪里，只好硬着头皮让大家随便坐。

宴会进行中问题层出不穷，不是佳肴不合客人口味就是服务生的服务不到位。宾客们怨声载道，小李则忙得焦头烂额。送走宾客之后，小李回顾宴会的整个过程，方才真正地意识到：宴请宾客并非易事。

一、宴请者礼仪

商务人士在准备宴请宾客时,既要考虑宾客的人数和主要宾客的社会地位,宴请的时间、地点、桌次,同时也要兼顾其民族习惯、文化传统等因素,只有这样,宴请才能取得成功,才能达到预期的目的。

1. 常见的宴请形式

商务宴请的主要形式有宴会、招待会、茶会、工作进餐等,每种形式均有特定的规格和要求。采取何种宴请形式,一般根据活动的目的、邀请对象,以及经费开支等因素来决定。宴请活动的整个组织安排自始至终都应该严密、细致,合乎宴请礼仪规范。

(1) 宴会。宴会系盛情邀请贵宾进行餐饮的聚会,是一种比较正式、隆重的宴请形式,按其隆重程度、出席规格划分,有国宴、正式宴会、便宴、家宴;按就餐形式划分,有中式宴会、西式宴会、中西餐合并宴会。

① 国宴。特指国家元首或政府首脑为国家庆典或为外国元首、政府首脑来访而举行的正式宴会,是宴会中规格最高的。举行国宴的宴会厅内应悬挂国旗,有严谨的座次。宾主入席后,乐队演奏国歌。国宴由国家元首或政府首脑主持,席间,主人和主宾致辞、祝酒。国宴的礼仪要求最为严格,参加国宴者必须正式着装,座次按礼宾次序排列,如图 3-15 所示。

图 3-15 国宴

② 正式宴会。这种形式的宴会,宾主均按身份排位就座,有时也安排席间奏乐。许多国家对正式宴会十分讲究,对来宾、服务员的服饰,以及餐具、酒水、菜品及上菜程序均有严格规定,在请柬上也注明服饰要求,如图 3-16 所示。

③ 便宴。这是一种非正式宴会,简便、灵活,同样适用于正式的商务交往,宴会上可以不做正式讲话,气氛轻松、亲切,便于交往和交谈,有时还可以选择自助餐形式,自由取餐,人们可以自由行动,更显亲切随和。

④ 家宴。家宴是便宴的一种形式,即在主人家中设宴招待客人,营造亲切、友好、

自由的气氛,以期相互交流,加深了解,西方人士喜欢采取这种形式待客。家宴往往由家中擅长烹调技术者下厨,与家人共同招待客人。

图 3-16 正式宴会

(2) 招待会。招待会是指各种不配备正餐的宴请形式,备有食品和酒水,由客人根据自己的口味选择喜欢的食物和饮料。招待会通常不排固定的席位,可以自由活动,常见的有冷餐会(自助餐)与酒会。

① 冷餐会(自助餐)。这种宴请形式的菜肴以冷食为主,也可用热菜,摆放在餐桌上,供客人自取。参加者不排列座次,可坐可立,客人可自由走动,可以按食品类别顺序多次取食,但应按量取食,不可浪费。酒水可由服务员端送,也可陈放桌上,供客人自取。地点可选择室内、院内、花园里。招待会开始后,人们自行取食进餐,所以又叫自助餐。冷餐会一般在中午 12 时至下午 2 时举办,如图 3-17 所示。

图 3-17 冷餐会

冷餐会的优点是:可以不安排座次;可以节省费用;可以各取所需;可以招待多人,不仅可用以款待数量较多的来宾,而且可以较好地处理众口难调的问题。

② 酒会。又称鸡尾酒会,这种招待会形式较为活泼,不设座椅,仅放小桌或茶几,

招待品以酒水为主，佐以各种小吃、菜点、果汁；饮料和食品由招待员用托盘端送，或部分放置小桌上；不用或少用烈酒，食品多为三明治、小香肠、炸春卷等；便于出席者走动，广泛接触交谈；举行的时间较灵活，中午、下午和晚上均可。请柬上可注明整个活动延续的时间，客人到达和退席时间不受限制。鸡尾酒及酒会如图3-18、图3-19所示。

图3-18　鸡尾酒 　　　　　　　　　图3-19　酒会

近年来国际上举办大型活动时采用酒会的形式很多见，庆祝各种节日、欢迎代表团访问，以及各种开幕式、商务招待、闭幕典礼、文艺及体育演出前后往往都会举行酒会。

（3）茶会。茶会是一种简便的招待形式，主要是请客人品茶，可略备点心和地方风味小吃，也有不选用茶而用咖啡的，但仍以茶会命名。茶会对茶叶的品种、茶具的选用、沏茶的用水和水温都颇有讲究。茶具一般用陶瓷器皿，不用玻璃杯，更不能用热水瓶代替茶壶。茶会一般在两餐间举行，其地点通常设在客厅，厅内摆茶几、座椅，不排席位，但主人要有意识地和主宾坐在一起，其他出席者可相对随意。

（4）工作餐。工作餐是现代商务交往中经常采用的一种非正式宴请形式，主客双方利用共同的进餐时间边吃边谈工作，既简便，又卫生，特别是在日程活动紧张时，采用工作餐的方式进行宴请更为适合。双边工作餐通常使用长桌，其座位与会谈桌座位安排相仿，以便于主宾双方在进餐过程中交谈。工作餐的最佳时间是中午12点或下午1点左右，其持续时间以一个小时为宜。关系密切的商业伙伴往往会以工作餐为形式进行定期的接触。

工作餐的菜式不必太丰盛，只要清淡可口、分量足就可以了。工作餐的费用可由主人来付，也可以按国外常见的"AA制"来付费。主人付费时应避开客人；"AA制"由全体用餐者分摊费用，主人去前台交付。

2. 宴请礼仪的基本原则

（1）宴请的5M原则。宴请作为商务人士重要的商务交往手段，要达到理想效果，就要慎重考虑5M原则，即费用"Money"、会客"Meeting"、环境"Milieu"、音乐"Music"、菜单"Menu"。

① 费用（Money）。在宴请客人时，首先要考虑的因素是费用，要量力而行。宴请不能勉强，不能超出财力范围，不要为了面子而大摆排场。宴请是表达心意、表示情谊的手段，既要款待客人，又不能铺张浪费。要注重客人的喜好，并且注意科学膳食。有教养的人在作为客人时是不问价格的，不以花钱的多少来判断主人的心意。

② 会客（Meeting）。确定了费用以后，接着就要认真思考会客事宜，确定要邀请谁作为主宾，同时还邀请谁作陪。宴请外国客人或者少数民族客人时，要邀请相同民族或宗教信仰的人作陪，这样容易交流，又能融洽气氛。正式宴会还要注重座次排列。

③ 环境（Milieu）。重要的宴会还需要考虑环境。在正式的商务宴请中，要视实际情况需要来选择宴会的环境。一般来说，高档酒店的环境比一般饭店的环境要好，要根据宴请的层次与客人的情况，选择档次、风格相适宜的环境。还要注意三个基本问题，即环境卫生、安全、交通便利。环境卫生不够好是一大忌，如噪声、蚊蝇、空气中异味等。要有紧急出口，同时要交通便利，有停车的地方等。

④ 音乐（Music）。在重要的宴请中，应考虑创造一个良好的气氛，使双方和谐、融洽地进行交流，所以应安排音乐，这是宴会礼仪之一。一般高档的宴会厅备有乐器及演奏者，宴请方需要选择适宜的曲目来演奏。选择的曲目应轻松、舒缓，或根据客人的喜好而定。

⑤ 菜单（Menu）。宴请的菜单是需要认真推敲的，要注意客人是否有忌口。便宴时可以直接询问客人，但正式宴会就得提前与对方沟通。一般来说，由于职业关系、个人因素、民族因素、健康因素等都会形成忌口，所以要掌握很多关于客人的信息，然后再订下菜单才不出问题。另外，还要请客人品尝到特色菜，宴请外宾要考虑本国特色，宴请外地客人要考虑本地特色。

（2）宴请适量原则。宴请适量原则是指宴请的规模、参与的人数、用餐的档次要适当，要量力而行，从实际需要出发，力所能及地进行安排。切忌利用公款大吃大喝、大肆挥霍。这项原则所提倡的是例行节约，反腐倡廉。

（3）照顾他人原则。不论作为宴请者还是应邀赴宴者，都应在宴席上注意照顾他人，不能只顾自己进餐。取食、举杯、交谈、倾听直至用餐完毕，有很多细节表现出关照他人的意识。照顾他人应当是一条极为重要的礼仪规则，同时，也是一个人修养、层次和品位的体现。

（4）客随主便原则。作为客人应邀赴宴时，本着客随主便的原则，欣然接受主人为之安排的餐饮，只宜接受，不宜随意评论、非议，尤其不允许寻衅滋事，借题发挥。

（5）突出特色原则。负责为他人安排餐饮时，在条件允许的前提下，应努力突出国家特色、地方特色、民族特色，使对方通过享用饮食来"品尝"文化。

3. 宜选的菜肴

（1）具有本国特色的菜肴。在商务宴请中，若宴请外商，宜选择有中国特色的菜肴。例如，中餐里的龙须面、元宵、春卷、饺子、狮子头、宫保鸡丁等，虽不是顶级美味，但具有鲜明的中国特色，所以受到很多外国人的喜爱。

（2）具有本地特色的菜肴。在宴请外地客人时，宜选具有本地特色的菜肴。例如，西安的羊肉泡馍，湖南的毛家红烧肉，上海的红烧狮子头，北京的涮羊肉，在那里宴请外地客人时，选择这些有本地特色的菜品，要比一色的生猛海鲜更受欢迎。

（3）就餐饭店的招牌菜。在宴请中，可选择宴请所在饭店的招牌菜，体现出宴请者的细心和对被请者的尊重。

（4）主人的拿手菜。在以家宴形式宴请客人时，主人要以自己的拿手好菜宴请客人。拿手好菜不一定十全十美，但只要主人亲自动手来做，就会让客人感受到尊重和友好。

4. 禁忌的菜肴

在安排宴请菜单时，必须考虑来宾的饮食禁忌，特别是主宾的饮食禁忌。一般来说，饮食的禁忌主要来自4方面。

（1）宗教禁忌。宗教方面的饮食禁忌，一点也不能违反。例如，穆斯林不食猪肉、不喝酒；佛教徒不食荤，不仅指肉食，而且包括葱、蒜、韭菜等气味浓烈的食物。

（2）地方禁忌。生活在不同地区的人们，饮食偏好也不尽相同，在安排宴请菜单时，要考虑到地方禁忌。例如，四川人普遍喜欢食麻辣食物，不生食蔬菜，东北人则相反；南甜北咸是客观现象，如果不管不顾这些，反过来行事，则违背了宴请的初衷。英、美国家的人通常不吃稀有动物，动物内脏及头、爪部。

（3）职业禁忌。有些职业有着具体规定，如国家公务员在执行公务时不准吃请，在公务宴请时，不准超过国家规定的用餐标准；再如，驾驶员在工作期间，不得饮酒。要是不注意这些，还有可能导致对方犯错误。

（4）个人禁忌。人们有着各自的饮食习惯，如有些人不吃香菜、辣椒、葱、姜、蒜等。出于健康的原因，客人对于某些食品，也有所禁忌，如心脑血管疾病、糖尿病患者，其饮食都有很多禁忌，不能不顾这些禁忌，使客人对菜肴敬而远之，不敢也不能享用，失去了宴请的意义。

5. 席位排列

（1）桌次排列。

① 两桌小型宴请。桌次排列的原则："面门为上""以右为上""以远为上"。两桌横、竖排列如图3-20所示。

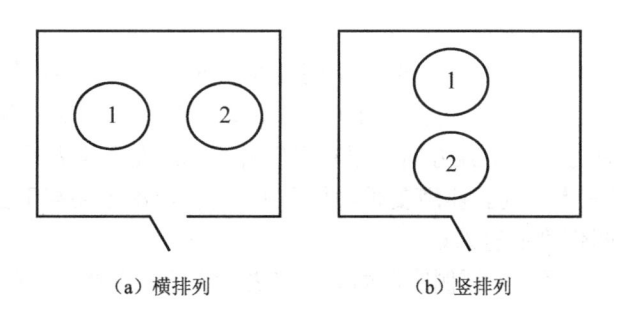

（a）横排列　　　　　　（b）竖排列

图3-20　两桌横、竖排列

② 三桌以上的宴请。桌次排列的基本原则为"主桌定位"（按距离主桌的远近安排席位），一般是近高远低、右高左低。三桌及三桌以上桌次排列如图3-21、图3-22所示。

（2）便于找寻座位的方式。为了确保在宴请时赴宴者及时、准确地找到自己所在桌次，可采用以下4种辅助方式：

① 在请柬之上注明对方所在桌次；

(a) 横排列　　　　　　　　　　(b) 竖排列

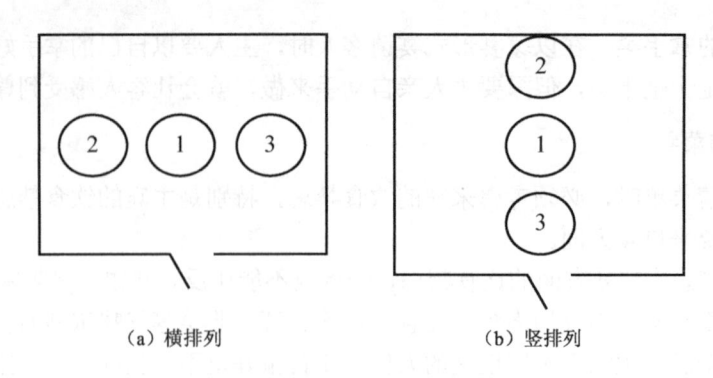

图 3-21　三桌排列

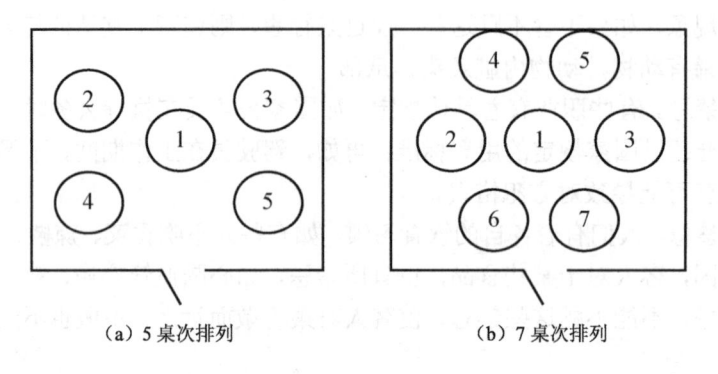

(a) 5 桌次排列　　　　　　　　(b) 7 桌次排列

图 3-22　三桌以上桌次排列

② 在宴会厅入口处摆放宴会桌次排列示意图；
③ 安排专门人员引导来宾寻找座位；
④ 在每张餐桌上摆放桌次牌。

6. 座位次序排列

位次的排列基本原则："右高左低""中座为尊""面门为上""观景为佳""临墙为好"。

（1）右高左低。当两人一同并排就座时，通常以右为上座，以左为下座，这是因为中餐上菜时多以顺时针方向为上菜方向，居右而坐者要比居左而坐者优先受到照顾。

（2）中座为尊。三人一同就座用餐时，居于中座者在位次上要高于在其两侧就座之人。这种位次排列方法叫作"中座为尊"。

（3）面门为上。依照礼仪惯例应以面对正门者为上座，以背对正门者为下座。这就是所谓的"面门为上"。

（4）观景为佳。在一些高档餐厅用餐时，在其室内外往往有优美的景致或高雅的演出可供用餐者观赏，此时，应以观赏角度最佳之处为上座，即"观景为佳"。

（5）临墙为好。在中、低档餐馆用餐时，为了防止过往侍者和食客的干扰，通常以靠墙之位为上座，以靠过道之位为下座。这种方法称为"临墙为好"。

座位次序排列如图 3-23、图 3-24、图 3-25 所示。

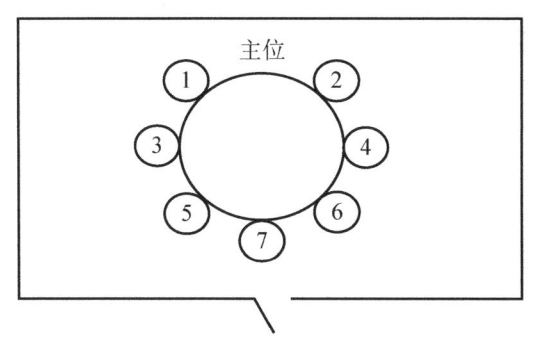

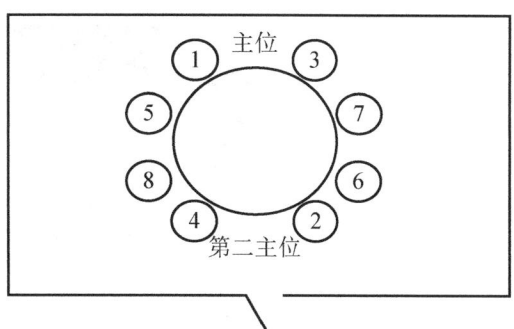

图 3-23　座位次序排列之一

图 3-24　座位次序排列之二

7. 宴会的组织

商务人士或组织为使宴请活动取得圆满成功，在宴会前要做好如下准备工作。

（1）选择宴会的形式。举办宴会的目的一定要明确。例如，庆祝，纪念，迎送，展会开幕、闭幕等，根据其目的选定宴会的形式。若为商务性质的，一般采用正式宴会、招待会、茶会等形式；若为私人宴请，则选择便宴、家宴比较合适。

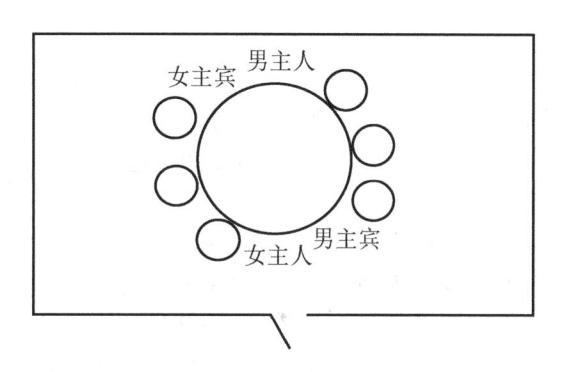

图 3-25　座位次序排列之三

（2）确定宴会主、客方。要确定宴会以谁的名义进行邀请，以及被邀请者是谁。在外国人看来，以谁的名义举办宴会关系着宴会的档次，身份过低会使对方感到怠慢，身份过高则不必要。国内的宴会，邀约客人时，可以主办宴会的单位最高负责人的名义或主办单位的名义来邀请。

（3）确定宴会的时间与地点。

① 宴会的时间应对主宾双方都合适，要与主宾商议，主宾同意后，再约请其他宾客。按国际惯例，晚宴规格最高。安排宴会的时间要注意避开重要的节假日或禁忌日，如西方客人禁忌十三和星期五；伊斯兰教徒在斋戒日太阳没有落山时禁止进食，宴请宜在日落后进行；港澳同胞禁忌"四"，认为它是一个不吉利的数字。

② 宴请的地点要根据宴请的形式、规模、主人的意愿而定。越是隆重的活动，越要讲究环境和条件，因为它体现了对对方的礼遇。

（4）发出邀请。向客人发出邀请可采用请柬、邀请信、电话等方式。请柬（见图 3-26）上应注明宴请的主题、形式、时间、地点、主人的姓名、对服饰的要求、回复等内容。信封上必须写明客人的姓名、职务，信封角上还要写上席次号。请柬行文不用标点符号，其中的人名、单位名、节日名应采用全称。请柬采用印刷或书写均可，书写时，要求字迹清晰美观。请柬应提前送达，以便客人做好准备。

图 3-26　请柬

（5）确定宴会的菜单。组织好宴会，菜单的确定至关重要。要了解客人，尤其是主宾不吃什么，而不是问其爱吃什么。具体安排菜单时，既要照顾客人口味，又要体现特色与文化。菜单可以摆在盘子上面的餐巾上，或放在餐具的左边，菜单可以手写或印制，要尽可能美观。

（6）安排宴席座位。正式宴会，都事先排好座次，以便宴会参加者入席时井然有序，同时也是对客人的尊重。非正式的小型便宴，可不必排座次。

（7）宴会现场的布置。宴会环境要高雅、有文化气息，同时要整洁卫生。要注意宴会厅色彩的运用和灯光的调节，席间音乐声音宜轻，以便客人身心得以调节和放松。注意不要让窗外或门外的风吹着客人，不要让光线直射到客人的脸上，不要让桌上的鲜花像一道屏风一样挡住客人的视线，使客人彼此看不见。

8. 宴请过程中的礼仪

（1）热情迎接。宴会开始前，主人应在门口热情迎接客人。客人抵达后，宾主握手互致问候，随即由工作人员将客人引入休息室或直接引入宴会厅。

（2）宾主落座。宴会时间到时，主人陪同主宾进入宴会厅，全体客人就座，宴会开始。

（3）主人致辞。客人入座之后，主人应该首先起立致辞，并举杯向客人敬酒。碰杯先后以座次顺序为序，从主到次进行，相互只轻轻一碰即可。碰杯、干杯之后，主人应持筷子示意，请客人正式用餐。如有正式讲话，先由主人讲话，然后客人讲话。主人要努力使席间的谈话气氛融洽。

（4）布菜、敬酒。主人可使用公勺或公筷为身边的客人布菜。布菜时要照顾到客人的饮食偏好，如果客人不喜欢或者已经吃饱，则应停止布菜。席间主人先要为主宾、长辈、贵客斟酒，敬酒以礼到为止，各自随意，不应劝酒。

（5）宽慰客人。用餐时，如有客人不慎打翻酒杯或打碎盘碗，主人不得计较，不能表现出不满，应吩咐侍者整理，并安慰客人。

（6）礼送宾客。吃完水果，主人与主宾起立，宴会即告结束。宴会结束后，主人应将主宾送至门口，热情话别。待客人离去，方可返回。

二、赴宴者礼仪

（1）回应邀请。接到宴会邀请后，能否出席应及早答复对方，以便对方进行安排。若出席，要牢记宴会举办的时间、地点，以及服装要求等情况，以免出错。如遇特殊情况不能出席，应尽早向主人解释、道歉，主宾甚至应亲自登门表示歉意。

（2）整装出席。出席宴会前，应修饰仪表，按照请柬中提出的服装要求进行着装。若无具体要求，可穿着整洁、体面的服装，力求整洁大方，以表示对对方的尊重。出席宴会要准确地掌握时间，提前太多时间到达，会令对方因需要招待自己而增加麻烦；迟到又会失礼，也会给主人的安排带来麻烦。身份高的人可略晚到达，一般客人宜提前三五分钟或准点到达。

（3）见面有礼。进入宴会厅无论相识与否，都要笑脸相迎，点头致意，或握手寒暄，互相问好。应视具体情况准备合适的礼物，赠送给宴会主办者。

（4）准确落座。进入宴会厅之前，应先掌握自己的桌次和座位，如有座位卡，应看清名字，不可坐错。若发现邻座是年长者或妇女，应主动地为其拉开椅子，协助其坐下。落座时，应从座椅的左侧入座。入席后坐姿要端正、自然，可热情有礼地与邻座及同桌的客人进行交谈。

（5）文雅进餐。正式宴会开始前，主人、主宾一般要致辞，应认真倾听。进餐应举止文雅；闭嘴咀嚼无声响；食物太热稍后吃；鱼刺、骨头掩嘴取；嘴内有食勿说话；剔牙应该遮住口，以免粗俗。

（6）致谢主人。主人一般会在进食水果后起身，至此也表示宴席即将结束，主宾可离席。客人应向主人致谢，称赞宴会组织得好，菜肴丰盛、精美，然后握手告别。如无特殊原因，切勿早退。

三、用餐礼仪

1. 中餐用餐礼仪

学习中餐的用餐礼仪，首先要了解中餐餐具的有关知识。在餐具的摆放与各种餐具的使用中，蕴含着从古至今沿袭下来的中餐礼仪。

（1）中餐餐具的摆放与使用方法。中餐的主餐具包括筷、匙、碗、盘等；中餐的辅餐具（在用餐时发挥辅助作用的餐具）有：水杯、湿巾、水盂、牙签等。在正式的宴会上，水杯放在菜盘上方，酒杯放在菜盘右上方，筷子与汤匙可放在专用的座子上，或放在纸套中，公用的筷子和汤匙最好放在专用的座子上。中餐餐具摆放如图3-27所示。

① 筷子。筷子虽构造简单，但不仅集刀叉功能于一身，而且有健身益智的功效，有助于灵巧手指、发达头脑，它早在公元前1200年就问世了，公元4—6世纪传到日本和东南亚各国。

在宴会中使用筷子要符合礼仪要求，注意以下禁忌：

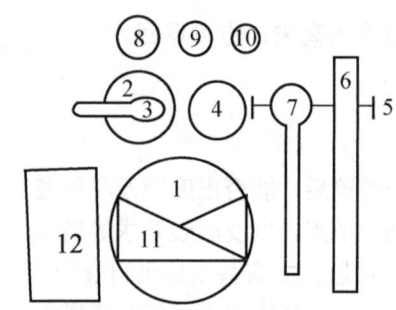

1—餐碟；2—汤碗；3—汤匙；4—调味碟；5—筷架；6—筷子；7—银匙；8—水杯；
9—红酒杯；10—白酒杯；11—餐巾；12—菜单

图 3-27　中餐餐具摆放

忌插筷——不要用筷子插起食物，只有祭祀祖先时才插放筷子在食物中；

忌舔筷——不要用舌头去舔筷子上的附着物；

忌迷筷——不要举着筷子却不知道夹什么，在菜碟间来回游移，更不能用筷子拨盘子里的菜；

忌泪筷——忌夹菜时滴着菜汁，应该拿着小碟，先把菜夹到小碟里再端过来；

忌移筷——不能刚刚夹了这盘里的菜，又去夹那盘里的菜，应该吃完之后再夹另一盘菜；

忌敲筷——敲筷子是对主人的不尊重；

忌滥用——不要以筷子代劳其他事，如剔牙、挠痒等。

② 汤匙。用匙取食不宜过满，可在舀取食物后，在碗边停一下，待汤汁不再滴落后，再移向自己享用。使用汤匙要注意：

a．应用右手使用汤匙；

b．取用食物后应移向自己食用，不要把食物再倒回原处；

c．若取用的食物过烫，不可以用嘴来吹；

d．食用汤匙里盛放的食物时，尽量不要把汤匙塞入口中，或反复吮吸。

③ 餐盘。中餐的餐盘主要用于盛放食物，一般应保持原位，不宜挪动，取放的菜肴种类和数量不宜过多，残渣、骨、刺等不要吐在地上、桌上，应轻放在餐盘前端，待侍者更换餐盘。稍小一些的盘子，被称作碟子。

④ 碗。碗是用于盛放汤菜的，不能端起碗，尤其是不要双手端起碗来进食。碗内的食品要用餐具取，不能用嘴吸。

⑤ 水杯。主要用来盛放清水、汽水、果汁、可乐等软饮料。不要倒扣水杯，喝入口中的东西不能再吐回去（如茶叶）。

⑥ 餐巾。当坐在上座的尊者拿起餐巾后，其他人才可以取出餐巾平铺在腿上，动作要小。餐巾的主要作用是防止食物落在衣服上，不要将餐巾别在领上或围在脖子上，只能用餐巾一角擦拭嘴唇，不能擦脸、擦餐具。如果暂时离开座位，要将餐巾叠放在椅背或椅子上。

⑦ 湿巾。用餐前的湿毛巾只能用来擦手，绝不可用以擦脸、擦嘴、擦汗。正式宴会

结束前，再上一块湿巾，它只能用来擦嘴。

⑧ 水盂（涮手指的器皿）。需要手持食物进餐时，会在餐桌上摆一个水盂，即盛放清水的水盆。可将指尖轻轻浸入水中涮一涮手指，洗手时动作不宜过大，不要乱抖乱甩。洗好后应将手置于餐桌之下，用纸巾擦干。

⑨ 牙签。用中餐时，尽量不要当众剔牙，非剔不可时，应以另一只手掩住口部。不要长时间用嘴叼着牙签，不要用牙签扎取食物，取食水果应用叉子。

（2）中餐上菜的顺序。中餐上菜的顺序大同小异。其顺序一般是：先上冷盘，接着上热菜，随后是主菜，然后上点心、汤水，最后上水果拼盘。上菜时，如果由服务员给每个人上菜，要按照先主宾、后主人，先女士、后男士的顺序或按顺时针方向依次进行（见图3-28）。如果由个人取菜，每道热菜应放在主宾面前，由主宾按顺时针方向依次取食。切不可迫不及待地越位取菜。

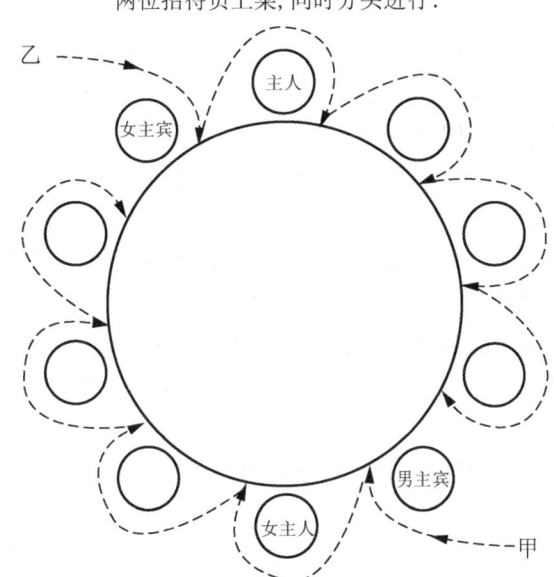

图 3-28 服务员上菜的顺序

（3）斟酒碰杯的礼仪。

① 主人品酒。在正式的宴会上，服务员打开酒瓶后，先要倒上一点酒给主人品尝，主人应先饮一口仔细品评，然后再尝一口，感到所有的酒完全合乎要求时，再向服务员示意，服务员即开始为客人斟酒。

② 斟酒有序。作为主人，可亲自为客人斟酒，应先给长辈、远道而来的客人或职务较高的客人斟酒，也可按顺时针方向，依次斟酒。

③ 行"叩指礼"。接受对方斟酒，应行"叩指礼"，即主人给客人斟酒时，客人要把拇指、食指、中指捏在一块，轻轻在桌上敲几下，表示感谢主人的斟酒。

小资料

"叩指礼"的由来

以右手拇指、食指、中指捏在一起,指尖向下,轻叩几下桌面。这种方法适用于中餐宴会上,它表示的是向对方致敬。

"扣指礼"是乾隆皇帝那个年代传下来的一个典故,它在我国南方及港澳地区特别盛行。传说乾隆在位时非常喜欢到江南一带微服私访。有一次他到苏州巡游,当地的官员虽然知道他在这里却又不知道具体在哪个地方,他们担心万岁爷出事,于是就四处派人去找,结果发现乾隆独自一个人在茶楼里喝茶。这些地方人士上去之后,对乾隆跪也不是,不跪也不是。一跪人家就知道这是皇帝,没准附近就有威胁乾隆安全的人,出了事那可担待不起,但是又不能不向当今圣上表示恭敬之意。乾隆是一个很有意思的人,当那些人躬身向乾隆致意的时候,乾隆很巧妙地用右手的中指和食指曲一曲,在桌子上敲了二三下,意思是说,看见你们行礼,我也回礼了。此即"扣指礼"的出处。现在,在一些端茶倒水的服务场合常用"扣指礼",可见这是一个约定俗成的动作,用与不用没有规定,但人家为你服务时,答之以礼则是一种基本的教养。

④ 碰杯讲究。碰杯必须把杯中的酒喝干,在某些地区,这一礼俗很严格。碰杯后不干杯,表示对朋友不够仗义,要再罚酒,但要视具体情况而论,不能强人所难。一般是主人和主宾先碰杯,然后主人顺时针方向依次与其他客人碰杯,客人之间也可以互相碰杯。

⑤ 举止有礼。碰杯时,客人应起立右手举杯,或者再以左手托杯底,目视对方,点头、微笑致意,说出祝愿的话。身份低或年轻者与身份高及年长者碰杯时,杯沿比对方杯沿略低表示尊敬。被敬酒者即使滴酒不沾,也要拿起杯子做做样子,将酒杯举到眼睛高度,说完"干杯"后,将酒一饮而尽或喝适量,然后,还要手拿酒杯与敬酒者对视一下,这个过程才算结束。

注意不要交叉碰杯,如果离敬酒者较远,可用酒杯杯底轻碰桌面来表示和对方碰杯。

小资料

饮酒为什么要碰杯

饮酒为什么要碰杯?有两种说法。

一种说法是碰杯是由古希腊人创造的。传说古希腊人注意到这样一个事实——在举杯饮酒之时,人的五官应可以分享到酒的乐趣:鼻子能嗅到酒的香味,眼睛能看到酒的颜色,舌头能够辨别酒味,而只有耳朵被排除在这一享受之外,怎么办呢?希腊人想出一个办法,在喝酒之前,互相碰一下杯子,杯子发出的清脆的响声传到耳朵中,这样,耳朵就和其他器官一样,也能享受到喝酒的乐趣了。

另一种说法是喝酒碰杯起源于古罗马。古代的罗马崇尚武功,常常开展"角力"竞技,竞技前选手们习惯于饮酒以示相互勉励之意。由于酒是事先准备的,为了防止心术不正的人在给对方喝的酒中放毒药,人们想出一种防范的方法,即在角力前,双方各将自己的酒向对方的酒杯中倾注一些。以后,便渐渐发展成为一种碰杯礼仪。

2. 西餐用餐礼仪

西餐，是对西式饭菜的一种约定俗成的统称，以刀、叉取食为特点，源自西方国家。商务人士在社会交往中，应掌握西餐用餐礼仪，以适应交往的需要。

（1）西餐餐具的摆放与使用方法。西餐的餐具有刀、叉、匙、盘、碟、杯等。一般讲究吃不同的菜要用不同的刀叉，饮不同的酒也要有不同的酒杯。其摆法为：正面放着主菜盘，左手边放叉，右手边放刀，主菜盘上方放着匙，右上方放着酒杯；餐巾放在主菜碟上或插在水杯里，也有放在餐盘的左边的；面包、奶油盘放在左上方。西餐餐具的摆放如图3-29所示。

图 3-29　西餐餐具的摆放

① 餐具的使用方法。

a．餐刀。宴席上正确的拿刀姿势是：右手拿刀，手握住刀柄，拇指按着柄侧，食指压在柄背上。除了用大力才能切断的菜肴，或刀太钝之外，食指都不能伸到刀背上。刀是用来切割食物的，不要用刀挑起食物往嘴里送。切割食物时双肘下沉，前臂应略靠桌沿，以保持稳定。

b．叉子。叉子的拿法有背侧朝上及内侧朝上两种，要视情况而定。左手拿叉，背侧朝上的拿法和刀子一样，以食指压住柄背，其余四指握柄，食指尖端大致在柄的根部。叉子内侧朝上时，则如铅笔拿法，以拇指、食指按在柄上，其余三指支撑于叉柄下方。在吃面条类软质食品或豌豆时，叉齿可朝上。西餐餐具的使用如图3-30所示。

② 使用刀叉要注意：

a．使用叉子不要动作过大，以免影响他人；

b．切割食物时，不要弄出声响；

c．吃体积较大的蔬菜时，可用刀叉来折叠、分切；

d．切下的食物要正好一口吃下，不要叉起食物一口接一口地咬着吃；

e．用叉子送食物入口时，牙齿只碰到食物，不要咬叉，也不要让刀叉在齿上发出声响；

f．不要挥动刀叉讲话，也不要用刀叉指人；

图 3-30　西餐餐具的使用

g. 掉落到地上的刀叉不可捡起再用，应请服务员换一副。

③ 刀叉的放置。

a. 如果在就餐中，需要暂时离开一下，或与人交谈，应放下手中的刀叉，刀右、叉左，刀口向内，叉齿向下，呈"八"字形状放在餐盘上，它表示此菜尚未用毕，如图 3-31 所示。

b. 要注意，不可将刀叉交叉放置呈"十"字状，西方人认为这是令人晦气的图案，如图 3-32 所示。

c. 如果吃完了，或者不想再吃了，可以刀口向内，叉齿向上，刀在右、叉在左并排放在餐盘上，它表示不再吃了，可以连刀叉带餐盘一起收走，如图 3-33 所示。

图 3-31　用餐中刀、叉的摆放　　　图 3-32　禁忌交叉放置　　　图 3-33　用餐后刀、叉的摆放

④ 餐匙。在正式场合下，使用餐匙有多种，小的是用于咖啡和甜点的；扁平的用于涂黄油和分食蛋糕；比较大的，用来喝汤或盛碎小食物；最大的是公匙，用于分食汤，常见于自助餐。除了喝汤、吃甜品外，绝不能用汤匙和点心的匙舀取其他主食和菜品。进餐时不可将整个汤匙放入口中，应以其前端入口。

⑤ 餐巾。

a. 餐巾的放置。餐巾应放在胸前下摆处，或平铺到并拢的大腿上，不要将餐巾扎在领口或皮带里。如果是正方形的餐巾，应将它对折成等腰三角形，直角朝向膝盖方向；如果是长方形餐巾，应将其两边对折，然后折口向外平铺在腿上。餐巾的打开、折叠应在桌下悄然进行，不要影响他人。

b．餐巾的用途。餐巾可以用来擦嘴（通常用内侧），但不能用其擦脸、擦汗、擦餐具。在需要剔牙或吐出嘴中的东西时，可用餐巾遮掩，以免失态。

c．餐巾的预示。当女主人铺开餐巾时，即宣布用餐开始；当主人，尤其是女主人把餐巾放到餐桌上时，意在宣告用餐结束，请各位告退；若中途暂时离席，一会儿还要继续用餐，可将餐巾放置于本人座椅的椅面上，侍者就不会撤席了。

（2）西餐上菜的顺序。西餐一般按下列顺序上菜。

① 头盘。西餐的第一道菜是头盘，也称为开胃菜，一般是由蔬菜、水果、海鲜、肉食组成的拼盘。因为要开胃，所以开胃菜一般都具有特色风味，味道以咸和酸为主，而且数量较少，质量较高。

② 汤。西餐的第二道菜是汤。西餐的汤大致可分为清汤、奶油汤、蔬菜汤和冷汤。

③ 副菜。鱼类菜肴一般作为西餐的第三道菜，也称为副菜，品种包括各种淡水、海水鱼类、贝类及软体动物类。

④ 主菜。肉、禽类菜肴是西餐的第四道菜，也称为主菜，有冷有热，以热菜为主。在比较正规的正餐上，大体上要上一个冷菜，两个热菜。两个热菜中，应当有一个是鱼菜，另一个是肉菜。有时，还会再上一个海味菜。

肉类菜肴的原料取自牛、羊、猪等各个部位的肉，其中最有代表性的是牛肉或牛排，其烹调方法常有烤、煎、铁扒等。禽类菜肴的原料取自鸡、鸭、鹅，通常将兔肉和鹿肉等野味也归入禽类菜肴，制作方法有煮、炸、烤、焖，主要的调味汁有黄肉汁、咖喱汁、奶油汁等。

⑤ 蔬菜。蔬菜类菜肴可以安排在肉类菜肴之后，也可以与肉类菜肴同时上，也可以算为一道菜，或称为一种配菜。蔬菜类菜肴在西餐中称为沙拉，一般用生菜、西红柿、黄瓜、芦笋等制作。熟食的蔬菜通常与主菜的肉食类菜肴一同摆放在餐盘中上桌，称为配菜，如花椰菜、煮菠菜、炸土豆条。

⑥ 点心。吃过主菜后，一般要上些诸如蛋糕、饼干、吐司、三明治等的西式点心，使没有吃饱的人借以填饱肚子。如吃饱了可以不吃。

⑦ 甜品。点心之后，接着上甜品，最常见的有布丁、冰激凌等。

⑧ 水果。吃完甜品，一般还要摆上干鲜水果。

⑨ 热饮。在宴会结束前，还要为用餐者提供热饮，一般为红茶或咖啡，以帮助消化。

现在的西餐已简化，比较简便的西餐菜单含有：开胃菜、汤、主菜、甜品、咖啡。

（3）西餐的座次。

① 西餐座次排列的规则。

a．女士优先。在西餐礼仪中，女士备受尊重，如主位可请女主人就座，男主人退居第二主位。

b．恭敬主宾。男、女主宾分别紧靠女主人、男主人就座。

c．以右为尊。男主宾位于女主人右侧，女主宾位于男主人右侧。

d．距离定位。尊卑以距离主位的远近而定，近高远低。

e．面门为上。面对门的位置为上座。

f. 交叉排列。正式的西餐宴会，被视为交际场合，在排列座次时，要遵守交叉排列的原则。男女交叉排列，生人与熟人交叉排列，这样做，可以广交朋友。

② 常见的西餐桌为长桌，其座次的排列如下。

a. 男女主人在长桌中央面对而坐，如图 3-34 所示。

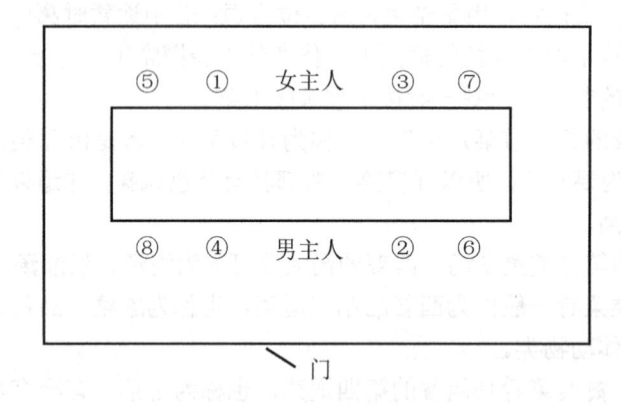

```
⑤   ①   女主人   ③   ⑦

⑧   ④   男主人   ②   ⑥
               门
```

图 3-34　西餐座次排列之一

b. 男女主人分别就座于长桌两端，如图 3-35 所示。

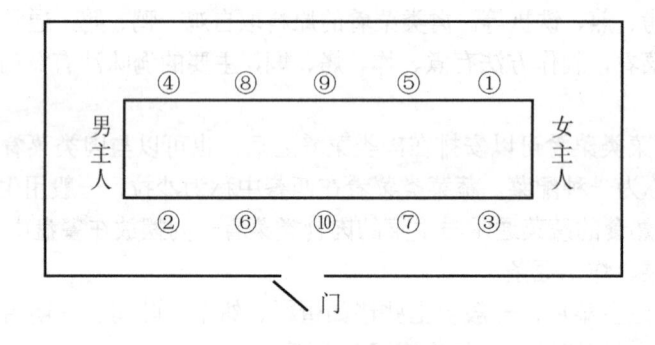

```
        ④  ⑧  ⑨  ⑤  ①
男主人                        女主人
        ②  ⑥  ⑩  ⑦  ③
                 门
```

图 3-35　西餐座次排列之二

【任务实战】

商务人士在宴请中应该遵循哪些礼仪规范

一、在中餐宴请中要遵循的礼仪规范

在参加中餐宴请活动中，要遵循如下一些方面的礼仪规范。

1. 就座和离席要有礼

（1）应等长者、领导坐定后再入座。

（2）席上如有女士，应等女士坐定后再入座。

（3）入座后姿势要端正，双脚踏在本人座位下，不可任意伸展。

（4）手肘不得靠桌沿，或放在邻座椅背上。

（5）用餐后，须等男、女主人离席后再离席。

2. 就餐中举止行为要有礼

（1）用餐时须温文尔雅，从容安静，不能急躁。

（2）在餐桌上不能只顾自己，也要关心别人，尤其要招呼身边的女宾。

（3）口内有食物时，应避免说话。

（4）取菜舀汤，应使用公筷公匙。

（5）吃进口的东西，不能吐出来，如食物滚烫，可喝水或用果汁冲凉。

（6）取菜要文明，应等菜肴旋转到自己面前再动筷，不要抢在邻座前面动筷。一次取菜不要过多，更不能端起菜盘往自己盘里拨。

（7）如果要取远处食物，不要站起来去拿，可请邻座或服务员帮助。

（8）进餐时应闭着嘴细嚼慢咽，尽量不发出声音。嘴内有食物时不要说话，更不要大声谈笑，以免喷出饭菜、唾沫或让别人看到口内的食物。

（9）喝汤时不要发出响声，汤菜太热，可稍凉后再食用，忌用嘴吹去热气。

（10）如果遇到自己不喜欢吃的菜肴或主人为自己夹菜时，不要拒绝，可取少量放在自己的餐盘内。

（11）吃虾、蟹时，可在水盂里洗手，水盂里洒有玫瑰花瓣或柠檬片，切勿当作一道汤食用。洗手时两手轮流沾湿指头，然后用餐巾或小毛巾擦干。

（12）如果不小心将餐具碰落，或者将酒水碰洒，应向邻座致歉并请服务员再另送一套。

（13）吃剩的菜，用过的餐具、牙签、骨、刺等都要放入盘内，不能随意乱扔。

（14）剔牙时要用牙签，并用手或餐巾遮口。

（15）进食时尽可能不咳嗽、打喷嚏、打呵欠、擤鼻涕，实在不能抑制时，要用手帕、餐巾纸遮挡口鼻，转身、低头，尽量压低声音。

（16）如果不小心将酒水溅到邻座的客人身上，应表示歉意并帮助其擦干，对方若是异性，应把干净的餐巾递过去，由其自己擦。

（17）用餐过程中为表示友好、热情，彼此之间可以让菜，劝对方品尝，但不要为他人布菜，尤其对外国客人不要反复劝菜，因为国外没有劝菜的习惯，应由其本人决定吃不吃。

（18）参加宴会最好不要中途离去，万不得已时应向同桌的人说声对不起，同时还要郑重地向主人道歉，说明原委。

（19）若中途需要离席一会儿，可把餐巾放在座椅上。若放在桌边上，会被人认为餐毕离去。吃完之后，应该等大家都放下筷子，主人示意可以散席，才能离座。

（20）宴会完毕，可以走到主人面前，握手并说声"谢谢"，向主人告辞，但不要拉着主人的手不停地说话，以免妨碍主人送其他客人。

3. 敬酒祝酒时要有礼

（1）敬酒要适可而止，表达敬意就行，不要成心灌醉别人。

（2）敬酒举止要有礼。敬酒时，双手举起酒杯，态度要热情、大方，待对方饮酒时，再跟着饮。

（3）要有来有往。在规模盛大的宴会上，主人会依次去各桌敬酒，每一桌可派遣一位代表到主人的餐桌上去回敬一杯。

（4）要控制酒量。商务人士敬酒干杯时，要有自知之明，保持风度，切忌饮酒过量。在正式宴会中，应将酒量控制在本人实际酒量的三分之一以内，切不可饮酒过量，失言失态，或醉酒误事。

（5）要礼貌拒酒。不会喝酒或不能饮酒时，不要乱推乱躲，不要把他人所敬的酒悄悄倒在地上。有礼貌地拒绝他人敬酒可以采取 3 种方法：

① 主动要些非酒类的饮料，并说明自己不饮酒的原因；

② 让对方在自己面前的杯子里稍许斟上一些酒，然后轻轻以手推开酒瓶；

③ 当敬酒者向自己的酒杯里斟酒时，用手轻轻敲击酒杯的边缘，这种做法的含义就是："我不喝酒，谢谢。"

（6）祝酒词要精炼。正式宴会上祝酒，通常由男主人向来宾提议，讲一些祝愿、祝福类的话，主人和主宾可能还要发表专门的祝酒词，其内容越短越好。

（7）应倾听他人祝酒。在主人和主宾祝酒时，应暂停进餐，停止交谈，注意倾听，不能借此机会抽烟。

（8）敬酒要把握分寸。客人、晚辈、女士一般不宜先提议为主人、长辈、男士的健康干杯，以免喧宾夺主。

4. 退席时要有礼

（1）退席时要摆好座椅。宴会结束时，起身应轻稳，最好不发出声响。离开座位后，应把椅子再挪回原处。男士应帮助身边的女士移开座椅，然后再把座椅放回桌边。

（2）要自左侧离开。离座要自然稳当，右脚向后收半步，然后起立，起立后右脚与左脚并齐，再从容移步。同入座一样，有礼貌地"左入左出"，站稳再走。

5. 注意告辞礼仪

（1）适时告辞。主宾应当先于其他宾客向主人告辞，否则会给其他客人带来不便，但也不能太早，否则是对主人的不礼貌。一般客人则应在宴会结束、主宾告辞后，及时向主人告辞。

（2）告辞时，应有礼貌地向主人握手道谢，通常是男主宾先向男主人告别，女主宾先与女主人告别，然后交叉，再与其他人告别。

二、在西餐宴请中要遵循的礼仪规范

商务人士在参加西餐宴请活动中，要遵循以下礼仪规范。

1. 衣着要考究

（1）参加西餐宴请衣着要考究。应按照请束中指明的要求着装。

（2）如果请束上没写，应根据用餐规模、档次来礼貌着装。

① 可穿礼服：燕尾服、连衣裙；中山装、旗袍（隆重宴会）；深色西装套装、套裙；浅色西装/单件西装上衣、时装（普通宴会）。

② 无论穿什么服装，在用餐时都不允许当众整理衣饰，如不准脱外套、换衣服、松领带、解腰带、拉袜子、脱鞋子等。

2. 举止应高雅

（1）参加西餐宴请应该举止高雅，正襟危坐。

（2）应从桌子左侧进入，身体与餐桌保持两拳左右距离，上身呈挺拔姿态。

（3）双手不要支在桌上，或藏于桌下，应扶住桌沿。

（4）双腿切勿乱伸，坐姿应该保持正直，不要靠在椅背上面。

（5）进食时身体可略向前倾，两臂要紧贴身体，以免撞到隔壁，进餐姿态如图3-36所示。

（6）落座后，不摆弄餐台上已摆好的餐具。

图3-36 进餐姿态

3. 应尊重女性

尊重女性是西方礼仪的重要原则之一。商务人士在参加西餐宴请活动中，应礼待女主人，照顾女宾客，如帮女士存外套、拉开座椅、帮助取菜、拿调味品、陪其交谈等。

4. 用餐中应积极交际

西餐宴会的主旨，是促进人们的社交活动，因此应问候主人，与其叙旧，与来宾交际，与周围人交谈。

5. 进餐中举止行为要有礼

（1）进餐时，右手持刀，左手持叉，左手用叉按住食物，右手执刀将食物切成小块，左手将叉子上的食物送入口中。使用刀时，刀刃不可向外。

（2）每吃完一道菜，将刀叉并拢放在盘中，如果是谈话，可以拿着刀叉，无须放下。不用刀时，也可以用右手持叉，但若需要做手势时，就应放下刀叉，千万不可以手执刀叉在空中挥舞摇晃，也不可一手拿酒杯，另一只手拿叉子取菜。

（3）每次送入口中的食物不宜过多，吃东西时要闭嘴咀嚼，在咀嚼时不要说话。

（4）喝汤时不要嘬，不要去舔嘴唇或咂嘴发出声音，千万不能端起碗来喝，要用汤勺从里向外舀，第一次应少舀一些汤，先试一下汤的温度，如果汤太热，可稍等一会儿再喝，不要用嘴吹凉或用汤匙搅和。吃完汤菜时，将汤匙留在汤盘（碗）中，匙把指向自己。

（5）吃鱼、肉等带刺或骨的菜肴时，不要直接外吐，可用餐巾捂嘴轻轻吐在叉上放入盘内。

（6）吃面条时要用叉子先将面条卷起，然后送入口中。

（7）面包一般掰成小块送入口中，不要拿着整块面包去咬；抹黄油和果酱时也要先将面包掰成小块再抹；手撕面包时，要用盘子接着掉下来的面包屑，切勿弄脏餐桌。

（8）吃鸡腿时应先用力将骨去掉，不要用手拿着吃。

（9）吃鱼时不要将鱼翻过来，应吃完上面后，用刀叉将鱼骨剔掉后再吃下面。吃肉时，要切一块吃一块，不能切得过大，或一次将肉都切成块。

（10）不可在餐桌边化妆，用餐巾擦鼻涕。用餐时打嗝是最大的禁忌，万一发生这种情况，应立即向周围的人道歉。

（11）对自己不愿吃的食物也应放一点在盘中，以示礼貌。

（12）在进餐时不可中途退席，如有事确需离开应向左右的客人小声打招呼。

（13）饮酒干杯时，即使不喝，也应该将杯口在唇上碰一碰，以示敬意。

（14）吃水果时，不要拿着水果整个去咬，应先用水果刀将水果切成四或五瓣，再用刀去掉皮、核，用叉子叉着吃。粒状的水果如葡萄，可用手取食，将葡萄皮剥掉后送入口中，吐籽时，应拿餐巾遮一下嘴角，用手取出口中的葡萄籽，并放到盘子的一端。吃香蕉时，应先用刀子将香蕉皮纵向割一条线，再用刀叉将皮剥开，用刀切一口吃一口。

（15）在进餐尚未全部结束时，不可抽烟，直到上咖啡表示用餐结束时方可。如左右有女客人，抽烟前应有礼貌地询问一声"可以吗？"

（16）喝咖啡时如愿意添加牛奶或糖，则添加后要用小勺搅拌均匀，将小勺放在咖啡碟上，喝时应右手拿杯把，左手端碟，直接喝，不要用小勺一勺一勺地舀着喝。

6. 敬酒祝酒要有礼

（1）在西餐宴会上，祝酒饮香槟干杯时，应先饮去一半杯中之酒，要量力而行。

（2）只祝酒不要劝酒，只敬酒而不要真正碰杯。不能越过身边之人，与相距较远者祝酒干杯，尤其不能交叉干杯。

（3）第一次的举杯祝福应由主人进行。

（4）在举杯祝酒之前，要看看大家酒杯里是否有酒，不能临时再倒酒，以免影响祝福的连贯性。

（5）祝酒时间不能过长。最好的举杯祝福，时间是1分钟；主要的举杯祝福，时间为3~5分钟。超时太长会让人不舒服。

（6）喝太多酒后，不要举杯祝福，因语言含混不清会失态。

（7）普通客人举杯祝福一次就可以，不要频繁举杯。

（8）宾客在被祝福之后，还要回敬。

三、在自助餐中要遵循的礼仪规范

很多大型会议或活动的宴请都采用自助餐的形式，在享用自助餐时的表现更能体现出一个人的修养。商务人士参加自助餐，要遵循自助餐用餐的礼仪规范。

（1）排队取食。在参加自助餐时，如果人多，应讲究先来后到、排队选用食物，自觉地维护秩序。

（2）使用公用餐具。当准备好餐盘，轮到自己取菜时，要用公用的餐具将食物装入自己的餐盘，然后迅速离去，不能在众多的食物面前犹豫不定，让身后的人久等，不应在取菜时直接下手或以自己的餐具取菜。

（3）食之有道。要在取菜时循序渐进。取菜的顺序依次应是冷菜、汤、热菜、点心、甜品和水果，免得次序错乱令自己吃得不舒服。

（4）杜绝浪费。商务人士在参加自助餐时，不必担心吃得多别人会笑话自己，但应注意必须量力而行，切忌取上多吃不完，导致浪费。

（5）品后再用。用餐者选取某一个菜品，应先少取一点品尝一下，觉得喜欢便可再次取食，避免一次取得太多，有失大雅。

（6）每次取一种。在取用食物时，最好每次只取一种，用完再取其他种类的食物，而不要将多种菜品放在一起，混淆了菜品的味道。

（7）忌共用多盘。在自助餐中应自取自用，忌大家共取许多盘，像吃中餐一样一起聚餐。

（8）切勿带走。参加自助餐只许在现场用餐，不允许连吃带拿，不可将自己喜欢的食物带走。

（9）用完餐具要送回。当用餐完毕之后，应将餐具整理好并送回指定的位置，不应将餐具随手乱丢，使餐桌上杯盘狼藉。即便有少许剩余食物，也不要乱丢、乱倒、乱藏，而应将其放在适当之处。

任务 4　掌握商务馈赠礼仪规范

商务馈赠礼仪是指在商务交往中，为了向对方表示恭贺、感谢或慰问而赠送礼物的行为规范。在经济日益发达的今天，人与人之间的距离逐渐缩短，接触面越来越宽，一些迎来送往及庆贺的活动越来越多，彼此送礼的机会也随之增加。馈赠礼品因为能起到联络感情、加深友谊、促进交往的作用，所以越来越受到人们的重视。馈赠也早已成为商务活动中不可缺少的交往内容。

但如何使馈赠收到理想的效果，对很多人来说都是比较纠结的问题。懂得商务馈赠礼仪，不仅能达到得体礼遇的效果，还可增进彼此的感情，表现出馈赠者的人品和诚意。

一、馈赠的目的和原则

1. 馈赠的目的

馈赠是有一定目的的，或为结交、友谊，或为祝愿、庆贺，或为酬谢宾客，或为其他。

（1）以社交为目的的馈赠。无论是个人还是组织，在社会交往过程中，经常通过赠送礼品，达到交际的目的，在礼品的选择中，应注意使礼品能反映送礼者的寓意和思想感情。

（2）以友谊为目的的馈赠。在人际交往过程中，无论是对个人间的还是组织间的关系和各种感情，人们都采取了许多办法进行巩固和维系，其中之一就是馈赠。这类馈赠，从礼品的种类、价值、档次、包装、含义等各方面都呈现出多样性和复杂性。

（3）以酬谢为目的的馈赠。以酬谢为目的的馈赠，在礼品的选择上十分强调价值。礼品的贵贱厚薄，取决于帮助的性质，其次取决于帮助的目的，再次取决于帮助的时机。

（4）以公关为目的的馈赠。这种馈赠，是一种为达到某种目的而用礼品的形式进行的活动，多发生在对经济、政治利益的追求中。

2. 馈赠的原则

（1）轻重得当，以轻礼寓以重情。礼物是言情寄意表礼的，仅仅是人们情感的寄托物。就礼品的价值含量而言，礼品既有其物质的价值含量，也有其精神的价值含量。"千里送鹅毛"的故事，在中国妇孺皆知。

小故事

千里送鹅毛，礼轻情意重

唐朝贞观年间，西域回纥国是大唐的藩国，一次，回纥国国王为了表示对大唐的友好，便派使者名叫缅伯高的，带了一批奇珍异宝去拜见唐王。在这批贡物中，最珍贵的要数一只罕见的珍禽——白天鹅，缅伯高最担心的也是这只白天鹅，万一它有个三长两短，怎么向国王交代呢？所以，一路上，他亲自喂水喂食，一刻也不敢怠慢。

这天，缅伯高来到沔阳河边，只见白天鹅伸长脖子，张着嘴巴，吃力地喘息着，缅伯高心中不忍，便打开笼子，把白天鹅带到水边让它喝了个痛快。谁知白天鹅喝足了水，一扇翅膀，"扑喇喇"一声飞上了天，缅伯高向前一扑，只拔下几根羽毛，却没有抓住白天鹅，眼睁睁看着它飞得无影无踪。一时间，缅伯高手捧几根雪白的鹅毛，直愣愣地发呆，脑子里来来回回地想着一个问题："怎么办，进贡吗，拿什么去见唐太宗呢？回去吗，又怎敢去见回纥国王呢！"思前想后，缅伯高决定继续东行，他拿出一块洁白的绢子，小心翼翼地把鹅毛包好，又在绢子上题了一首诗："天鹅贡唐朝，山重路更遥，沔阳河失宝，回纥情难抛，上奉唐天子，请罪缅伯高，物轻人意重，千里送鹅毛！"

缅伯高带着珠宝和鹅毛，披星戴月，不辞劳苦，不久就到了长安。唐太宗接见了缅伯高，缅伯高献上鹅毛。唐太宗看了那首诗，又听了缅伯高的诉说，非但没有怪罪他，反而觉得缅伯高忠诚老实，不辱使命，就重重地赏赐了他。

从此，"千里送鹅毛，礼轻情意重"的故事广为流传开来。

自古人间有佳话："君子之交淡如水"，倡导"礼轻情意重"。但在商界，既要注意用轻礼寓以重情，又要入乡随俗，根据馈赠目的和经济实力，选择贵重程度不同的礼物。有时礼太轻，又意义不大，很容易让人误解为瞧不起人，不仅馈赠目的达不到，还会起副作用。但是，礼物太贵重，又会使接受礼物的人有受贿之嫌，很可能被婉言谢绝，或付钱，或设法还礼，使对方破费。所以馈赠要遵循"轻重得当"的原则。

（2）选择恰当的时机。所谓"雨中送伞""雪中送炭"，都强调了时机，在最需要的时候得到了，才是最珍贵、最难忘的。因此，馈赠要选择恰当的时机，包括时间和机会的择定。在时间上，超前和滞后都达不到馈赠的目的，贵在及时；在机会上，贵在对方十分珍视或非常需要。

（3）选择合适的物品。现今社会，人们经济状况不同，文化程度不同，追求不同，所以赠送礼品时，要注意针对受礼对象，选择相应礼品。商务人士在馈赠礼品时要视受礼者的物质生活水平，有针对性地选择礼品。

（4）选择礼品注意禁忌。不同的人对同一礼品的态度是不同的，因为民族、生活习惯、经历、性格、爱好、宗教信仰等不同，因此馈赠时要避其禁忌。例如，有个单位有惯例，每年要给退休教师和员工赠送礼物。有一年，退休的人拿到的礼物是件工艺画，在镜框内除了有花之外，还有一个石英钟，其他人看后议论起来，这不是送钟（终）吗？退休的人很是恼火，那件礼物就扔在办公室了。国人常讲给老年人不能送钟，给病人不能送梨，因为"送钟"与"送终"谐音，"梨"与"离"谐音，都是不吉利的，犯忌讳。

商务人士在馈赠前一定要了解受礼者的喜好、禁忌，以免冒犯了对方，形成严重失礼。

二、馈赠礼品的礼仪

赠送给对方的礼品应该是对方所喜欢的、能够接受的，而且最好是不入俗套、别出心裁、独特的礼品，这样才能达到馈赠的效果。所以，在选择作为馈赠的礼品时，每个人都必须十分仔细、认真，将其视为感情或敬意的物化，一份太昂贵、太便宜或品位很差的不适当礼物，可能使受礼者困窘和苦恼，是非常失礼的，而送礼者也很难达到预期效果和目的。

要使交往对象愉快地接受馈赠，并不是件容易的事情，因为即便你在馈赠原则指导之下选择了礼品，如果不讲究赠礼的艺术和礼仪，也很难达到馈赠的目的，甚至会适得其反。那么，馈赠要讲究哪些礼仪呢？

1. 馈赠的 5W

在馈赠前首先需要明确 5 个 W，即送给谁（Who）、送什么（What）、为什么送（Why）、什么时间送（When）、在哪儿送（Where）。

（1）送给谁（Who）。要明确礼品送给谁，就要清楚受赠对象的具体情况。送给不同国家、地区、民族、阶层、年龄、性别、职业、受教育程度、文化背景的交往对象，所选礼品应有所区别。例如，送给证券市场从业人员的礼物不能与"熊"有关，因为证券市场忌讳"熊市"。

（2）送什么（What）。送礼品不仅要因人而异，而且要考虑自身的能力，与对方的关系，礼品的时效性和独特性，以良好地表达交往的诚意和对对方的重视。

（3）为什么送（Why）。赠送礼品的目的，既不是贿赂、收买或拉拢对方，也不是逢迎、讨好对方，而是为了向对方表达自己的尊重、友好与善意。一般来说，私人间互赠的礼品是纪念品，企业间互赠的礼品是企业的宣传品。

（4）什么时间送（When）。作为客人的一方，通常是在宾主相见时，或是首次拜会主人时送上礼品；作为主人的一方，一般应该在饯行时或送行时赠送礼品。公务礼品的赠送讲究由高级别的领导赠送,这样显得重视和尊重。

(5)在哪儿送(Where)。赠礼场合的选择十分重要。通常情况下,不要当着众人只给某个人赠礼,因为会使没有受礼的人有受冷落、受轻视之感。礼轻情重的特殊礼物,适宜在大庭广众面前赠送。

赠礼人应该当着受礼人的面,亲自馈赠,使其真挚的情感能充分表达。馈赠时,应观察受礼人对礼品的感受,并适时解答和说明礼品的功能、特性等,还可有意识地告知受礼人选择礼品时独具匠心的考虑,激发受礼人的感激和喜悦之情。一般来说,因公交往赠送的礼品,应在办公地点或大庭广众之前赠送以显郑重或光明正大;因私交往赠送的礼品应在私人住所或无他人在场时赠送,以显得双方关系密切。

2. 常见馈赠礼品的种类

在商务场合中,商务人士之间相互馈赠的礼品最常见的有鲜花、食品、实用品、艺术品四类。

(1)鲜花。鲜花是一种高雅的礼品,通过赠花可以来表达自己微妙的感情和心愿,确是别有一番意境。通常,送他人鲜花代表着问候、祝贺、慰问和感谢等含义,因此,赠花也是一门艺术,它是商务人士以花为礼、联系情感、增进友谊的有效途径。常见的鲜花如图3-37所示。

(a)康乃馨　　(b)郁金香　　(c)百合花

(d)玫瑰　　(e)菊花　　(f)牡丹

(g)红掌　　(h)杜鹃　　(i)水仙

图3-37　常见的几种鲜花

（2）食品。在商务人士馈赠的礼品中，食品是一种很好的礼物，受礼者可以与家人或同事一起分享。

① 健康类。健康保健类食品，如虫草、花旗参、燕窝等滋补品往往是商务人士送礼的选择，因为，健康的身体是每个人都想拥有的。

② 洋酒类。洋酒的外包装都很漂亮，里面的"酒伴""酒架"等小赠品也非常精致，瓶子还可以摆在室内做装饰品，所以，如今送洋酒备受青睐。但买洋酒时，不要一味注重包装，还要认清中文标志，看清保质期。

③ 茶叶类。我国有着悠久的茶文化历史，蕴藏着深厚的文化底蕴，茶的附加值更多地体现在它的文化修养上，送茶伴随着"高雅"这一含义，容易受人青睐，不落俗套。因此，商务人士常常以茶作为馈赠的礼品，同时还显现着个人的文化修养。

④ 其他食品类。其他类的食品如糖果巧克力、蛋糕、面包、甜饼、外来的咖啡、新鲜的水果、冷冻食物、坚果、果酱和果冻等也是送礼可选择的。

（3）实用品。实用品的选择可以以体现对方的爱好和兴趣为准则，选择适合私人使用的礼品，也可以以有益于对方职业为选择准则。

办公用的礼品可以作为实用品来馈赠，如袖珍日历、相框、套笔、名片盒、办公文具盒（内装纸夹、橡皮筋、胶带等）、工艺台历、开信的工具，如图 3-38 所示。

商业杂志或商务书籍等也是较实用的礼品。

（4）艺术品。艺术品一般指造型艺术的作品。一般的艺术品含有两个成分：

一是作品上的线、形、色、光、音、调的配合，通常称为"形式的成分"或"直接的成分"；

二是题材，通常称为"表现的成分"或"联想的成分"。

艺术品分为很多类，如陶艺、国画、抽象画、乐器、雕刻、文物雕塑、砂岩、仿砂岩、摆件、铁艺、铜艺、不锈钢雕塑、不锈钢、石雕、铜雕、玻璃钢、树脂、透明树脂、玻璃制品、瓷、黑陶、红陶、白陶、吹瓶、琉璃、水晶、木雕、花艺、花插、浮雕等。针对受礼者的喜好，选择合适的艺术品馈赠，会是很有品位的，艺术品如图 3-39 所示。

图 3-38　办公用礼品　　　　　　　　图 3-39　艺术品

3. 礼品的选择

礼品可以帮助商务人士建立或挽救一种关系，也可能改变或结束一种关系。对大多数人来说，精心挑选的礼品可以对事业和处理个人关系有所帮助。选择礼品的出发点，就是送礼的目的。俗话说：礼下于人，必有所求。馈赠时，即便没有任何事情相求，也是为了增进了解、沟通感情。

（1）礼品选择的原则。商务人士在选择礼品时，要考虑受礼者个人特点和礼品的意义。一般说来，有以下几点原则。

① 礼品应独特。送礼要在把握对方心理需求的基础上，选择受礼者意想不到的礼物，体现出礼品的个性色彩和品位。礼品应有艺术性。

② 顺应潮流。礼品选择，宜顺时尚潮流而动，切忌送一些过时的礼品。

③ 包装应精美。在现代社会的交往中，越来越注重礼品的外包装。礼品的包装要精美，精美的包装不仅使礼品的外观更具艺术性，显现出赠礼人的文化和艺术品位，而且还可以使礼品产生和保持一种神秘感，既有利于交往，又能引起受礼人的兴趣及好奇心理，从而令双方愉快。包装精美的礼品，能给人以赠礼者认真、精心选择礼物的感觉，既表达了尊重对方的含义，又提高了礼品的档次。包装与礼品价值应大体相称。

④ 提供相关信息。有些礼品如小家电、工艺钟表等，与普通商品一样有售后服务的问题。商务人士在选购礼品时应主动索取票据、说明书等，将其一并放在礼品中，免除受礼者的后顾之忧，从而让对方感到你的细心和周到。

⑤ 针对受礼对象，选择合适的礼品。选择礼品时，一般来说有下列几种考虑：

a. 对富裕者，以精巧为佳；

b. 对家贫者，以实惠为佳；

c. 对亲朋，以趣味性为佳；

d. 对年长者，以实用为佳；

e. 对年幼者，以启智新颖为佳；

f. 对外宾，以特色为佳。

具有中国特色的景泰蓝制品和中国结，一定会受到外商的青睐；公司的纪念印章，对于项目合作方来说，是一份很好的纪念品。

（2）花卉礼品的选择。赠花是一门艺术，因为送花的目的是以花为礼，联系情感，增进友谊，因此，什么时候送什么花，什么场合选什么花，什么人喜欢什么花，都需要根据具体情况，因时因地因对象而精心设计。否则因考虑不周而闹出误会，反而失去馈赠礼仪花卉的意义。

商务人士应根据受礼人的喜好，选择合适的场合，赠送相应的花卉。这就要求商务人士懂得赠花的礼节。

按照中国民间传统观念，凡花色为红、橙、黄、紫的暖色花和花名中含有喜庆吉祥意义的花，可用于喜庆事宜；白、黑、蓝等寒色偏冷气氛的花，大多用于伤感事宜。因此在通常情况下，喜庆节日送花要注意选择艳丽多彩、热情奔放的；致哀悼念时应选淡雅肃穆的；探视病人要注意挑选悦目恬静的。具体地讲：

① 节日期间，看望亲朋，宜送吉祥草、百合、郁金香，象征"幸福吉祥"；朋友远行，宜送剑兰、红掌，寓意"一路顺风""前程似锦"；

② 祝福长辈生辰寿日时，可依老人的爱好选送不同类型的祝寿花。一般人可送长寿花、百合、万年青、龟背竹、报春花、吉祥草等；若举办寿辰庆典，可选送生机勃勃、寓

意深情、瑰丽色艳的花，如玫瑰花篮，以示隆重、喜庆；

③ 拜访德高望重的老者，宜送兰花。因为兰花品质高洁，有"花中君子"之美称；

④ 庆贺新店开张、公司开业或乔迁之喜，应选择鲜艳夺目、花期较长的花篮、花束或盆花，如大丽花、月季、红掌、君子兰、山茶花、四季橘等，寓意"事业飞黄腾达""万事如意"；

⑤ 给病人送花，有很多禁忌，探望病人时不要送盆栽的花，以免病人误会为久病成根；香味很浓的花对手术病人不利，易引起咳嗽；颜色过于浓艳的花，会刺激病人的神经，激发烦躁情绪。看望病人宜送水仙、兰花、百合、马蹄莲、剑兰等，或选用病人平时喜欢的品种，有利病人早日康复；

⑥ 丧事用花，适合用白玫瑰、白菊花或素花，象征惋惜怀念之情。

小资料

花　语

康乃馨：伟大、神圣、慈祥、温馨的母爱
红康乃馨：热烈的爱、祝母亲健康长寿
粉康乃馨：祝母亲永远美丽、年轻
黄康乃馨：对母亲的感谢之情
白康乃馨：真情、纯洁

郁金香：爱的告白、真挚的情感
红郁金香：正式求爱的心声
紫郁金香：永不磨灭的爱情、最爱
白郁金香：纯洁的友谊
黄郁金香：高贵、珍重、道歉
粉郁金香：美人、热爱

百合：百年好合、事业顺利、祝福
白百合：纯情、纯洁
火百合：热烈的爱
黄百合：高贵、荣誉、胜利
香水百合：高贵、婚礼的祝福

玫瑰：象征爱情
红玫瑰：热恋、真心实意
粉玫瑰：永远的爱、初恋、特别的关怀
白玫瑰：纯洁的爱、纯洁与高贵
黄玫瑰：失恋、褪去的爱、歉意

橙红玫瑰：初恋的心情
菊花：清静、高洁、长寿
翠菊：追慕、远虑
非洲菊：神秘、兴奋、有毅力

红掌：大展宏图、红运当头、心心相印
白掌：一帆风顺
牡丹：富贵吉祥、繁荣昌盛
水仙：高雅、清逸、芬芳脱俗
杜鹃：艳美华丽、生意兴隆
仙客来：天真无邪、迎宾
剑兰：用心、长寿、福禄、康宁
马蹄莲：博爱、圣洁虔诚、永结同心
向日葵：爱慕、光辉、忠诚
木棉花：英雄之花
茉莉：和蔼可亲
石竹：奔放、幻想
龟背竹：健康长寿
满天星：真心喜欢、关心、纯洁
含羞草：知廉耻、敏感、礼貌
蝴蝶兰：我爱你
红豆：相思
天堂鸟：热恋中的情侣、潇洒的多情公子
勿忘我：永恒的爱、浓情厚谊

4. 礼品的包装

礼品的包装是礼品的有机组成部分之一，是礼品的"外衣"，是送礼时不可或缺的，要重视礼品的包装。商务馈赠的礼品，一定要事先进行精心的包装，对包装时所用一切材料，都要尽量择优而用。

礼品的包装可送交礼品店来完成，也可自己动手体现真情。包装的方法很多，这里只介绍丝带的基本系法。

（1）蝴蝶结的基本系法。不管什么物品，即使没有包装纸或箱子，也不应装在袋子里，只要系上一根丝带，打上漂亮的蝴蝶结，就会立刻增添礼物本身的魅力，蝴蝶结如图 3-40 所示。

（2）球形蝴蝶结的系法，如图 3-41 所示。

（3）基本的"V"字形丝带的系法。

"V"字形系法给人以非常漂亮、清晰、考究的感觉，向爱美的女性、男性或长辈赠送礼物时搭配使用，会达到出奇制胜的效果，如图 3-42 所示。

图 3-40　蝴蝶结

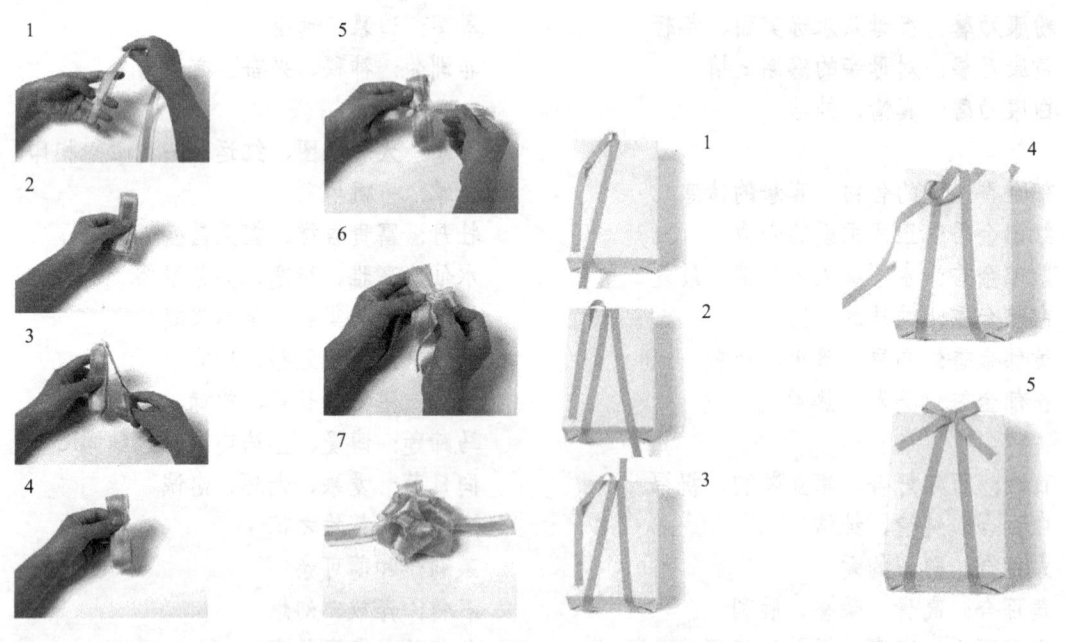

图 3-41　球形蝴蝶结的系法

图 3-42　"V"字形丝带的系法

三、受礼礼仪

商务人士在商务交往中，也会有很多接受礼物的时候。收到他人馈赠的礼品时，更应该遵循受礼礼仪，并表现出良好的礼仪素养。

1. 接受礼品时的礼仪

商务人士在接受他人馈赠礼品的时候，对礼物的价值和敬意、祝贺、友好的内涵应等同相视，决不能只看重物质价值而轻视敬祝、友好之内涵。

受礼时应注意以下几点。

（1）举止礼貌。当他人有礼相赠时，应立即中止自己所做事情，起身站立，面向对方，在对方取出礼品准备赠送时，用双手前去"迎接"，同时面带微笑，立即道谢。"谢谢"不仅表明你谢对方送给你礼物，而且还表示你答谢对方敬祝、友好之情。语言表达可深入一些，可以感谢送礼人所花费的心血："你能想到我喜欢这个，真是太感谢了。"

谢过之后，要诚恳地向送礼者表示以后请不必这样客气、不要再破费等。如果接过来的是对方所提供的礼品单，则应立即从头至尾细读一遍。

（2）当面拆封欣赏。如果对方送来礼品的包装很讲究，在场人也不多，时间比较充裕，则应该在接过礼品后，当着对方的面拆封，欣赏礼物，还可伴有请赠礼人介绍礼品功能、特性、使用方法等的请求，以示对礼品的喜爱。当面拆封表示自己看重对方，同时也很看重获赠的礼品。在拆封时，动作应舒缓文明，不能胡乱扯开，乱丢包装物。

欣赏礼物时要以适当的动作和语言来表示。如果是鲜花，可捧在胸前闻闻花香，随后装入花瓶，放在醒目之处。如果是围巾，可以马上围上，照一下镜子，并告诉赠送者及其他人："这条围巾真漂亮，我很喜欢。"即便是礼物不很可心，也要说上几句感激的话。

（3）勿以礼物轻重量情意。无论礼物的价值如何，都含有象征性的意义，因此，勿以礼品的轻重来衡量情意的深浅。中华民族是礼仪之邦，"礼轻情意重"是文明古国的礼仪观，商务人士要树立文明的礼仪观。

（4）如果收到他人转交的物品，应对受托人表示感谢，让他代致谢意，且有必要再次通过其他途径感谢送礼的人。

（5）收到邮寄送达的礼品时，可以打个电话给赠礼人，或者写封信表示感谢，也可以回赠礼品。

2. 拒收礼品的礼仪

只要不是贿赂性礼品，一般最好不要拒收，拒收会驳赠礼人面子，可以找机会回礼。但在商界，有些时候受礼是要审慎斟酌的。

人们说"商场如战场"，是说竞争残酷，面临"枪林弹雨"，礼物很可能是"糖衣炮弹"。比如那些价值昂贵的物品，一定要在了解对方经济状况、洞察送礼意图的情况下，再决定是否接受。对礼物不能来者不拒、照收不误。

对于相互关系不深，且对方送来重礼的，一般应该婉言拒绝，特别对那些以违法、违规为代价的礼品，更应该坚决拒收。拒绝收礼要注意分寸，讲究礼仪。

（1）婉言拒绝法。对自己认为不该收的礼物，可以采用委婉的、不失礼貌的语言，向赠送者暗示自己难以接受对方的礼品。可以说自己已经有了，谢谢对方。

（2）直截了当法。在商务人员的公务交往中，拒绝礼品时，可以直截了当地向赠送者说明自己难以接受礼品的原因。比如，拒绝别人所赠的大额现金时，可以说："我们有规定,接受现金馈赠一律按受贿处理。"如果是比较贵重的礼品,可以说:"按照有关规定,这件东西必须登记上缴,您还是别破费,事情能办我会尽力的。"

(3) 事后归还法。在拒绝受礼的方式上,还可以采取事后再归还的办法。如果是在大庭广众之下拒绝他人的礼品,会使赠送者尴尬,受赠者也不好开口,这时可以采用事后归还的方法加以处理,但是要注意不能破坏包装。事后归还,指的是应该在送礼之事过后,当天把礼物送回去。如果送的是食品,可以回赠价值相当的礼物给人家。

3. 回赠礼物的礼仪

接受馈赠后,得想办法回赠礼物才有礼。中国人崇尚"礼尚往来",尽管在接受馈赠时无法马上回礼,但在日后,也得准备在适当的时间回赠对方适当的礼品。

四、国际交往中的馈赠常识

世界各国,由于文化上的差异,受不同历史、民族、社会、宗教的影响,在馈赠问题上的观念、喜好和禁忌有所不同。只有把握好这些特色,在商务交往馈赠活动中才能达到目的。

1. 亚洲地区的馈赠

亚洲地区虽然在社会、民族、宗教的情况方面有很大不同,但却在馈赠方面有很多相似之处。

(1) 形式重于内容。对亚洲人士的馈赠,名牌商品或具有民族特色的手工艺品是上好的礼品,至于礼品的实用性,则居知识性和艺术性之后。尤其是日本人和阿拉伯人,非常重视礼品的牌子和外在形式。对日本人而言,越是形式美观而又无实际用途的礼品,越受欢迎。

(2) 崇尚礼尚往来,而且更愿意以自己的慷慨大方表示对他人的恭敬。

在亚洲,无论何地,人们都认为"来而不往"是有失尊严的,这涉及自身形象,因此,一般人都倾向于先送礼品给他人。收到礼品,在回礼时常在礼品的内在价值、外在包装上下功夫,以呈现自己的慷慨和对他人的恭敬。

(3) 讲究馈赠对象的具体指向性。选择和馈赠礼品时十分注意馈赠对象的具体指向性,这是亚洲人的特点。一般说来,送给老人和孩子礼品常常是令人高兴的,无论送什么,人们都乐于接受。但若是送他人妻子礼品,则需考虑交往双方的关系及对方的忌讳。如阿拉伯人最忌讳对其妻子赠送礼品,这被认为是对其隐私的侵犯和对其人格的侮辱。

(4) 忌讳颇多。不同国家对礼品数字、颜色、图案等有诸多忌讳,如日本、朝鲜等对"4"字有忌,把"4"视为预示厄运的数字,而对"9"、"7"、"5"、"3"等奇数和"108"等数颇为青睐,对"9"及"9"的倍数尤其偏爱(但日本人不喜欢"9")。阿拉伯人忌讳动物图案,特别是猪等图案的物品,而日本人则忌讳狐狸和獾等图案。

2. 西方国家的馈赠

西方国家与东方国家不同,在礼品的选择、喜好等方面没有太多讲究,其礼品多姿多彩。

（1）实用的内容加漂亮的形式。西方人对礼品更倾向于实用，一束鲜花，一瓶好酒，一盒巧克力，一块手表，甚至一同外出游览、参观等，都是上佳的礼品。当然，如果再讲究礼品的牌子和包装，就更好了。

（2）赠受双方喜欢共享礼品带来的欢愉。西方人馈赠礼品时，受赠人常常当着赠礼人的面打开包装并表赞美后，邀赠礼人一同享受或欣赏礼品。

（3）讲究赠礼的时机。一般情况下，西方人赠礼常在社交活动行将结束之时，即在社交已有成果时方才赠礼，以避免行贿受贿之嫌。

（4）忌讳较少。除了忌讳"13和星期五"这个灾难之数和一些特殊场合（如葬礼），对礼品的种类、颜色图案等有一定讲究之外，大多数西方国家在礼品上的忌讳是较少的。

3. 国际交往中馈赠举例

由于各国文化的差异，社会、宗教的影响和忌讳，送礼成了一种复杂的礼仪。如果运用得当，送礼能巩固双方之间的业务关系；运用不当则会有碍于业务联系。选择适当的礼物、赠送礼物的时机，以及让收礼人做出适当的反应，都是送礼时要注意的关键问题。

（1）亚洲、非洲国家馈赠举例。

① 日本。日本人有送礼的嗜好，因此给日本人送礼，往往采取这样的做法：送对其本人毫无用途的物品以便收礼的人可以再转送给别人。日本人认为狐狸是贪婪的象征，獾代表狡诈。到日本人家里做客，携带的菊花只能有15片花瓣，因为只有皇室徽章上才有16瓣的菊花。另外，选择礼物时，要选购"名牌"礼物，日本人认为礼品的包装同礼品本身一样重要，因此要让懂行的人把礼物包装好。

② 韩国。韩国的商人常常会送初次来访的客人一些当地出产的手工艺品，但要等客人先拿出礼物来，然后再回赠。

③ 阿拉伯国家。在初次见面时送礼可能会被视为行贿；切勿把用旧的物品赠送他人；不能把酒作为礼品；要送在办公室里可以用得上的东西。盯住阿拉伯主人的某件物品看个不停是很失礼的举动，因为这位阿拉伯人一定会认为你喜欢它，并一定会要你收下这件东西。阿拉伯商人给他人一般都赠送贵重礼物，同时也希望收到同样贵重的回礼，因为阿拉伯人认为来而不往是有失尊严的，不让他们表示自己的慷慨大方是不恭的，也会危害到双方的关系。他们喜欢丰富多彩的礼物，喜欢名牌货，而且不喜欢不起眼的古董；喜欢具有知识性和艺术性的礼品，不喜欢纯实用性的东西；忌讳烈性酒和带有动物图案的礼品（因为这些动物可能代表着不吉祥）。送礼物给阿拉伯人的妻子被认为是对其隐私的侵犯，然而送礼物给孩子总是受欢迎的。

（2）欧美国家馈赠举例。欧洲国家一般只有在双方关系确立后才互赠礼物，赠送礼物通常在这次交往行将结束时才进行，同时表达的方式要恰如其分。高级巧克力、一瓶特别好的葡萄酒在欧洲都是很好的礼物。登门拜访前应送去鲜花（花要提前一天送去，以便主人把花布置好），而且要送单数的花，同时附上一张手写的名片，不要用商业名片。

① 英国。在这里应尽量避免感情的外露，因此，应送较轻的礼品，由于花费不多就不会被误认为是一种贿赂。合宜的送礼时机应定在晚上，请人在上等饭馆用完晚餐或剧院

看完戏之后。英国人也像其他大多数欧洲人一样喜欢高级巧克力、名酒和鲜花，对于饰有客人所属公司标记的礼品，他们大多数并不欣赏，除非主人对这种礼品事前有周密的考虑。

② 法国。初次结识一个法国人时就送礼是很不恰当的，应该等到下次相逢时。礼品应该表达出对他的智慧的赞美，但不要显得过于亲密。法国人很浪漫，喜欢知识性、艺术性的礼物，如画片、艺术相册或小工艺品等。应邀到法国人家里用餐时，应带上几支不加捆扎的鲜花。但菊花是不能随便赠送的，在法国只在葬礼上才用菊花。

③ 德国。"礼貌是至关重要的"，故此赠送礼品的适当与否要悉心注意，包装更要尽善尽美。玫瑰是为情人准备的，绝不能送给主顾。德国人喜欢应邀郊游，但主人在出发前必须做好细致周密的安排。

④ 美国。美国人很讲究实用，故一瓶上好葡萄酒或烈性酒，一件高雅的名牌礼物，一起在城里共进晚餐，都是合适的。与其他欧洲国家一样，给美国人送礼应在这次交往结束时。

（3）拉丁美洲国家馈赠举例。黑和紫是忌讳的颜色；刀、剑应排除在礼品之外，因为它们暗示友情的完结；手帕不能作为礼品，因为它与眼泪是联系在一起的。可送些小型家用电器，如一只小小的烤面包炉。在拉美国家，征税很高的物品极受欢迎，只要不是奢侈品。

【任务实战】

如何更好地实现商务馈赠的目的

一、要遵循商务馈赠时的礼仪

商务馈赠无论是要结交朋友、发展友谊、祝贺祝愿，还是酬谢宾客，要想实现馈赠的目的，达到馈赠的理想效果，除了遵循馈赠原则，选择好馈赠的礼品之外，还应在商务馈赠时遵循一定的礼仪。

（1）礼品最好亲自赠送。礼品最好亲自赠送，如果因故不能亲自赠送，要委托他人代为赠送或邮寄的话，一定要附上一份礼笺，注上姓名，并说明赠礼缘由。

（2）馈赠见面时要有礼。在拜访客人刚一见面时，就应该大大方方奉上馈赠的礼物，或者是坐下以后就奉上礼物，不能到拜访结束要离开时，才拿出礼物，而对方客套不肯收，形成推来推去的局面，尴尬难堪，不能起到馈赠应有的效果。

（3）注意赠礼时的态度、动作和语言。赠送礼物时，应以真挚、友善的态度，落落大方的举止，双手把礼物递送给受礼者，并用简短、热情、得体的语言加以说明，表明送礼的原因和诚意，使受礼者感到真情和敬意。

（4）馈赠的理由要充分、妥帖。商务馈赠在很多时候会遭遇拒绝，对方可能不愿接受，或婉言推却，这会令送礼者十分尴尬。对此，馈赠者应予以理解，因为受礼者不想面对接受礼物后的不可知的事情，同时，馈赠者应为受礼者找出接受礼物的理由，理由应充分、妥帖。

① 可借助他人力量。可以在受礼者的生日、婚礼或升职、乔迁等喜事之际，邀上受礼者的几位熟人同去送礼祝贺，这样受礼者不好拒收礼物，可借助他人力量达到送礼联谊的目的。

② 要降低刻意性，减少对方心理压力。如果礼品是土特产品，可以是老家来人捎来的，拿来给对方尝尝，由于东西没花钱，不是特意买的，这样，受礼者没有什么心理压力，接受起来比较轻松。

③ 要减少礼品金额，象征性地收费。馈赠者在送礼时可对受礼者说是以出厂价、批发价、优惠价买下的，象征性地向受礼者收一些费用，受礼者因交了钱，拿到东西时很高兴，且毫无顾虑。

小资料

送礼的 8 大金句

1. 送礼的一个关键是要让对方觉得舒服，接受起来没有压力，所以送礼的最高境界是让对方不觉得你在送礼。
2. 送礼的另一关键是对时机的把握。能够巧妙选择时机，送礼就成功了一半。
3. 送礼的目的是让对方能够第一时间想到你，尤其是竞争的时候。
4. 送礼可以算是一种投资，但不要想着一定要得到回报。
5. 送礼应该有的心态是：要"打动"对方，而不是"打发"对方。
6. 事到临头才送礼，等于火烧眉毛才拜佛。送礼方与受礼方之间的关系要经过一段时间去培养，并非立竿见影。
7. 有时，送礼给对方身边的人（爱人、孩子、父母等）效果会更好。
8. 不送最贵的，只送对方最好的。了解对方的喜好，可以既省钱又送好礼。

二、商务馈赠应注意的问题

（1）做好记录。商务馈赠中，可能会连年多次给同一个受礼者赠送礼品，为避免送重样的礼品，最好送礼时记录下礼品的种类、赠送的时间等相关信息。

（2）不直接询问受礼者。一般情况下，不能直接询问对方喜欢什么礼物。这是因为，一方面，可能受礼者说出的礼品会导致你超出预算；另一方面，你即使照着他的意思去买，也可能会与受礼者想象的有偏差，形成尴尬局面，损坏了送礼的本意。

（3）礼物不要太贵重。即使送礼者比较富裕，送礼物给一般朋友也不宜太过，而送一些有纪念性的礼物较好。

（4）精心包装。商务人士送礼时，应除去价签及商店的包装袋，无论礼物是否名贵，最好用包装纸精心包装，细微之处更能显现送礼人的心意。

（5）不违反馈赠礼规。商务人士在国内、国际正式的商务社交活动场合赠送礼品时，不允许选择现金、信用卡、有价证券等类物品，或是价格过于昂贵的奢侈品作为正式礼品。

> **小资料**

送礼的 16 条禁忌

1. 和对方的关系还不是很熟时贸然送礼。
2. 提着很大、很扎眼的礼物到对方的办公室。
3. 在对方身边有其他人时送礼。
4. 送礼之后到处和别人说"我给某某送礼了"。
5. 一边送礼,一边请人帮忙。"礼下于人,必有所求",有目的性是好的,但是过于直白的话,是很难被人接受的。
6. 送礼的第二天就打电话给对方,询问对方类似"某件事能否帮忙"的问题。
7. 直接送现金、钻戒、黄金等贵重礼品。
8. 在沟通中使用了"特意""专门""专程"等字眼。
9. 送的礼物完全不适合对方,如精心挑选了几盒高档茶叶和一套茶具送去,结果对方不喜欢喝茶。损失的不仅是礼物而已。
10. 只有在节日才送礼。人际交往要细水长流,否则会让对方有被利用的感觉。
11. 礼物没有包装。俗话说,"人要衣装,佛要金装",没有包装的礼品会让人有不正式、应付的感觉,礼品的价值和情意完全体现不出来。
12. 在春节、中秋、端午等送礼高峰期送出没有特色的礼品。
13. 动不动就送礼。送礼的次数过于频繁,会让对方产生惯性思维,认为送礼是应该的,今后不送礼就办不了事情。
14. 不清楚对方的能力就贸然送礼。
15. 给下级送的礼物比给上级的还贵重,并让上级知道。
16. 办事之前拼命送礼,事成之后杳无音信。这样很难培养好人缘,对自己的发展不利。

任务 5 掌握商务通联礼仪规范

在商务活动中,商务人士不仅要尊重对方,施行礼貌和礼节,以增加彼此交往的愉悦感,更重要的是要通过言谈举止,表现出良好的个人素质和品质,提升对方对自己的信任度和接受度,这对商务人士来说是至关重要的。

现代社会,随着商务交往的日益频繁,商务人士越来越离不开"电话"这一方便、快捷的通信工具,而电话的"只闻其声,不见其人"的特性,常常会使人们在接打电话时一不留神就给对方留下不良印象。所以,遵循电话礼仪规范,是每一位现代人必须做到的,尤其是商务人士,更应该着重掌握电话礼仪。一次成功的电话沟通可能给对方留下良好的印象,甚至可能给企业带来巨大收益。

一、接打电话的基本礼仪

1. 注意自己的电话形象

电话形象,是指人们在使用电话时的语言、内容、态度、表情、举止,以及时间感等种种表现的总和,会使通话的对方"如见其人",能够给对方以及其他在场之人留下完整的、深刻的印象。

商务人士的电话形象如何,不仅反映着自身的礼仪素养,同时也代表着组织的形象,因此在使用电话之时,一定要塑造良好的电话形象。

2. 通话的基本原则

不论是接听电话还是拨打电话,商务人士都必须牢记:从你拿起话筒和对方交谈开始,你就给对方留下了初步的印象,这初步印象又关系到以后的交往,所以在通话时,一定要遵循通话的基本原则。

(1)要注意倾听。倾听是正确理解和判断的基础,尤其是在电话交谈中,双方靠声音传递意思,如果不认真听,就无法准确地交流信息、沟通感情。当然,静静地倾听,并不是完全不出声,而是应予以简单的呼应,如使用"嗯""是""好的"等短语,让对方感觉你确实在认真地听,也能表现出尊重。

(2)注意说话方式。

① 注意口齿清楚,有节奏感,语速适中,也可跟对方的语速协调一致,切忌不管对方是否听清楚,只顾自己一味讲下去。

② 音量、语调应适中,语气温和。

③ 要面带微笑,虽然是不见其面,但微笑着说话,发出的声音能让对方感知得到。

④ 通话要专心,不能做其他事情,若是边说边吃东西,或做其他事情,都是不礼貌的,如果有要事在处理,可先告知对方,结束通话,一会儿再给他打过去。

⑤ 要简明扼要,主次分明,节省双方的时间。

(3)明确基本信息。商务人士接打电话时应该明确基本信息,即通话对象的身份、姓氏、所在单位、通话目的等。明确基本信息有助于进行沟通,便于研究事情、处理问题和今后联系。

(4)忍耐与包容。在通话时,应该具有超乎寻常的忍耐心和包容心。

① 如果对方语意不详,对于要说的意思没有表达好,语言没有组织好,要多给对方一点安慰,舒缓对方的情绪,使其畅所欲言。

② 如果对方拨错电话,或电话不是找自己的,不可横加指责,或不愿传达,应轻轻地说上一句"不好意思,你拨错了",或"请稍待,我去叫他",这是有教养的体现。

3. 商务电话的注意事项

商务人士在拨打电话时,应注意以下事项。

(1)不能过度询问。过度询问带有盘问的意味,这是相当无礼的。无论是主管还是秘书,如果过度询问对方情况,会让人觉得你是在"查户口",会心生反感:"你不了解我们公司，干吗给我们打电话？"

（2）不能有头无尾。如果拨打电话没有找到要找的人，想留言请对方回电话，切记要留下自己的电话号码，这很重要。即使是老朋友，也要避免对方再查号，同时可将回电话的最佳时间阐明，以及自己将何时再打电话说清楚，以便对方知晓。

（3）不能"心到佛知"。如果已经拨过电话，但没联络上，不能就此拉倒，认为"心到佛知""反正是打了，没在或没人接，这不怪我"，这样做事不负责任，会延误工作的。应该再拨一次直至完成通话。

（4）要先询问是否方便。突然打去电话，突然开始讲事，是不速之客的不文明做法。所以要首先询问对方是否方便，若对方稍有迟疑，就将这个电话的主要目的及大概通话时间说明，对方会斟酌，如果对方现在不方便通话，那就约好再打电话的时间。

（5）妥善组织通话内容。最好事先把有关资料（如报告文本等）寄去或传过去，使对方有所准备，再通话时就好商讨了。切不可临时东翻西找，这样耽误对方时间，影响电话效果。

（6）不得不暂时中断通话时，应向对方道歉。要说"对不起，请稍等一会儿"，但时间要短。

（7）注意身份。称呼对方时要加头衔，如"律师""经理"等，切不可乱用"亲爱的""宝贝儿"之类的轻浮言语。

（8）结束通话前再强调要点。结束通话时，要把刚才谈过的问题做个简要总结，强调要点，以帮助对方加深印象。

二、特殊电话的接听技巧

商务场合中总是有一些不懂礼仪的人，在打电话时不考虑对方的感受，接到这种电话应如何应对呢？

（1）对反复陈述的电话，可以马上说："李先生，容我对您刚才所讲的做个总结，如果有遗漏或错误的地方，请随时更正或补充。"

（2）和你通电话的人同时又在和别人讲话。应付这样的人，可以建议他在不忙时和你见面再谈，或要求他重复刚才说的话："王经理，我这里听得并不很清楚，听起来您好像正在和其他人说话。"

（3）当对方避重就轻时，你可以直接切入主题："李先生，你心里到底怎么想的？我如何才能帮你忙？"

（4）对喋喋不休的人，可以立刻打断他的话："对不起，张先生，我不认为这件事我能帮什么忙，但听起来应该和我们的业务部有关，请你稍等，我帮你转业务部。"

三、过滤电话的技巧

商务场合中，如何过滤电话，对于接待人员来说是一项艺术性很强的工作，一般说来有以下几种情况。

（1）电话要找的人正好外出时。这时接电话者不必向打电话的人解释被找人的去向，只要回答："他刚好不在办公室。我是他同事（或者秘书），很乐意为您服务。"切忌告诉对方某人到哪里出差了，因为这可能涉及商业秘密，或者是个人隐私。

（2）私人问题不宜在电话中告知对方。例如，"他现在正在洗手间"或"她妈妈住院了，她去看望妈妈了"等，都是不适宜的。

（3）避免使用"不知道"。"不知道他今天去哪儿了"或"这几天他都不在办公室"之类的话，会给对方一种托词、不友好的感觉。

（4）请上司提供一份不需过滤的名单或者号码。如家人、朋友、代理人，重要合作伙伴等，作为过滤电话的依据。

（5）当来电者拒绝告诉你打电话的目的时，他会说："他知道我要做什么。"或"和你有什么关系？"或甚至说："不要管我是谁，请他来听电话。"较好的做法应该是："很抱歉，除非让他知道您来电的目的，否则他不会接听电话的。"不要让这些强大的压力把你吓坏了。其实如果来电者真有很重要的事，他一定会告诉你他的目的。

四、使用移动电话的礼仪

英国一位名叫约翰·代特里奇的艺术家建立了一个网站，在网上宣传以反对手机吼叫为主题的内容，提倡文明使用手机。有很多人喜欢对着手机大声讲话，而且声音大得把周围的陌生人都"卷"进了自己的私事之中。业内人士把这种现象称为"手机吼叫"，这种手机吼叫现象甚至制造了一种痛恨手机吼叫的亚文化。

手机，为人们带来了方便，但很多时候并没有促进社会文明，反而凸显人的自私及对周边人的漠视。现在无论是在社交场所还是工作场合，放肆地使用手机已经成为常见现象，普及手机礼仪越来越重要。在国外，如澳大利亚电信的各营业厅，采取了向顾客提供"手机礼节"宣传册的方式，宣传手机礼仪。每一个文明的人，都应该在方便自己的同时，尊重他人的权益。

1. 携带手机应文明

（1）手机的常规放置。

① 手机可放置在随身携带的手袋中或公文包中。

② 可以把手机放在上衣内袋里，但注意不要影响着装的整体形象。

③ 在不使用时，不要将其握在手里，或是挂在腰带上。

（2）手机的暂放位置。

① 在参加会议时，可将其暂交秘书、随行人员代管。

② 在与人坐在一起交谈时，可将手机暂放在手边、身旁等不起眼之处，但不要对着对方。

③ 把手机挂在脖子上、腰上，均不雅观。

2. 使用手机既要利己又要利人

使用移动通信工具，自然是为了方便自己，但与方便别人并不矛盾，二者应该并重。

具体来说，应当注意以下两点。

（1）要牢记手机的缴费日期，并自觉按时缴纳。不要因为忘记缴费而被停机，致使他人与你失去联络；不要总出现"您所拨打的电话已关机"的情况。

（2）更换了手机号码后，应尽早告知自己主要的交往对象，包括一些老客户，以保证彼此联络的顺畅。

3. 使用手机要注意安全

使用移动通信工具，必须牢记"安全至上"，切勿有章不循，有纪不守，马虎大意，随意犯规。那样不但害己，而且害人。

（1）最好不要在手机中谈论商业秘密或国家安全事项等机密事件，因为手机容易出现信息外漏，产生不良后果。

（2）不要在飞机飞行期间使用手机，否则会干扰仪器，导致飞机失事等严重后果。

（3）不在加油站内使用手机，以免引起火灾、爆炸。

（4）不要在病房内使用手机，以免手机信号干扰医疗仪器的正常运行，有碍治疗，或者影响病人休息。

（5）开车时不使用手机通话或查看信息，以防止发生车祸。实在要用可靠路边停车使用或让他人代接电话。

（6）一般情况下，不要借用他人手机，更不要将手机借给陌生人使用。

（7）对于陌生人短信和各类诈骗性质的手机信息，要时刻保持高度警惕。

（8）手机中的通信录要有备份，同时，电话簿中存储尽量用全名，少用昵称。

（9）注意保护自己的隐私权，要经常整理手机内存储的各类信息和资料。

五、收发传真、电子邮件的礼仪

1. 收发传真的礼仪

传真，是利用光电效应，通过安装在普通电话网络上的传真机，对外发送或是接收外来的文件、书信、资料、图表、照片真迹的一种现代化的通信联络方式。在现代商务交往中，人们经常使用传真这一技术手段来传递文件、资料、图表，如图3-43所示。传真通信的主要优点是：操作简便，传送迅速，可以传送复杂图案的真迹；缺点是需要专人操作，有时清晰度不够理想。

图3-43 传真机

商务人士在利用传真进行通信联络时，必须注意以下几个礼仪问题。

（1）履行手续。需要严格按照电信部门的有关要求，履行必要的使用手续，否则即非法。在安装、使用传真设备前，须经电信部门许可，办理相关手续，必须配有电信部门正式颁发的批文和进网许可证，并缴纳使用费用。

（2）号码准确。本人或本单位的传真机号码，应准确地告诉交往对象。在商用名片上，传真号码是必不可少的一项重要内容。使用客户的传真号码，在发送传真前，应认真核对，最好先向对方通报一下，这样做既提醒对方，又避免发错传真。

（3）内容简洁。发送传真时，必须按规定操作，内容应简明扼要，以节省本方及对方的费用。

（4）礼貌地使用。商务人员在使用传真时，必须维护个人及组织的形象，有礼貌地使用。

① 在发送传真时，应有问候语与致谢语。

② 出差在外，在使用公共传真设备时，要有礼貌地委托电信服务人员，办好手续，防止泄密。

③ 收到他人的传真后，应即刻告知对方，以免对方惦记、担心，甚至来电询问。

④ 需要办理或转交、转送他人发来的传真时，应立即处理，不能拖延误事。

2. 使用电子邮件的礼仪

自从电子邮件诞生以来，其发展突飞猛进，在商界得到了越来越广泛的使用。

电子邮件，又称电子信函，是利用电子计算机，通过互联网络，向交往对象发出的一种电子信件。使用电子邮件进行对外联络，不仅安全保密、方便快捷、不受篇幅限制、清晰度极高，而且还可以大大地降低通信费用。

商务人士在使用电子邮件进行对外联络时，应当遵守的礼仪规范主要有以下几个方面。

（1）应认真撰写电子邮件。向他人发送的电子邮件，一定要精心构思，认真撰写。若是随想随写，是既不尊重对方，也不尊重自己的。在撰写电子邮件时，必须注意：

① 主题明确。一封电子邮件，一般只有一个主题，并且需要标明在主题栏内。若归纳得当，收件人见到主题便对电子邮件内容大致了解了。

② 语言流畅。电子邮件要便于阅读，语言要流畅，尽量不出现生僻字、异体字。引用数据、资料时，最好标明出处，以便收件人核对。

③ 内容简洁。阅读电子邮件的时间宝贵，所以电子邮件的内容应当简明扼要。

（2）应避免滥用电子邮件。在信息社会中，人们的时间都很珍贵，对商务人士来说，更是如此。有人说在商务交往中要尊重一个人，首先就要懂得替他节省时间，所以，不要轻易向他人乱发电子邮件，不要只为了检验一下自己的电子邮件能否成功地发出，就乱发邮件，更不宜随意以这种方式在网上"征友"。

目前，网民都有收到垃圾邮件的烦恼，尽管有软件控制垃圾文件，但有些人变着法儿地发垃圾邮件，对其进行处理，不仅会浪费时间和精力，而且还有可能耽搁正事。但收到他人的电子邮件后，即刻回复对方是应该的。

（3）应当慎选功能。商务人士在撰写邮件时，应慎用各种信纸及点缀，因为，对邮件修饰过多，会增大容量，增加收发时间，增加费用，而且会给对方以"华而不实"之感，另外，收件人一方所用软件如果不支持这些功能，会影响信息的完整性。

【任务实战】

商务人士应如何遵循电话礼仪

一、在拨打电话时要有礼

在商务交往中，商务人员需要经常拨打电话给他人，要使拨打的电话既能正确无误地传递信息、联络感情，又能塑造良好形象，就必须讲究拨打电话的礼仪。

（1）要选择对方方便的时间拨打电话。拨打电话应当选择适当的时间。按照惯例，通话的时间原则有两个，一是双方预先约定电话通话时间，二是对方便利的时间。

① 不要在他人的休息时间内打电话。每天上午 7 点之前、晚上 10 点之后、午休和用餐时间不宜打电话。

② 利用电话谈公事，尽量在对方上班 10 分钟以后或下班 10 分钟以前拨打，这时对方会比较从容地应答。

③ 要搞清地区时差和工作时间的地区性差异。尽量不要在工作时段以外的时间打电话，以免影响对方休息。即使客户已将家中的电话号码告诉你，也尽量不要往家中打电话。

④ 打公务电话不要占用他人的私人时间，尤其是节假日时间。

⑤ 尽量不要在对方上班时间打私人电话。

（2）要体谅对方。

① 通话之初，应询问一下对方，现在通话是否方便，如果不便，可再约时间拨打。

② 自觉控制通话时间，遵守通话的"3 分钟原则"，即把通话时间控制在 3 分钟以内，这样既节省对方时间，也反映自身干练。如果通话时间较长，超过 3 分钟，应先征求一下对方意见，并在结束时略表歉意。

③ 在万不得已的情况下，于节假日、对方用餐、睡觉时拨打电话，影响了对方，不仅要讲清楚原因，而且必须道一声"对不起"。

（3）要做好通话前的准备。在打电话之前，应做好充分准备。要将对方的姓名、电话号码、通话要点等内容列出一张清单，并准备好相关资料，避免在打电话时缺少条理、现说现想、有所遗漏。对于内容简单的通话，可先打好腹稿，想清楚后再拨电话，这样能够保证电话沟通的顺畅，也能给对方留下良好的印象，如图 3-44 所示。

（4）通话内容应简明扼要。

① 电话接通后，首先应有礼貌地进行问候。

② 要自报单位、职务和姓名。

③ 请人转接电话，要向对方致谢。

④ 寒暄后，应直奔主题。少讲空话，不说废话。

⑤ 切勿内容繁杂，主旨含糊不清，通话冗长拖沓。

商务人士拨打电话，对要讲的事需从结论说起，这样才能将要点清楚明白地告诉对方；遇到数字和专有词汇，应进行复述，注意别出差错。

（5）通话时间要适可而止。简明扼要地表达清楚，沟通目的实现后，就应果断终止通话，不要反复陈述、絮叨，给对方留下做事拖拉，缺少职业素养的印象。

商务电话中，原则上应该由打来电话的一方先挂断电话。

（6）通话时要注意举止。

① 要面带微笑。商务人士在拨打电话时要面带微笑，微笑时人的声音和面无表情时的声音传递的信息完全不一样。微笑时的声音是令人愉快、真诚、富有感染力和亲和力的，会让听者产生共鸣，如图3-45所示。

图3-44　做好通话准备　　　　　　　　图3-45　面带微笑

② 通话时要注意举止。不要把电话夹在脖子上，也不要趴着、仰着、坐在桌子上，或双腿架在桌子上通话。这些不雅姿态是轻视、傲慢的心理和缺乏教养的外在表现，会随着通话的进程或多或少地被对方感知，因为在语音、语调、语气的传递中会载有这样的气息，正如我们经常会听出对方没睡醒，或在吸烟，或刚生过气，或不太友好等，不雅的举止也会被对方感知。

③ 不要用笔去拨号。常见一些人用笔去拨号，可能因为方便、省力，或是习惯性的。但电话的按键是应该用手指来按的，用手指来按，会保证按键准确不滑，以免出错，保护话机，也表现出做事遵守规矩。

④ 注意话筒距离。话筒离嘴太近，唾液会喷到话筒上，别人再使用会不舒服；话筒离嘴太远，声音会受到影响。所以要注意话筒与嘴的距离，一般可保持在3厘米左右。

⑤ 不用免提功能。除非是电话会议，在其他场合尽量不要使用免提功能。

⑥ 轻放话筒。挂电话时应轻放话筒，不要将话筒胡乱抛下，这是对接听电话一方的极大不敬，电话被挂断之前，对方一直都把听筒贴在耳朵上听着，"喀哒"一声巨响，会使对方心情不悦。所以放下话筒时，务必注意轻放。

（7）表现要文明。商务人士拨打电话，自始至终都要待人以礼，表现得文明大度，要做个谦谦君子。要注意以下环节。

① 语言要文明。在通话时，不仅不能使用"脏、乱、差"的语言，而且还须铭记，有三句话被称为"电话基本文明用语"，非讲不可，即"您好""我是……""再见"。

关于"我是……"，有4种模式可以借鉴：第一种，说出本人的全名；第二种，说本人所在单位名称；第三种，说本人所在单位和本人全名；第四种，说本人所在单位、本人全名以及职务，便于对方了解和对话。

② 态度要文明。在通话时，态度要文明，如果受话人是下级，不要态度粗暴；是领

导,不要阿谀奉承;是总机话务员,应加上"谢谢";要找的人不在,对方代为转告,要更加客气。另外,"请""麻烦""劳驾"之类的词,都应恰当使用。如遇通话时电话忽然中断,发话人应立即再拨,并说明原因,绝对不能就此了之,或等对方打来电话。如果自己拨错了电话,切记要对对方道歉,说声"对不起"。

(8) 注意挂机的顺序。

① 长辈与晚辈通电话,应等长辈先挂机。
② 上司与下属通电话,应等上司先挂机。
③ 业务员与客户通电话,应等客户先挂机。
④ 男士与女士通电话,应等女士先挂机。
⑤ 打电话请人帮忙,求人者应等对方先挂机。

二、在接听电话过程中要有礼

电话这种便捷的通信工具,对发话方来说,可以随时向受话方提出问题,远距离协调计划,提出采购订单等,而对受话方而言则可能是一种干扰,他们不得不暂停做事,去接听电话。但处于被动位置的接听,也不可失礼。

根据礼仪规范,受话人接听电话时,有程序上的要求、语调的要求、持机稍候的要求和代接电话的要求,这些礼规都得知晓并遵守。

1. 接听电话要符合礼仪要求

(1) 要接听及时。这里所说的及时,不是电话铃声一响就接起来,这样容易掉线,且给人以操之过急、迫不及待的感觉,而是说电话铃声响起后,应放下正在做的事,不要等铃声超过三声再接起。若因特殊原因,致使铃响许久才接电话时,接后应向发话人表示歉意,道一声"对不起,刚才比较忙,让您久等了"。

接听电话是否及时,实质上反映着一个人待人接物的真实态度。

如有可能,在电话铃响以后,应亲自接听,不要轻易让别人代劳。不要铃响许久,甚至连打几次之后,才去接电话。正常情况下,不允许不接听他人打来的电话,尤其是如约而来的电话,因为这会牵扯到一个人的诚信问题。

(2) 要应答有礼。接电话时,受话人的言行应合乎礼仪。要注意下列几点。

① 拿起话筒后,应自报家门:"您好,这里是……"自报家门是出于礼貌,让对方知道你正在认真接听,不能一声不吭。另外,自报家门可以让发话人验证是否打对了电话。若为家庭电话,可在问候语后面加上一句"请问您有什么事吗""请问您是哪位"。切不可拿起话筒,劈头盖脸就说:"喂!你是谁?""喂!你找谁?",应答无礼如图 3-46 所示。

② 应聚精会神地接听。在通话时,即使有急事,也要力求聚精会神地接听电话,不能心不在焉,或是把话筒置于一旁。

图 3-46 应答无礼

③ 态度谦恭。在通话过程中，对发话人的态度应当谦恭友好，当对方身份较低或有求于己时，更应表现得不卑不亢，不要一言不发或有意冷场。若有急事，可先说明。

④ 当通话终止时，不要忘记向发话人道一声"再见"。即使发话人忽视了这一礼节，你也不能在意，仍然要礼貌结束通话。

⑤ 当通话因故暂时中断时，一般要等候对方再拨进来，让谈话正常进行，而且要自然。

⑥ 不论自己多忙，都不要拔下电话线，与外界隔绝。

⑦ 不要告诉别人假的电话号码，也不要随便把别人的电话号码告诉第三者。

（3）要分清主次。

① 接听电话时，不要同时与他人交谈；不要边接电话边看文件或电视、听广播、吃东西。

② 如遇会晤重要客人或在开会时来电话，此刻又确实不宜与其详谈，可向其略做说明，表示歉意，并再约时间，主动打电话过去。在下次通话时，还要再次向对方致以歉意。

③ 在接听电话之时，如有另一个电话打进来，切不可置之不理，一定要遵循接听电话的"持机稍后"时的处理规范，有礼貌地妥善处理。

（4）要注意接听的方式。

① 接听电话时，不能过多盘问，过度盘问是相当无礼的。一般来说，只要询问来电者的姓名、单位即可。

② 如果此时不便谈话，应直陈苦衷，表示稍候再回电话，并说明回电话的准确时间以便对方等候。

③ 一般应左手拿话筒，右手做记录，用事先准备好的纸笔，即刻将对方提供的信息、指示记录下来，特别是记录下时间、地点、数量等，并向对方重复一遍。

2. 注意语调的礼仪要求

用清晰而愉快的语调接电话，能显示出说话人的职业风度。在道过"您好"并自报家门后，你是热情还是不耐烦都会通过说话语调反映出来，随着谈话的继续进行，对方就会做出判断。

所以，说话吐字要清晰，注意措辞，语调要平稳安详，不可时高时低，说话时要面带微笑，使声音听起来更热情。不妨在电话机旁放面镜子，以随时提醒自己。

在语调上不要装着学他人，这是没教养的表现。注意不要让房间里的背景声音干扰电话交谈。

3. 要符合持机稍候的礼仪要求

一般不要轻易请人"持机稍候"。

（1）请对方"持机稍候"，要先说明原因。如果在你接电话期间，恰好又有电话打进来，不得不请先来电话者"持机稍候"时，可先对通话对象说明原因，要其勿挂，"请稍等"，然后立即接听另一电话，说明现状，问清对方号码，请其先挂，说明稍后会打过去，随后继续前边的通话，这是接听电话的"谁先来电话谁优先"原则。中间间隔的时间越短越好，否则两方都会心生不悦。

（2）必须中断通话时，应先道歉。如果有要事必须中断谈话，应先向发话人道歉，并保证尽快回电，说到做到。

（3）请其"持机稍候"，应先征询意见。为了表示礼貌，在让先来电话者"持机稍候"时应先征询其意见。正确的说法应该是："您能持机稍候一会儿吗？"或"您可以持机稍候吗？"说完要等一下，待得到对方的同意后再离开。等到再次拿起话筒时，还要先表示一番歉意。

（4）让人等候时，应该隔段时间呼应一下。应每隔 20~30 秒钟核实一下对方是否还在等候，并让对方知道你此时在干什么，这样做不能重复多次，应视具体情况而定。如还需一段时间，就征求一下对方意见："还要等一会儿，麻烦您了。要不，先放下电话，过会儿我再给你去电话？"要让对方有选择的余地才有礼，并表现出对对方意愿的尊重。

4. 代接电话时要有礼

（1）转交他人的礼貌做法。当接听的电话自己处理不了，要转交他人办理时，应先接通代办人的电话，再转过去，以免来电人联系不上。对将要接听电话的人，应扼要介绍一下来电人的要求，以免来电人再次重复，同时也可使接电话的人知道来电人已等了好久了，这样，不致再添麻烦。

（2）代找受话人的礼貌做法。当发话人所找的人就在附近时，要轻声转告"找你的"，如图 3-47 所示。即便是距离很远，也不要大喊大叫"某某，电话"，像广播一样，吵得人尽皆知。

（3）要尊重隐私。代接电话时，不要询问对方与所找之人之间的关系。当别人通话时，或是埋头做自己的事，或是自觉走开，千万不可故意侧耳"旁听"，更不要没事找事，主动插嘴，这是不礼貌的。当对方希望转达某事给某人时，千万不要把此事随意扩散。

图 3-47　代找受话人

（4）记忆要准确。若发话人要找的人不在，不能把电话一挂了事，可在向其说明情况后，试探性询问对方是否需要代为转达，若对方不愿转达，不可强求。对发话人要求转达的具体内容，最好认真做好笔录，并最后核实一下，以免误事。应记录下来通话者的单位、姓名、联系方式、通话时间、通话要点、是否要求回电话、回电话时间等内容。

（5）要及时传达。若对方要找的人不在，可先如实相告，然后再询问对方"有什么事情"。若是二者次序颠倒了，就可能使发话人产生疑心。若答应发话人代为传话，则应尽快落实。

不到万不得已时，不要把代人转达的内容，再托第二人代为转告，这样会使内容变样，并且会耽搁时间。

（6）及时回电。在商业投诉中，最为常见的是不能及时回电话。为了不丧失每一次商业机会，有的公司甚至做出对电话留言需要在一小时之内答复的规定。一般应在 24 小时之内对电话留言给予答复，如果回电话时恰遇对方不在，也要留言，表明你已经回过电话了。如果自己确实无法亲自回电，应托付他人代办。

（7）应礼貌结束通话。一般由发话人先结束通话，如果对方还没讲完，自己便挂断电话是很不礼貌的。挂电话时向对方说"再见"后轻轻放下话筒，切忌"啪"地扔下话筒。

三、使用手机要规范、文明

（1）有时需要压低声音使用。在办公区内，以及楼梯、电梯、公交车等人多又相对封闭的地方使用手机时，应尽可能压低声音。

（2）有时需要将手机调成静音。在公共场合，要养成将手机关机或调为振动的良好习惯。不能在要求"保持安静"的公共场所开机、通话，如音乐厅、美术馆、影剧院，必要时应关机，或让其处于静音、振动状态，把对他人的影响降到最低。如果非得回话，可采用静音的方式发送手机短信。

（3）尽量不影响他人。不要在大庭广众面前频频拨打电话和连续接听电话。用手机接听别人电话时，尽量到不影响其他人的地方。

（4）重要场合应关机。在开会、会见、洽谈、上课之时，应自觉关闭手机，或将手机设定至振动状态，这是对会议主持人、客户、老师、听众的尊重，又不会打断说话者的思路。

（5）非接不可时应先致歉。主持或参加会议期间需要接听电话时，要向他人表示歉意。

（6）遵守单位规定。有些公司或团体对使用手机有明确规定，不允许在上班期间，尤其在办公室、车间里，因个人私事使用移动通信工具，要自觉遵守单位规定。

（7）尊重对方，自觉关机。

（8）不要在休息时间打扰他人。不要在非工作时间致电客户，或在休息时间打电话给别人。如有非打不可的事情，也注意不应过早或过晚。

（9）不能随意给他人拍照。使用手机给别人拍照，要先得到他人同意。

（10）应保持电话畅通。因手机没电、信号不好而出现通话中断时，地位低的人或拨出电话者应该再把电话打回去；电话再次拨通后要向对方表示歉意；如通话效果仍然不好，可约定时间再次打电话给对方。

（11）避免打扰他人进餐。在餐桌上，一般应关闭手机或将手机调到振动状态，避免打扰他人进餐。如果有电话打进来，要说一声"对不起"，然后去洗手间接听，而且通话一定要简短，这是对客人的尊重。

（12）发送短信要署名。发送手机短信要注意署名。短信祝福一来一回复足矣。

（13）与人交谈不要看手机。不要在与他人说话时，查看手机短信，这样做是对他人的不尊重。

（14）重要电话应先预约。有些重要电话可以先用短信预约。例如，要给身份高或重要的人打电话，知道对方很忙，可以先发短信问对方："给您打电话是否方便？"如果对方没有回短信，一定不是很方便，可以过一段时间后再拨打电话。

（15）上班时间不要频发短信。上班时间每个人都在忙着工作，即使不忙，也不能没完没了地发短信，否则就会打扰对方的工作，甚至可能让对方违纪。

（16）发短信不能太晚。有人觉得晚上10点以后打电话给对方不方便，于是就发个短信，殊不知如果发短信时间太晚，也会影响对方休息。

（17）提醒对方最好用短信。如果事先已经与对方约好参加某个会议或活动，为了怕对方忘记，最好事先再提醒一下，提醒时适宜用短信而不要直接打电话。打电话似乎有些不信任对方，短信显得亲切些，短信提醒的语气应委婉。

（18）编辑或转发短信要文明。在短信的内容选择和编辑上，应该和通话文明一样重视，因为通过你编发或转发的短信，反映了你的品位和水准，所以不要编辑或转发不健康的短信。

（19）手机铃声应文明、高雅。对于个性化手机铃声的设置，应注意文明、高雅。有些铃声很不雅，甚至很无礼，如"老板，来电话了"，或者是"我就是不接，就是不接，气死你"，如果在办公室和一些严肃的场合，这种铃声不断响起，不仅有损个人形象，也影响公司形象。

（20）手机铃声的音量要适中。手机铃声不能调得过大，以免影响他人。在比较安静的环境下，突起震耳铃声，可能会造成他人身体不适，伤害他人。手机铃声的大小，应以离开座位两米处正好可以听见为宜。

项目小结

本项目围绕商务社交活动，选取了商务会面、商务交谈、商务宴请、商务馈赠、商务通联五个方面，介绍了相关的礼仪规范。通过完成五项任务，帮助同学们理解和掌握商务社交的礼仪规范，学会自我介绍和为他人做介绍，掌握握手、递接名片的礼节；掌握宴请礼仪的正式做法和标准要求；掌握商务馈赠基本知识及礼仪规范；掌握使用电话的礼仪，初步具备商务人士与人交往的基本素质，体现商务人员待人接物的优雅风度。

自检内容

1. 商务会面时怎样进行自我介绍？
2. 为他人做介绍时应该依照怎样的顺序？介绍时的姿态如何？
3. 递接名片的礼仪要求有哪些？
4. 握手的礼仪要求有哪些？握手的次序和姿态如何？握手有哪些禁忌？
5. 鞠躬礼的要领及注意事项有哪些？
6. 交谈的礼仪原则是什么？简述交谈中的礼仪、交谈的技巧及适宜交谈的话题。
7. 简述宴请礼仪的基本原则。宴请者礼仪以及赴宴者礼仪有哪些？
8. 中、西餐用餐礼仪有哪些？
9. 馈赠礼品与接受礼品时的礼仪包括哪些？

10. 接打电话的礼仪和使用移动电话的礼仪有哪些？

能力培养与训练 3

一、能力培养目标

（1）帮助学生理解和掌握商务社交中会面、交谈、宴请、馈赠、使用电话的礼仪知识与规范。

（2）培养学生在商务社交活动的多种场合中懂礼、守礼，初步具备理论联系实际，施行相关礼仪规范的能力。

（3）为今后进行商务社交活动打下基础。

二、思考与训练

1. 判断题

（1）李先生和刘女士是两位老朋友，好久未见。一天，突然在街上碰到，李先生很高兴地和刘女士打招呼，并且伸出手和刘女士握手。（　　）

（2）小王和小李在交谈，他们有凑近别人交谈的习惯，但怕口沫溅到对方，于是用手掩住自己的口，就这么交谈着。（　　）

（3）王凯参加一个生日宴会，因为天气比较炎热，王凯出了不少的汗，他顺手拿起桌上的餐巾拭汗。（　　）

（4）小刘到咖啡厅喝咖啡，但端上来的咖啡比较热，小刘想让咖啡变凉便用嘴去吹，同时还用匙子舀着喝，怕烫着自己。（　　）

（5）赵先生在用餐过程中，不小心将一杯饮料打翻，汁水溅到旁边的一位女士身上，他觉得非常不好意思，连忙用餐巾帮她擦干并表示歉意。（　　）

2. 单选题

（1）在商务交往中，尤其应注意使用称呼时应该（　　）。
　　A. 就高不就低　　　　　　　　　　B. 就低不就高
　　C. 适中　　　　　　　　　　　　　D. 以上都不对

（2）如何恰当地介绍别人，是商务人员必备的礼仪技巧。下面不符合礼仪的是（　　）。
　　A. 首先将职位低的人介绍给职位高的人　　B. 首先将女性介绍给男性
　　C. 首先将年轻者介绍给年长者　　　　　　D. 先将单位同事介绍给客人

（3）施行握手礼时，错误的是（　　）。
　　A. 男士不能戴着手套　　　　　　　B. 不能跨着门槛握手
　　C. 多人同时握手时，可以交叉　　　D. 握手时要看着对方

（4）用西餐完毕时刀叉摆放方法应该是（　　）。
　　A. 交叉放在盘子上　　　　　　　　B. 并排放在盘子上
　　C. 随意放在桌子上　　　　　　　　D. 呈"八字"放在盘子上

(5) 打电话时谁先挂，商务礼仪给了一个规范的做法（　　）。
　　A．对方先挂　　　　　　　　　　　　B．自己先挂
　　C．地位高者先挂电话　　　　　　　　D．以上都不对

3．多选题

(1) 介绍两人相识时，符合礼仪的做法是（　　）。
　　A．先把上级介绍给下级　　　　　　　B．首先把女性介绍给男性
　　C．先把客人介绍给主人　　　　　　　D．先把晚辈介绍给长辈

(2) 对索取名片的方法描述正确的是（　　）。
　　A．交易法　　　B．激将法　　　C．平等法　　　D．谦恭法

(3) 男女之间在握手时，伸手的顺序十分重要，一般情况下不正确的是（　　）。
　　A．女方应先伸手去握男方　　　　　　B．男方应先伸手去握女方
　　C．男女双方谁先伸手都可以　　　　　D．同时伸手

(4) 在比较正式的场合用餐的时候失礼的表现是（　　）。
　　A．站起来伸手去夹远处的菜　　　　　B．在菜盘里翻找自己想要的菜
　　C．夹菜前先舔舔自己的筷子　　　　　D．给新朋友递上自己的名片

(5) 在下列哪些情况下使用移动电话会影响安全？（　　）
　　A．在飞机飞行期间使用　　　　　　　B．在加油站内使用
　　C．在病房内使用　　　　　　　　　　D．在开车时使用

4．看图说话

请看下列图片，回答是否符合西餐礼仪规范？为什么？

图1　　　　　图2　　　　　图3　　　　　图4　　　　　图5

三、案例分析

案例分析3-1

有钱为什么不赚

两位商界的老总，经中间人介绍，相聚谈一笔合作的生意，这是一笔双赢的生意，而且做得好还会大赚。看到合作的美好前景，双方的积极性都很高。王总首先拿出友好的姿态，恭恭敬敬地递上了自己的名片，李总单手把名片接过来，一眼没看就放在了茶几上，接着他拿起了茶杯喝了几口水，随手又把茶杯压在名片上。王总看在眼里，明在心里，随口谈了几句话，起身告辞。事后，他郑重地告诉中间人，这笔生意他不做了。当中间人将这个消息告诉李总时，他简直不敢相信自己的耳朵，一拍桌子说："不可能！哪儿有见钱

不赚的人?"李总立即打通王总的电话,一定要他讲出个所以然来。王总道出了实情:"从你接我的名片的动作中,我看到了我们之间的差距,并且预见到了未来的合作还会有许多的不愉快,因此,还是从早放弃的好。"闻听此言,李总放下电话痛惜失掉了生意,更为自己的失礼感到羞愧。

分析讨论:
(1)李总违反了哪些礼仪?
(2)李总应该怎么做?

案例分析 3-2

一次不成功的宴请

深圳某公司的林老板欲同北方某市的达发公司建立业务代理关系,达发公司经理非常重视这一机遇,林老板到达公司后,经理亲自设宴招待。

参加宴会的人员除双方公司经理、副经理外,还有各主管部门的负责人,共十位。人们经过寒暄后,宴会开始,林老板见服务员手拿一瓶茅台酒欲为自己斟酒,便主动解释自己不能喝白酒,要求来点啤酒,但主人却热情地说:"您远道而来,为我们两家的合作,无论如何也应喝点白酒。"说话间,白酒已倒入林老板的杯中。

主人端起酒杯致祝酒词,并提议为能荣幸结识林老板干杯,于是带头一饮而尽,接下来人人仿之。林老板只用嘴唇沾了沾酒杯,并再次抱歉地说自己的确不能饮白酒。

林老板的白酒未饮下,主人仿佛面子上过不去,一直劝让,盛情难却,林老板只好强饮一杯,然而有了第一杯,接下来便是第二杯。

林老板提议酒已喝下,大家可对合作一事,谈谈各自的看法。主人却言:"难得与林老板见面,先敬酒再谈工作。"于是又带头给林老板敬酒,接下来在座的都群起效仿。尽管林老板再三推托,无奈经不起左一个理由、右一个辞令地强劝,林老板又是连饮几杯。

林老板感到自己已承受不住了,提出结束宴会,但此刻,大家却正在兴头上,接下来又是一番盛情,林老板终于醉倒了。待林老板醒来时,发现自己躺在医院的病床上,时间已是第二天的傍晚了。

次日早晨,当主人再次来医院看望林老板时,护士告诉她,林老板一大早便出院回深圳了。

分析讨论:
(1)林老板为什么不辞而别?
(2)结合案例找出主人宴请失败的原因。

案例分析 3-3

算错了 52 元

有一次,一位 40 多岁的女顾客两手拎着刚买的东西,匆匆来到霞辉百货商店的收银台前,对收银员说:"姑娘,你刚才把这两件衣服的钱,算错了 52 元……"收银员不等这位女顾客说完，就抢着说道："对不起，我们这里是结账时钱款当面点清，过后概不负责！"这位女顾客只好无奈地转身说道："那就不能怪我了，是你多找我52元钱，本来想退给你的，既然你这么说，我只好收起来了！"

分析讨论：收银员本身存在什么问题？

案例分析3-4

"绅士"的迷惑

有位绅士独自在西餐厅享用午餐，风度之优雅，吸引了许多女士的目光。当时侍者将主菜送上来不久，他的手机突然响了，他只好放下刀叉，把餐巾放在餐桌上，然后起身去回电话。几分钟后，当那位绅士重新回到餐桌的座位时，桌上的酒杯、牛排、刀叉、餐巾全都被侍者收走了。

分析讨论：这位绅士在就餐中存在什么问题？正确的做法是什么？

案例分析3-5

自助餐风波

周小姐有一次代表公司出席一家外国商社的周年庆典活动。正式的庆典活动结束后，那家外国商社为全体来宾安排了丰盛的自助餐。尽管在此之前周小姐并未用过正式的自助餐，但是她在用餐开始之后发现其他用餐者的表现非常随意，便也就"照葫芦画瓢"，像别人一样放松自己。

让周小姐开心的是，她在餐台上排队取菜时，竟然见到自己平时最爱吃的北极甜虾，于是，她毫不客气地替自己盛了满满的一盘。当时她的主要想法是："这东西虽然好吃，可也不便再三再四地来取，否则旁人就会嘲笑自己没见过什么世面了。再说，它这么好吃，这会儿不多盛一些，保不准一会儿就没有了。"

然而令周小姐脸红的是，她端着盛满了北极甜虾的盘子从餐台边上离去时，周围的人居然个个都用异样的眼神盯着她，有一位同伴还用鄙夷的语气小声说道："真给中国人丢脸呀！"事后一经打听，周小姐才知道，自己当时的行为是有违自助餐礼仪的。

分析讨论：周小姐错在哪儿？

案例分析3-6

这是怎么回事

张华是中大集团有限公司市场部的一名职员，业务能力很突出，得到老总的信任和欣赏，但有一天，老总经过他的办公室时，他正给一个经常往来的客户打电话联络感情，在打电话时，他一边用脖子夹着电话，一边将身子后仰靠着椅子，大声和对方谈起公司以外的事情。从那以后老板对他的态度大不一样。

分析讨论：这是怎么回事？

四、实操训练

实操训练 3-1

商务会面礼仪——介绍、递接名片、握手、鞠躬训练

训练目的：通过训练，帮助学生理解在商务交往中，各种见面礼仪的要领与规范，并能够准确施行各种礼仪。

训练内容：他人介绍、递接名片、握手、鞠躬。

训练步骤：

（1）学生三人一组，轮流扮成介绍人、被介绍人进行演练；

（2）被介绍的双方，按照握手的礼仪规范进行演练；

（3）学生两人一组，进行递接名片的演练；

（4）学生排成两行，相对而立，在教师的统一口令下，进行鞠躬的训练；然后两人一组，自拟身份和情景进行鞠躬的训练。

训练要求：按照各项见面礼仪的要求与规范进行演练，其顺序、姿态、目光、表情、语言等应符合礼仪规范。

实操评价：由教师对学生分别进行他人介绍、递接名片、握手和鞠躬的考核评价，记录成绩，作为本课程平时成绩的一部分。

实操训练 3-2

商务宴请礼仪——西餐礼仪

某企业准备迎接来自法国的贵宾团参观，特在西餐厅里设宴款待外宾，共 20 人，中方 10 人，外方 10 人，预计两桌。

训练目的：通过训练，帮助学生熟悉西餐宴请中的座位的排列及餐具的摆放。

训练内容：西餐宴请的座位排列、餐具摆放。

训练步骤：

（1）学生先利用教室桌椅，摆成西餐餐桌，按照出席人数摆好座椅；

（2）学生 10 人一组，分成中方和外方两组；

（3）中方人员进行餐具摆放，然后请外方人员落座。

训练要求：

（1）将主客双方人员正确排位，引导就座。

（2）正确摆放餐具，并说明每件餐具的主要用途。

（3）中外双方人员的坐姿、餐具使用、交谈要符合西餐礼仪。

训练组织：

教师提供简易的西餐餐具。

训练评价：由教师和学生组成的评议组对两组同学的表现进行讲评。

实操训练 3-3

商务通联礼仪——接打电话礼仪

训练目的： 通过演练掌握接打电话应注意的基本礼节，培养良好的电话礼仪习惯。

训练内容： 根据所给案例内容，进行训练。

训练要求： 接打电话时要认真应答，态度要真诚，记录要详细，动作要轻柔，吐字要清晰，声音要平稳，语言要简洁，措辞要得体，解释要耐心，传话要准确。

训练步骤：

（1）发放有关接打电话情景的文字材料；

（2）学生两人一组，认真阅读材料，分别接打以下内容的电话。

第 1 个电话：对方要找人事部王经理，你告知王经理不在的对话情景。

第 2 个电话：对方打错了电话时你的应对。

第 3 个电话：对方询问公司新产品的情况以及要转接的电话。

第 4 个电话：你自己拨错了电话时的应对。

第 5 个电话：顾客购买的产品在使用中出现了问题，反映情况。

第 6 个电话：通知部门经理开会。

第 7 个电话：对方咨询本公司产品情况，你需要查资料要对方等候。

第 8 个电话：公司和一家客户有一项合作，已经谈妥，对方打来电话要你发传真过去。

（3）教师掌握时间进度，随时回答学生提出的问题，并选出较好的几组，在全班进行展示。

【角色扮演】

接　机

活动背景：

某外国公司总经理史密斯先生在得知与新星贸易公司的合作很顺利时，便决定携带夫人一同前来中方公司进行进一步的考察和观光，小李陪同新星贸易公司的张经理前来迎接，在机场出口见面时，经介绍后张经理热情地与外方公司总经理及夫人握手问好。

分析讨论：

（1）小李如何做自我介绍？

（2）小李为他人做介绍的次序。

（3）张经理的握手次序。

活动组织：

由学生以学习小组为单位自愿参加，并分派角色，经短暂商讨和排练后，在全班进行表演。

评议：

在观看完了表演后，由同学们进行评议，主要围绕在自我介绍和他人介绍中施行礼仪的正确与不足之处。

【课后作业】

（1）做好自我介绍的准备，利用第二课堂时间进行模拟自我介绍。

（2）在生活中见到老师、长辈时，进行鞠躬训练。

（3）制作一份宴请请柬，内容自拟。

项目 4 商务接待与拜访礼仪

> 善气迎人，亲如弟兄；恶气迎人，害于兵戈。
>
> ——管仲

【项目目标】

❖ **知识目标：**
1. 掌握商务活动中的迎客、待客和送客的礼仪规范。
2. 掌握商务活动中的办公室拜访和到家中拜访的礼仪规范。
3. 了解办公室的布置、办公室礼仪禁忌等相关知识，掌握办公室礼仪规范。

❖ **能力目标：**
1. 能按照商务接待礼仪规范要求进行商务接待活动。
2. 初步具备依据商务拜访礼仪规范进行办公室拜访的能力。
3. 能够运用所学理论知识，在今后的商务接待和拜访工作中表现出较好的礼仪素养。
4. 能够有针对性地修饰和美化办公环境。

❖ **素质目标：**
培养学生于细微之处以礼待人、尊重他人的职业品格，为形成商务接待与拜访的礼仪素养打下良好基础，以适应商务工作场合的礼仪要求。

【项目导入】

"有朋自远方来，不亦乐乎"，初次来访的客人或者多次业务交往的商业伙伴对企业的第一印象是从企业的人和物上得到的。写字间的环境是硬环境，接待工作是软环境。因此，企业的接待室、办公室是公司的"窗口"，接待人员代表着公司的形象，要做好接待工作，遵循商务接待礼仪规范，才能让客户有宾至如归的愉悦感觉，较好地完成接待工作，给企业带来正面的影响。

商务人员很多时候也会前往客户的单位去拜访客户。在拜访中必须遵循商务拜访礼仪规范，才能给对方以彬彬有礼的良好印象，这样商务活动才能顺利进行，商务合作才能成功。那么，商务接待与拜访的礼仪规范包括哪些内容呢？在办公室应该遵循的礼仪规范有哪些？这就是我们要来学习和掌握的。

项目 4 商务接待与拜访礼仪

导入案例

如此"待遇"

某公司的职员陈先生推开了会客室的门，见有人坐在那里，就贸然问："喂，你在等谁？""我是来找贵公司田主任谈生意的！"坐在会客室等候田主任的李先生心里对这唐突的闯入者感到有点不舒服。

连门都没有敲就推开房门，只探出一个大脑袋环视房间，然后没头没脑地问问题，又莫名其妙把头缩回去，走了；约好来谈生意，谁知对方不但不能守时，还使自己受到这种"待遇"，任谁都会生气的吧！不用说，李先生的不舒服早已淹没了他想要谈生意的意愿了。今天的生意，甚至以后的约定都将不会很顺畅。

随着公司、企业业务往来的增加，对外交往面的扩大，公司、企业的接待及拜访工作的重要性越来越明显。令人满意的、健康的接待拜访礼仪，对于建立联系、发展友情、促进合作有着重要的意义。

任务 1 掌握商务接待礼仪规范

商务接待礼仪是商务活动中迎送客人的一整套行为规范。接待是树立组织形象的机会，是建立良好关系的契机，因此接待中的礼仪是商务活动成功的不可缺少的因素。下面按照商务接待活动的顺序，对迎客、待客和送客三个阶段的礼仪规范进行介绍。

一、迎客礼仪

1. 迎客的准备

（1）接待人员自身的准备。接待人员要品貌端正，举止大方，口齿清楚，具有一定的文化素养，受过专门的礼仪训练，服饰整洁、端庄、得体、高雅，根据来访者的地位、身份等确定相应的接待规格和程序，并协调好内部事务。

（2）接待用品的准备。

① 饮品的准备。一般情况下，要多准备几种饮品，以示热忱，同时又给客人以选择的余地。

② 尽可能了解客人的基本情况。如了解客人的单位、姓名、性别、级别、职务、人数，以及来访的目的和要求，问清客人到达的时间、车次或者航班。

③ 相关材料的准备。根据对方的要求和相关事务的要求，准备好相关材料。

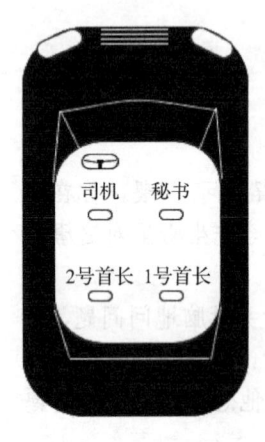

2. 安排客人乘车的礼仪

（1）礼让客人，安排好座次。按照座次礼仪，如果是专职司机驾驶轿车，小轿车座位的尊卑次序为：①后排右座，②后排左座，③副驾驶座位。可安排客人坐在后排右座上，陪同领导的坐在后排左座上，秘书或接待人员坐在副驾驶座位上，轿车座次如图4-1所示。

（2）也要尊重客人意愿，"主随客意"。如果客人已经坐于某个座位，那么也不宜请客人挪动，要根据客人的喜好，客人坐哪里，哪里就是上座。（关于乘坐轿车的礼仪，我们将在后面的商务出行礼仪项目中进行详细介绍。）

图4-1 轿车座次

3. 引导客人的礼仪

主人带领客人到达目的地，应该有正确的引导方法和姿势。

（1）行进中的引导。

① 主人走在客人的左前方两三步远的地方，半侧身引导客人，偶尔看一下，确认客人已跟上。

② 进行引领时，使用"请跟我来""请这边走"等礼貌用语，辅以必要的手势，当转弯时，要招呼一声"请往这边走"，遇有台阶要提醒客人"当心脚下"。

③ 引导中也可以简要介绍本单位的一些情况。

（2）上下楼梯的引导。

① 引导客人上楼时，若客人知道前行方向，应让客人走在前面，并且靠扶手一边，主人走在后面。

② 若是下楼时，则应该由主人走在前面，客人在后面。

③ 需要强调的是，如果接待的客人是一位女士，又身着短裙，上楼时接待人员要走在女士前方侧面，这样不会使女士感到不便。

（3）出入电梯的引导。

① 引导客人乘坐电梯时，主人应先按电梯按钮。

② 当看到电梯内无人值守时，主人应先进入电梯，一手按"开门"按钮，另一手按住电梯侧门，有礼貌地请客人进入。

③ 若电梯行进间有其他人员进入，可主动询问要去几楼，帮忙按下。

④ 在电梯内尽量侧身面对客人。

⑤ 到达目的楼层后，一手按住"开门"按钮，另一手做"请出"的动作，可说："到了，您先请！"客人走出电梯后，自己立刻步出电梯，并热忱地引导行进的方向。

（4）出入房间的引导。

① 在出入房间时，引领者要主动为客人开门或关门。此刻，引领者可以先行一步，为客人推开或拉开房门，请客人入内。

② 但如果门是朝里开的，则先推门进入，然后扶门，请客人进入后方可松手。

（5）引导客人就座。

① 进入房间以后，要引导客人就座，一般遵循"以右为上""以远为上""面门为上"

"内侧高于外侧",以及"居中为上"的原则,应恰当运用。

② 有椅子与沙发两种座位时,沙发是上座。

③ 如果有一边有窗,那么能看见窗外景色者即为上座。

④ 就座的时候一般要求同时就座,特别是当客人和接待者的身份相仿时,双方可以同时就座,以示关系平等。

⑤ 如果客人的身份高于接待者,应当由客人先就座,以示尊重。

二、待客礼仪

1. 接待场所的布置

(1) 光线和色彩。接待来宾,一般都在室内,光线尽量使用自然光,窗帘选用百叶窗或者浅色窗帘,风格上既庄重又大方,色彩最好是遵循三色原则(不要超过三种色彩),以乳白、淡蓝、淡绿等浅色系为主,墙壁的装饰可以选择字画类,以励志主题为主。

(2) 舒适放松。房间内最好装有空调来调节室温,湿度在50%左右,如果是朝阳的房间应注意加湿处理。

(3) 安静卫生。正式的商务接待要避免打扰,所以待客地点要安静卫生。地面可以铺设地毯,减轻走动声音,窗户安装隔音设施,茶几上放杯垫,门轴经常润滑,这些都是避免噪声的方法;待客的环境要保持空气清新,地面清洁无尘,窗明几净。

(4) 摆设。接待区域或者接待室一般放置必要的设备即可,如桌椅和音响设备、投影仪之类,装饰类可以放置盆花或插花、奖状、奖杯、锦旗等,不宜放置私人物品或者宗教类的物品。

2. 待客的程序和礼仪

(1) 恭候客人。在接待工作中,对如约而来的客人,特别是贵宾或远道而来的客人,表示热情、友好的最佳方式就是派专人出面,提前在适当的地点恭候客人到来。一般可以在公司的迎门位置,或者是电梯间出口,安排专人在此恭候。作为一个公司职员,要时刻保持饱满的精神,面带微笑。

(2) 主动招呼来访者。客人来访时,接待人员必须站起来向到访者说欢迎、问候的话,如"欢迎""欢迎光临""让您老远赶来,辛苦啦",以愉快的心情向来访者打招呼。

小案例

某公司的王经理,若上班时有客人来访,他一定会事先告诉前台的陈小姐:"下午C公司的李经理会来,请你带他到三楼会议室,同时马上电话通知我……"这样前台陈小姐在接待前有了充分的心理准备。当李经理到来时,前台的陈小姐首先招呼他进入电梯,并陪他到三楼。电梯到了三楼,门刚一开,李经理就看到王经理已在那里等候了。"欢迎!欢迎!李经理,谢谢您大驾光临!"王经理热情的招呼使李经理备感亲切。

(3) 奉茶或咖啡。客人坐定后,接待人员应为客人送上茶、咖啡等饮料。按照中国传统习俗一般应端茶送水,这是一项很重要的礼节。

① 预先准备。奉茶招待，最好预先备好餐巾或面巾纸。

② 奉茶的时机。奉茶的时机应是在客人就座后，未开始谈正事前。如果已开始谈正事才端茶上来，这时免不了要打断谈话或为了放茶而移动桌上的文件，妨碍商谈的进行，这是很失礼的。

③ 奉茶的顺序。奉茶的顺序要从最年长、职位高的客人开始，给每位客人都上茶后，再为本公司的人上茶。奉茶完毕后退出时要恭敬地行礼，然后静静地离开。

④ 奉茶的步骤如下：

a. 清洁。先洗手，然后检视茶具的清洁程度；

b. 沏茶。检查每个茶杯的杯身花样是否相同，杯数与客人数是否相同。沏茶时，左手扶壶盖，右手持壶把，掌握好茶壶的倾斜度，壶口距杯口 1 厘米左右；茶水的温度以80℃为宜，水量大约为茶杯容量的六至七成，注意每一杯茶的浓度要尽量一样。

c. 端茶。在叩门后，向客人微笑点头后才进入；双手将茶杯逐一拿给客人，或者用左手托着茶盘，右手将茶杯拿给客人；在离开时，在门口向客人点头施礼后才离去。

标准上茶步骤：双手端着茶盘进入客厅，首先将茶盘放在临近客人的茶几或备用桌上，右手拿杯托，左手托底，注意手不可以靠近杯口，从客人的左后侧双手将茶杯递上去；茶杯不要随意搁置，放在客人右手前方最为适当；转动杯子将把手朝向客人右手方，说声："请用茶。"要先给坐在上座的重要宾客奉茶，然后依次再给其他宾客奉茶。

看看图 4-2 中接待人员的奉茶姿势，她做得正确吗？

图 4-2　奉茶

d. 续水。续水时注意以不妨碍对方为佳。茶杯盖子拿下来应倒放在桌子上，以避免弄脏茶盖；不要让水洒出来，这样不礼貌；如果不小心洒了水，应及时用抹布擦去；上茶时左手端的茶杯垫布可用来擦水。

（4）递烟。

① 递烟时，应轻轻将盒盖打开，将烟盒的上部朝着客人，用手指轻轻弹出几支让客人自己取，或者抖出一两支让客人自取，不要自己用手指取烟递给客人。

② 如果为客人点火，最好是打着一次火只为一个客人点烟，如果连续点烟，打一次火后最多也只能为两人点烟，否则，会犯忌讳。

小资料

在英国，有"一火不点三烟"之说，否则据说会给三人中的某人招来不幸。这种说法的来历，源于第一次世界大战期间，有三个士兵夜间在战壕里吸烟，其中一人划着火柴给另外两个和自己点了烟，由于火柴的发光时间较长，正好成了敌人瞄准的目标，结果一个士兵被打死了。此后"一火点三烟"演变成忌讳之举。

③ 吸烟时，不要才吸了一半就将烟扔掉，也不要将烟吸到要烧到手或吸到过滤嘴边时才捻灭；烟蒂应放进烟灰缸内捻灭，以免冒出难闻的烟味。

（5）交谈。

① 谈话的表情要自然，语气和气亲切，表达得体。
② 说话时可适当做些手势，但动作不要过大，更不要手舞足蹈，不要用手指去指人。
③ 与客人谈话时，不宜与对方离得太远，但也不要离得过近，不要拉拉扯扯，不能拍拍打打。
④ 谈话时不要唾沫四溅。
⑤ 参加别人谈话时要先打招呼，别人在个别谈话，不要凑前旁听，若有事需与某人说话，应待别人说完。
⑥ 有人与自己主动说话，应乐于交谈；第三者参与说话，应以握手、点头或微笑表示欢迎；发现有人欲与自己谈话，可主动询问。
⑦ 谈话中遇有急事需要处理或需要离开，应向谈话对方打招呼，表示歉意。

三、送客礼仪

人们说的"迎三送七"即"迎客迎三步，送客送七步"，可见送客时要更加有礼。这是为了留给对方美好的回忆，以期待客人能再度光临，因此，送客又被称为"商务工作后续服务的开端"。

1. 握手道别

在接待工作顺利完成后，客人告辞时，主人应真诚挽留；如客人执意要走，主人应尊重客人意见，在客人起身时随之而起，主动为客人取下衣帽，与客人握手道别，选择合适的言辞，如"希望下次再来"等礼貌用语。

2. 热情、周到、细致

如果客人带有较多或较重的物品，送客时应帮客人代提重物。

3. 送别的礼节

（1）送别本地的客人。送别本地的客人，一般应送行至门口、电梯口、本单位楼下或大门口，待客人远去后再回单位。

（2）送别乘车离去的客人。如果是送别乘车离去的客人，一般应走至车门前，一手帮客人拉开车门，一手遮挡车门上框，待其上车后轻轻关门，挥手道别，目送汽车远去后再离开。

（3）送别外地客人。对于外地的客人，应提前为之预订返程的车、船票或机票。一般情况下送行人员可前往客人住宿处，陪同客人一同前往机场、码头或车站。

（4）送别外宾。如送别外国来宾，必要时可在贵宾室与外宾稍叙友谊，或举行专门的欢送仪式。在外宾临上飞机、轮船或火车之前，送行人员应按一定顺序同外宾一一握手话别，祝愿客人旅途平安，并欢迎再次光临。飞机起飞，轮船或火车开动之后，送行人员应向外宾挥手致意，直至飞机、轮船或火车在视野里消失，送行人员方可离去。

【任务实战】

如何做好商务接待工作

一、做好迎客工作

（1）安排迎接人员。安排与客人身份、职务相当的人员前去迎接客人。如果相应身份的人员不能前往迎接，接待人员应向客户做出解释，以免造成对方的误解。

（2）恭候来宾。接待人员应提前到达，恭候来宾。在迎候地点人声嘈杂或客人甚多时，可事先准备好一块牌子，写明"欢迎×××光临"。

（3）问候客人。接到客人后，应马上施行握手礼，并进行问候，如"一路辛苦了""欢迎您的到来"等。然后进行自我介绍，引见自己的领导给客人，在此时也可互送名片（此项也可以安排在日后的活动中）。

（4）代提行李。要主动代客人提所带箱包、行李，但不要接过女客随身小提包。客人有托运的物品，应主动代为办理领取手续。

（5）引导乘车。接下来就引导客人乘坐事先准备好的汽车，特别要注意座次的礼仪，一般来说，座位的尊卑以座位的舒适和上下车的方便为标准。

二、顺利安排客人住宿

（1）主人应提前为客人预约下榻的宾馆、酒店。

（2）要协助客人办理好一切手续。

（3）按照引领的礼仪规范，引领客人进入房间。

（4）要向客人介绍住处的服务、设施。

（5）将活动的计划、日程安排交给客人，此时不要立即离开。

（6）应陪客人稍做停留，热情交谈。比如向客人介绍一下当地的风土民情、自然景观、土特产、附近最佳购物场所、物价等。

（7）留下联系方式，适时离开。为让客人早些休息，主人不宜久留。告别时留下联系方式，并把准备好的地图或旅游图、名胜古迹介绍等材料送给客人。

三、做好办公室接待工作

商务人员在办公时间里往往要接待来访者。无论是应邀而来的，还是自行登门拜访的，无论是来洽谈业务，还是前来投诉的，接待者都要树立"来者都是客"的观念，要热情相迎，以礼相待。

1. 要热情接待来访者

（1）见客人进门，就应面带微笑并热情地请其坐下，送上茶水。

（2）如果客人要找的负责人不在，要明确告诉对方（包括去向、回来的大概时间），以便客人决定是否等待。

（3）若客人要走，请客人留下姓名、电话、地址，明确下次见面的时间、地点。

2. 交谈中要耐心倾听

来访者一般事先都经过反复思考，有满腹的话要说，讲述得可能很详细（特别是那些投诉者），对此，接待人员要体谅他们的心情。

（1）要耐心倾听对方讲述，少说多听。

（2）要表示出聆听的需要和兴趣，不能显得冷漠或不耐烦。

（3）要尽力排除干扰，以保证沟通的顺利进行。沟通时最好不要接电话，不让他人打扰。

（4）要控制情绪，保持冷静，不要对来访者乱加批评或与对方争论。

（5）要尽量在对方的立场上考虑问题，表现出对对方的同情。

3. 做好谈话的记录

在接待来访者时，要认真地做好来访记录，必要时，要向对方复述记录，看看是否有差异和需要补充的地方。

4. 诚恳答复来访者提出的问题

（1）对慕名而来者，接待人员在听完来访者的讲述后，除了商业秘密以外，应对来访者的询问进行诚恳的答复。

（2）如果来访者提出建议、批评，应先表示诚恳的谢意，然后本着实事求是的原则，经过深思熟虑，再告诉对方解决的方案。

（3）对能够马上答复的或立即可办理的事，应当现场给予答复，不要让来访者等待，或再次来访。

（4）对没有把握的问题或不属于直辖权力以内的问题，不要自作主张轻易表态或下结论，应当把来访者的问题以记录的形式提交给有关部门或领导处理，这样才能使对方满意而归，有利于本公司、企业的业务开展和形象塑造。

5. 不予争辩

（1）当对方说话声音过高或情绪异常激动时，接待人员应先表示同情理解，然后友善相劝，保持冷静，不予争辩，可能的话，最好将对方请到洽谈室去谈话。

（2）当来访者故意找碴或蓄意骚扰、寻衅时，接待人员应保持高度的冷静与沉着，并将滋事人劝出办公场所，以免干扰正常的工作秩序，千万不能推诿责任或一走了之，这样会助长其气焰，造成更大的损失。

6. 礼貌地送别来访者

接待人员应有答谢语或表示安慰的语言，要等来访者起身告辞，方可起身送客，以文明礼貌的形象和真诚的态度，接待来访者，维护公司或企业的形象。

任务 2　掌握商务拜访礼仪规范

从事商务工作经常要拜访各界人士，商谈各种事宜，广交朋友，扩大横向联系，增加信息渠道，以交流信息，沟通思想，统一意见，进一步增进情谊。良好的拜访礼仪表现能够树立良好的形象，有助于实现拜访目的。

一、办公室拜访礼仪

1. 拜访前的准备

（1）事先约定。有约在先，是拜访礼仪中最重要的一条。拜访必须事先有约定，不应随时、随意地不邀而至，成为打扰对方工作和生活计划的不速之客。很多公司、企业的管理较为完善，没有约定是进不去的，除非是重要的客户或者著名人物。所以要想拜访，一定要事先说明拜访的目的，约定拜访的时间和地点。

（2）选择拜访时间。

① 在选择拜访时间时，要考虑对方的方便。

② 到办公室拜访，最好不要选择星期一，因为新的一周开始的时候，是人们最忙的时候；最好选在工作时间内，应尽量避免占用对方的午休时间或休息日。

（3）认真检查。

① 检查一下与拜访目的有关的各种物品是否带好（如名片、笔、记录本、电话本、磁卡或现金、计算器、公司和产品介绍、产品样品、合同等）。

② 出门前要检查一下仪容、服饰，做到仪容整洁，服装大方，以表示对对方的尊重，

到达后再整理一下。

2. 如约而至

商务拜访务必遵守约定，如约而至，不可轻易变更时间，更不能迟到或因忘记时间而失约，这会损毁信誉，影响个人及公司的形象。

（1）如果到单位拜访，要比约定时间提前5~10分钟到达，以便进行个人整理，并调整心态；避免满身大汗，气喘吁吁地见到对方，给对方留下不良的印象。在见客户或者商业伙伴之前，要做万全的准备，从容不迫地进行商谈。

（2）若因特殊原因不能按时到达，应提前打电话把实际情况告知对方，并告之预计到达的时间，不能浪费对方宝贵的时间，见面后要诚恳道歉。如遇交通阻塞，应通知对方要晚一点到；如果是对方要晚点到，你将先到，要充分利用剩余的时间，例如，坐在汽车里仔细想一想，整理一下文件，或问一问接待员是否可以在接待室里先休息一下。

3. 见面有礼

（1）到达拜访对象单位后，要礼貌对待接待人员。应面带微笑，向前台接待人员说明身份、拜访对象和目的，从容地等待接待员将自己引到会客室或受访者的办公室。

（2）如果是雨天，不要将雨具带入受访者的办公室。

（3）当接待人员奉茶时，要表示谢意。

（4）若被访的人没联系到，自己等候超过一刻钟，可向接待人员询问有关情况。

（5）如受访者实在脱不开身，等候时间会很长，可留下自己的名片和相关资料，请接待人员转交。

（6）见到拜访对象时，如拜访对象的办公室关着门，应先敲门，听到"请进"后再进入。

（7）见面后要主动问候、握手、交换名片。

（8）在对方说"请坐"前，不能入座。在对方还没有请你抽烟之前，不能抽烟。

（9）随身携带的皮包不能放在椅子上，更不能放在对方的办公桌上。皮包及手提行李要放在自己座椅的右侧地下或沙发的旁边。

（10）样品之类的东西，要视实际需要抽出来放在桌子上。

（11）脱下的外套要把里面折叠出来，放在沙发椅的扶手边，即使有衣架，也要等到对方请你使用之后，才可以挂上。因为你不能随便使用对方公司的设施。

（12）明确谈话主题、思路和话语。要旨应按顺序，说得简单明了；谈话中注意称呼、措辞、语速、语气、语调。

（13）会谈过程中，不接、打电话，最好关闭手机。

（14）适时告辞。尽管谈话很投机，也不要超时过多。以占用对方公务时间不超过约定为原则。

（15）礼貌告辞。告辞时应起身离开座位，感谢对方的接待，握手告辞。如办公室门原来是关闭的，出门后应轻轻把门关上。如对方要相送，应礼貌地请对方留步。

二、到家中拜访的礼仪

（1）要选择合适的时间。拜访时间要以方便对方为原则，通常应当避开节假日和休息日，以及午睡和三餐的时段，还有过早、过晚及其他对方不方便的时间。一般来说，晚上7点30分至8点是到家拜访的可选时机，此时可能已用过晚餐，而且电视剧还没有开始。

（2）注重预约礼貌用语。预约时应礼貌地向对方表达意愿，如"希望有机会同您见面，您看什么时间方便""如您方便我想去府上拜访您"。

（3）准备礼品。要准备好适合对方的礼品，无论是初次拜访还是再次拜访，礼物都不能少。礼物可以联络双方感情，缓和紧张气氛，所以在礼物的选择上要下一番苦功夫。要了解对方的兴趣、爱好及品位，有针对性地选择礼物，尽量让对方满意。

（4）修饰仪表。拜访前应修饰仪容，选择得体的服装，以整洁、清新的形象出现在主人的家中。

（5）准时赴约。到家拜访，最好是准时到达。既不要早到，让主人还没有做好准备，措手不及；又不要晚到，让主人空等，浪费时间。

（6）讲究敲门的艺术。敲门时要用中指敲门，力度适中，间隔有序敲三下，等待回音，5~10秒钟后，如无应声，可再稍加力度，再敲三下，如有应声，则后退两步，便于主人使用门镜观察；敲门时间不能过长，否则会影响左邻右舍；按门铃时不能按住不放手，要注意节奏。

（7）进屋时应有礼貌地询问主人是否要换鞋；雨天携有雨具时，应询问雨具的摆放位置。

进屋后，应主动问候，适当寒暄；在主人的引导下，进入指定的房间，切勿擅自闯入；未经主人允许，不要在主人家中四处走动，随意乱翻、乱动、乱拿主人家中的物品。

（8）主人说"请坐"后方坐下，并道谢，在主人指点的座位入座，不可见座位就坐。在就座时，要与主人同时就座。倘若自己到达后，主人这处尚有其他客人在座，应当先问一下主人，自己的到来会不会影响对方。

（9）如果主人没有吸烟的习惯，要克制自己的烟瘾，尽量不吸烟，以示对主人习惯的尊重。

（10）主人献上果品，要等年长者或其他客人动手后再取用，并起身、点头、双手接过并道谢。

（11）带小孩时，一定要管住孩子，教育孩子文明做客，不让其随便翻主人家的东西，或到处乱窜。孩子犯错时，不要在主人家责骂孩子，应马上将孩子带走。

（12）拜访时间不宜过长。当宾主双方都已谈完该谈的事情，叙完了情谊之后就应及时起身告辞。告别前，应对主人的友好、热情等给以适当的肯定和赞美，并说一些"打扰了""给您添麻烦了""谢谢了"之类感谢的话。

（13）起身告辞时，别忽视其他成员。

（14）出门后，应回身主动伸手与主人握手别道，"再见""请留步""请回"，走出几步再回首，挥手致意："再见！"

【任务实战】

商务人员如何做好客户拜访工作

商务人员经常要到客户的单位去拜访客户。虽然拜访的目的有很多种，客户公司有大有小，客户的具体情况也各有差异，但是只要遵循拜访工作的礼仪规范，就能够顺畅、成功地完成拜访，实现拜访目的。

一、拜访客户要遵循礼仪规范

（1）上门有礼。到达拜访方的单位时，首先应对接待人员说明来意，进行登记或告诉接待员你的姓名、公司名称和约见人的姓名，也可以打电话通知约见人；应听从接待人员的引导，不要擅自行动。

（2）安静恭候。如果要拜访的人因故不能马上接待自己，可以在接待人员的安排下在会客厅、会议室或在前台安静地等候。如果接待人员没有说"请随便参观"之类的话，而随便地东张西望，甚至好奇地向房间里"窥探"，都是非常失礼的。

（3）自觉禁烟。有抽烟习惯的人，要注意观察周围有没有禁止吸烟的警示，即使没有，也要问工作人员是否介意抽烟。

小案例

一位推销员急匆匆地走进一家公司，找到经理室敲门后进屋。下面是他和经理的一段对话：

"你好！张总，我是××公司的推销员，我姓李。"

"我姓周，不姓张。"

"哦，对不起，我没听清楚您的秘书说你姓周还是姓张。我想向您介绍一下我们公司的激光彩色打印机。"

"我们现在还用不着彩色打印，即使买了，也没有多大用处。"

"哦，是这样。不过，我们有别的型号的打印机。这是产品介绍资料。"推销员将印刷品放到桌上，然后掏出烟和打火机说："您请抽烟。"

"我不吸烟，我讨厌烟味，而且，这个办公室不能吸烟。"

（4）礼貌约定。如果等待时间过久，可以向有关人员说明情况，表明不能继续等候的原因，并且另行约定再访的时间。但不能显现出不耐烦的样子。

（5）施行见面礼仪。当见到自己要拜访的人进来后，应马上站起来，握手寒暄，如果是第一次见面，要先进行自我介绍，并待对方坐下后再坐。当对方敬烟、奉茶时应起身或欠身致谢，用双手接过来。

（6）注意细节，尊重对方。

① 一般情况下，要尽快地将谈话引入正题，清楚直接地表达来意，不要讲无关紧要的事情，甚至闲扯没完，因为珍惜对方的时间是尊重的表现，也体现自己办事讲求效率。

② 在谈话进行中，要注意自己的坐姿。

③ 认真倾听对方讲话，不要辩解或不停地打断对方。

（7）宽容大量。在拜访中遇到不愉快的事要尽力克制自己，温文尔雅的拜访礼仪有助于拜访目的的实现，即使和接待者的意见不一致，也不要争论不休。

（8）随机应变。在拜访进程中还要留心对方的态度变化，以及周围环境的变化，随机应变。要注意观察，当接待者有不耐烦或有为难的表现时，应转换话题或口气；当接待者有结束会见的表示时，应考虑起身告辞。

二、要把握好拜访的时间

在拜访时，应具有时间观念，一定要注意把握好拜访的时间。

（1）一般性拜访的时间把握。在一般情况下，礼节性的拜访，尤其是初次登门拜访，应控制在一刻钟至半小时之内；最长的拜访，通常也不宜超过两个小时。

（2）重要拜访的时间把握。有些重要的拜访，往往需要由宾主双方提前议定拜访的时间，在这种情况下，务必要严守约定，绝不能单方面延长拜访的时间。

三、礼貌地告辞

当自己提出告辞时，虽然对方表示挽留，但仍须执意离去，不然会让人感觉比较"闲"，又不够果断。告辞时要向对方道谢，并请对方"留步"，不必远送。

在拜访期间，若遇到其他重要的客人来访，或对方表现出了厌烦之意，应当机立断，适时告退，不要让对方产生反感，形成坏印象，失去下一次会面的机会。要留给对方一个"难忘的背影"，争取约定下一次见面的时机。

任务3　掌握办公室礼仪规范

商贸公司、企业的办公室是处理日常公务和进行商务接待、商务洽谈、商务交往的重要场所，办公室的布置和装饰、职员在办公室表现出的礼仪，在很大程度上体现了商贸公司、企业的团体精神和氛围，代表着公司或企业的形象，而良好的公司形象、企业形象又是合作成功的基石，所以，商务人员应当讲究办公室布置及注意办公室礼仪。

项目 4 商务接待与拜访礼仪

一、办公室环境礼仪

1. 办公室的布置

办公室是公司、企业的门面,对于来访者来说,能够形成对公司、企业的第一印象。办公室的布置不同于家庭、酒店的布置,它的设计风格应该严肃、整洁、高雅、安全。

(1)办公室的场所布置。

① 有鲜明的标志。办公室应有鲜明的标志,在对外的房门旁挂上一个醒目、美观的标牌,这也是公司、企业形象的标志,以醒目地指示来访者,便于来访者前去办理业务。

② 办公桌的摆放。办公桌应放在房间内采光条件较好、正对门口的地方,与窗户保持 1.5~2 米的距离,让光线从左方射来,以合乎用眼卫生。同室工作人员应朝同一个方向办公,不可面面相对,以免相互干扰和闲谈。

如果是人数众多的办公室,可采用隔板,把各个工作人员的办公区域分隔开来,以保持各自工作区域的独立,保证彼此的办公不受影响,提高工作效率。

办公室既是工作的地方,也是社交的场所,所以,一般都将办公室装修得比较豪华,以显示自己有较强的经济实力。但不应一味地追求豪华,应注重色彩选择恰当,保持空气清新。

③ 适当地装点美化。根据工作性质和整个公司、企业的经营宗旨以及企业形象和办公室的空间大小,可选择一些风景画、盆景、有特殊意义的照片、名人的字画、企业的徽标等作为办公室的装饰,以优雅、和谐、轻松、宁静等情调为主,创造浓厚的企业文化气息和使主客心情愉快地交流信息和情感的环境。

(2)注意室内卫生。

① 办公室应保持整洁。地板、天花板、走道要定期打扫,玻璃、门窗、办公桌要擦洗干净。

② 办公桌桌面上只放些必要的办公用品、文具,为使用方便,可准备多种笔具:毛笔、自来水笔、圆珠笔、铅笔等,笔应放进笔筒而不是散放在桌上。

③ 办公桌上的玻璃板下,主要放与工作有关的文字及数字资料,不应放太多的家人的照片;不要将杂志、报纸、餐具、皮包等物品放在桌面上;除特殊情况,办公桌上不要放置水杯或茶具。招待客人的水杯、茶具应放到专门饮水的地方,有条件的应放进会客室。

④ 文件应及时按类按月归档,装订整理好后,放入文件柜。正在办理的文件下班后应锁入办公桌内,以保持桌面整洁。

⑤ 办公室内桌椅、电话机、茶具、文件柜等物品的摆设应以方便、高效、安全为原则。

2. 在办公室内用餐要注意

(1)不宜在办公室内用餐。一般来说,不宜在办公室内用餐,因为菜肴的味道会满布于办公场所,给来访者的感觉不佳,影响来访者对公司、企业的感官印象。

(2)及时收拾。如果在办公室用餐,要注意用餐的礼仪,在细节上约束自己。在办公室用餐时，若使用一次性餐具，最好用完立刻扔掉，不要长时间摆在桌子或茶几上；开了口的饮料罐，长时间摆在桌上会有损办公室雅观。

（3）尽量不要吃零食。尽量不在上班时间吃零食，如果要吃，也最好不要吃一些乱溅、声音很响、有强烈味道的食物，以免影响他人，有损办公环境和公司形象。

（4）就餐时还需要注意：
① 嘴里含有食物时，不要贸然讲话；
② 他人嘴含食物时，最好等他咽完再跟他讲话；
③ 餐后将桌面和地面打扫干净；
④ 在办公室用餐，时间不宜太长。

3. 文件柜的摆放礼仪

（1）办公室文件柜的摆放应以有利于工作为原则，通常情况下，应靠墙角放置，不宜占据较大的办公空间。

（2）也可放置在离工作人员较近的地方，以便随时查找资料，整理、收藏文件。

（3）柜内文件要及时清理、归档、建立目录，使之系统化、条理化。

（4）重要的文件、清单、保险单、账目、现金、支票等应及时放入保险柜中，以防遗失和被盗。

（5）所有公务文件和票据，一般不得私自带出办公室。

4. 电话机的摆放礼仪

办公室电话的摆放应以便于接听为原则，一般电话放在办公桌或写字台的左前沿，这样可以用左手拿起话筒，右手按键或执笔记录，如图4-3所示。

图4-3 电话机的摆放

二、办公室礼仪禁忌

在公司、企业的办公场所里，时常可以见到一些职员的无礼行为，有些人对此早已麻木，不以为然，有些人忙于事务无暇顾及，这些无礼的行为确实有害于公司、企业的文明环境，损害着公司、企业的团体形象。

（1）忌直呼老板名字。直呼老板名字的人，可能是跟老板情谊特殊的资深主管，也可能是认识很久的老朋友。除非老板自己说"别拘束，你可以直接称呼我的名字"，否则，下属应该以"尊称"称呼老板，如"李总""李董事长"等。

（2）忌高声接听私人电话。在上班时间接听私人电话已经很不应该了，还要肆无忌惮高声讲话，更会令领导和同事反感，影响同事的工作。

（3）忌上班时发私人短信，或摆弄手机，看信息或玩游戏。

（4）忌在上班中，使用计算机做与工作无关的事。

（5）忌开会不关手机。开会关机或将手机设为振动模式是职场上的基本礼仪。当有人在做报告或布置事情时，下面手机铃声响起，会议必定会受到干扰，不但对讲话的人不尊重，而且对其他人都是不尊重的。

（6）忌称呼自己为"某先生或某小姐"。打电话要找的人不在，留言时千万别说："请告诉他，我是某先生或某小姐。"正确说法应该先讲自己的姓名，再留下职称，如："你好，敝人姓王，是××公司的营销主任，请××听到留言，回我电话好吗？我的电话号码是×××××××，谢谢您的转达。"

（7）忌对"自己人"才有礼貌。很多人往往"对自己人才有礼貌"。例如一群人走进大楼，有的人只会帮自己的朋友开门，却不管后面的人还要进去，就把门关上；见到自己认识的客户才问好，其他的就不问，这是相当不礼貌的。

（8）忌迟到、早退。不管是上班或是开会，总有迟到、早退的人，若真有事需要迟到、早退，一定要前一天或更早就提出，不能临时才说。

（9）忌挤占工作时间。上班后看报纸；使用计算机抽空聊天；抽时间去趟超市买东西；午餐提前点、午休延长点、下班前提早就收拾等，都是挤占了工作时间。看似8小时工作制，实际工作仅五六个小时。来访者经常见不到要找的人，时常要等待，以至于对公司、企业的印象大打折扣。

（10）忌谈完事情不去送客。职场中送客到公司门口是最基本的礼貌。若很熟的朋友知道你忙，你也要起身送到办公室门口，或者请秘书、同事代为送客，一般客人则要送到电梯口，目送客人进了电梯，门完全关上，再转身离开。若是重要客人，应该帮忙叫出租车，帮客人开车门，关好车门，目送对方离开再走。

（11）忌"只看高不想看低"，只跟领导打招呼。只跟领导等"身居高位者"打招呼，忘了跟秘书、一般职员以及工勤人员打招呼。

（12）忌不喝别人倒的水。接待人员倒水给你喝，一滴不沾是不礼貌的举动，不渴或讨厌该饮料，也要举杯轻啜一两口再放下。

（13）忌自己想穿什么就穿什么。"随性而为"的穿着可能让你看起来青春有特色，不过，上班就要有上班的样子，穿着职业化的上班服饰，将有助于提升自身形象，也是对工作的基本尊重。

【任务实战】

如何遵循办公室礼仪规范

一、应做到仪表端庄、仪容整洁

（1）商务人员应着装整洁。公司职员无论是男士、女士，上班时都应穿着职业装，不能随意。服装必须正式、干净、平整。

（2）应按规范穿着职业装。有些公司、企业要求统一着装，以此体现严谨、高效的工作作风，加深客人对公司、企业的视觉印象。商务人员应严格执行公司、企业的着装规定，规范着装。

（3）男士应注意。男士不应穿花衬衣、运动服、拖鞋上班，应不留胡须，头发梳理应美观大方。

（4）女士应注意。女士上班应着西服套裙或连衣裙，颜色不要太鲜艳、太花哨；上班时不宜穿得太暴露，不宜穿过透、过紧的服装或超短裙，应穿透明的长筒丝袜；佩戴首饰要适当；头发梳理要整齐，最好化淡妆上班，以体现女性端庄、文雅的形象。

二、言语友善、举止优雅

（1）上班要主动问候他人。上班时无论遇到什么人，都应该面带微笑，主动问候；在电梯里要注意礼貌，对来访者礼让、点头示意。

（2）进入办公室前后要有礼。在进入办公室之前，应整理好仪容；进入办公室后，主动地同早到的同事或领导打招呼。如果有同事在工作，可对注意到自己的人用手势和微笑表示问候；如果有人在打扫卫生，应动手参加。

（3）在办公期间要保持安静。在办公时间里，要注意保持安静，不能大声讲话，更不能闲聊；在办公室、走廊不能大声呼喊。

（4）要注意语言文明。在办公室里，与同事开玩笑要适度，不能恶语伤人，要注意语言文明，不要非议团队及个人，不聊私事，更不能在背后议论领导和同事。

（5）注意举止端庄稳重。商务人员的行为举止应稳重、自然、大方、有风度，注意体态礼仪，给人留下正直、积极、自信的好印象。不要风风火火、慌慌张张，让人感到你缺乏工作能力。

（6）要注意自身形象。在工作期间，不能吃东西、剪指甲、唱歌、化妆，不能与同事追打，这样有失体面。

三、彬彬有礼、讲求效率

（1）进入领导房间要有礼。在办公时间里，如上级召见，应停止手中进行的工作，立即前往，并注意有礼：敲门、掩门、走姿、站姿、坐姿、递接文件和钢笔等举止要文雅大方，彬彬有礼。

（2）汇报工作注意言辞。汇报时，要注意语言清晰、精练，语调、音量适中，不应在上级领导面前随意评论同事的优劣是非。

（3）礼貌交谈，经许可再告辞。在与上级领导交谈时，不能随便插话。待交谈完毕，得到允许后，方可起身告辞，并轻轻带上门。

四、注意细节、展现素养

（1）不在公共办公区吸烟。

（2）在办公室清闲之时，不要扎堆聊天，不要围坐聚拢打扑克、下象棋，以及高声谈笑，大声喧哗，否则，会给人粗俗、无聊、不文明的感觉，也给单位形象造成较坏影响。

(3）办公时间不大声交谈，交流问题应起身走近，声音以不影响第三人为宜。
(4）当他人在办公用具中输入密码时应自觉将视线移开。
(5）不翻看不属于自己负责范围内的材料及保密信息。
(6）对其他同事的客户也要积极热情。
(7）在征得许可前不随便使用他人的物品。
(8）同事之间相互尊重，借东西要还，并表示感谢。
(9）节约水电。
(10）饮水使用个人水杯，减少一次性水杯的浪费。
(11）不在办公家具和公共设施上乱写、乱画、乱贴。
(12）不在工作中处理私人事情，不要将办公用品挪为私用。
(13）保持卫生间清洁。
(14）不带外来人员进入办公区，会谈和接待安排在洽谈区域。
(15）下班离开办公室之前，要将办公用品和文件清点、收拾好，归档或锁起来。
(16）最后离开办公区的人员应关好电灯、门窗及室内电闸。

总之，办公室礼仪讲究两个字，一个是"诚"，另一个是"礼"。"诚"要求商务人员凡事实事求是、以诚相见，不盲从、不轻信；"礼"要求商务人员正确掌握各个职能部门之间的公务关系、上下级之间的关系、同事之间的关系，以及工作之余的处事态度，使大家在一个团结、求实、和谐的气氛中开展工作。

项目小结

本项目通过 3 项任务，帮助学生掌握商务接待礼仪、拜访礼仪、办公室礼仪的规范。同学们要掌握商务接待与拜访的礼仪规范，掌握在办公室应有的礼仪规范，在商务接待与拜访中，规范自己的言行、举止，树立良好的公司形象和个人形象，以促进商务工作目标的实现。

自检内容

1. 在商务交往活动中，如何做好迎客工作？
2. 商务接待活动中的待客程序和礼仪有哪些？
3. 简述办公室接待礼仪。
4. 送客的礼仪主要有哪些？
5. 办公室拜访的礼仪有哪些？
6. 办公室礼仪规范有哪些？

能力培养与训练 4

一、能力培养目标

（1）能够掌握商务接待与商务拜访的礼仪知识。
（2）初步具备商务接待礼仪工作能力。
（3）为进行商务拜访活动打下礼仪基础。

二、思考与训练

1. 判断题

（1）迎接客人时要主动接过客人的行李及女客随身携带的小提包。（　　）
（2）引导客人时要走在客人右前方两三步远的地方。（　　）
（3）一位男士引导一位穿着短裙的女客户上楼梯，为了尊重，他请女客户走在前面，自己走在后面。（　　）

2. 单选题

（1）在接待宾客时，引导客人出入有专人控制的电梯时，你应该（　　）。
　　A. 让宾客先进入，出电梯则相反　　B. 自己先进入，出电梯则相反
　　C. 谁先进出都无所谓　　D. 自己后进入，先出来

（2）下面有关礼仪的做法不正确的是（　　）。
　　A. 在接待顾客的时候应该站起来
　　B. 客人什么时间抵达应该由客人自主安排
　　C. 拜访的时候去的越早越好
　　D. 接待时可鞠躬问候

（3）商务人员在拜访客户时，应该将自己随身携带的公文包（　　）。
　　A. 放在办公桌上，这样方便拿资料　　B. 放在椅边
　　C. 放在门口　　D. 用手臂夹着

3. 多选题

（1）在有专职司机驾驶的轿车上，副驾驶座一般坐的是（　　）。
　　A. 秘书、翻译、警卫　　B. 保镖、引导方向者、办公室主任
　　C. 重要客人　　D. 没有严格的要求

（2）在会客或拜访客户时，对手机管理要做到（　　）。
　　A. 不大声讲电话　　B. 不响　　C. 不听　　D. 不出去接听

（3）办公室礼仪中打招呼尤为重要。在职员对上司的称呼上，不正确的做法是（　　）。
　　A. 称其头衔以示尊重　　B. 上司允许用昵称相称呼，那就这样做
　　C. 随便称呼什么都可以　　D. 直呼其名

三、案例分析

案例分析 4-1

接待客人

约定下午两点，A 公司的客人来公司谈生意，可是负责人李总却因为重要的事情出去还未回来，负责接待的办公室前台王小姐马上引领客人到会客室，奉上茶水，并奉上最新的杂志和公司的宣传图册，她招呼客人坐下后说："李总很快就会回来，请您稍等一下。这是刚刚到的商业周刊，书中对目前商业形势有很详尽和精彩的报道，还有公司的宣传画册，希望您能有兴趣了解一下。"虽然负责人延误了会见时间，但是客人利用这个时间读到商业的最新情报消息，抱怨也就烟消云散了，而且利用此机会客户能更多地了解公司的产品。

试分析：王小姐的做法如何？为什么？

分析提示：商务时间无比宝贵，让客人平白无故浪费时间是失礼的，能让客户有所收获，这才是符合礼仪的办公室接待方法。

案例分析 4-2

怎么走了呢

一天上午，惠利公司前台接待秘书小张匆匆走进办公室，像往常一样进行上班前的准备工作。她先打开窗户，接着，打开饮水机开关，然后，翻看昨天的工作日志。

这时，一位事先有约的客人要求会见销售部李经理，小张一看时间，他提前了 30 分钟到达。

小张立刻通知了销售部李经理，李经理说正在接待一位重要的客人，请对方稍等。小张就如实转告客人："李经理正在接待一位重要的客人，请您等一会儿。"话音未落，电话铃响了，小张用手指了指一旁的沙发，没顾上对客人说什么，就赶快接电话去了。

客人尴尬地坐下……待小张接完电话后，发现客人已经离开了办公室。

试分析：客人怎么走了呢？小张的接待有什么问题吗？应该怎样接待？

分析提示：客人没有得到应有的礼遇，所以先走了。小张的接待没有体现出应有的尊重，语言上、行为上都有无礼之处，找出小张的错误之处，再说出正确的做法。

案例分析 4-3

尴尬的局面

小明是一家仪表厂的销售人员。为了把厂里的产品推销到某化工厂，小明花费了不少的心思，经过一番周折，终于得到了这家化工厂设备科张科长的认可。眼看就要大功告成了，小明感觉有必要到张科长家拜访一下。在电话里，张科长告诉了小明自家的地址，并且说小明一个人出差在外不容易，有机会请小明到家里来吃顿便餐。

周末，小明去商场特意为张科长选购了些礼品，他还别出心裁地为张科长家的小孩买了艘玩具舰艇，然后就喜滋滋地奔张科长家而来。

望着站在门口的小明，张科长的脸上明显露出些惊讶和不自然的神态。屋里还有许多人，原来这一天张科长正在家里组织同事聚餐，科里的同事都到齐了。小明心里别提有多尴尬，客套了几句就急忙告辞，临出门前，张科长把那艘舰艇玩具塞回小明手里，低声说："我和我爱人一直想要个孩子，可是这么多年一直没有遂愿，这个你还是拿回去吧，省得我爱人看着伤心。"走在回宾馆的路上，小明真恨不得抽自己几下耳光才解恨。

试分析：小明为什么会判断失误？如果你是小明会怎么做？

分析提示：小明若提前和张科长预约好拜访的时间，并且对张科长的情况有些必要的了解，想必就不会出现故事中的尴尬局面了。

四、实操训练

商务接待与拜访礼仪

训练内容：在不同情景中，施行接待和拜访礼仪，真正理解和掌握商务接待与拜访礼仪规范。

训练组织：由学习小组自愿选择情景，或自己设计情景，并分派角色，经短暂商讨和排练后，在全班进行表演。

情景一

人物：总经理谢洋、总经理秘书小王、外请专家杨教授

地点：招待所门口

康健公司为提升员工的素质，专门请来专家杨教授对员工进行培训，已培训了10天，今天是杨教授离开的日子，总经理准备送他去车站。请演示送专家乘坐轿车离开的场面。

情景二

人物：药厂张厂长、厂办秘书小魏、医药公司采购部刘主任

在生物制药厂的会客室里，小魏正在准备接待客户。电话响了，刘主任已到达厂门口，小魏前去迎接，引导刘主任来到会客室，张厂长上前迎接。请演示小魏迎接刘主任时的见面、握手、引领、他人介绍、安排就座、奉茶等接待过程。

情景三

人物：商场经理李宏、客服部小刘、顾客王军

地点：商场客服中心

顾客王军来商场选购电饭煲，在商品摆放处转了很长时间，想问问有关商品的性能，但没见到营业员。好不容易见到了营业员，上前询问一下，人家说不管这摊，王军顿时很生气，高声嚷道："有没有人卖货啊？"只见来了一位营业员，一脸不高兴的样子，嘟囔着"别喊啦，正吃饭呢。"王军火冒三丈，找到客服部来投诉。请演示办公室接待的场面。

情景四

人物：康健公司王经理、李秘书；鼎盛公司洪经理、赵秘书

地点：鼎盛公司接待处

为了公司的进一步发展，康健公司决定去鼎盛公司参观学习。请演示事先打电话联系，到达后对方赵秘书做介绍，互赠名片，握手认识的场面。要将接打电话、称呼、介绍、握手、问候、递接名片等交际礼节，连贯地演示下来。

实操评价：在观看表演后，由同学们进行评议，评议主要围绕在接待与拜访活动中施行礼仪的正确与不足之处。

项目 5 商务会议礼仪

> 学礼完善自我，懂礼形神俱佳，守礼诚信社会，用礼耀我中华。
>
> ——赵书，中国民间文艺家协会主席

【项目目标】

❖ **知识目标：**

1. 了解会议礼仪知识，明确会议礼仪的主要形式、会议礼仪的筹备、会议进行中的礼仪规范以及会议结束后的礼仪。
2. 熟悉展览会、新闻发布会、茶话会的基本程序。
3. 熟悉常见的商务会议礼仪的区别，掌握展览会、新闻发布会、茶话会的筹备工作礼仪规范，以及参加各类会议的礼仪规范。

❖ **能力目标：**

1. 掌握会议礼仪的策划等方面的基本技能，掌握会议内容、程序流程等礼仪规范，能够从事会议筹备工作。
2. 掌握参加展览会的礼仪，初步具备筹备展览会的基本能力。
3. 掌握新闻发布会、茶话会的筹备、组织等具体工作的礼仪规范，并能够做好各项具体工作。

❖ **素质目标：**

养成良好的商务会议礼仪习惯，能塑造高雅、大方、得体的职业形象和企业组织形象，做到理论与实践相结合，为今后在商界从事常见商务会议工作打下良好基础。

【项目导入】

商务会议是现代社会中一项重要的活动，公司、企业的经营及发展，重大战略决定、决策的传达，与客户的沟通和联谊，内部的经验分享、学习等，很多时候都需要利用开会来完成。各类会议要取得良好的效果，必须注重会议礼仪。

导入案例

会场的"明星"

小刘的公司应邀参加一个研讨会,研讨会邀请了很多商界知名人士以及新闻界人士参加,老总特别安排小刘和他一道前往,让小刘见识一下大场面。小刘早上睡过了头,等他赶到,会议已经进行了20分钟。他急急忙忙推开了会议室的门,"吱"的一声脆响,他一下子成了会场上的焦点。刚坐下不到5分钟,肃静的会场上又响起了摇篮曲,是谁在播放音乐?原来是小刘的手机响了。这下子,小刘可成了全会场的明星……

没过多久,听说小刘已经"另谋高就"了。

不管是参加自己单位还是其他单位的会议,都必须遵守会议礼仪,因为在这种高度聚焦的场合,稍有不慎,便会严重损坏个人和单位的形象。

任务1 掌握会议基本礼仪

会议礼仪主要包括会议组织礼仪和参加会议礼仪两方面内容。会议的组织有相当严格的程序和礼仪规范,不仅会议的组织人员应当注意这点,与会人员也应该熟悉相关的礼仪规范,这样才不至于影响会议的效果,同时也可以给他人留下良好的印象。

一、会议前的准备

计划周密且落到实处的会前准备,可以为会议的成功提供保障。应根据会议的规模,来确定会议接待的事宜。

1. 会议的筹备工作

(1)设立会务组。设立会务组,要依据商务活动的内容、性质明确各自的职责,负责会前的准备工作、会议的接待工作及会议中间的即时服务,直至最后送别和后续工作。

(2)确定会议时间。会议时间的确定,应该通盘考虑,集思广益,一般不应该选在重大节日或者假日开会。

(3)确定会议地点。如果本单位拥有会议中心,可以使用会议中心;如果有需要,希望与会人员可以集中讨论,为了便于管理,可以选择远离城市的地区;如果纯粹是工作性质的会议,那么到市内拥有会议设施的饭店也是不错的选择。

决定会议地点以后,如果需要住宿,应由会议筹备人员专人负责,提前订好房间并和住宿单位联系好。

（4）选择会场。选择会场，要根据参加会议的人数和会议的内容来综合考虑。要注意以下几点。

① 大小要适中。会场太大，人数太少，空下的座位太多，松松散散，给与会者一种冷清、不景气的感觉；会场太小，人数过多，挤在一起，不仅显得小气，而且效果也不好。所以会场的大小要适中，安排得适当宽敞为好。

② 地点要合理。应考虑地点对于与会者是否方便，尽量把地点定得离与会者住所较近一些，免得与会者来回奔波。

③ 会场设施齐全。会场的照明、通风、电话、扩音、录音等设施应齐全，计算机及投影设备完好，卫生、服务等条件良好。

④ 有停车场。与会者参加会议时的交通工具，如轿车、摩托车要有停放之处，选择会场时要考虑这点。

（5）发放会议通知和会议日程。

① 会议通知。

a. 会议通知必须写明会议组织者的姓名或组织、单位名称，注明会议的时间、地点、会议主题，以及会议参加者、会务费、应带的材料、联系方式等内容，有关住宿、餐饮和交通费等问题都应该写明，让对方明了并有充分准备。

b. 在通知的最后要附有回执，这样可以确定受邀请的人是否参加会议，掌握赴会的人数、性别、年龄、民族、单位、身份、职位等信息。对于在外地召开的会议，还要附上到达会议的地点和住宿宾馆的路线图，注明是否有接站车。

c. 会议通知要提前一段时间发出，以便会议参加者有所准备，切不可让与会者措手不及，打乱原有的工作计划。根据会议的内容和参加者范围，会议通知可采用张贴、邮寄和电话通知的方式。会议召开的前一天，对重要的参会者，应通过电话进行联系，落实其是否能出席会议。公司、企业内部会议可以同时采用口头和书面通知方式。

② 会议日程。会议日程是会议活动在会期以内每一天的具体安排，它是人们了解会议情况的重要依据，其形式既可以是文字的也可以是表格的，可以随会议通知一起发出。

2. 会场的布置

会场的布置包括会场四周的装饰和座席的配置。

（1）会场的装饰。

① 如果是新闻发布会，可在场所装饰一些风景画、盆景、有特殊意义的照片、名人的字画、企业组织的徽标等，创造出浓厚的文化气息和使主客心情愉快的情感氛围。

② 一般大型的会议，可在会场大门外插彩旗，挂彩花、彩灯，空中可悬挂写有祝贺标语的大条幅或充气气球，会场大门旁边摆放花篮，会场外的装饰如图 5-1 所示。

③ 根据会议内容，在场内悬挂横幅，门口张贴欢迎和庆祝标语；可在会场内摆放适当的青松、盆景、盆花；为使会场更加庄严，主席台上可悬挂国旗、党旗或悬挂国徽、会徽；桌面上如需摆放茶杯、饮料，应擦洗干净，摆放要美观、统一。

（2）座席的配置。座席的配置要适合会议的风格和气氛，讲究礼宾次序，主要有以下几种配置方法。

① 圆桌形。即使用圆桌或椭圆形桌子。这种布置使与会者同主办者围桌而坐，给人以亲切、平等的感觉。另外，与会者能清楚地看到其他人，有利于互相交换意见。这种形式适合于 10～20 人的会议，如图 5-2 所示。

图 5-1　会场外的装饰　　　　　　　　　　图 5-2　圆桌形座席

② 回字形。即用长方形桌围成一个很大的"回"字，形成四周围拢、中间空的状态。这类形式比圆桌形的座位多，适合于人数较多的会议，如图 5-3 所示。

在座次的安排上，应注意来宾或上级领导与企业领导及陪同面对面坐，来宾的最高领导应坐在朝门的正中位置，企业最高领导与来宾最高领导相对而坐。同级别的人在对角线上相对而坐。

③ 教室形。这是采用得最多的一种形式，它适用于以传达情况、指示、报告为目的的会议，这时与会者人数比较多，而且与会者之间不需要讨论、交流。这种形式设有主席台，与听众席相对，如图 5-4 所示。

图 5-3　回字形座席　　　　　　　　　　图 5-4　教室形座席

（3）主席台上的座次礼仪。主席台的座次按人员的职务、社会的地位排列。排列原则为：前排高于后排；中间高于两边；行政会议以右为尊；党务会议以左为尊，如图 5-5、图 5-6 所示。

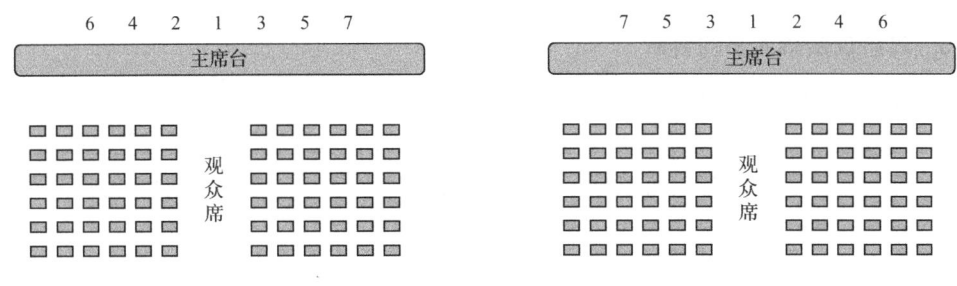

```
6  4  2  1  3  5  7                          7  5  3  1  2  4  6
┌─────────────────┐                         ┌─────────────────┐
│     主席台      │                         │     主席台      │
└─────────────────┘                         └─────────────────┘
```

图 5-5　行政会议座次　　　　　　　　　图 5-6　党务会议座次

（4）会标的设置。会标应设置在主席台上方。一般是红底白字或黄字，字体要大方、端正。可以使用彩印横幅，或电子显示屏。

（5）座次的排定。根据与会者情况，由专人指导，安排好座次，放好座位牌。

3．物品的准备

根据会议具体情况，会务组应准备有关资料，放在文件夹中或用资料袋装好后发放给与会者，便于与会者的阅读和做好发言准备。还可以准备会议记录的相关工具，如笔记本和碳素笔，提供给与会者。另外，可根据具体情况准备好饮品、点心之类的食品，也可以准备一些会议的纪念品。

4．会议前的接待礼仪

（1）会前检查。在会议开始前对准备工作进行一次全面、详细的检查，有考虑不周或不落实的要及时补救，如音响、文件等是否都准备齐全，以保证会议万无一失。

（2）提前进入接待岗位。接待人员应该在与会者到来之前提前进入各自的岗位，并进入工作状态。一般的接待工作岗位分以下几个。

① 签到。设一张签字台，配 1～2 名工作人员，如果接待档次比较高，可派礼仪小姐。签字台备有毛笔、钢笔和签到簿。向客人递钢笔时，应脱下笔套，笔尖朝向自己掌心，双手递上；如果是毛笔，应该蘸好墨汁后再递上。签到簿应较为精致，以便保存，签到如图 5-7 所示。

如需要发放资料，接待人员应有礼貌地用双手递上，随后，将胸花插在来宾的西服胸袋或西服领上的插花眼上。接待人员应适时向会议组织者汇报到会人数。

图 5-7　签到

② 引座。签到后，会议接待人员应有礼貌地将与会者引入会场就座。对重要领导应先引入休息室，由本单位领导亲自作陪，会议开始前几分钟再引领到主席台就座。

③ 接待。与会者坐下后，接待人员应递茶，或递上毛巾、水果，热情地向与会者解答各种问题，提供尽可能周到的服务。

5. 对会议接待人员的要求

会议的接待人员主要是会议工作人员和礼仪小姐。

（1）会议工作人员应有的风度。会议工作人员必须按正式场合的要求整理仪容仪表。

① 男士应穿着深色的、质地较好的西服，打领带，穿深色皮鞋，服装笔挺、清洁，鞋子锃亮，头发吹理整齐。

② 女士一般穿着西服套裙，深色皮鞋，化淡妆，发型美观大方，不能太新潮，身上的饰物精巧，符合饰物佩戴礼仪规范。

③ 每个人都应保持良好的精神状态，举止文雅，落落大方，彬彬有礼，展示气宇轩昂及优雅的风度。

（2）礼仪小姐应有的风采。为体现会议隆重，提高接待档次，通常请礼仪小姐参加接待工作。礼仪小姐引人注目，举手投足，都给人以美的享受，成为一道亮丽的风景线。礼仪小姐必须具有良好的礼仪形象和礼仪修养，具有较强的毅力和高度的工作责任心，在接待过程中，绝不能露出半点怠慢和厌烦，应始终展示给与会者真诚、热情、自信和友善的微笑，如图5-8所示。

图5-8 礼仪小姐

二、会议中的礼仪

在会议进行中，所有的服务都要做到稳重、大方、敏捷、及时。

1. 续茶水

（1）及时续水。续茶水的服务人员应注意观察每一位与会者，以便及时为其续茶水。

（2）动作规范。

① 续茶时应动作轻盈、敏捷、规范，杯盖的内口不能接触桌面，手指不能接触杯口，不能发生杯、盖碰撞的声音。

② 一般是用左手拿开杯盖翻放在桌上（切忌不可扣在桌上），右手持暖瓶，将热水准确倒入杯中，或右手食指与中指夹住杯盖，左手持暖瓶倒水，不能让茶水溅到桌面上或与会者身上。

③ 续水后杯子应放在与会者桌面的右前方，杯柄朝向其右手，以便其使用。续茶水如图5-9所示。

④ 如果操作不慎，出了差错，应不动声色地尽快处理，不能惊动其他人，不能慌慌张张，来回奔跑，将与会者的注意力吸引到自己身上。

2. 各司其职

会议按拟定的程序进行，应紧凑，不出现冷场的局面，这就要求工作人员"严阵以待"，各司其职。例如，会议进行第一项：全体起立、奏国歌。这时音响设备应立即播放国歌。又如，当大会宣布颁奖开始时，工作人员示意受奖人员迅速排队上台；礼仪小姐把颁奖领导引上台；另有一行礼仪小姐将奖品送上台来，由领导颁发给受奖者，如图 5-10 所示，各环节均应表现出有礼有节。

图 5-9　续茶水　　　　　　　　　　图 5-10　礼仪小姐待颁奖

为使会场上的颁奖活动有条不紊，事先应进行模拟颁奖演练，避免会场上出现混乱。

如果与会者有电话或有人找，工作人员应走到其身边，俯身轻声告之。

如果要通知主席台上的领导，最好用字条传递信息，避免无关人员在台上频繁走动和耳语，分散与会者注意力。

三、会议结束后的工作

1. 做好会后服务的准备

会议进行之中，就应该为会后服务做好准备，各个岗位的接待人员都应提前守候在岗位上。

如会后要照相，就应提前将场地、椅子等布置好，摄影师做好摄影的准备。

另外，会后的用车应在会议结束前妥善安排。

如有会餐、参观、游览等活动，都应有统一指挥和全员配合，以保证活动的顺利实施。

2. 做好善后处理工作

会议结束后，所有接待人员应分工明确地做好善后处理工作。

（1）对于与会者返程要尽可能提供方便，应到住地送行，提醒与会者不要遗忘东西，并为之提取行李，送至门口或车上，热情道别。

（2）对于重要的与会者，一般要送到车站、码头或飞机场，待火车、轮船或飞机启动后再离开，如有急事不能长时间等候，应向对方说明原因，表示歉意。

（3）整理会议文件。应回收有关文件资料并归档；整理、打印会议纪要；根据需要发布新闻报道；最后进行会议总结。

【任务实战】

商务人员应如何遵循会议礼仪

一、会议主持人的礼仪

会议的主持人，一般由具有一定职位的人来担任，其礼仪表现对会议能否圆满举办有着重要的影响。

（1）主持人仪表要端庄。主持人应衣着整洁，大方庄重，精神饱满，切忌不修边幅，邋里邋遢。

（2）主持人行为要稳重。主持人走上主席台时应该步伐稳健有力，行走的速度因会议的性质而定。

（3）主持人姿态、举止要彬彬有礼。如果是站立主持，应双腿并拢，腰背挺直；坐着主持时，应该身体挺直，双臂前伸，两手放于桌沿旁边，主持过程中，切忌出现搔头、揉眼、抱臂、抖动腿等不雅动作。

（4）主持人应口齿清楚、语速适中、思维敏捷，说话简明扼要。

（5）主持人应根据会议需要调节会议气氛，或庄重，或幽默，或沉稳，或活泼。

（6）主持人对会场上的熟人不能打招呼，更不能寒暄、交谈，可在会议休息时间点头、微笑致意。

二、会议发言人的礼仪

会议发言有正式发言，如领导做报告；也有自由发言，如大家讨论发言。

（1）正式发言者礼仪。

① 正式发言者，应衣冠整齐，走上主席台时应步态自然，稳健有力，体现一种自信自强的风度与气质。

② 发言时应口齿清晰，简明扼要；如果有文稿，发言时不能一直低头读稿，要时常抬头环视会场。

③ 发言完毕，应对听众的倾听表示感谢。

（2）自由发言者礼仪。

① 自由发言则较随意，但要注意，发言应讲究顺序和秩序，不能争抢发言。

② 发言应简短，观点应明确。

③ 与他人有分歧，应以理服人，态度平和，听从主持人的指挥。

④ 如遇他人提问，应礼貌作答。

⑤ 对不能回答的问题，应机智而有礼貌地说明理由。

⑥ 对提问人的批评和意见应认真听取，即使是错误的，也应心平气和、以礼相待。

三、参加会议者的礼仪

（1）衣着整洁。参加会议者应衣着整洁、正式，仪表大方。

（2）准时入场。可比规定的开会时间早五分钟到场，依照会议安排落座。

（3）注意举止。开会时应认真听讲，不能低头睡觉、交头接耳、接打电话、来回走动；发言人发言结束时，应鼓掌致意，中途退场应轻手轻脚，不影响他人。

（4）别人发言时不能打岔。想要发言应举手，经主持人同意之后方可发言。

任务2 掌握常见的商务会议礼仪

商务会议种类比较多，常见的商务会议有展览会、新闻发布会、茶话会等。在各种商务会议中都有一定的礼仪要求，规范着商务人士的行为。商务人士应学习和掌握商务会议的礼仪规范，以保证商务会议的顺利进行，收到理想的效果。

一、展览会礼仪

对于商界来说，展览会是公司、企业为了介绍本单位的业绩，展示成果，推销产品、技术或专利，以集中陈列实物、模型、文字、图表、影像资料供人们参观了解的形式所组织的宣传性聚会，简称"展览会"或"展示会"，如图5-11所示。

展览会礼仪，通常是指商界单位在组织、参加展览会时，所应当遵循的礼仪规范。

1. 展览会的重要性

商界的公司、企业都对展览会倍加重视，因为这是一个同领域或同行业的展示聚会，有政府、行业、媒体、社会的关注，可以吸引企业的上游、下游单位参展，不仅能获得大量信息、带来商机、找到合作伙伴，而且能吸引大量客户及终端消费者，宣传公司、企业，树立良好形象，还能够形成一大批现实顾客和潜在顾客，获得可观的经济收益。所以，每年各地、各类的展览会数量在增多，规模在加大，公司和企业越来越重视展会营销，各地政府也更加注重展会经济的发展。

图5-11 展览会上

但是，展览会同时也似"双刃剑"，如果举办得不成功，或者公司、企业出现负面信息，同样也会通过展览会传播给社会、同行及客户，形成难以消除的负面影响，因此，作为商务人士一定要掌握并遵循展览会礼仪,以实现公司或企业的办展、参展目的。

2. 展览会的筹备

(1) 明确主题。任何一个展览会都应有一个鲜明的主题,这样才能明确展览会规模、展会形式、目标参展商、目标观众,以此来进行展览会的策划、准备和实施。

① 根据展览的目的不同,可以将展览会分为宣传型展览会和销售型展览会。

a. 宣传型展览会主要是为了向外界宣传、介绍参展方的成就、实力、创新、发展。

b. 销售型展览会亦称展销会或交易会,主要是为了通过展示参展方的产品、技术和专利,吸引更多的参观者,增加销售量以获得更多的利润。

② 按照展览品种的多少,可以分为单一型展览会和综合型展览会。

a. 单一型展览会通常只展示某一种门类的产品、技术或专利,这类展览会的名称即产品类别的名称,如化妆品展览会。

b. 综合型展览会同时展示多种门类的产品、技术或专利,侧重展现参展方的综合实力。

(2) 进行展览会策划。展览会如同一项系统工程,要想使展会取得理想成果,就需要进行周密、完整的展会策划。展会策划方案内容应包括:

展会的主题、办展宗旨、组织机构、标志、场地、参展单位、参展项目、标语与口号、所用文件及辅助设备、服务设施与服务人员安排、工作人员的培训、信息的发布,以及与新闻界的沟通联络等。

(3) 展览会时间的确定。

① 确定展览会的时间,应根据展览会的目的、对象、形式以及效果等多种因素综合考虑,时间的选择上要给参展者和举办者提供方便,并考虑本行业的淡季和旺季。

② 根据展览会举办的时间,可以将展览分为长期、定期和临时三种。

a. 长期展览会大都常年举行,其展览场所固定,展品变动不大。

b. 定期展览会一般固定为每隔一段时间之后,在某一个特定时间之内举行,例如每两年举行一次或者每年春季举行等,主题大都不变,允许变动展览场所或展品内容。

c. 临时展览会则可以根据需要随时举办,所选择的展览场所、展品、展览主题不尽相同,展期不长。

③ 展览会举办的具体期限应视展会种类和需要而定,一般用时为一周或半个月。小型展会也有用时两三天的,一般安排在周末举办。

(4) 办展地点及场所的选择。

① 选择展览会地点时,应考虑展览会的目的及规模的大小,根据参展单位的地理区域来确定。

② 选择承办展览的地点,要着重考虑交通、住宿等环境和条件,还应注意辅助设施是否齐全。

③ 在选择展览场所时要注意,如展出价值高、易失盗或怕日晒雨淋的展品,要选择设计考究、布置精美、陈列有序、安全防盗、不易受损的室内展览场所,而在展出花卉、农产品、工程机械、大型设备产品时,通常选择露天展览场所。

（5）向参展方发邀请函。

① 当展览会的主题、时间和地点确定后，就要向参展的单位发出邀请函，并通过政府、行业组织、媒体向社会广为宣传，通过发邀请函、在传统媒体上发布广告、召开新闻发布会、互联网上发公告等形式，诚邀参展商。

② 不论采取哪种方式，都应该将展览会的主题与宗旨、展出的主要项目、参展单位的范围与条件、举办展览会的时间与地点、报名参展的具体时间与地点、咨询及联络方法、主办单位提供的辅助服务项目、参展单位所应负担的基本费用等如实地告知参展单位，以便对方决定是否参加。

③ 当参展单位的正式名单确定之后，主办单位应该随时与参展方进行细节沟通。

（6）加大宣传力度。为了引起社会各界对展览会的重视，主办方要对展览会进行大力宣传，扩大其影响，要设计展览会的会徽、会标及宣传标语，应成立专门的新闻发布组，向媒体提供新闻资料，扩大影响，着力组织好目标观众、重点观众，增强展览会的效果。

对展览会的宣传，可以采用以下几种方式：

① 举办新闻发布会；
② 邀请新闻界人士到场进行参观采访；
③ 发表有关展览会的新闻稿；
④ 在广播、电视、报纸、杂志、互联网上发布广告；
⑤ 制作有关展览会的宣传广告，在街道、公路两旁或交通工具上悬挂；
⑥ 在展览会现场散发宣传性材料和纪念品；
⑦ 在举办地悬挂彩旗、彩带或横幅；
⑧ 利用升空的彩色气球和飞艇进行宣传。

（7）合理分区，整体规划。要对展览区域进行合理划分，设计制作参展商手册，对展会各项工作做好整体规划，对布展的效果提出要求，使展出的物品合理搭配、互相衬托，烘托展览会主题，做好布展工作。

（8）提供辅助性服务项目。主办方作为展览会的组织者，应为参展单位提供一切必要的辅助性服务项目，包括：

① 介绍展台搭建商，完成展台设计与搭建；
② 联系展会物流服务商，以保证展品的运输与安装；
③ 介绍展会旅游服务商，便于参展单位进行参观、考察等活动；
④ 提供展会票务订购服务，帮助参展、参观单位订购车票、船票或机票；
⑤ 与海关、商检、防疫部门进行协调，便于办理有关证件、证明；
⑥ 商务中心提供电话、传真、计算机、复印机等现代化的通信联络服务；
⑦ 提供举行洽谈会、发布会等商务会议或休息之时所使用的适当场所及服务；
⑧ 提供展览期间所需物品，如桌、椅、电线插板等服务；
⑨ 提供餐饮、住宿服务；
⑩ 提供参展单位所需花卉、纸张等物品服务，以及满足其对礼仪、翻译、讲解、推销等人员的需求。

二、新闻发布会礼仪

新闻发布会，简称"发布会"，是一种主动传播信息，谋求新闻界对某一社会组织或某一活动、事件进行客观公正的报道的有效的传播、沟通方式。

对商界而言，举办新闻发布会，是主动联络、协调与媒体之间关系的一种重要手段，通过媒体发布消息，尽可能地争取扩大信息的传播范围，新闻发布会如图 5-12 所示。

图 5-12 新闻发布会

由于新闻发布会上人物、事件都比较集中，时效性又很强，而且参加发布会免去了预约采访对象、采访时间的一些困扰，所以几乎所有的媒体都将其列为最常参加的媒体活动。

在准备发布会时，要考虑会议的筹备、媒体的邀请、现场的组织、善后的事宜等几个方面的内容。

1. 新闻发布会的筹备

筹备新闻发布会，需要做很多的准备工作，其中最重要的是要做好主题的确定、时间和空间的选择、会场布置、参加人员的确定、材料的准备等具体工作。

（1）主题的确定。新闻发布会要有明确的主题，即新闻发布会的中心议题。主题确定是否得当，直接关系到发布会的预期目标能否实现。

新闻发布会的主题一般有三类：发布某一消息；说明某一活动；解释某一事件。

要围绕主题设立标题。每个新闻发布会都有一个标题，这个标题会打在关于新闻发布会的一切表现形式上，包括请柬、会议资料、会场布置、纪念品等。在选择新闻发布会的标题时，一般需要注意以下几点。

① 避免使用新闻发布会的字样。我国对新闻发布会是有严格申报、审批程序的，对公司、企业而言，并没有必要如此烦琐，所以直接把发布会的名字定义为"××信息发布会"或"××媒体沟通会"即可。

② 最好在发布会的标题中说明发布会的主题内容，如"××企业 2018 新产品信息发布会"。

③ 通常情况下，需要打出会议举办的时间、地点和主办单位，可以在发布会主标题下以稍小文字出现。

就商界组织来说，开业、扩建、合并或者关闭，组织创立的周年纪念日，经营方针发生改变或是推出新举措、新产品、新技术或者新服务，组织的首脑或高级管理人员发生变动，组织遭遇重大事故，被社会误解或者批评等，都可以是新闻发布会的主题。

（2）新闻发布会的时间选择。新闻发布会的时间通常也决定了新闻播出或刊出的时间，因为多数平面媒体刊出新闻的时间是在获得信息的第 2 天。

① 举行新闻发布会的最佳时间，是周一至周四的上午 9 点至 11 点，或是下午的 3 点至 5 点，会议时间控制在 2 小时以内，这样可以保证发布会的现场效果和会后见报效果。

② 正式发言时间不宜过长，一般发言时间不超过 1 小时，要给记者留下充足的时间提问、访问。

③ 需要在当天晚间播出的新闻发布会应该安排在上午。

④ 有一些以晚宴酒会形式举行的重大事件发布，会邀请记者出席，但应把新闻发布的内容安排在最初的阶段，至少保证记者的采访工作可以较早结束，确保媒体次日发稿。

⑤ 在时间选择上要避免与其他新闻发布会撞车，还要避开重要的政治、社会事件，媒体对这些事件的大篇幅报道，会冲淡企业新闻发布会的传播效果。

（3）新闻发布会的地点选择。新闻发布会的地点选择十分重要，场地可以选择户外（如事件发生的现场，便于摄影记者拍照），也可以选择在室内。

① 根据发布会规模的大小，室内发布会可以直接安排在企业的办公场所或者酒店。从企业形象的角度来说，重要的发布会宜选择五星级或四星级酒店。

② 还要考虑地点应交通便利、易于寻找，以及有泊车的场地。举行新闻发布会的现场，应该条件舒适、面积适中。

③ 发布会组织者在寻找新闻发布会的场所时，还必须考虑以下的问题。

a. 会议厅容纳人数、主席台的大小、室内空间大小应该满足电视摄像记者的工作需要，室内装饰最好不要有过多的镜子，以防摄像效果受损。

b. 投影设备、电源、布景、胸部麦克风、远程麦克风、相关服务、住宿、酒品、食物、饮料的提供，价钱是否合理等。

（4）会场的布置。

① 新闻发布会的席位摆放。发布会的席位一般有主席台加下面的桌椅，为教室形摆放。要确定主席台人员，并摆放座席卡，以便记者记录发言人姓名。摆放原则是：职位高者靠前靠中，本单位人靠边靠后。

a. 现在很多会议采用只有主持人位和发言席的主席台，贵宾坐于下面的第一排。

b. 一些非正式、讨论性质的会议是圆桌式摆放。

c. 回字形会议桌的摆放现在也多见，发言人坐在中间，两侧及对面摆放新闻记者座席，这样便于沟通，同时也有利于摄影记者拍照。

d. 注意席位的预留，一般在会议厅后面会准备一些无桌子的座席。

② 环境及场地布置。

a. 酒店外围布置，如酒店外横幅、竖幅、飘空气球、拱形门等，要了解酒店是否允许悬挂，当地市容主管部门是否有限制规定等。

b．进入会场的引导。发布会场地的外围布置需要提前安排，一般在大堂、电梯口、转弯处有导引指示欢迎牌，酒店一般有这项服务。会场最好在入场处设有来宾（包括记者）签到处，可请礼仪小姐迎宾。如果是在企业场所举行发布会，要安排人员引导记者。

c．会场布置。会场布置既要符合新闻性质，又要具有时代感、美感，同时还要注意会场气温、灯光、噪声等因素。新闻发布会现场的主题背景板布置，其内容含主题、会议日期，有的会写上召开城市，颜色、字体注意美观大方，可以企业标志为基准，如图 5-13 所示。

图 5-13　新闻发布会的主题背景板

d．电气设备的配置。最主要的是麦克风和音响设备，一些需要做计算机展示的内容还包括投影仪、笔记本电脑、连线、上网连接设备、投影幕布等，相关设备在发布会前要反复进行调试，保证不出故障。

（5）参加人员的确定。在准备新闻发布会时，主办一方必须精心做好有关人员的安排工作。

① 主持人的确定。按照常规，新闻发布会的主持人应当由主办单位的公关部、办公室负责人担任，其基本条件是：年富力强、仪表堂堂、见多识广、反应灵活、幽默风趣、语言流畅、善于把握大局、引导提问，并且具有丰富的主持会议的经验。

② 发言人的确定。新闻发布会的发言人是会议的主角，代表公司形象，发言人对公众认知会产生重大影响，如果其表现不佳，会影响公司形象。

新闻发言人一般应具备以下条件。

a．是公司的头面人物之一。新闻发言人应该在公司身居要职，有权代表公司讲话。

b．有良好的外形和表达能力。发言人的知识面要广，学识渊博，要有清晰明确的语言表达能力、倾听的能力及反应力，外表整洁，大方得体。

c．有执行计划并加以灵活调整的能力，记忆力强、能言善辩。

d．有现场调控能力，可以充分控制和调动发布会现场的气氛。

e．修养良好、善解人意、彬彬有礼。

③ 确定礼仪接待人员。除了要慎选主持人、发言人之外，还须精选一些本单位的员工，主要负责会议现场的礼仪接待工作，最好是由品行良好、相貌端正、工作负责、善于

交际的年轻女性担任。礼仪接待人员应该举止大方,熟悉发布会程序和服务要求,必要时应该接受专门的培训和彩排,确保发布会的质量。

④ 为了宾主两便,主办单位出席新闻发布会的人员,均须佩戴统一制作的胸卡,其内容包括姓名、单位、部门与职务。

⑤ 参加发布会的人员除了新闻记者以外,还应包括相关领导、客户、同行等。会前应该根据发布会的主要目的拟定详细的邀请名单,并且发出邀请函或请柬。

(6) 礼品的准备。发布会的礼品不必十分贵重,但一定要精致而有特色,便于携带。礼品选择还要符合当地社会习俗,避免礼品及其包装犯忌讳。

(7) 材料的准备。在筹备新闻发布会时,主办单位需要由专人准备好以下4个方面的主要材料。

① 宣传提纲。为了便于新闻界人士在进行宣传报道时抓住要点,主办单位可精心准备一份以有关数据、图片为主的宣传提纲,并且打印出来,在新闻发布会上提供给每一位外来的与会者。在宣传提纲上,通常应列出单位名称及联系电话、传真号码,以供新闻界人士核实之用。有网站的商界单位,还可同时列出本单位的网址。

② 发言提纲。发言提纲是发言人在新闻发布会上进行正式发言时的提要,既要紧扣主题,又必须全面、准确、生动、真实。

③ 问答提纲。在新闻发布会上,通常在发言人进行发言以后,有一个回答记者提问的环节,可以通过双方充分的沟通,增强记者对整个新闻事件的理解以及对背景资料的掌握。为了使发言人在现场正式回答提问时表现自如,不慌不忙,事先要对可能被提问的主要问题进行预测,并做好充分的准备,以便发言人心中有数,做到有问必答。

在发布会的过程中,对于无关或过长的提问可以委婉、有礼貌地制止,对于涉及企业秘密的问题,可以直接、有礼貌地告之是商业机密,也可以委婉作答,不宜采取"无可奉告"的方式。

有些企业喜欢事先安排好媒体提问的问题,以防止媒体问到尖锐、敏感的问题,这种做法不适当。

④ 辅助材料。如条件允许,可在新闻发布会的举办现场准备一些可强化会议效果的视听材料,如图表、照片、实物、模型、录音、录像、影片、幻灯、光盘等,供与会者利用。在会前或者会后,有时也可安排与会者进行一些必要的现场展览、陈列的参观。应当注意的是,切勿弄虚作假,勿泄露商业秘密。

(8) 会议资料袋的准备。发布会主办者提供给媒体的资料,一般是以广告手提袋或文件袋的形式,整理妥当后,按顺序摆放,在新闻发布会前发放给与会的媒体记者。资料的顺序可依次为:

① 会议议程;

② 新闻通稿;

③ 演讲发言稿;

④ 发言人的背景资料介绍(应包括头衔、主要经历、取得成就等);

⑤ 公司宣传册;

⑥ 产品说明资料(如果是关于新产品新闻发布的话);

⑦ 有关图片;
⑧ 纪念品（或纪念品领用票券）;
⑨ 企业新闻负责人名片（新闻发布会后进一步采访，新闻发表后寄达联络）;
⑩ 空白信笺、笔（便于记者记录）。

(9) 其他物品的准备。发布会之前要排好座次，摆好名牌，制作胸卡或工作证件，准备嘉宾戴的胸花，准备签到簿，以及"请赐名片"的盒子等。这些细枝末节的工作都要求做得细致周到，符合礼仪规范。

2. 新闻发布会对记者的邀请

邀请媒体要注重技巧，既要吸引记者参加，又不能过多透露将要发布的新闻。

(1) 人数适中、关系密切为好。在媒体邀请的密度上，既不能过多，也不能过少。一般应该邀请与本单位联系比较紧密的商业领域记者参加，并考虑同时邀请平面媒体记者与摄影记者。

(2) 提前相邀，方式适当。邀请的时间一般以提前一至两周为宜，发布会前一天可做适当的提醒。联系比较多的媒体记者可以直接采取电话邀请的方式，相对不是很熟悉的媒体，或发布的内容比较严肃、庄重时，可采取书面邀请函的方式。

(3) 不透露主要新闻。适当地制造悬念可以吸引记者对新闻发布会的兴趣。"在第一时间报道出去"的想法促使许多媒体抓新闻，如果事先就透露出去，就使"新闻资源已被破坏"，记者的热情会大大减弱。

(4) 邀请准确。在邀请记者的过程中必须注意，一定要邀请新闻记者，而不能邀请媒体的广告业务部门的人员。有时，媒体广告人员希望借助发布会的时机进行业务联系，并做出也可帮助发稿的承诺，此时也必须进行回绝。

3. 新闻发布会主持人、发言人的礼仪

在新闻发布会正式举行的过程中，往往会出现种种不确定的难题。要应付这些难题，确保新闻发布会的顺利进行，除了要求主办单位的全体人员齐心协力、密切合作之外，最重要的，是要求代表主办单位出面的主持人、发言人，要善于沉着应变，把握会议的全局。为此，特别要求主持人、发言人在新闻发布会举行之际，牢记下述两个礼仪要点。

(1) 彼此相互配合。主持人与发言人之间的默契配合必不可少。要真正做好相互配合，就必须做到分工明确和彼此支持。

① 分工明确。在新闻发布会上，主持人要做的，主要是主持会议、引导提问；发言人要做的，主要是主题发言、答复提问。若发言人不止一人，事先必须进行内部分工。

② 彼此支持。在新闻发布会进行期间，主持人与发言人必须保持一致的口径，不能相互拆台。当新闻界人士提出的某些问题过于尖锐或难于回答时，主持人要想方设法转移话题，不使发言人难堪，而当主持人邀请某位新闻记者提问后，发言人要予以适当的回答，不然，对记者、对主持人都是非常失礼的。

(2) 把握分寸。在新闻发布会上，主持人、发言人应做到下列几点。

① 提供新闻。在不违法、不泄密的前提下，要善于满足记者的要求，至少，也要在

讲话中善于表达自己的独到见解。

② 简明扼要。发言人发言及回答问题，都要条理清楚、重点集中，不要卖弄口才、口若悬河。

③ 温文尔雅。新闻记者在新闻发布会上经常会提出一些尖锐的问题，遇到这种情况时，发言人能答则答，不要对对方恶语相加，甚至粗暴地打断对方的提问。

④ 灵活生动。要适当地采用一些幽默风趣的语言以及巧妙的典故，来对待冷场或者冲突爆发。

4. 新闻发布会程序及礼仪规范

（1）报到。由礼仪人员和工作人员组织与会嘉宾签到、领取资料和纪念品，引导其就座。

（2）会议正式开始。

① 由主持人宣布会议开始，简要说明召集会议的目的及所要发布信息的背景情况。

② 发言人代表主办者致辞，发布有关信息，应该注意自己的仪表修饰和言行举止。按照惯例，主持人和发言人如果是女士，要化淡妆，穿单色套裙、肉色丝袜、高跟皮鞋，不宜佩戴首饰；如果是男士，则应穿深色西服套装、白色衬衫、领带、黑袜、黑鞋，神态端庄自如、亲切和蔼、语言流畅、吐字清晰。

（3）答记者问。根据事先准备的回答提纲，应有礼貌地回答记者提问，发言人在回答问题时不要随意打断记者的发言和提问，也不能以各种表情、动作表示不满，对各方记者要一视同仁，不可厚此薄彼。

（4）接受重点采访。根据新闻发布会的要求，发言人接受重点采访，再次强化召开发布会的目的和意义。

（5）发布会结束，礼送嘉宾。

5. 发布会后续工作和礼仪要求

新闻发布会举行完毕之后，主办单位需要在一定的时间内进行认真评估。一般而言，需要认真处理的事情有以下3项。

（1）了解新闻界的反应。新闻发布会结束之后，应核对来宾签到簿与邀请名单，核查一下新闻界人士的到会情况。据此可大致推断出新闻界对本单位的重视程度。还要了解与会者对这次新闻发布会的意见或建议，以及与会的新闻界人士的发稿情况。

（2）整理保存会议资料。需要认真整理、保存的新闻发布会的有关资料，可以分为两类。

① 会议本身的图文声像资料。

② 新闻媒介有关会议报道的资料。主要包括在电视、报纸、广播、杂志及网络上公开发表的这次新闻发布会的通信、评论、图片、消息等，包括有利的、不利的、中性的报道三类。

（3）审慎对待不利报道。在总结了会议的经验，搜集、研究了相关报道之后，对于不利报道，特别要注意具体分析，具体对待。

① 对于批评性报道，应虚心接受，闻过则改；

② 对于失实性报道，应通过适当途径加以解释、消除误解；

③ 对于敌视性报道，则应在讲究策略、方式的前提下据理力争，尽量挽回声誉。

三、茶话会礼仪

茶话会是我国传统的聚会方式，是一种较为简便的招待形式。社会组织为了沟通信息、联络感情、庆祝节日等经常举办茶话会。

茶话会除了应备有足够茶水以外，还应备有糖果、糕点、瓜子、水果等。因其备有茶点，且以参加者不拘形式地自由发言活动为主，故称为茶话会，有的时候，也有人将其简称为"茶会"。

在商界，茶话会还有另外一个名称，即"商界务虚会"，它是商界组织联络老朋友、结交新朋友的具有对外联络和招待性质的社交性聚会。茶话会在表面上是"以茶会友"，但实际上是借机与社会各界沟通信息、交流观点、听取意见、增进联络，为本单位实现公关目标，创造良好环境的一种商务活动。茶话会如图5-14所示。

图5-14 茶话会

茶话会的礼仪主要涉及会议的主题、来宾的确定、时空的选择、座次的安排、茶点的准备、会议的议程和现场的发言等几个方面。与洽谈会、发布会等其他类型的商务交往活动相比，茶话会的社交色彩最为浓重，因此，在召开茶话会时，所应遵守的礼仪规范也有其自身的特点。

1. 茶话会准备的礼仪

茶话会礼仪，在商务礼仪之中特指有关商界单位在召开茶话会时所应遵守的礼仪规范。通常来讲，组织一次成功的茶话会，在准备时有以下几项礼仪要求。

（1）确定主题。茶话会的主题，特指茶话会的中心议题。在一般情况下，商界所召开的茶话会，根据其不同的目的，可以大致分为以下几类。

① 以专题为主题的茶话会。即指在某一特定的时刻，或为了某些专门的问题而召开的茶话会。其主要内容，是就某一专门问题搜集反馈，听取专业人士的见解，或与有特定关系的人士进行对话。尽管主题既定，但倡导与会者畅所欲言。为了促使茶话会进行得轻

松而活跃，有些时候允许与会者的发言有稍许跑题。

② 以联谊为主题的茶话会。在为了联络友谊而举办的这类茶话会上，宾主通过叙旧与答谢，往往可以增进相互之间的进一步了解，密切彼此之间的关系。发言可以是祝贺、发感慨、谈感想、做总结、提建议、谈远景，也可以吟诗作唱，畅叙友谊，无固定模式，气氛也比较活跃、轻松、自由，除此之外，还为与会的社会各界人士提供了一个扩大社交圈的良好契机。

③ 以娱乐为主题的茶话会。即在茶话会上有一些文娱节目或活动，这些文娱节目或活动，往往不需要事先进行专门的安排与排练，而是以现场的自由参加与即兴表演为主，不必刻意追求表演水平有多高，主要是为了活跃现场的局面，增加热烈而喜庆的气氛，调动与会者人人参与的积极性，强调重在参与、尽兴而已。

商务人士在确定召开一次茶话会之后，一定要根据召开茶话会的不同目的而确定其主题，以保证茶话会的成功举办。

（2）确定与会者。主办单位在筹办茶话会时，必须围绕其主题来确定与会人员，尤其是确定主要的与会者。在一般情况下，茶话会的主要与会者可包括下面几方面人士。

① 本单位的顾问。邀请本单位的顾问，意在表达对专家、学者、教授的敬意。他们对本单位贡献大，特意邀请他们与会，既表示了对他们的尊敬与重视，也可以进一步地向其咨询，并听取其建议。

② 本单位代表。以本单位代表为主要与会者的茶话会，意在沟通信息，通报情况，听取建议，嘉勉先进，总结工作，又叫"内部茶话会"。

③ 合作伙伴。在此特指在商务往来中与本单位存在着一定联系的单位或个人，除了协作者之外，还应包括与本单位存在着供、产、销等其他关系者。以合作的伙伴为主要与会者的茶话会，意在向与会者表达谢意，加深彼此之间的理解与信任。这种茶话会，有时也称"联谊会"。

④ 社会知名人士。指在社会上拥有一定的才能、德行与声望的各界人士，他们不仅在社会上具有一定的影响力、号召力和社会威望，而且还往往是某一方面的代言人。邀请社会知名人士参加的茶话会，可使本单位人员与知名人士直接交流，加深对方对本单位的了解与好感，并且倾听社会各界对本单位的意见或反映。

⑤ 其他各方面人士。有些茶话会，往往会邀请各行各业的人士参加，这种茶话会通常叫"综合茶话会"。以各方面的人士为主要与会者的茶话会，除了可供主办单位传递必要的信息外，主要是为与会者创造出一个扩大个人交际面的社交机会。

茶话会的与会者名单一经确定，应立即以请柬的形式向对方发出正式邀请。按惯例，茶话会的请柬应在茶话会开始前半个月送达或寄达被邀请者手中，便于与会者准备。

（3）确定时间。茶话会的举办时间应慎重确定，主要围绕三方面考虑。

① 举行时机。举行茶话会的时机很重要，唯有时机选择得当，茶话会才会产生应有的效果。通常认为，重大节日之前、辞旧迎新之时、周年庆典之际、重大决策的前后、遭遇危险挫折之时，都是商界单位酌情召开茶话会的良机。

② 举行的具体时间。根据国际惯例，举行茶话会最为合适的时间是下午4点钟左右，有些时候，也可将其安排在上午10点钟左右。需要说明的是，在进行具体操作时，可不

必墨守成规，而主要应以与会者的方便以及当地人的生活习惯为准。

③ 举行的时间长短。茶话会时间可长可短，一次茶话会到底举行多久，可由主持人在会上随机应变，灵活掌握。举行的时间长短关键是要看现场发言是否踊跃，若与会者发言踊跃，主办方可适当延长时间。在一般情况下，将茶话会的时间限定在两个小时之内，效果往往是最好的。

（4）确定地点。茶话会既然以沟通信息、交流经验、听取意见、总结工作为主，就不必像一般大中型会议一样，必须在正规的会议厅召开。

① 适合举行茶话会的场地大致有以下几种。

a. 主办单位的会议厅。

b. 主办单位负责人的私家客厅、私家庭院或露天花园。

c. 宾馆的多功能厅。

d. 高档的营业性茶楼或茶室。

② 不宜选择餐厅、歌厅、酒吧等场所举办茶话会。

③ 在选择茶话会的具体地点时，还要考虑与会人数、支出费用、周边环境、交通安全、服务质量、档次声誉等问题。

（5）座次安排。茶话会座次的安排，必须与茶话会的主题相适应。根据惯例，在安排茶话会与会者的具体座次时，主要采取以下4种办法。

① 环绕式。环绕式排位不设主席台，而将座椅、沙发、茶几摆放在会场的四周，不明确座次的尊卑，与会者在入场之后自由就座。这一方式，与茶话会的主题最相符。

② 圆桌式。圆桌式排位，指的是在会场上摆放圆桌，请与会者自由就座。圆桌式排位又分为下列两种。

a. 仅在会场中央安放一个大型的椭圆形会议桌，请与会者在其周围就座。

b. 在会场上安放数张圆桌，请与会者自由组合就座。

③ 主席式。茶话会上的主席式不摆主席台，而是指在会场上，主持人、主人与主宾被有意识地安排在一起就座，并且按照常规，居于上座。

④ 散座式。多见于在室外举行的茶话会，茶话会上座椅、沙发、茶几无序摆放，自由地组合，可由与会者根据个人要求自行调节，随意安置，创造出一种宽松、舒适、惬意的社交环境。

（6）会场的布置。茶话会的会场布置要尽量雅致一些，鲜花能在会场上起到画龙点睛的作用。与庆功会、表彰会不同，茶话会的会场应设颜色淡雅、品质高贵的花，以天堂鸟、兰花、百合、文竹为宜，让来宾感到清新、雅致。

（7）预备茶点。茶话会不提供主食和菜品，只向与会者提供茶点。在准备中要讲究如下几点。

① 茶叶的准备。对于用以待客的茶叶与茶具，务必精心准备。选择茶叶时，应尽力挑选上等品，切勿滥竽充数，可根据地域民俗多准备几种茶叶。

小资料

茶是中华民族的"国饮"，位于世界三大饮料（茶、可可、咖啡）之首。茶含有对人体有益的多种元素，具有提神、清心、解毒、健胃等多种功能。

我国的茶叶品种繁多，大体上可归纳为几大类。

（1）绿茶。较为著名的绿茶有龙井茶、碧螺春茶、六安瓜片茶、蒙顶茶、君山针叶茶、黄山毛峰茶、庐山云雾茶等。

（2）红茶。驰名中外的有安徽的"祁红"、云南的"滇红"和广东的"英红"。

（3）乌龙茶。较为著名的有福建武夷岩茶、乌龙茶、黄金桂茶，安溪的铁观音茶，广东的凤凰单丛茶。

（4）白茶。其中以白毫银针、白牡丹为珍品。

（5）花茶。是以鲜花窨制茶叶而成的再加工茶，这是我国的特产。其主要种类有茉莉花茶、珠兰花茶、玉兰花茶、玫瑰花茶等。

② 茶具的准备。在选择茶具时，最好用陶瓷器皿，并且讲究茶杯、茶碗、茶壶成套，千万不要采用玻璃杯、塑料杯、搪瓷杯、不锈钢杯或纸杯，也不要用热水瓶来代替茶壶。所有的茶具一定要清洗干净，并且完整无损，没有污垢。

③ 点心和水果。除了主要供应茶水之外，在茶话会上还可以为与会者略备一些点心、水果或是地方风味小吃。需要注意的是，在茶话会上向与会者所供应的点心、水果或地方风味小吃，品种要对路，数量要充足，并且要便于取食。

按照惯例，茶话会后，主办单位通常不再为与会者备餐。

2. 茶话会的议程和发言礼仪

（1）茶话会的议程。茶话会的议程，在各类商务性会议中，可以称得上是最为简单的了。在正常的情况下，商界所举办的茶话会的主要议程，大体只有以下几项。

① 宣布茶话会正式开始。由主持人宣布茶话会正式开始，在宣布茶话会正式开始之前，主持人应当提请与会者各就各位，并且保持安静。在宣布正式开始之后，主持人还可对主要的与会者略加介绍。

② 主办单位负责人讲话。主办单位主要负责人的讲话，应以阐明这次茶话会的主题为中心内容。除此之外，还可以代表主办单位，对全体与会者的到来表示欢迎与感谢，并且恳请大家今后一如既往地给予本单位以更多的理解，更大的支持。

③ 与会者发言。与会者的发言是茶话会的重点。为了确保与会者在发言中直言不讳、畅所欲言，通常，主办单位事先均不对发言者进行指定与排序，也不限制发言的具体时间，而是提倡与会者自由地进行发言。有时，与会者在同一次茶话会上，还可以数次进行发言，以不断补充、完善自己的见解及主张。

④ 自由交谈。安排一定的时间，便于与会者自由交谈、沟通。以联谊为主题的茶话会，可以引导与会者即兴吟诗作唱，畅叙友谊。

⑤ 文娱表演及活动。如果是以娱乐为主题的茶话会，可引导与会者即兴表演文娱节目，以及参与文娱活动。

⑥ 茶话会结束。在茶话会结束之前，主持人可略做总结，随后，即可宣布茶话会结束并散会。

（2）发言的礼仪。与会者的现场发言，在茶话会上举足轻重。假如在一次茶话会上没有人踊跃发言，或者是与会者的发言严重跑题，都会导致茶话会最终失败。

根据会务礼仪的规范，茶话会的现场发言要想得到真正的成功，重点在于主持人的引导得法和与会者的发言得体。

① 主持人的引导。在茶话会上，主持人要在会议过程中审时度势、因势利导地引导与会者发言，并且有力地控制会议的全局。

  a. 在众人争相发言时，应由主持人决定发言次序；
  b. 当无人发言时，应由主持人引出新的话题，求教与会者，或由其恳请某位人士发言；
  c. 当与会者之间发生争执时，应由主持人出面劝阻；
  d. 在每位与会者发言之前，可由主持人对其略做介绍；
  e. 在与会者发言的前后，应由主持人带头鼓掌致意；
  f. 万一有人发言严重跑题或言辞不当，还应由主持人出面转换话题。

② 与会者的发言礼仪。与会者在茶话会上发言时，其表现应有礼貌：

  a. 在要求发言时，可举手示意，同时也要注意谦让，不与人进行争抢；
  b. 不论自己有何高见，不打断他人的发言；
  c. 在进行发言的过程中，语速适中，口齿清晰，神态自然，用语文明；
  d. 肯定成绩时，一定要实事求是，力戒阿谀奉承；
  e. 提出批评时，态度要友善，切勿夸大事实；
  f. 与其他发言者意见不合时，要保持风度。

3. 参加茶话会的礼仪

（1）注意仪表。正式茶话会简便易行，在服饰上没有严格规定或特殊要求，但要注意仪容，做到服饰整洁、得体。

（2）准时到会。准时到会是商务人员最基本的准则，应按照邀请函上规定的出席时间准时到达现场，最好提前几分钟到达。迟到、早退都是对举办方、组织者的不尊重。

（3）积极参与。在茶话会自由交谈时不要独坐一隅，纹丝不动，应与左右交谈，尽快找到共同的话题，打破僵局，融洽气氛。如果是以联谊为主题的茶话会，要积极参与文娱表演和娱乐活动。

【任务实战】

参加商务展会应遵循哪些礼仪规范

一、商务展会工作人员的礼仪

商务展会的主办方工作人员应有的礼仪主要有以下几个方面。

（1）注意仪表形象，穿着要庄重，举止要文雅。
（2）要与各参展单位搞好关系，做好各项服务工作。
（3）对既定的展期、展位、收费标准等不能随意变动。
（4）主持人应表现得庄重、诚恳、热心，增强公众对展览会和产品的信赖感。

二、参展单位商务人员的礼仪

参展单位商务人员必须特别注重整体形象、礼貌待客、解说技巧这3个方面的礼仪规范。

（1）要努力维护整体形象。在参展时，参展单位的整体形象直接映入观众的眼帘，形成第一印象，对参展的成败影响极大，因此要努力维护整体形象。总体来说，参展单位的整体形象，主要由商务人员的形象与展示物的形象两部分构成。

① 商务人员的形象。主要指在展览会上直接代表参展单位的商务人员的形象，包括仪容、服饰、言谈、举止。

a. 参展人员不应佩戴首饰，男士应修整仪容，女士应化淡妆。

b. 应统一着装，如本单位的制服或特意为展览会制作的会务装，同时应佩戴胸卡。

c. 在大型的展览会上，礼仪小姐应身着旗袍，并披有参展单位或主打展品名的绶带，如图5-15所示。

图5-15 展会服务礼仪小姐

② 展示物的形象。主要由展品的外观与质量、展品陈列、展位的布置、发放的资料等构成。

a. 用以展览的展品，外观上要力求完美无缺，质量上要优良，陈列上要美观、有主次，布置上要兼顾主题的突出与观众的注意力。

b. 在展览会上向观众发放的资料，要印刷精美、图文并茂、信息丰富，注明参展单位的主要联络方式，如销售部门的电话、传真以及电子邮箱等。

（2）举止得体。商务人员代表公司参与展会，应按展会要求去做，遵守进场和退场的时间，要做到举止得体、大方，迎接参观者时，身体姿态要符合礼仪规范，始终面带微笑，保持充沛的精力，展现坦然和自信的面貌。

（3）要时时注意礼貌待客。

① 在展览会上，参展单位的商务人员必须热情而竭诚地为参观者服务，时时处处礼

貌待客。展览会一开始，商务人员就应各就各位，站立迎宾；当观众走近展位时，商务人员要面带微笑，主动向对方说："您好！欢迎光临！"打出手势说："请您参观。"

② 当观众参观时，商务人员可站在一旁，随时解答咨询，也可任由观众参观，不加干扰，但须"眼观六路耳听八方"，注意观察，随时提供服务。假如观众较多，尤其是接待团队时，商务人员也可在左前方引导观众进行参观。对于观众所提出的问题，商务人员要认真做出回答。观众离去时，商务人员应当真诚地向对方鞠躬，并表示"谢谢光临！""再见！"

③ 参展人员在与他人交谈时，用语要文明、有礼貌，不可边嚼口香糖边与客人洽谈业务；介绍展品时要声音洪亮、口齿清晰、语速适中，还要真诚、实事求是，不可夸大产品功效，向观众传递虚假信息。

（4）要善于运用解说技巧。在展览会上，解说要因人而异，使其具有针对性。要突出本单位展品的特色，以客户利益为重，着重强调展品的主要特征与主要优点，以及强调"人无我有""人有我优""人优我新"，在必要时，还可邀请观众亲自体验，或由商务人员为其进行现场示范。还可安排观众观看与展品相关的影视片，并向其提供说明材料与单位名片。

项目小结

本项目主要介绍了会议的基本礼仪，以及商界常见的展览会、新闻发布会、茶话会礼仪。通过两项任务，帮助同学们掌握商务人员参加会议应遵循的礼仪规范，以及参加展览会的礼仪规范，为今后在工作中遵守会议礼仪打下基础。

自检内容

1. 会议的筹备工作包括哪些？
2. 商务展览会的筹备工作包括哪些？
3. 代表商家参与展览会时要注意什么礼节？
4. 如何筹备新闻发布会？
5. 参加茶话会时的发言该如何遵循礼仪规范？

能力培养与训练 5

一、能力培养目标

（1）巩固所学会议基本礼仪、常见的商务会议礼仪方面的知识。

（2）掌握参加展览会的礼仪，初步具备筹备展览会的能力。

（3）对新闻发布会、茶话会的筹备、组织等具体工作的礼仪规范有所掌握，并能够做好各项具体工作。

二、思考与训练

1. 判断题

（1）选择会议场地，应宽敞为好，以显得大气。（　　）

（2）与会者之间需要讨论、交流，可采用教室形式的座席布置。（　　）

（3）在展出花卉、农产品、工程机械产品时，宜选择室内展览场所。（　　）

2. 单选题

（1）在商务性会议中，商务色彩最为淡薄的是（　　）。

　　A．新闻发布会　　　　　　B．赞助会
　　C．展览会　　　　　　　　D．茶话会

（2）为了使与会者感到亲切、平等，能清楚地看到其他人，有利于互相交换意见，会场座席布置时应该选择（　　）。

　　A．回字形　　　　　　　　B．长方形
　　C．圆桌形　　　　　　　　D．教室形

（3）商业企业举行新闻发布会的最佳时间是（　　）。

　　A．周一至周四的下午1点至3点　　B．周一至周四的上午9点至11点
　　C．周五的上午9点至11点　　　　 D．周六的上午9点至11点

3. 多选题

（1）主席台上的座次是按照人员的职务、社会地位进行排列的，排列原则为（　　）。

　　A．前排高于后排　　　　　　B．中间高于两边
　　C．行政会议以右为尊　　　　D．党务会议以右为尊

（2）选择商务会议的会场，要根据与会人数和会议内容来综合考虑，要注意（　　）。

　　A．大小适中　　　　　　　　B．地点合理
　　C．会场设施齐全　　　　　　D．有停车场

（3）召开新闻发布会，对记者的邀请要考虑（　　）。

　　A．人数适中，关系密切为好　　B．提前相邀，方式适当
　　C．可先透露主要新闻　　　　　D．邀请准确

三、案例分析

案例分析 5-1

发放会议资料的学问

大海石化股份有限公司董事会召开会议，讨论从国外引进化工生产设备的问题。办公室的张强负责为与会董事准备会议所需的文件资料。因有多家国外公司竞标，所以材料很多，由于时间仓促，张强就为每位董事准备了一个文件夹，将所有材料放入文件夹内。

有三位董事在会前回复说将有事不能参加会议，于是张强就未为他们准备资料。不料，

正式开会时其中的二位又赶了回来,结果,会上有的董事因没有资料可看而无法发表意见,有的董事面对一大摞资料一时找不到想看的,从而影响了会议的进度。

分析讨论:你知道应如何发放资料才能避免这类事件的发生吗?

分析提示:按照预计的人数准备资料,先作为备用,有备无患,可避免此类事情的发生。

案例分析 5-2

他坐错了吗

小王是大学毕业生,刚进入一家外贸公司工作,在一次大型商务活动中,上司派他接待一位德国客户。在正式的贸易会谈时,小王自恃客户对他流利的德语和丰富的知识比较欣赏,就自然地坐在客户身边,没有注意到德国客户的翻译就在身后。公司领导向小王示意但他不知何意,领导只好命令他坐回自己该坐的位置。众目睽睽之下,小王无比尴尬。

案例讨论:小王犯了什么错误?他应该坐在哪里?

案例分析 5-3

富商的选择

上海的一个展览馆正在举行规模宏大的全球汽车展览。这次展览吸引了全国各地的人们蜂拥而来,希望能选购到物美价廉的汽车。一位年长的来自深圳的富商,便衣简从,也来到展览会上,他已经做了一些前期的了解,这次来,准备通过实地的体验,并且在大型车展厂商价格优惠的情况下从这里选购一辆豪华汽车。他停在一辆豪华轿车前,认真仔细地研究起来。

这家豪华车厂商的服务人员是一位年轻貌美、气质高雅的小姐。她超凡脱俗,站在一旁,面带职业性的微笑,看着一群群对着豪华车啧啧有声的参观者。自然,她不可能对一个普通的老人给予过多的关注,所以当这位年长的富商向她走过来询问一些有关车的详细问题时,她以一种很优雅的动作为富商拿了一份印刷精美的介绍图册,富商接过这份印刷品时皱起了眉头,然后走开了。

富商继续参观,到了另一个展台陈列的豪华车前,这个展台前参观的人较少,这次他受到了一个年轻的专业服务人员的热情接待。这位服务人员脸上挂满了欢迎的微笑,那微笑就像阳光一样灿烂,富商顿时觉得温暖。而且当他又一次询问一些专业的问题时,他得到了相当周到的专业回答——从各种豪华车品牌,到性能和价格,尤其是自己所推介的品牌,这位服务人员讲解得十分清楚。当其他参观者凑过来听时,他也尽量与其他参观者交流。尽管花费了他不少的时间,但他脸上一点也没有不耐烦的表情,始终洋溢着真诚的微笑。

富商被他的微笑所感染,更被他所介绍品牌的豪华车的品质和价格所吸引,毫不犹豫地签了一张 100 万元的支票作为定金,买下一辆该品牌的豪华车。

分析讨论:

(1)前一个厂商的展览会礼仪人员存在哪些缺点?

(2)第二个展台的服务人员有哪些可取之处?

四、实操训练

实操训练 5-1

公司第一次会议

训练内容：公司会议的开始过程。

训练背景：

5月10日上午9：00，公司第一次会议开始，与会者进入会场签到，负责签到的工作人员是小陈。

出席本次会议的主要有：总经理吴××、副总经理郭××、商务执行经理宋××、人事经理刘××、李秘书，两位代理商王××、韩××及其助理。

公司主要部门成员也出席了会议。会议由吴总经理主持，他先把两位代理商介绍给大家，再发言致欢迎辞，会议由李秘书负责记录，会场工作人员小陈负责发放会议资料，同时负责倒茶等后勤服务工作。

训练组织：

（1）由班内同学自愿报名参加，可以选择9人，扮演人物角色。
（2）其他同学一部分为本公司主要部门成员，一部分为观察评论员。

训练提示：

训练应注重会议礼仪中的签到、引导、座次、介绍、奉茶等。

实操训练 5-2

举办以联谊为主题的茶话会

训练内容：以激励员工和增进员工感情为主题的茶话会。

训练背景：某商贸公司在2017年取得了可喜的销售成果，临近年末，公司决定举办一场以激励员工和增进员工感情为主题的茶话会，由办公室负责筹备工作，并组织实施。

训练组织：

（1）以小组为单位，自拟商贸公司的办公室，提交本次茶话会策划方案。
（2）具体由哪一组来模拟实施本公司的策划方案，由各小组代表抽签来决定。
（3）教师和学生准备茶话会所需物品，以使训练尽可能接近现实。

训练提示：可参考一些成功的茶话会的策划方案。

五、拓展训练

1. 观看录像

观摩一次新闻发布会或展览会的录像资料，说出他们的流程、工作人员，以及参会人员的礼仪要点。

2. 社会实践活动

组织学生实地参观当地召开的展览会，观察参展商的展会准备工作、宣传力度、展会工作人员的礼仪等。

项目 6　商务谈判礼仪

谈判是实力与智慧的较量，学识与口才的较量，魅力与演技的较量。

【项目目标】

❖ 知识目标：
1. 了解商务谈判礼仪的特征；明确商务谈判礼仪的原则和作用。
2. 掌握并能施行商务谈判人员的基本礼仪。
3. 熟悉商务谈判的一般程序；掌握商务谈判过程中的礼仪。

❖ 能力目标：
能理解并运用商务谈判礼仪的原则，学会施行商务谈判的基本礼仪，为今后在商务谈判过程中能够施行礼仪，实现谈判目标打下基础。

❖ 素质目标：
培养学生具有从事商务谈判活动的礼仪风范，逐步形成举止优雅、谈吐文明、合作友善、互利双赢的商务谈判人士的职业素养。

【项目导入】

商务谈判，是主要的商业活动之一，是指在商务交往中，存在着某种关联的有关各方，为了保持接触、建立联系、进行合作、达成交易、拟定协议、签署合同、要求索赔，或是为了处理争端、消除分歧，而坐在一起进行面对面的讨论与协商，以求达成某种程度上的妥协。

在商务谈判中，展现良好的谈判礼仪素养，是获得商务谈判成功的基本保证。商务人员遵循商务谈判礼仪，一方面可以规范自己的言行举止，表现出良好的礼仪素养；另一方面可以更好地向对方表达尊敬、友好之意，增进双方的情感和信任。因此，商务谈判人员应从自身做起，遵循商务谈判礼仪规范，在商务谈判活动中给对方留下良好的第一印象，形成和谐的谈判氛围，使谈判在相互尊重、相互理解的气氛中进行，最终实现谈判的目标。

项目 6 商务谈判礼仪

导入案例

着装与谈判

在一次中国某企业向德国某公司出口产品的谈判中,中方人员提前 10 分钟到达了会议室,当德国客人到达时,中方全体人员起立,鼓掌欢迎。德方人员穿着正式,男士均西装革履,女士都身穿职业装。而中方人员中,只有经理和翻译身穿西装,其他人员有穿夹克衫的,有穿牛仔服的。此时德方人员没有愉悦的表情,而且原定一上午的谈判日程,半个小时就结束了,德方人员匆匆离去。

案例分析:中方人员提前 10 分钟到达会议室,可见中方比较重视这次谈判;在德方人员到达时全体起立,鼓掌欢迎,也很有礼。但是造成德方人员的不愉快的原因,出在中方代表的着装上。在德方看来,这么重要的谈判,中方人员穿着这么随意,这是不尊重德方人员,而且也不重视这次合作的表现,由此心中产生不快,提早结束了谈判。

任务 1 认知谈判礼仪的特征、原则及作用

在商务活动中,为了达成某项协议,满足各方要求,有关方面经常要进行谈判活动。要在平等、友好、互利的基础上消除分歧,达成一致意见,必须注重谈判中的礼仪。

商务谈判礼仪是商务礼仪在谈判活动中的运用,是指人们在进行商务谈判活动中应遵循的一系列行为规范。

大凡正规、正式的谈判,都是很注重礼仪的,绝大多数正式的商务谈判,本身就是按照一系列约定俗成的礼仪程序进行的。

一、商务谈判礼仪的特征

随着知识经济和信息技术的快速发展,现代商务环境的变化越来越大,商务交流的手段越来越多,商务谈判礼仪也出现了一些不同于以往的新特点。

(1)规范性。在商务谈判中,突出体现了商务谈判礼仪的规范性。从谈判人员的服饰、举止、语言及非语言表达,到谈判的座次、谈判中的态度、谈判达成协议的文本等都有着一定之规,不得随意为之。自觉遵循商务谈判礼仪规范,就会给谈判开个好头,使谈判有礼有节,直至达成友好合作之意愿。

(2) 普遍性。"商界无处不洽谈"是商务人士的一句格言，许多商家通过谈判为自己开辟了一条通往成功的道路。当今社会经济飞速发展，商务活动遍布社会各个角落，无论是组织还是个人，在各种商务活动中，都要遵循商务谈判礼仪。商务谈判礼仪无处不在，具有很强的普遍性。

(3) 差异性。从事商务活动的主、客体，在层出不穷的新产品、新技术、新服务项目中，运用现代化信息技术进行商务沟通、洽谈，这其中，还有着不同地区、不同礼俗、不同文化背景等诸多因素存在，而且交易环境、交易人群、交易方式都存在差异，因此，商务谈判礼仪就具有很强的差异性。在商务活动中，一定要结合具体情况，因地制宜、因对方而异，恰到好处地施行商务谈判礼仪。

(4) 技巧性。商务谈判礼仪规范具有很强的操作性，这种操作要讲技巧。例如，在商务谈判中要讲究提问的技巧、语言表达的技巧等。

(5) 发展性。时代在发展，社会在进步，商务谈判礼仪也在随着社会的进步而不断发展。20 世纪七八十年代，人们一般通过电报、传真、信件等传递各种商务信息，而在今天，人们则通过互联网、电子邮件、电话等来传递信息，商务谈判礼仪也在随着时代的进步而发展。

二、商务谈判礼仪的原则

商务谈判礼仪原则，是商务人员在数年的商务谈判实践中，总结成功经验，归结核心要旨形成的原则，是商务谈判人员应该遵守的共同法则。商务人员要在纷繁复杂的谈判中获得成功，就要掌握商务谈判礼仪的基本原则。

(1) 尊敬原则。"敬人者，人恒敬之"。商务人员在商务谈判中，应始终坚持尊敬的原则，尊敬谈判对手，尊敬客户，尊敬接待、服务人员，尊敬所有谈判活动中接触到的人。同时做到入乡随俗，尊重他人的喜好与禁忌。

(2) 真诚原则。商务谈判人员应本着"合作、共赢"的宗旨，与谈判对手以诚相待，不搞欺骗、狡诈、坑蒙等行为，对事不对人，真诚对待谈判对方。

(3) 谦和原则。谦和即谦虚、随和、和善。谦和不仅是一种美德，更是谈判成功的重要条件。谦和，在谈判中表现为平易近人、热情大方，善于与谈判对手交换意见，乐于听取对方的意见，显示出虚怀若谷的胸襟，因而对谈判对手具有很强的吸引力。当然，不能过分地谦虚、无原则地妥协和退让，更不是妄自菲薄。

(4) 宽容原则。宽容就是心胸坦荡、豁达大度，能设身处地地为对方着想，谅解对方的过失，有很强的容纳意识和自控能力。从事商务谈判，要求宽以待人，在谈判过程中保持豁达大度的品格或态度。遵循宽容原则，善解人意，体谅对方，才能正确对待和处理好各种纷争，获得谈判的成功。

(5) 适度原则。所谓适度，就是要注意感情适度、谈吐适度、举止适度。在商务谈判中，善于把握分寸和尺度，便会取得理想的结果，既彬彬有礼，又不低三下四；既热情大方，又不轻浮。只有这样才能真正赢得对方的尊重，实现谈判的目的。

三、商务谈判礼仪的作用

商务谈判礼仪在商务谈判活动中有着不可或缺的重要作用。

（1）规范谈判人员行为。商务礼仪最基本的功能就是规范人们在商务活动中的行为。商务谈判礼仪也是如此，起到规范商务谈判人员行为的作用。在商务谈判中，谈判各方相互影响、相互合作，只有遵循一定的规范，才能奠定协作的基础。遵循商务谈判礼仪规范，能够体现商务谈判人员的礼仪风貌，使谈判顺利进行。

（2）传递尊敬、友善、合作等信息。在谈判中遵循谈判礼仪规范，可以向对方表达尊敬、友善、真诚等情感，获得对方的好感、信任，进而有助于谈判的成功。

（3）增进与谈判对手的感情。遵循商务谈判礼仪规范，容易使双方相互信任。通过讨论与磋商，在达成一致意见的同时，增进了相互之间的感情，建立和发展了良好的人际关系，形成合作伙伴联盟共赢的态势。

（4）树立良好的公司或企业形象。形象重于生命。一个具有良好信誉和形象的公司或企业，易于获得社会各方的信任和支持，能够在激烈的竞争中立于不败之地。商务谈判人员在谈判中时刻注重礼仪，既是个人和组织良好素质的体现，也是树立和巩固公司或企业良好形象的需要。

任务2 掌握商务谈判的基本礼仪

在商务谈判活动中，作为谈判代表，应具备商务谈判的基本礼仪。那么这些基本礼仪规范有哪些？如何掌握商务谈判的基本礼仪？这些就是我们下面要完成的任务。

一、商务谈判的类型

根据商务谈判举行地点的不同，可以将商务谈判类型划分为主座谈判、客座谈判、主客座轮流谈判以及第三方地点谈判。商务谈判的类型不同，要遵循的商务谈判礼仪也有所不同。

（1）主座谈判。主座谈判是在己方所在地进行的谈判。为确保谈判顺利进行，己方（主方）需要做好一系列准备和接待工作。

（2）客座谈判。客座谈判是到谈判对手所在地进行的谈判，己方（客方）需要做到入乡随俗。

（3）主客座轮流谈判。即在谈判双方所在地轮流进行的谈判。

（4）第三方地点谈判。即在不属于谈判双方任何一方的地点进行的谈判。

不管是哪种谈判，在商务谈判的全过程中，各方都要自始至终遵循商务谈判礼仪规范，以取得协商、合作、共赢的理想效果。

二、主、客座谈判的礼仪

1. 主座谈判的接待礼仪

主座谈判，作为东道主，要安排好谈判的各项事宜，一定要在迎送、接待、场地布置、座次安排等各方面进行精心、周密的准备，尽量做到主随客意，以获得客方的理解、信赖和尊重。

（1）成立接待小组。

（2）了解客方基本情况，搜集有关信息。了解客方代表姓名、性别、职务、级别及一行人数，以做好食宿安排。

（3）了解客方谈判的目的和要求，食宿标准，参观访问、观光游览的愿望。

（4）掌握客方抵离的具体时间、地点、交通方式，以安排迎送的车辆和人员，预订返程的车船票或机票。

（5）确定迎接规格。迎接规格应依据前来谈判人员的身份进行确定，做到与之相对等，这是接待的对等原则。只有当对方与己方关系特别密切，或者己方出于某种特殊需要时，才采用破格接待的方式。

（6）拟订接待方案。根据客方的意图、情况和主方的实际情况，拟订接待方案。可安排接风、送行、庆祝签约的宴会或招待会等。日程安排要注意时间紧凑，然后传递给客方征询意见，待客方无异议后，即可打印。

2. 主座谈判的迎送礼仪

（1）主方应在客方到达前等候在机场、车站、码头迎接。迎接的客人较多时，主方可按身份职位的高低顺序列队迎接，热情握手，问候寒暄。

（2）主方人员应注意称呼、问候、握手等见面礼仪，以及接站、引领、乘车、安排住宿等一系列接待礼仪。

（3）在谈判当天，主方人员应先于客方到达谈判地点，在大楼门口或谈判室门口迎候。

（4）施行见面礼，注意握手、问候、递接名片、座次安排等礼仪。

3. 客座谈判的礼仪

（1）"入乡随俗，客随主便"。客座谈判，要在谈判对象公司所在地举行，一般来说，应"入乡随俗，客随主便"。对一些非原则性问题采取宽容的态度，以保证谈判的顺利进行。

（2）要明确告诉主方自己代表团的来意、成员人数及组成、抵离的具体时间、航班车次、食宿标准等，以方便主方的接待安排。

（3）在谈判当天，应提前几分钟到达谈判地点，对主方安排的各项活动也应提前几分钟到达活动场地，以保证准时参加。

（4）对主方的款待，应在适当的时间，以适当的方式表示感谢。

【任务实战】

如何施行商务谈判的基本礼仪

商务谈判人员要掌握商务谈判的基本礼仪，并在商务谈判活动中遵循基本礼仪，就必须塑造良好的个人形象，还要安排好谈判的座次。

一、要做好商务谈判的准备工作

凡事"预"则立，不"预"则废。商务谈判是交易、合作的重要环节，一定要充分准备。在商务谈判之前，谈判的各方需要事先考虑或商量好以下事宜。

（1）确定谈判议题。要确定谈判的主要议题有哪几个，要达到什么目的。

（2）确定谈判人员。确定出席商务谈判的人数和人员名单，要注意必须与对方谈判代表的身份、职务相当。

（3）广泛搜集信息。在双方洽谈之前，应广泛搜集对手的信息，了解对手的各种资料，尽早着手准备，便可以在洽谈过程中，以自己之长，克敌之短，达到预期的目的。这些信息通常包括：

① 对方公司的基本情况，如对方的法人资格、诚信状况、经营范畴、主导产品、市场占有率、产品竞争情况、公司规模与管理水平等；

② 对方主谈手的基本情况，洽谈前一定要充分了解主谈手的个人情况，包括他的年龄、学历背景、资历、个性特征、心理特点、做事风格，以及他对我方的态度与评价等。

（4）熟悉谈判程序。谈判程序包括探询、准备、磋商、小结、再磋商、终结、谈判的重建 7 个环节。每个环节都有自己特有的"起、承、转、合"，这都需要谈判人员沉着应对，对具体问题具体分析，并见机行事、随机应变。

（5）掌握谈判策略。商务谈判总的原则是：平等、互利、双赢。在谈判过程中，需要谈判人员凭借丰富的经验以及对谈判策略的灵活运用，取得最终成功。

（6）确定谈判地点和时间。

① 谈判地点的确定，应通过有关各方协商而定。主方选择的地点要显示出自己的实力，谈判场所要整洁、宽敞、明亮、舒适，设施、物品齐备。

② 谈判时间的确定。谈判的时间安排应先征求对方的意见。如需要持续商谈，那么谈判开始和结束的日期要与谈判各方都适宜。

（7）资料准备要充分。根据议题，谈判各方都要准备充分的资料，千万不能出现因资料准备不足而耽误议程的现象。

这些谈判前的准备工作需要由谈判各方派出代表事先协商，商定之后，各方就开始准备了。

二、遵循座次礼仪，安排好商务谈判的座次

商务谈判涉及谈判各方的利益，庄重而严肃，有着严格的礼仪要求。在举行双边谈判时，应使用长桌，主宾分坐于桌子两侧。若桌子横放，则以面对正门的一方为尊，应安排客方，背对正门的一方为主方的座位；若桌子竖放，则以进门的方向为准，右侧为尊，安排客方，左侧安排主方。

在进行谈判时，各方的主谈人员（决策人）应在自己一方居中而坐，其余人员则应遵循右高左低的原则，依照职位的高低，自近而远地分别在主谈人员的两侧就座，翻译人员应就座于主谈人员的右侧。谈判座次如图 6-1 所示。

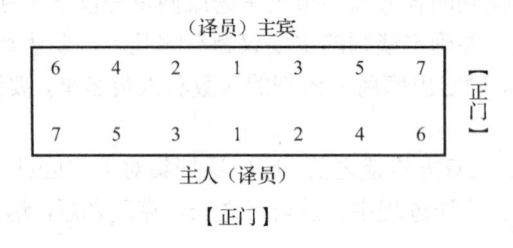

（译员）主宾

6	4	2	1	3	5	7
7	5	3	1	2	4	6

【正门】

主人（译员）

【正门】

图 6-1　谈判座次

举行多边谈判时，按照国际惯例，一般以圆桌为谈判桌，这样可以淡化尊卑的界限。即使如此，在就座时，依旧应该尽量使各方的与会人员同时入场，同时入座，主方人员不应该在客方人员之前就座。

总之，按照商务礼仪规范，精心塑造自身形象，做好商务谈判的准备工作，以及安排好商务谈判的座次，就掌握并施行了商务谈判的基本礼仪，为接下来的谈判工作顺利进行奠定了良好基础。

三、商务谈判人员应塑造良好的礼仪形象

在商务谈判中，谈判人员往往通过对方的仪容、服饰、言谈、举止来判断对方及其所代表的企业。谈判人员整洁的仪容、庄重的服饰、彬彬有礼的言谈、渊博的知识、端庄优雅的举止，都会给对方留下良好而深刻的印象，由此对其代表的企业产生好感，减小谈判阻力，推动交易成功。

1. 谈判人员应遵循仪容、服饰礼仪

在进行谈判前，谈判人员应整理好自己的仪容，穿着要正式、整洁、庄重、大方。

（1）应进行仪容修饰，符合仪容礼仪。男士应头发洁净，长短适中，梳理整齐，面容光洁，剃净胡须，口齿清新，精神饱满。女士应发型素雅，本色自然，长发盘起，化淡妆，神采奕奕。

（2）谈判人员要遵循服饰礼仪规范，按照出席正式场合的要求来进行着装、配饰。

① 男士应穿着传统、简约、高雅、规范、深色的正式服装。参加谈判的着装，以黑

色西装为好，深蓝色和铁灰色次之；要搭配白色长袖衬衫，打素色或斜纹领带，给人以实在、公正的感觉，配深色袜子和黑色系带皮鞋；袖口、袖扣不可忽视，在洽谈中，袖口和袖扣常常出现在对方的视线里，如果袖口污浊，袖扣不全，会引起对方的反感；皮包、笔记本和手表等细节也不能忽视。

② 女士应穿深色西装套裙和白色衬衫，配肉色长筒袜或连裤丝袜，穿黑色高跟皮鞋，配深色皮包，佩戴饰物要少而精。

小案例

瑞士某财团副总裁率代表团来华，考察合资办药厂的环境和商谈有关事宜。国内某药厂安排接待。第一天的商谈，瑞方人员全部西装革履，穿着规范地出席，而中方人员有穿夹克衫的，有穿牛仔裤、运动鞋的。结果，当天的商谈草草结束，瑞方也没去考察现场，第二天便借故匆匆回国了。

分析：在商务交往中，着装应与场合相适宜，商务谈判关系重大，应选择穿着正式、规范的服装出席。如果穿着随意，那么表示着既不尊重自己，也不尊重对方，同时也反映出对此项商务活动的不重视。

2. 谈判人员应遵循体态礼仪规范

举止是一种无声的"语言"，人们的举手投足间都传递着信息。因此，在商务谈判中，保持规范、得体的姿态很重要。这就要求谈判者具有挺拔的站姿、端正的坐姿、自然的表情、恰当的手势。谈判人员应遵循商务礼仪规范，注重体态礼仪。

（1）站姿要挺拔。站立时双脚跟并拢，双手在腹前搭握。

（2）坐姿要端正庄重。上体挺拔，双手可放在谈判桌上。挺腰近台而坐，目光坦然，表情从容，洽谈态度积极。不可摆弄笔、本子，注意力不集中。

（3）表情要自然。目光友善，面带微笑，表现谦恭、礼貌、有诚意。

（4）手势应恰当。谈判时掌心向上，以表示谦虚、诚实、愿意合作；若掌心向下，则有控制、压抑、强制感。

3. 谈判人员应遵循交谈礼仪规范

在商务谈判中，谈判人员应注重交谈礼仪及会议礼仪。

（1）谈判人员的语言要有礼貌，音量、语速要适中，吐字要清晰。

（2）在主谈人发言时，谈判人员不得交头接耳，也不能翻看与谈判无关的材料，更不能打断他人的发言，也不允许使用粗鲁的语言。

任务3 掌握商务谈判过程中的礼仪

商务谈判活动是商务人员工作的重中之重。无论是简单还是复杂的谈判项目，其谈判的过程中都必须严格遵循商务谈判礼仪，这样才能保证谈判的顺利进行，因此，商务人员必须掌握商务谈判过程中的礼仪。那么，商务谈判过程中的礼仪规范有哪些呢？这就是我们下面要完成的任务。

一、商务谈判过程中的语言礼仪

商务谈判用语要文明、准确，在选择寒暄用语、交谈用语、开场白和结束语时，要遵守语言礼仪，做到文明礼貌、不卑不亢、充满自信，既要据理力争，又要适可而止，体现良好的个人修养，使对方解除戒备心理，愿意接近，最终达到双方满意的结果。谈判人员应做到以下几点。

（1）尊重对方，理解对方。谈判人员在交谈之前，应该了解对方，讲话的习惯、文化程度、生活阅历等因素可能对谈判造成种种影响，要做多手准备，有的放矢。

（2）及时肯定对方。在谈判过程中，当对方的观点出现与己方类似或基本一致的情况时，谈判者应当迅速抓住时机，用赞美的言辞，肯定这些共同点。当谈判一方适时、中肯地赞同另一方的观点时，整个谈判气氛会变得活跃、和谐起来，能十分微妙地拉近双方的心理距离，为达成一致协议奠定良好基础。

（3）态度和气，语言得体。成功的商务谈判都是谈判双方出色运用语言艺术的结果。

其一，谈判时要自然，充满自信。手势不宜过多，内容一般不要涉及不愉快的事情。

其二，态度要和气，语言表达要得体。谈判中应当尽量使用委婉的语言，这样易于被对方接受。语言的针对性要强，做到有的放矢。还要充分考虑谈判对手的性格、情绪及需求状况的差异。

其三，善用无声语言。在商务谈判中，谈判者的手势、眼神、表情等无声语言，往往发挥着重要的作用。

（4）注意语速、语调和音量。在谈判中，语速、语调和音量对意思的表达有比较大的影响。谈判中陈述意见要尽量做到平稳中速。对一般问题的阐述应使用正常的语调，保持能让对方清晰听见，而且不引起反感的适中的音量。

（5）学会灵活应变。谈判过程中会遇到一些意想不到的事情，要求谈判者具有灵活的语言应变能力。

（6）注意谈判中的态度。

① 阐述自己的观点时，态度要谦虚；

② 对方陈述观点时，要耐心倾听，不要随意插话；
③ 向别人提问时，态度要和蔼，不要一味地提对方难于回答的问题；
④ 请求对方帮助时，态度要诚恳；
⑤ 劝说对方时，多用征询和协商的口吻；
⑥ 遇到需要双方商讨解决的问题，应彼此坦诚地交换意见，以礼相待；
⑦ 谈判语言应该以协商的语气为主，以求达到风趣、幽默和得体的综合效果。

讲礼貌、守信誉是商务谈判的礼仪要求，对谈判中达成的协议，一定要认真执行。即使谈判没有成功，也应礼貌地与对方分手，期待以后的再次合作。

二、谈判达成协议后的签约礼仪

当各方通过商务谈判取得一致意见后，通常要举行协议的签约仪式。通过签约仪式，使协议具有了法律的效应，同时也表明了谈判双方对于此次谈判的重视，因此签订协议十分郑重。

签约仪式上，参加谈判双方的全体人员都要出席，共同进入会场，相互致意、握手，一起入座。双方都应有一位协助签约的人，分立在各自签约人的外侧，其余人员排列站立在各自一方代表的身后。助签人要协助签字人员打开文本，用手指明签字位置。双方代表各在己方的文本上签字，然后由双方助签人代为交换，签字人再在对方文本上签字。签字完毕后，双方应同时起立，交换文本，并相互握手祝贺合作成功。其他随行人员则以热烈的掌声表示祝贺，然后可共同举杯庆贺。

关于签字仪式，本书将在商务仪式礼仪一项中做详细介绍，此处不再赘述。

【任务实战】

如何遵循商务谈判过程中的礼仪

按照商务谈判的基本程序，商务人员应从见面开始，就施行相关礼仪，营造友好、轻松的谈判氛围，在谈判的各环节中注意体态礼仪、语言礼仪，始终如一地保持友好协商态度，以诚相待，争取谈判的成功。

一、见面有礼

（1）主办方人员应以礼相迎。作为东道主，应提前到达谈判地点，迎接谈判对手。

（2）相互施行见面礼。客方到来时，主方人员应与客方谈判代表一一握手，客方人员向主方人员介绍其成员，主方人员请客方代表首先入座或双方人员同时入座，此时可交换名片，一定要遵循递接名片的礼仪，得到的名片可以在桌面上依照对方的座次顺序排列，这样便于准确称呼对方，然后审慎收藏。

（3）非参加谈判人员离开。主、客方人员到齐并入座后，主方开始奉茶。随后，非参加谈判人员应退出谈判现场，谈判期间不能随意出入，以免影响谈判的进行。

二、营造良好氛围

（1）谈判之初，要创造良好的谈判气氛。谈判之初，双方接触的第一印象十分重要，言谈举止要尽可能创造出友好、轻松的谈判气氛，所谓"良好的开端是成功的一半"，良好气氛会给谈判各方留下良好的第一印象，进而影响整个谈判的进展。此时谈判人员应做到：

① 在介绍时要自然大方，被介绍的人应起立，微笑示意，礼貌地回应；

② 询问对方要有礼，应使用敬语；

③ 介绍完毕，可选择双方共同感兴趣的话题进行交谈，以沟通感情，创造友好、轻松的气氛；

④ 目光注视对方应符合礼仪规范，手势自然，切忌在胸前抱臂，显得十分傲慢无礼。

谈判厅如图 6-2 所示。

图 6-2　谈判厅

（2）谈判之初的重要任务是摸清对方的背景，因此要认真倾听对方谈话，细心观察对方举止，并适当给予回应。这样既可了解对方意图，又可表现出尊重与礼貌。

三、谈判中的礼仪

在谈判之中，要理智、机敏地处理好报价、查询、磋商、冲突、冷场等重要事宜。

（1）报价。报价要明确无误，恪守信用，不能欺蒙对方。要掌握报价技巧，适时、恰当地报出价格。报价不得频繁变化，一旦对方接受价格，便不再更改。

（2）查询。事先要准备好有关问题，选择气氛和谐时提出，言辞不可过激，以免引起对方反感甚至恼怒，但对原则性问题应当坚持不让。在对方回答问题时不宜随意打断，听完后要表示感谢。

（3）磋商。谈判中双方有很多问题需要磋商，事关双方各自利益，容易出现情急之下失礼的情况，因此更要注意文明礼貌，心平气和，求大同、存小异。

（4）冲突。解决矛盾要就事论事，保持耐心、冷静，不可因发生矛盾就怒气冲冲，甚至进行人身攻击或侮辱对方。

（5）冷场。处理冷场时主方要灵活主动，可以暂时转移话题，不要让冷场持续时间过长。如果确实已无话可说，应当机立断，暂时中止谈判，稍事休息后再重新进行。

四、谈判结束后的礼仪

（1）谈判达成共识后，举行签约仪式。

（2）合影留念，礼貌送别。谈判结束后，主客双方谈判人员可合影留念，主要领导还可能接受媒体采访。如无其他活动，主人应将客人送至门口或车前，握手道别，挥手目送客人离去。

在整个谈判过程中，谈判人员要礼敬对方，遵守礼仪规范，恰当地运用商务谈判礼仪，始终如一地对自己的谈判对手讲礼貌，以诚相待，以体现出谈判人员的修养和素质，赢得对方的信赖，获得理解与尊重，实现谈判的目标。

项目小结

商务谈判礼仪一方面可以规范各方谈判人员的行为，使之表现出良好的个人素质和修养；另一方面可以更好地向对方表达尊敬、友好之意，增进双方的信任和友谊。因此要求商务谈判人员从自身做起，在商务活动中给对方留下良好的第一印象。本项目从商务谈判人员礼仪的角度，介绍了商务谈判人员应该具备的知识和素养。

商务谈判礼仪是商务谈判的重要组成部分，是每个参与谈判的人都必须遵守的规则，主座谈判时，要做好接待和迎送工作，布置好谈判室及安排好谈判的座次。出席商务谈判的人员要做到仪容整洁，服饰规范，言谈举止文明得体。

在商务谈判过程中，可能会产生误会甚至摩擦，导致商务谈判的失败，因此掌握商务谈判礼仪的相关内容就显得特别重要。

自检内容

1. 商务谈判礼仪的特征有哪些？
2. 简述商务谈判礼仪的原则和作用。
3. 如何施行商务谈判人员的基本礼仪？
4. 商务谈判有哪些程序？
5. 谈谈商务谈判过程中应遵循的礼仪。

能力培养与训练 6

一、能力培养目标

（1）能理解商务谈判礼仪的原则和作用。
（2）初步具备商务谈判人员的基本礼仪。
（3）学会施行商务谈判过程中的礼仪。

二、思考与训练

1. 判断题

（1）在进行商务谈判前，谈判人员应整理好自己的仪容，女士应发型素雅，本色自然，发长可披肩，亦可盘起，应化淡妆，神采奕奕。（　　）

（2）在商务谈判中，男士应穿着传统、简约、高雅、规范、深色的正式服装。要搭配白色长袖衬衫，打素色或斜纹领带。（　　）

（3）谈判人员的坐姿要端正庄重。上体挺拔，双臂可交叉抱于胸前，双手可放在谈判桌上。（　　）

2. 单选题

（1）下列特征中，哪一项是商务谈判礼仪的特征？（　　）
　　　A. 对象性　　　B. 差异性　　　C. 双向性　　　D. 隐蔽性

（2）商务谈判人员应本着"合作、共赢"的宗旨，与谈判对手以诚相待，不搞欺骗、狡诈、坑蒙等，对事不对人，这就是商务谈判礼仪的（　　）。
　　　A. 协商原则　　　B. 合作原则　　　C. 宽容原则　　　D. 真诚原则

（3）在商务谈判的准备工作中，需要注意细节。下面符合商务谈判礼仪的是（　　）。
　　　A. 谈判小组人员数量可以不限定
　　　B. 要注意人员知识、能力、性格等素质的配置
　　　C. 必须熟知双方的情况，知己知彼
　　　D. 谈判时要讲究语言艺术

3. 多选题

（1）商务谈判礼仪的特征包括规范性和（　　）。
　　　A. 普遍性　　　B. 技巧性　　　C. 差异性　　　D. 发展性

（2）商务谈判礼仪原则，是商务谈判人员应该遵守的共同法则，这些原则包括（　　）。
　　　A. 谦和原则　　　B. 宽容原则　　　C. 合作原则　　　D. 适度原则

（3）商务谈判礼仪在商务谈判活动中有着不可或缺的重要作用，它能够（　　）。
　　　A. 传递尊敬、友善、合作等信息　　　B. 规范谈判人员行为
　　　C. 树立良好的公司或企业形象　　　D. 增进与谈判对手的感情

三、案例分析

案例分析 6-1

赴宴的着装

张萍是刘经理的秘书,一天,她收到一封邀请函,邀请刘经理去参加一个宴会,邀请函中明确要求出席宴会时着装为礼服。张萍把邀请函交给了刘经理,并且为经理安排了车辆,却没有注意着装要求,刘经理也没有细看邀请函。当刘经理身着便装出现在宴会厅时,感到十分尴尬,因为所有参加宴会的人都穿着正装,只有他一人身着便装。

试分析:张萍和刘经理应该从中得到什么教训?出席正式宴会应如何着装?

案例分析 6-2

细节决定成败

王强毕业后参加工作不久,在一家公司做销售工作。多日来,他通过上网搜寻和发电子邮件的方式,终于找到一家对他们公司产品感兴趣的大公司,该公司同意与王强见面洽谈合作的事情。王强也十分重视这次机会,特意穿上笔挺的西装、锃亮的皮鞋和一双刚买的白色袜子来到对方公司。由于王强是新手,在与对方面谈时,不免有些紧张,坐在椅子上不停晃动双腿,手指也不时在腿上敲击。面谈结束后,对方只是淡淡地说:"以后再联系吧。"面对失败,王强百思不得其解,后来请经理向对方询问原因,对方说:"你们员工的素质还有待提高。"

试分析:在本次面谈中,王强的表现在哪些方面还有待提高?

四、实操训练

商务谈判礼仪——谈判人员基本礼仪

训练目的:通过模拟训练,帮助学生熟悉并运用商务谈判礼仪。

训练内容:运用商务谈判人员基本礼仪,以及迎送礼仪、见面礼仪、交谈礼仪。

训练步骤:

(1)由学生自愿组成谈判小组,主(卖)、客(买)方共同选择题材,各自搜集资料。另有一组同学作为观察评论团,分工负责评议谈判双方各项表现。

(2)主方布置谈判场地。打出会标、布置谈判桌、摆放椅子、放置主客方标志牌。

(3)双方对出席谈判的人数进行沟通,达到对等。

(4)双方人员正装出席谈判,主方在门口迎接客方,相互施行见面礼。

(5)按照谈判程序,进入谈判训练。

训练要求:双方人员要穿戴整齐,准备充分,施行的各项礼仪要符合规范。

项目 7 商务仪式礼仪

> 国尚礼则国昌,家尚礼则家大,身尚礼则身正,心尚礼则心泰。
> ——清代著名思想家颜元

【项目目标】

❖ 知识目标:
1. 了解开业仪式、剪彩仪式、签约仪式、交接仪式的相关知识。
2. 掌握开业仪式、剪彩仪式、签约仪式、交接仪式筹备工作的基本内容与规范。
3. 掌握参加开业仪式、剪彩仪式、签约仪式、交接仪式的礼仪规范。

❖ 能力目标:
1. 能够掌握仪式礼仪的正式做法和标准要求。
2. 熟练掌握开业仪式礼仪、剪彩仪式礼仪、签约仪式礼仪的具体内容、运作要求、程序及礼仪规范。
3. 初步具备参与筹备各项仪式活动的礼仪素养及能力。

❖ 素质目标:
培养学生从事各项仪式筹备工作的细致、周到的工作风格,参与各项仪式活动的热情、主动的工作态度,使之初步具备符合各项仪式活动的礼仪风范,形成文明的商务人士的职业素养。

在商务活动中,诸如公司建立、商店开张、分店开业、写字楼落成、新桥通车、新船下水等,都是可喜可贺的重要事件,一定要举行正式的、隆重的庆祝仪式,来接受社会各界人士的祝贺,也借此广而告之。那么,各种仪式的礼仪程式及礼仪规范有哪些?这是商务人士应该了解和掌握的。在本项目中,我们要着重了解开业仪式、剪彩仪式、签约仪式、交接仪式的相关知识,掌握筹备这些仪式的基本工作内容,并掌握参加开业仪式、剪彩仪式、签约仪式、交接仪式的礼仪规范。

项目 7 商务仪式礼仪

导入案例

代　价

国内一家拥有职工近 6 000 人的大型国有企业，为了避免濒临破产的局面，想寻找一家资金雄厚的企业作为合作伙伴。经过多方努力，这家企业终于找到了一家具有国际声望的日本大公司。经过双方长时间艰苦的讨价还价后，终于可以草签合约了，全厂职工为之欢欣鼓舞。以为大功告成的中方人员，在第二天的签字仪式中，因公司领导官僚作风，到达签字地点的时间比双方正式的约定晚了 10 分钟。待他们走进签字大厅时，日方人员早已排成一行，恭候他们的到来。中方领导请日方人员到签字台前就座，日方的全体人员却整整齐齐、规规矩矩地向他们深深地鞠躬，随后便集体退出了签字厅。中方领导莫名其妙，因为迟到 10 分钟对他们来讲实在不算什么。事后，日方递交中方一份正式的信函，其中写道："我们绝不会为自己寻找一个没有任何时间观念的生意伙伴。不遵守约定的人，永远都不值得信赖。"无疑，双方的合作搁浅了，中方为了自己迟到的 10 分钟付出了沉重的代价——破产倒闭，近 6 000 人下岗。

有的商务人士其基本礼仪素养亟待提升，作为商务人士，对各项仪式的礼仪规范应全面掌握，以帮助既定目标的实现。

任务 1　掌握开业仪式礼仪

开业仪式，是指在商界组织创立、营业场所建成开业、商务项目完工、大厦落成及正式启用等值得热烈庆贺之时，按照一定的程序隆重举行的庆祝仪式。有时开业仪式也称开业典礼。

开业仪式的常见形式之一，是开幕仪式。在名目众多的各种开业仪式之中，商务人士平日接触最多的，首推开幕仪式，可能正是出于这种原因，很多人对开业仪式与开幕仪式等同视之。

严格地讲，开幕仪式仅仅是开业仪式的具体形式之一，通常是指公司、企业、宾馆、商店、银行正式启用之前，或是各类商品的展示会、博览会、订货会正式开始之前，所正式举行的相关仪式。每当开幕仪式举行之后，公司、企业、宾馆、商店、银行将正式营业，有关商品的展示会、博览会、订货会将正式接待顾客与观众。

通过举行开业仪式，商界组织首次向社会展示自己的形象，表现出领导人高度的组织能力、社交水平和文化素养。典礼中的致辞，可以宣传企业的宗旨、目标、地位和实力。开业仪式能够引起社会各界的关注，宣传、扩大商界组织在社会的影响，塑造其良好的组织形象，提高其知名度与美誉度，吸引更多的现实顾客和潜在顾客，为本组织带来更大的经济效益，同时，让社会各界人士分享本组织成功的喜悦，以便日后更好地合作，另外还有助于增强组织内部员工的自豪感与责任感，齐心合力地共创未来。

开业的第一次亮相在人们头脑所形成的第一印象是深刻的，不易磨灭的，所以，商界组织应精心筹划、缜密布置，以期开业典礼举行得隆重、热烈，收效最佳。

一、开业仪式筹备的礼仪

开业仪式进行的时间都比较短暂，要在这短暂的时间内营造出现场的热烈气氛，给嘉宾、观众、媒体留下深刻印象，就需要对开业仪式进行认真的筹备。

1. 开业仪式的筹备原则

筹备开业仪式，首先在指导思想上要遵循节俭、缜密、热烈三原则。

（1）节俭的原则。节俭是要求主办单位本着勤俭节约的原则，在筹备、举办开业仪式的整个过程中，量力而行，节制、俭省，反对铺张浪费，少花钱，多办事；花小钱，办好事。

（2）缜密的原则。缜密指的是主办单位在筹备开业仪式时，既要遵行礼仪惯例，又要具体情况具体分析，认真策划，注重细节，分工负责，一丝不苟。力求周密、细致，严防百密一疏、临场出错。

（3）热烈的原则。要想方设法在开业仪式的进行过程中营造出一种欢快、喜庆、隆重而令人激动的氛围，不应令其过于沉闷、乏味。一位商界成功人士曾说过："开业仪式理应删繁就简，但却不可以缺少热烈、隆重。与其平平淡淡、草草了事，或是灰溜溜地走上一个过场，倒不如索性将其略去不搞。"

2. 成立筹备组

筹备开业仪式，要先成立开业仪式的筹备小组。可由一位主管领导负责，抽调相关部门人员组成各职能小组，进行具体分工，明确职责。

3. 要做好舆论宣传工作

要吸引社会各界的注意，展示本单位的成果，争取社会公众对本单位的认可，就要借助媒体力量，对本单位的开业仪式进行宣传报道。

（1）选择传播媒介。一定要选择有效的大众传播媒介，进行集中性的广告宣传，以引起公众的注意。宣传的内容应包括：开业仪式举行的具体时间、地点，企业的经营特色，开业时对顾客的馈赠和优惠，以及顾客光临时应乘坐的车次、路线等，应把广告设计得美观、大方。

（2）进行现场采访。进行舆论宣传，还可以邀请有关的大众传媒记者在开业仪式举行之际进行现场采访、现场报道等活动，以便对本单位进行进一步的正面宣传。

4. 拟出所邀宾客的名单

开业仪式影响的大小，实际上往往取决于来宾的身份高低与其数量的多少。在力所能及的条件下，要力争多邀请一些来宾参加开业仪式。

在开业仪式筹备中，邀请宾客的工作很重要，首先要拟定宾客人员名单。来宾应包括以下几类。

（1）各级领导。应邀请地方党政领导，上级主管部门与地方职能管理部门的领导，借以对领导的关心、指导和支持表示真诚感谢。

（2）大众传媒。邀请大众媒介人士参加，主动与他们合作，能够借助媒体宣传组织、扩大影响，加深社会对本组织的认同和了解。

（3）社会名流。邀请社会各界名人参加开业仪式，会吸引社会公众的关注，有助于提高本单位的知名度。

（4）合作单位与同行单位的领导。邀请合作单位与同行单位的领导参加，可借开业仪式与他们共同分享成功的喜悦。

（5）社会团体的负责人。还应邀请那些与本组织有关联的社会团体的负责人参加，以求他们进一步了解、尊重、支持本组织。

确定了宾客名单后，要选购精美的请柬，并认真书写，装入精美的信封，然后由专人提前送达宾客手中，以便来宾早做安排。

5. 布置开业仪式现场

（1）开业仪式多在开业现场举行，地点可设在正门外的广场上，也可在正门内的大厅里。现场要布置得喜庆、隆重，设置背景板，场地四周悬挂标语、横幅、彩带、气球等，开业庆典现场如图7-1所示。

图7-1　开业庆典现场

（2）按照惯例，举行开业仪式时，宾主多为站立，一般不布置座椅。为显示隆重与敬客，可在来宾，尤其是贵宾站立之处铺设红色地毯。

（3）应在醒目之处腾出空地，用以摆放来宾赠送的花篮、牌匾及祝贺的礼品。

（4）来宾的签到簿、本单位的宣传材料、待客的饮料，以及发给来宾的礼品等，要提前备好。

（5）对于现场的音响、照明设备以及举行开业仪式所需的用具、设备，必须事先认真检查、调试好，以防在使用时出现差错。

（6）若来宾较多，则需要为来宾准备好专用的休息室、停车场。

6. 具体事项不可忽视

一些具体事项要一一落实。

（1）对于重要来宾的请柬应派专人，亲自送到邀请人手中，并应在开会的头一天用电话再次沟通，以确保来宾准时出席。

（2）主要发言人的发言稿，要提前准备，打印出来。

（3）接待人员落实后，有可能的话可以演习一下，发现细节问题提早防范。

（4）对于音响设备要再次检查。

（5）给嘉宾佩戴的胸花要摆放在接待桌上。

7. 准备适当的纪念礼品

（1）赠送礼品的意义。举行开业仪式时，可赠送来宾纪念礼品，一为答谢来宾，沟通情感，二来可以为企业做宣传。精心挑选馈赠给来宾的礼品，会产生良好的社会宣传效果。

（2）礼品的选择。一般来说，向来宾赠送的礼品，应具有以下三大特性。

① 独特性。作为馈赠来宾的礼品，应当与众不同，具有本单位的鲜明特色，使人有一目了然之感，并且可以令人过目不忘。

② 宣传性。可选择本单位生产的特色产品、经营的商品，也可以选择在礼品及其包装上印有本单位的企业标志、地址、电话、经营范围、广告用语、产品图案、开业日期等内容的其他礼品。

③ 荣誉性。要使礼品具有一定的纪念意义，并使拥有者对其珍惜、重视，并为之感到光荣和自豪。

（3）赠送纪念礼品的原则。准备的礼品既要珍贵，又要有意义。过分简单，不会引起重视，达不到宣传效果，甚至给人以匆忙开业、草草了事的印象；庆典规模过大，礼品昂贵，又会使人感到哗众取宠，铺张浪费，也有损本组织形象。赠送纪念礼品总的原则应该是"热烈、隆重、节俭"。

8. 做好接待的准备

开业仪式的接待工作，关系到典礼的成败，影响企业的形象和声誉，所以一定要做好。除了要教育本单位的全体员工在来宾的面前，都要以主人翁的身份热情待客，有求必应，主动相助之外，更重要的是分工负责，各尽其职。

在接待贵宾时，需要由本单位主要负责人亲自出面；在接待其他来宾时，则可由本单位的礼仪小姐负责。接待组成员原则上应由年轻、精干、身材与形象较好、口头表达能力和应变能力较强的男女青年组成。接待小组成员的具体工作有以下几项。

（1）迎送来宾。在举行庆祝仪式的现场迎接或送别来宾，作为组织形象的标志，接待人员一定要热情、周到、有礼、有序地进行接送宾客的工作。

（2）引导来宾。应由专人负责为来宾带路，指引其进入既定的地点，引导的姿态、表情、语言要符合引导的礼仪规范。

（3）陪同来宾。对于某些年迈或非常重要的来宾，应安排专人始终陪同，以便关心与照顾。

（4）接待来宾。派专人为来宾送饮料、上点心以及提供其他方面的关照。

二、参加开业仪式的礼仪

参加开业仪式时，不论是主办单位的人员还是外单位的人员，均应注意自己的举止表现，其中，主办单位人员的表现尤其重要。

1. 主办单位人员的礼仪

在举行庆祝仪式之前，主办单位应对本单位的全体员工进行必要的礼仪教育。对出席庆典的工作人员，制定具体的礼仪要求，并强调务必严格遵守。

本单位的负责人，尤其是负责迎送来宾以及出现在主席台的领导，更应该表现出应有的礼仪风范，假如仪表或举止行为欠妥，会对本组织的形象造成负面影响。

按照开业仪式的礼仪规范，主办单位人员在出席庆典时，应重视的礼仪问题主要有以下几点。

（1）仪容要整洁。出席庆典的人员，应事先洗澡，保持清新。男士应提前整理头发，刮净胡须，保持清新口气；女士应将头发梳理整齐，尽可能发型一致，化淡妆。

（2）着装要规范。全体人员应统一着装，可穿着本组织的制服，或为庆典统一制作的服装。若无统一的制服，应要求出席庆典人员必须穿着西服、套装等礼服，不允许随意、自由穿着，以及出现违反着装原则的现象。

（3）要遵守时间。遵守时间，是基本的商务礼仪之一。本组织的出席人员应提早一些到场，以做好充分准备迎接来宾，并应严格遵照仪式的程序，准时进行各时段的议程，展示和证明本组织的时间观念和信誉。

（4）举止彬彬有礼、落落大方。在举行庆典的整个过程中，要表现出彬彬有礼、落落大方的气度。

① 在升国旗、奏国歌等庄严肃穆的环节中，一定要严肃认真地去做。

② 在接待来宾、引导、介绍、服务等过程中，应保持热情、真挚、友好、感激的心态和表情，处处表现得彬彬有礼。

③ 当每位来宾在庆典上发表贺词时，要主动、热烈鼓掌表示欢迎或感谢。

④ 本组织的领导在庆典上发言时，应注意简短，宁短勿长，要在规定的时间内结束发言，不要随意发挥。

⑤ 上下场时要沉着冷静，走向讲坛时，应不慌不忙；开口讲话前，应平心静气，举止从容大方。

⑥ 要讲究礼貌。在发言开始时，要问候大家；在提及感谢对象时，应注视对方；在表示感谢时，应郑重地鞠躬施礼；对于大家的鼓掌，则应以自己的掌声来回礼；在讲话结束时，不能忘记说"谢谢大家"。

2. 来宾参加开业仪式的礼仪

出席仪式的来宾在参加庆典时，同样要以符合礼仪规范的行为举止，来表达对主人的敬意以及对庆典本身的重视。

（1）仪表端庄，举止有礼。

① 被主办单位邀请出席开业仪式，本身受到很大的尊重，理应修饰仪表，庄重出席。

② 应身着正装，讲究搭配，展现良好的礼仪风范。

③ 举止有礼，谦虚恭敬。

④ 可视具体情况，准备精致的贺礼。

⑤ 在主人讲话时，应表示赞同，认真听讲中不时鼓掌。

（2）按时出席，遵守时间。

① 按照仪式的议程，提前几分钟到达现场，以便主办方接待和安排。

② 遵守时间，待各项议程结束、仪式进行完了再告辞，一般不可中途退场。

③ 如有急事一定要中途退场的话，应尽可能不影响他人，并悄声向主办单位台下的有关人员致歉，然后离开。

（3）仪态自然、站姿挺拔、步履稳健，发言要有激情，以真诚表达祝贺之意。

（4）仪式结束后，宾客应起立离座，与主办单位领导、主持人、服务人员等握手话别或听从主办单位的安排。

【任务实战】

如何拟定开业仪式的程序

为了能够有条不紊、顺利地举行开业仪式，必须认真拟定开业仪式的程序，同时选择好仪式主持人，一个好的主持人是使开业仪式取得成功的重要保障。

开业仪式一般都按照约定俗成的程式和礼仪规范来进行。其一般程序如下。

（1）宣布仪式开始。在宣布开业仪式正式开始时，可安排敲锣鼓、放气球、放信鸽、燃放鞭炮（在非限制区燃放）、奏乐或播放节奏明快的乐曲，这样可以使仪式一开始便有一个隆重、热烈、喜庆的气氛。

（2）宣读重要宾客名单。主持人宣布仪式正式开始，并介绍主要来宾。宣读来宾名单时应遵循的顺序是：先宣读出席仪式的重要领导人名单，再宣读知名人士名单，然后宣读致贺电、致贺函的单位或个人的名单，宣读重要宾客名单如图 7-2 所示。

（3）上级领导致贺词。上级领导致贺词的内容包括对开业表示祝贺，指出开业对行业、社会的意义、作用，并对本组织今后的工作提出要求等。

（4）东道主致辞。由开业单位的领导向来宾简短致辞，对各位来宾及祝贺单位的光临表示感谢；真诚欢迎顾客惠顾；简要介绍本企业的情况、宗旨、经营特色和经营目标等。

图 7-2　宣读重要宾客名单

（5）举行剪彩。剪彩的目的是创造一个郑重、欢快的气氛。参加剪彩的除了主办方主要负责人之外，还应事先邀请宾客中身份较高、有社会声望的知名人士共同剪彩。剪彩后可以安排群众喜闻乐见的文艺活动。

（6）宣布开业仪式结束。宣布开业仪式结束后，主人即可引导来宾到企业内参观，边陪同参观，边介绍本企业的主要设施、特色商品、经营打算并征询意见，也可请来宾在留言簿上签字、合影留念。

任务 2　掌握剪彩仪式礼仪

剪彩仪式，指的是商界的有关单位，为了庆贺公司的设立、项目的开工、宾馆的落成、商店的开张、银行的开业、大型建筑物的启用、道路或航线的开通、展销会或展览会的开幕等，而隆重举行的一项礼仪性程序。因其主要活动内容，是邀请专人使用剪刀剪断被称之为"彩"的红色缎带，故称为"剪彩"。那么，剪彩仪式的礼仪有哪些呢？

一、了解剪彩仪式

1. 剪彩仪式的由来

小资料

剪彩的由来

剪彩最早起源于美国。1912 年，在美国的圣安东尼奥的华狄密镇，有家商店的店主叫威尔斯，他从一次偶然发生的事故中得到启迪，为商家创立了一种崭新的庆贺仪式——剪彩仪式。

事情的原委是这样的：当时，这家商店即将开业，店主威尔斯为了阻止闻讯之后蜂拥而至的顾客提前争购优惠的便宜货，而使守时而来的人们得不到公平的待遇，便随便找来一条布带子拴在门框上，谁曾料到这项临时性的措施竟然更加激发起了挤在店门之外的人们的好奇心，促使他们更想早一点进入店内，对行将出售的商品先睹为快。

事也凑巧，正当店门之外的人们的好奇心上升到极点，显得有些迫不及待的时候，威尔斯的小女儿牵着一条小狗突然从店里跑了出来，那条"不谙世事"的可爱的小狗若无其事地将拴在店门上的布带子碰落在地。店外不明真相的人们误以为这是该店为了开张之喜所搞的"新把戏"，立即一拥而入，大肆抢购。让威尔斯转怒为喜的是，他的这家小店在开业之日的生意居然红火得令人难以想象。

向来有些迷信的威尔斯便追根溯源地对此进行了一番"反思"，最后他认定，自己的好运气全是由那条被小女儿的小狗碰落在地的布带子所带来的，因此，此后在他的几家店陆续开业时，他便将错就错地如法炮制。久而久之，威尔斯的小女儿和小狗无意之中的"发明创造"，经过他和后人不断地"提炼升华"，逐渐成为一整套的仪式，先是在全美，后是在全世界广为流传开来，在流传的过程中，被人们赋予了一个极其响亮的大名——剪彩。

在威尔斯时期，甚至剪彩出现后的很长一段时间，它只不过是人们用以促销的一种手段，直到后来，才渐渐地演变为商务活动中的一项重要的仪式。

时至今日，在各式各样的开业仪式上，剪彩都是一项极其重要的、不可或缺的程序。尽管剪彩仪式分离出来独立成项，但是在更多的时候，它是附属于开业仪式的。

2. 剪彩仪式的意义

剪彩礼仪就是对剪彩仪式上众多的惯例、规则进行的基本规范。

目前，虽有不少人对剪彩提出非议，认为它是"劳民伤财"的"多此一举"，没有重大意义可言，但在实际的商务活动中，绝大多数商务人士都依旧坚持认为，剪彩是不宜被取消，更不能被替代的。

剪彩之所以一直被商务人士看好，且长盛不衰，是有它存在的必要性的。

（1）剪彩活动不仅能给主人带来喜悦，而且能够令人产生吉祥如意之感。

（2）剪彩不仅是对主人既往成绩的肯定和庆贺，而且也对其进行鞭策与激励，促使其继续进取。

（3）剪彩活动可使主人借仪式的良好机会，向社会各界做宣传，提高其知名度。

（4）规模适度的剪彩，量力而行地进行，适当地投入，谈不上是铺张浪费，而是一种营销宣传手段。

经过近百年来的发展变化，剪彩自身在内容、形式、程序等方面也在不断地日趋简化，并逐渐地得以革新。在组织剪彩仪式时，不能脱离实际能力，一味地求新、求异、求轰动。

二、剪彩仪式的准备

剪彩仪式的准备工作繁重而细致，必须一丝不苟。具体而言，应包括环境的卫生、场地的布置、灯光与音响的准备、媒体的邀请、人员的培训等几个方面。除此之外，对剪彩仪式上使用的诸如新剪刀、红色缎带、白色薄纱手套、托盘以及红色地毯，都要认真进行选择与准备。在准备这些时，必须认真细致，精益求精。

1. 举办仪式的地点

在正常情况下，剪彩仪式应在行将启用的工程、建筑，或者博览会、展销会的现场举行，正门外的广场、正门内的大厅，都可予以优先考虑。

2. 现场布置

在活动现场，要进行精心布置，在剪彩之处悬挂写有剪彩仪式的具体名称的大型横幅，布置红色背板、红色地毯，另有鲜花、气球、条幅等。

3. 剪彩仪式用时

一般来说，剪彩仪式宜紧凑，忌拖拉，所耗时间越短越好，短则一刻钟，长则不超过一个小时。

4. 审慎选定剪彩人员

在剪彩仪式上担任剪彩者，享有一种很高的荣誉，剪彩仪式档次的高低，往往也同剪彩者的身份密切相关，因此，要把剪彩者选择好。

（1）剪彩者的人选。依照惯例，剪彩者可以是一个人，也可以是几个人，通常，剪彩者多由上级领导、合作伙伴、社会名流、员工代表或客户代表等来担任。

（2）尽早告知剪彩者。在剪彩仪式正式举行之前应确定剪彩者名单，名单一经确定，应尽早告知对方，使其有所准备。在一般情况下，确定剪彩者时，必须尊重对方的个人意见，切勿勉强对方，需要由数人同时担任剪彩者时，应分别告知每位剪彩者届时将与何人同担此任，这样做，是对剪彩者的一种尊重。千万不要在剪彩开始前，强拉硬拽，临时找人凑数。

（3）可事先彩排。为保证剪彩仪式程序的有序和规范，必要时，可在剪彩仪式举行前，将剪彩者集中在一起，并告之有关的注意事项，允许的话可做相应的排练。

5. 物品的准备

（1）准备新的剪刀。新剪刀是专供剪彩者在剪彩仪式上所使用的，必须是每位剪彩者人手一把，而且必须崭新、锋利和顺手。有的组织者将新剪刀用金纸缠绕，有的则选择金色的剪刀。

① 逐个检查。剪彩之前，一定要逐个把剪刀检查一下，看看是不是好用，务必确保剪彩者在正式剪彩时，可以一举成功，要避免出现一再补剪的情况。

② 精心包装。在剪彩仪式结束后，主办方可将每位剪彩者所使用的剪刀经过包装后送给剪彩者，作为纪念。

（2）准备红色的缎带。红色的缎带，即剪彩仪式之中的"彩"，作为主角，它自然是万众瞩目的焦点。

按照传统做法，这个"彩"应当由一整匹未曾使用过的红色绸缎，在中间结成数朵花团而组成。近些年来，人们为了厉行节约，以红色缎带取而代之，还有用红线绳、红布条、红纸条等，也是可行的。

红色缎带上所结的花团，不仅要生动、硕大、醒目，而且其具体数目往往还与现场剪彩者的人数直接相关。按照常规，红色缎带上所结的花团的具体数目有以下两类模式可依。

① 花团的数目比现场剪彩者的人数多一个。
② 花团的数目比现场剪彩者的人数少一个。

前者可使每位剪彩者总是处于两朵花团之间，尤显正式；后者则不同常规，但也不失新意。

（3）准备白色薄纱手套。白色薄纱手套是专为剪彩者所准备的，在正式的剪彩仪式上，剪彩者剪彩时最好每人戴上一副白色薄纱手套，以示郑重其事。在准备白色薄纱手套时，除了要确保其数量充足之外，还须使之大小适度、崭新平整、洁白无瑕。

（4）准备托盘。托盘是用来盛放红色缎带、剪刀、白色薄纱手套的，由礼仪小姐负责。托盘要求是崭新、洁净的，首选银色的不锈钢制品，也可以使用磨砂防滑的制品。为了显示正规，托盘上可铺红色绒布或绸布。

（5）准备红色地毯。红色地毯主要用于铺设在剪彩者站立之处。通常来讲，红色地毯的长度可视剪彩的人数而定，其宽度则不应在一米以下。在剪彩现场铺设红色地毯，主要是为了营造一种喜庆的气氛，从而提升仪式的档次。

三、剪彩人员的礼仪

除了主持人之外，剪彩的人员主要由剪彩者与协助剪彩者两部分人员所构成。对这两部分人员的礼仪有如下要求。

1. 剪彩者的礼仪

剪彩者是剪彩仪式上的关键人物，对剪彩人员必须认真地进行选择，并应事先进行必要的培训。剪彩者的仪表和举止，直接影响剪彩仪式的效果，因此，剪彩者应当讲究有关礼仪。

（1）剪彩者的仪表。按照常规，剪彩者穿着要整洁、庄重，应着西服套装、套裙或制服，将头发梳理整齐，不允许戴帽子或者戴墨镜，也不允许穿着便装。剪彩者精神要饱满，给人以稳健、干练的印象。

（2）剪彩者的举止。剪彩者走向剪彩的绸带时，应面带微笑，落落大方，当接过协助剪彩者从托盘中取出的手套和剪刀时，剪彩者应向助剪者微笑、点头致意，然后全神贯注，把彩带一刀剪断。剪彩完毕，把剪刀和手套放回助剪者的托盘中，然后向四周的人鼓掌致意，如图7-3所示。

图 7-3　剪彩者举止

（3）剪彩者的位次。若剪彩者仅为一人，剪彩时居中而立即可；若剪彩者不止一人，则应同时上场，剪彩时位次的高低也必须予以重视。一般来讲：中间高于两侧，右侧高于左侧，距离中间站立者越远位次便越低，即主要剪彩者应居于中间的位置。

需要说明的是，之所以规定剪彩者的位次"右侧高于左侧"，是因为这是国际惯例，剪彩仪式理当遵循。

2. 协助剪彩者的礼仪

协助剪彩者，指在剪彩者剪彩的一系列过程中为其提供帮助的礼仪小姐。一般而言，协助剪彩者多由外请的专业礼仪小姐担任，也有由东道主一方的女职员担任的。

（1）礼仪小姐分工。具体而言，在剪彩仪式上担任礼仪小姐的人员，可以分为迎宾员、引导员、拉彩带协助剪彩员、服务员四类。

① 迎宾员主要在活动现场负责迎来送往。

② 引导员主要在进行剪彩时负责带领剪彩者登台或退场。

③ 拉彩带协助剪彩者主要在剪彩开始时，手持托盘（盘中放彩带连接的花团、剪刀、白手套），也可由专人持托盘，为剪彩者提供剪刀、手套等剪彩用品。

④ 服务者主要为来宾尤其是剪彩者提供饮料、安排休息之处等。

（2）礼仪小姐的条件。

① 礼仪小姐的基本条件是：相貌较好、身材修长、年轻健康、气质高雅、音色甜美、机智灵活、反应敏捷、善于交际。

② 礼仪小姐的最佳装束应为：化淡妆、盘起头发，穿款式、面料、色彩统一的旗袍，配肉色连裤丝袜、黑色高跟皮鞋、白色的手套。礼仪小姐不宜佩戴任何首饰。

现在很多剪彩仪式的主办方，为了简约，设立了花柱，取代了协助剪彩者，剪彩者在花柱上的盘中取出剪刀，剪断彩带就完成了"使命"，剪彩仪式的简约形式如图 7-4 所示。

图 7-4 剪彩仪式的简约形式

【任务实战】

掌握剪彩仪式的程序及礼仪

一、剪彩仪式的基本程序

按照惯例,剪彩仪式既可以是开业仪式中的一项具体程序,也可以独立出来,由自身的一系列程序所组成。独立的剪彩仪式,通常应包含以下 6 项基本的程序。

1. 来宾就座或就位

在剪彩仪式上,通常只为剪彩者、来宾和本单位的负责人安排座席。在剪彩仪式开始时,应请大家在已排好顺序的座位上就座,在一般情况下,剪彩者应就座于前排,若其不止一人时,则应按照剪彩时的具体顺序就座。

现在很多的剪彩仪式,采取站立形式,请剪彩人及发言人在现场站成一排,按照中为上、右为上的位次站好。

2. 宣布仪式开始

在主持人宣布仪式开始后,乐队应演奏音乐,可鼓乐齐鸣,现场可燃放鞭炮(根据当地规定),全体到场者应该热烈鼓掌。此后,主持人应向全体到场者介绍到场的重要来宾。

3. 奏国歌

奏国歌时须全场起立。

4. 安排发言

发言者依次应为东道主单位的代表、上级主管部门的代表、地方政府的代表、合作单位的代表等。其内容应言简意赅,每人不应超过 3 分钟,重点主要包括介绍、道谢和致贺。

5. 进行剪彩

引导员需要引导座位上的剪彩嘉宾上台。剪彩前,主持人向全体到场者介绍剪彩人,然后剪彩开始。在剪彩者剪断红绸、彩球落盘时,全体人员应该热烈地鼓掌,必要时还可奏乐或燃放鞭炮。

6. 后续活动

剪彩过程结束,主办单位可安排一些参观、文艺节目、联谊、座谈、签名、题词、就餐等后继活动,具体做法可因剪彩内容而定,最后可以向来宾赠送一些纪念品,热情欢送他们离去。

二、剪彩过程的礼仪

剪彩的过程应严谨,剪彩者与助剪者的具体做法必须合乎规范,既庄重认真,又恭敬有礼;动作要干净利落,情绪要高昂喜悦,给来宾及观众留下深刻印象。否则就会使其效果大受影响。

1. 剪彩者登台

(1) 在剪彩者登台时,引导者应在其左前方进行引导,使剪彩者就位。

(2) 剪彩者登台时,宜从右侧出场,当剪彩者到达既定位置后,托盘者应前行一步,到达前者的右后侧,以便为其递上剪刀、手套。

(3) 若剪彩者有多人,则登台时应排成一行,并且使主要剪彩者行进在前,站于中央,依照国际惯例"右为上",其他人依次排列于主要剪彩者两侧。现在常见的剪彩仪式是采取站立形式的,剪彩者站立在台上。

(4) 在主持人向全体到场者介绍剪彩者时,剪彩者应面带微笑向大家点头致意。

2. 礼仪小姐登台

(1) 当主持人宣告剪彩开始之后,协助剪彩的礼仪小姐应率先登台。

(2) 在上场时,协助剪彩的礼仪小姐应纵向排成一行行进,从右侧登台。

① 她们手持托盘,盘中放有白手套和剪刀,同时放有连接着彩带的花团,拉成一排,间隔为一人宽。

② 上台时要面带微笑,目光朝向台下虚视,左手托盘。

③ 行至适当位置时停下,相互照应着集体向左转,右手顺势托盘,成双手托盘状。

④ 然后抽出左手来取盘中白手套,递给左侧身旁的剪彩人。

⑤ 稍候再递上剪刀(注意:剪刀在盘中摆放时,尖部已经朝向自己,在递剪刀时,手拿剪刀的尖部然后翻腕,这样,剪刀柄就朝向了剪彩人)。

⑥ 待剪彩人接过剪刀后,礼仪小姐应用左手拉住彩带,协助剪彩人剪断彩带。

⑦ 当剪彩人鼓掌祝贺时,礼仪小姐集体依次向右转身,从左侧下台。

礼仪小姐登台如图 7-5 所示。

图 7-5　礼仪小姐登台

需要强调的是，礼仪小姐的协助剪彩很重要，仪表端庄、举止优雅、穿着统一、动作一致的礼仪小姐，手托花团彩带协助剪彩人，形成了仪式上一道亮丽的风景线，为剪彩仪式增添了喜庆、庄重的气氛，所以，一定以高标准要求礼仪小姐，并对其进行反复的排练。

3. 剪彩人进行剪彩时的礼仪

当礼仪小姐递上手套、剪刀时，剪彩者应微笑着向其点头致意、道谢，并迅速戴好手套，右手持剪刀，集中精力，表情庄重地将红色缎带一刀剪断。其他剪彩者应注意主要剪彩者的动作，与其协调一致，力争大家同时将红色缎带剪断，剪彩礼仪如图 7-6 所示。

图 7-6　剪彩礼仪

4. 剪彩人的退场

剪彩者在剪彩成功后，可以右手举起剪刀，面向全体到场者鼓掌致意，然后把剪刀、手套放于托盘之内，接下来，可依次与主人握手道喜，并列队在引导者的引导下退场。退场时，一般宜从右侧下台。

不管是剪彩者还是协助剪彩者，在上下场时，都要注意井然有序、步履稳健、神态自然，在剪彩过程中，更要表现得不卑不亢、落落大方。

任务3 掌握签约仪式礼仪

签约，即合同的签署。在经济活动中，买卖双方在达成交易意向后都会签订合同，合同具有法律效力，受法律保护，任何一方违背合同都要受到法律制裁。

商务合同（商务合约）是指有关各方在进行某种商务合作时，为了确定各自的权利和义务，正式依法订立的、必须共同遵守的条文。商务人士接触的商务合同种类繁多，常见的有购销合同、借贷合同、租赁合同、加工合同、基建合同、保险合同、货运合同、责任合同等。

在商务交往中，签约，标志着有关各方相互关心的事宜经过磋商和谈判，达成了一致性的见解，获得了满意的成果，相互关系取得了重大的进展。签约对于商务人士来说是极其重要的，文字性合同依法订立，经过公证，具有法律效力，有关各方必须共同遵守，这是交往各方的关系和谐发展的重要保障。

按照仪式礼仪的规定，对签署合同这类重大事件，应当严格地依照礼仪规范进行操作。签约仪式是在具体签署合同之际，为体现庄重而依照惯例举行的一系列程式化的活动，这不只是个礼仪程序，它表明双方已达成共识，愿受法律约束和保护。仪式是在形式上向社会、公众及法律宣布对合同、协议的认可和承诺。

签约仪式可以分为三个阶段，分别是草拟阶段、签约仪式准备阶段和签署阶段。

一、草拟合同的礼仪

1. 合同草拟时的正规做法

（1）合同撰写的要求。合同的撰写有一定的要求，最重要的几点是：目的明确、内容具体、用词标准、数据精确、项目完整、书面整洁等。

（2）合同的写法。

① 合同大体上有条款式与表格式两类。条款式合同是指以条款形式出现的合同；表格式合同是指以表格形式出现的合同。条款式合同与表格式合同，在写法上都有各自的具体规范，对此在实践中只能够遵守，不可以违反。

② 合同内容有三大要素，即标的、费用与期限，在任何一项合同中，都应当三者齐备。撰写一项合同的具体条款，至少需要具备标的、数量或质量、价款或酬金、履约的期

限与地点及其方式、违约责任五大基本内容。

（3）草拟合同应认真严谨。草拟合同与协议，必须把双方的权利、义务写清楚，必要时还应有附加说明，预先写明相关事项，以免出现问题后纠缠不清。

2. 草拟合同的原则

在草拟合同时，除上述规范之外，还必须遵守以下4个原则。

（1）遵守法律的原则。在商务交往中，所有正式的合同都具有法律约束力，一旦订立，任何一方都不可擅自变更或解除，因此，商务人员必须熟悉国家的有关法律与法规，以便更好地运用法律来维护自身的正当权益。在拟定合同时，必须遵守的有关法律、法规，主要涉及商品生产、技术管理、税收政策、外汇管制以及商检科目五个方面。

（2）符合惯例的原则。在草拟合同时，必须优先遵守我国的法律、法规，遇到有关法律、法规尚未有明确规定的，可参照国际惯例进行合同的拟定。国际惯例，是指为国际社会所普遍接受的、约定俗成的常规做法。

（3）合乎常识的原则。在草拟合同时，要使合同的所有条款合乎常识，不要犯常识性错误。商务人士应当具备的常识，是指与其业务有关的专业技术方面的基本知识，包括商品知识、金融知识、保险知识、运输知识和商业知识等。

（4）顾及对方的原则。商务人员在草拟合同的具体条款时，既要"以我为中心"，考虑自己的切身利益，又要替对方着想，并且尽可能照顾对方的利益，这是使得合同被对方接受的最佳途径。

在进行与合同有关的谈判时，在具体条款上，商务人员不仅要讲原则性，也要讲灵活性。在坚持根本利益的前提下，灵活地变通，适当地让步，这样才能达成合作与共识。

二、签约仪式准备的礼仪

签约仪式举行的目的是使有关各方重视签订的合同，遵守合同，通过举行郑重其事的签约仪式，向各方表达合同的重要意义与效力，达到振奋人心的作用。在签署合同之前，必须做好以下的准备工作。

1. 确定参加仪式的人员

在确定本方参加签约仪式的人员后，还要对对方参加签约仪式的人员情况有所掌握。双方签约者的身份和职位应对等。

2. 做好协议文本的准备

（1）主方负责准备文本。在正式签署合同之前，应由举行签字仪式的主方负责准备待签合同的正式文本。

（2）合同应为最终文本。拟定的合同应当是正式的最终文本，是不再进行任何更改的标准文本。

（3）指定专人负责。主方应会同有关各方一道指定专人，共同负责合同的定稿、校对、印刷与装订。按常规，应为在合同上正式签字的有关各方，提供一份待签的合同文本，必要时，还可再向各方提供一份副本。

（4）合同使用的语言。在签署涉外合同时，按照国际惯例应准备好各方使用的官方语言，或者使用国际通行的英文、法文的待签文本。在准备外文文本时，要反复推敲、字斟句酌，不要望文生义或者因不解其意而乱用词语。

（5）合同的制作。待签的合同文本，应以精美的白纸精制而成，按大八开的规格装订成册，并以高档质料，如真皮、金属、软木等，作为其封面。

3. 落实签约仪式的场所

签约仪式的场所有专用的，如展会期间专门设置的签约厅；也有临时以本单位的会议厅、会客室来代替的，会场的大小要适中，宽敞明亮。

4. 签约仪式现场的布置

（1）签字厅的布置原则是庄重、整洁和清静。

（2）签字厅内地面应铺地毯。

（3）签字用桌椅。

① 除了必要的签字用桌椅外，还应有一个立式主持台。另外还应摆放一些座椅，供参加仪式的相关人员及媒体记者使用。

② 正规的签字桌为长形桌，上面铺设深绿色的、呢子质地的台布，并摆放盘式鲜花。

③ 在签字桌上，应事先安放好待签的合同文本、签字笔及吸墨器等，按照签字书写习惯进行摆放，摆放要整齐。也可先不放合同文本，在仪式开始、签字人就座后由协助签字人呈上。

④ 签字桌横放于室内，若为双边合同签字，可放置两把椅子，多边合同可以只放一把，供签字人轮流就座，也可根据人数各自提供一把椅子。

⑤ 签字人在就座时，应面对正门。

（4）座次及国旗。

① 座次安排。在正式签署合同时，各方代表对于礼遇均非常在意，因此商务人员对于在签字仪式上最能体现礼遇高低的座次问题，应当认真对待。

小案例

我国南方某市的一家公司与美国一家跨国公司经过长期交流洽谈，终于获得了对方的认可，谈妥了一笔大生意。双方在达成合约之后，决定为此举行一次签字仪式。

由于当时双方的洽谈在我国举行，所以签字仪式的安排由中方公司负责。在签字仪式正式举行的那一天，美方拒绝在合同上签字。这一"临场变卦"让中方出乎意料。

事情的起因是这样的：中方的工作人员在签字桌上摆放中美两国国旗时，按照中国的传统做法"以左为上"进行摆放，而国际惯例是"以右为上"，美方人员对这样的安排恼火不已，认为是中方人员对他们的蔑视，因此拒绝进入签字厅。这场签字风波经过调解虽然平息了，但它给了我们一个教训：在商务交往中，对于签约的礼仪不可不知。

签字时各方代表的座次，应由主方代为先期排定。合乎礼仪的做法是：

a. 在签署双边性合同时，应请客方签字人在签字桌右侧就座，主方签字人应同时就座于签字桌左侧；

　　b. 双方各自的协助签字人，应分别站立在各自一方签字人的外侧，以便随时为签字人提供帮助，如图 7-7 所示；

　　c. 双方其他的随员，可以依照职位的高低，依次站立于己方签字人的身后，中间为高，依次向两边排列，最外侧为最低；

　　d. 当一行站不完时，可以按照以上顺序并遵照"前高后低"的惯例排成两行、三行。

　　e. 原则上，双方随员人数，应大体上相近，也可以按照一定的顺序在己方签字人的正对面就座。

图 7-7　随员及协助签字人站位

　　② 放置旗台。在签字桌的中部，应放置一个旗台，插上国旗。如果签字双方均为国内企业的话，可都插上中国国旗；当合同涉及外商时，需要在签字桌上放置各方的国旗，国旗的朝向应与签字人的座位相符。应按照国际惯例，以右为上。例如，在签署双边涉外合同时，外方应在桌子的右侧，国旗亦同，放置旗台如图 7-8 所示。

图 7-8　放置旗台

【任务实战】

签署合同应遵循哪些礼仪

我国法律对合同的成立有如下规定：当事人就合同条款的书面形式达成协议，并且签字，即为合同成立。

签订合同必须本着平等互利、协商一致的原则，在严肃认真考虑和论证的基础上方可签写，一旦签字就不得违约，所以，签字仪式严肃、庄重，具有不可替代的重要意义，受到商务人士的高度重视。

一、签字仪式的程序礼仪

签字仪式时间不长，但程序规范，气氛庄重且热烈。

1. 签约各方就位

（1）保持安静。签字仪式正式开始，有关各方人员在既定的位次上各就其位，相关人员应保持安静，不得大声喧哗。

（2）签字人及随员就位。签字人在签约台前入座，其他人员分主、客，各站一边，按其身份自里向外，依次由高到低，列队于各自签约人座位之后，双方协助签字人员分别站立在己方签字人的外侧。

2. 签字人正式签署合同文本

（1）"轮换制"。根据商务礼仪的规定，在签署合同文本时，合乎礼仪的做法是签字人首先签署己方保存的合同文本，名字签于首位，然后再由协助签字人交于对方签字人签字。这一做法，在礼仪上称为"轮换制"，它的含义是按位次排列轮流，使得有关各方均有机会居于首位一次，以显示机会均等，各方平等。

（2）协助签字人员的工作。签字仪式开始后，协助签字人员呈上并翻开文本（文本已在桌上的就直接翻开），指明具体的签字处，由签字人签上自己的姓名；然后，由协助签字人员将己方签了字的文本递交给对方签字人，由对方签字人再签字。

3. 交换签署好的合同文本

合同签署完毕，按照礼仪规范，由双方的签字人郑重地相互交换文本，同时握手致意祝贺，双方随员同时鼓掌。各方签字人可相互交换各自使用过的签字笔以示纪念，全场人员应鼓掌表示祝贺，但不能大声喧哗。交换签署好的合同文本如图7-9所示。

4. 共饮香槟酒

交换己方签的合同文本后，国际上通行的、用以增添喜庆色彩的做法是：

有关人员，尤其是签字人共饮香槟酒，互相道贺（国内也有用红酒的），此时礼仪小姐用托盘端上香槟酒，由双方签约人员举杯同庆，共祝合作成功。举杯庆贺如图7-10所示。

图 7-9　交换签署好的合同文本　　　　　　　　图 7-10　举杯庆贺

5. 接受采访

签约仪式结束，双方可共同接受媒体采访。需要说明的是，商务合同在正式签署后，应提交有关方面进行公证，此后才正式生效。

二、签字人员的礼仪

1. 签字人员应着装规范

在出席签约仪式时，签字人员及其随员应当穿着具有礼服性质的深色西服套装、中山装或者西装套裙，并配以白色衬衫和深色皮鞋，男士还需要搭配单色领带以示正规。在签字仪式上露面的礼仪小姐应穿着旗袍，接待人员可以穿着本单位的制服。

2. 注意表情

签字人员应目光坦然，面带微笑，表达各自真诚、合作、友好的意愿。

3. 坐姿端正

签字时签字人员应端坐在签字桌前，上体挺直，双手和前臂放于桌上，庄重地写下己方代表的名字。

4. 举止有礼

（1）签字人接受了协助签字人的帮助，应有所表示，可点头微笑以示谢意。
（2）签字后应热烈鼓掌、热情握手、主动祝贺、举杯共庆、热烈有度。

任务4　掌握交接仪式礼仪

在商界，交接仪式是为了庆祝商务伙伴之间的合作成功，同时答谢上级主管部门、地方政府和社会各界的关心和支持，而举行的热烈、隆重的一种活动形式。它一般是在施工方依照合同将已经建设、安装完成的工程项目或大型设备，经验收合格后正式移交给使用单位时，所举行的庆祝典礼。

交接的礼仪是指在举行交接仪式时所应遵守的有关礼仪规范，包括交接仪式的准备、交接仪式的程序、参加交接仪式的礼仪三个方面的内容。

一、交接仪式准备的礼仪

准备交接仪式，主要应做好三个方面的工作，即来宾的邀请、会场的选择与布置、物品的准备。

1. 来宾的邀请

（1）拟定邀请名单。作为交接仪式的东道主，要拟定来宾的邀请名单，在具体名单拟定后，应主动征求接收单位的意见。接收单位可对来宾的邀请名单提出建议。

（2）确定来宾人数。交接仪式的参加人数可视具体情况而定，一般情况下参加人数可多一些，这样可使仪式场面大些，热烈红火些。如果参加者太少，会使仪式显得冷清，但是，人数的确定也得考虑场地条件和接待能力。

（3）来宾要有代表性。邀请出席交接仪式的来宾，应该考虑到各有关方面，一般来说，应包括施工单位、安装单位、接收单位、上级主管部门、当地政府、行业组织、社会团体、各界知名人士、新闻界人士的有关人员，以及协作单位的有关人员等，要有各有关方面的代表出席。

（4）发邀请函。在邀请工作中，对于除交接两方代表外的其他来宾，均应提前寄送正式的书面邀请，以表示对来宾的尊重。

（5）真诚邀请，落实名单。交接仪式的宣传、影响面很大，通过媒体，可使上级主管部门和地方政府，以及社会各界关注此事，以利于交接两方与各方面的沟通，并获得各方面的帮助和支持，因此，在诚邀上级主管部门、当地政府、行业组织的有关人员时，要尽量争取、说服来宾参加交接仪式，努力落实名单，必要时可由交接两方有关领导出面，亲自邀请来宾出席仪式。

（6）多邀请新闻界人士。如果不存在泄密情况的话，东道主要争取多邀请些新闻界的人士参加，并为其提供便利条件。

2. 会场的选择与布置

选择交接仪式的会场，应考虑仪式的重要程度、出席人数、具体程序与内容，以及是否保密等几方面的因素。以下几种选择供参考。

（1）选择完工项目的现场。可将交接仪式的地点安排在已经建设、安装完成并已验收合格的工程项目或大型设备所在地的现场，这样做的好处是，可使全体出席仪式的人员身临其境，获得对交付使用的工程项目或大型设备的直观、形象的了解，也便于在交接仪式过后安排来宾参观。不利之处是，仪式准备的工作量比较大，而且由于即将交付给接收方，所以还需要取得接收方的同意和配合。

（2）选择东道主单位的会议厅。可将会场安排在东道主单位的会议厅，这样做的好处是可减少大量的接待工作，也便于会场的布置，特别是在交付项目或大型设备暂时不便外人参观的情况下，更为合适。其不利之处是，东道主单位需要付出更多的人力、财力、物力，而且来宾不能获得对交付项目或大型设备的直观感受。

（3）选择交接双方认可的场所。若是项目现场和东道主单位由于某些原因，均不宜作为交接仪式的会场，也可经施工、安装单位提议，接收单位同意之后，选择双方共同认可的其他场所，诸如宾馆的会议厅、多功能厅等。这样做尽管支出较大，但可省去大量的安排、布置工作，而且还可以提升交接仪式的档次，获得更好的效果。

（4）交接仪式会场的布置。会场布置不能铺张浪费，要善于以适当的形式营造、渲染一种热烈、隆重和喜庆的气氛。可搭建临时主席台，铺设红地毯；在主席台上方，应悬挂一条红色巨型横幅，上书交接仪式的具体名称，可以竣工项目具体名称加上"交接仪式"字样；还可设置背板，写明交接仪式的名称、交接方或主办方以及日期等。在主席台上可预备适量的桌椅，也可不备，视需要而定。交接仪式如图 7-11 所示。

图 7-11 交接仪式

在举行交接仪式的现场、入口之处，交接物四周，可悬挂彩带、彩旗和摆放色泽艳丽的盆花，会场上空可牵放带有庆贺标语的巨型气球，用以美化环境、烘托气氛。

若有来宾赠送花篮，可依先后顺序，排列在主席台正前方，或会场入口处门外的两侧。

3. 物品的准备

在交接仪式上使用的物品，应由东道主提前准备。需要准备的物品包括以下。

（1）作为交接象征物的物品。作为交接象征物的物品主要有验收文件、一览表、钥匙等。验收文件是指已经公证的、由交接双方正式签署的接收证明性文件；一览表是指交付给接收单位的全部物资、设备或其他物品的名称、数量明细表；钥匙具有象征性意味，是指用来开启被交接的建筑物或机械设备的钥匙。

（2）赠送给来宾的礼品。在交接仪式上用以赠送给来宾的礼品，应突出其纪念性、宣传性，可将被交接的项目、设备制成微型塑胶模型，或制成画册、胸针、纪念章、领带夹、钥匙扣等精美礼品，赠送给出席交接仪式的来宾。

二、交接仪式程序的礼仪

不同类型的交接仪式，其程序不同，但一般有五项基本程序。

第一项，主持人宣布交接仪式开始。

在主持人宣布交接仪式正式开始之前，主持人应邀请来宾代表上台，在主席台上就位或就座，并请与会人员保持安静，然后宣布交接仪式正式开始。此时，全体与会者应当有礼貌地鼓掌，以表达祝贺之意。

第二项，奏国歌，以及演奏东道主单位的标志性歌曲。

此时全体与会者起立，这一程序会使交接仪式显得更为庄严、隆重。

第三项，进行交接。

伴随着优美的乐曲声，由施工、安装单位的代表，将有关工程项目、大型设备的验收文件、一览表及钥匙等象征性物品，正式递交给接收单位的代表。双方应面带微笑，双手递交、接收有关物品，并热烈握手。至此，标志着有关的工程项目或大型设备已经被正式地移交给了接收单位，如图 7-12 所示。

图 7-12　正式交接

有的交接仪式，采用了剪彩仪式，由上级主管部门或地方政府的负责人为有关工程项目、大型设备的启用而剪彩，以进一步营造出一种热烈而隆重的气氛。

第四项，各方代表发言。

在交接仪式上，首先由施工、安装单位的代表上台发言，然后是接收单位的代表发言，以及来宾的发言等。发言一般均为礼节性的，宜短小忌冗长，一般以三分钟左右为宜。在正常情况下，一次交接仪式所用的时间，大体上不超过一个小时。

第五项，宣告交接仪式正式结束。

当主持人宣布交接仪式结束时，全体与会者应以热烈的掌声，再次表示祝贺。

随后，东道主与接收单位可邀请各方来宾一道参观有关的工程项目或大型设备。通过现场参观，可以进一步地深化对有关的工程项目或大型设备的认识。如不方便邀请来宾进行现场参观，可组织来宾参观有关的图片展览或向其发放宣传资料，在不泄密的前提下，其图片展览或宣传资料，均应内容翔实、资料充足、图文并茂，通常应当包括有关工程项目或大型设备的建设背景、主要功能、基本数据、开工与竣工的日期、接收单位的概况等。

亦可在仪式结束后，请来宾观看文艺表演。

【任务实战】

参加交接仪式应遵循哪些礼仪

一、东道主应遵循的礼仪

作为东道主，应着重注意：

（1）修饰仪表。作为东道主，参加交接仪式的人员应修饰仪表，穿着正装，彬彬有礼，不仅要展现个人良好的礼仪素养，同时也要为本单位树立良好形象。

（2）提前到场。在举行仪式之前，交接双方单位的负责人应提前到达会场，并在门口恭迎来宾。

（3）分工明确。东道主要指定专人进行迎送、接待、引导、陪同等礼仪服务工作。

（4）注意礼节。交接仪式的主持人要对来宾进行介绍，东道主与会人员要对发言者鼓掌致谢，要接受来宾的道贺，工作人员要出现在仪式的各个地方为来宾服务，所有在现场呈现的举止中，一定要注意施行相关的礼节，规范言行，绝不可有失礼之处。

（5）热情接待。东道主一方的与会人员，应具有主人翁的意识，即使自己不负责接待，但作为主办方的成员，理应有全局观念，对待来宾应热情有礼；遇到来宾的提问，应有礼貌地回答；得知来宾需要帮助，应尽力给予帮助，如果本人帮助不了，一定要遵照首问负责制的原则，转交给有关方面或相关负责人，不能因为本人不负责这项工作，而回绝来宾。

二、来宾应遵循的礼仪

对于来宾而言，在应邀出席交接仪式时，应着重注意：

（1）致以祝贺。

① 当接到主办方的正式邀请后，被邀请者可视具体情况，以单位或个人的名义，及时发出贺电或贺信，向东道主表示热烈祝贺，也可以在出席交接仪式时，面呈东道主。

② 在参加仪式时，还须郑重其事地向东道主主要负责人握手道贺。

（2）备有贺礼。为表示祝贺之意，可向东道主赠送诸如花篮、牌匾等。赠送的花篮要在花店订制，并在其两侧悬挂红色缎带，右书"恭贺××交接仪式隆重举行"，左书本单位全称。

（3）准备贺词。是否在仪式上发言，可视具体情况而定，如被邀请代表来宾发言，须提前预备一份书面贺词，其内容应当简明扼要，主要表达道喜祝贺。

（4）准点到场。应提前几分钟抵达仪式会场，以便东道主安排接待，若因故不能出席，应尽早通知东道主。

（5）注意仪表。来宾应注意仪表，身着正装，以示对仪式的重视和对东道主的尊重，在仪式的整个过程中，应始终精神饱满，热情洋溢，通过语言、举止等礼节，表达祝贺之意。

（6）听从安排。应邀参加交接仪式，应全程听从东道主的安排，完成仪式典礼后的其他活动，如参观、赴宴等活动。如有要事不能参加仪式后面的活动，应向东道主主要负责人道别。

项目小结

商务仪式的形式有很多，本项目通过四项任务，帮助同学们掌握商界组织常用的仪式，同学们要掌握各种仪式筹备工作的礼仪，以及参加这些仪式应有的礼仪；熟悉这些仪式的程序，并能够初步具备这些仪式方案策划的能力。

自检内容

1. 开业仪式筹备工作包括哪些内容？
2. 参加开业典礼应注意哪些礼仪？如何拟定开业仪式的程序？
3. 剪彩仪式必备的物品包括哪些？
4. 剪彩人员的礼仪有哪些？
5. 剪彩的程序是怎样的？应遵循的礼仪有哪些？
6. 签约仪式的会场如何布置？签署合同应遵循哪些礼仪？
7. 参加交接仪式应遵循哪些礼仪？

能力培养与训练 7

一、能力培养目标

（1）帮助学生掌握仪式礼仪的正式做法和标准要求。
（2）掌握筹备开业仪式、剪彩仪式、签约仪式、交接仪式的具体工作内容。

(3) 掌握开业仪式、剪彩仪式、签约仪式、交接仪式的程序及礼仪规范。
(4) 初步具备参与筹备各项仪式活动的礼仪素养及能力。

二、思考与训练

1. 判断题

(1) 在开业典礼上，主办单位负责人的发言可以即兴、临场发挥。（ ）
(2) 剪彩时，剪彩者不可穿着随便，不可戴帽子，可戴墨镜。（ ）
(3) 签字时各方的陪同人员立于本方签字人身后，按身份高低为序排列，客方是由左（高）向右（低）排列，主方是自右（高）向左（低）排列。（ ）

2. 单选题

(1) 在开业仪式上向来宾赠送的纪念礼品，可以不具有哪一特性？（ ）
　　A. 实用性　　　B. 独特性　　　C. 宣传性　　　D. 荣誉性
(2) 剪彩仪式的物品准备不包括（ ）。
　　A. 新的剪刀、托盘　　　　　　B. 白色薄纱手套
　　C. 彩色的气球　　　　　　　　D. 红色的缎带、地毯
(3) 在剪彩时位次的排列很重要。下面的排列原则中，哪一项是错误的？（ ）
　　A. 主要剪彩者居中　　　　　　B. 右侧高于左侧
　　C. 左侧高于右侧　　　　　　　D. 中间高于两侧

3. 多选题

(1) 筹备开业仪式，在指导思想上要遵循（ ）。
　　A. 节俭的原则　B. 高效的原则　C. 缜密的原则　D. 热烈的原则
(2) 开业仪式的接待工作一定要做好。接待小组成员的具体工作有（ ）。
　　A. 迎送来宾　　B. 引导来宾　　C. 陪同来宾　　D. 接待来宾
(3) 在草拟合同时，必须遵守的原则有（ ）。
　　A. 遵守法律　　B. 符合惯例　　C. 合乎常识　　D. 顾及对方

三、案例分析

案例分析 7-1

别开生面的开业典礼

2017年8月8日，是沿海某市新建的天悦酒店隆重开业的日子。

这一天，酒店上空彩球高悬，四周彩旗飘扬，身着鲜艳旗袍的礼仪小姐站立在店门两侧，她们的身后是摆放整齐的鲜花、花篮，所有员工服饰一新，面目清洁，精神焕发，整个酒店沉浸在喜庆的气氛中。

开业典礼在店前广场举行。

上午11时许，应邀前来参加庆典的有关领导、各界友人、新闻记者陆续到齐。正在举行剪彩之际，天空突然下起了倾盆大雨，典礼只好移至厅内，一时间，大厅内聚满了参加庆典的人员和避雨的行人。典礼仪式在音乐和雨声中隆重举行，整个厅内灯光明亮，使

得庆典别具一番特色。

典礼完毕,雨仍在下着,厅内避雨的行人,短时间内无法离去,许多人焦急地盯着厅外,这时,酒店经理当众宣布:"今天能聚集到我们酒店的都是我们的嘉宾,这是天意,希望大家能同敝店共享今天的喜庆,我代表酒店真诚邀请诸位到餐厅共进午餐,当然一切全部免费。"霎时间,大厅内响起雷鸣般的掌声。

虽然,酒店开业额外多花了一笔午餐费,但酒店的名字在新闻媒体及众多顾客的宣传下迅速传播开来,酒店日后的生意格外红火。

分析讨论:酒店经理的举动有何意义?说明了什么?

分析提示:开业典礼是企业的大喜日子,是气氛热烈而又隆重的庆祝仪式,既表明企业对此项活动庄重、严谨的态度,又可借此扩大企业的社会影响力,提高企业的知名度和美誉度。该酒店的经理借开业典礼之机请进避雨的行人,共享开业的喜庆,借此树立企业形象,收到了意想不到的效果。这一举动很好地体现了该酒店经理的组织能力、社交水平及文化素养,是企业发展的第一个里程碑。

案例分析 7-2

"请张市长下台剪彩!"

某公司举行新项目开工剪彩仪式,请来了张市长和当地各界名流嘉宾参加,请他们坐在主席台上。仪式开始时,主持人宣布:"请张市长下台剪彩!"却见张市长端坐没动;主持人很奇怪,重复了一遍:"请张市长下台剪彩!"张市长还是端坐没动,脸上还露出一丝恼怒。主持人又宣布了一遍:"请张市长剪彩!"张市长才很不情愿地勉强起来去剪彩。

讨论题:请指出本案例中的失礼之处。

案例分析 7-3

签字仪式搁浅了

2018年7月15日是国能电力公司与美国PALID公司在多次谈判后达成协议,准备正式签字的日期。国能电力公司负责签字仪式的现场准备工作,将公司总部10楼的大会议室作为签字现场,在会议室摆放了鲜花,长方形签字桌上临时铺设了深绿色的呢台布,摆放了中美两国的国旗,美国国旗放在签字桌左侧,中国国旗放在右侧,签字文本一式两份放在黑色塑料的文件夹内,签字笔、吸墨器分别置放在两边,会议室空调温度控制在20℃,办公室陈主任检查了签字现场,觉得一切安排妥当,他让办公室张小姐去通知国能电力公司董事长、总经理等我方签字人员在会议室等待,自己到楼下准备迎接客商。

上午9点,美方总经理一行乘坐一辆高级轿车,准时驶入国能电力公司总部办公楼,司机熟练地将车平稳地停在楼前,陈主任在门口迎候,他见到副驾驶座上是一位女宾,陈主任以娴熟优雅的姿势先为前排女宾打开车门,并做好护顶姿势,同时有礼貌地问候对方。紧接着,陈主任迅速走到右后门,准备以同样动作迎接后排客人,不料,前排女宾已经先于他打开了后门,迎候后排男宾,陈主任急忙上前问候,但明显感觉女宾和后排男宾有不悦之色。陈主任一边引导客人进入大厅,来到电梯口,一边告知客人,董事长在会议室等待,电梯升到 10 楼后,陈主任按住电梯控制开关,请客商先出,自己后出,然后引导客人到会议室,在会议室等待的国能电力公司的签字人员在客人进入会议室时,马上起立鼓掌欢迎,刘董事长急忙从座位上站起,主动和对方客人握手,不料,美方客人在扫视了会议室后,似乎非常不满,不肯就座,好像是临时改变了主意,不想签字了。问题出在哪里呢?

分析讨论:
(1) 国能电力公司安排的签字活动有不当之处吗?
(2) 陈主任在迎送过程中是否有失礼之处?
(3) 美方客人不悦和变卦的主要原因是什么?

四、实操训练

实操训练 7-1

某公司开业庆典

训练目标: 掌握开业仪式的组织、程序及礼仪规范。
训练内容: 某公司开业庆典。
训练要求: 模拟某企业开业庆典仪式,要完成:
(1) 拟写开业仪式程序,并实施;
(2) 拟定出席开业典礼的宾客名单,分别由几名同学扮演;
(3) 布置会场、准备物品;
(4) 模拟开业仪式庆典全过程。
演练组织: 由 10~12 人自愿组成模拟公司或企业,在讨论、分工后分头准备,在全班展示。
实操评价: 由教师和学生组成的评议组进行评议。

实操训练 7-2

长河集团新店开业剪彩仪式

训练目标: 掌握剪彩仪式的礼仪规范。
训练背景与内容: 为进一步扩大集团的影响力,引起社会各界的关注,近期长河集团一个新的大型销售点将在庆典期间开业,集团准备举行一次剪彩仪式。实操训练举行剪彩仪式的全过程。
人物角色: 剪彩人有领导 1 人,就座主席台人员 4 位,礼仪小姐 6 人,其他宾客 5~7 人。
训练要求:
(1) 编写剪彩仪式程序;
(2) 拟定剪彩者名单,确定身份、姓名,并邀请剪彩者出席;
(3) 布置剪彩仪式现场,准备相关物品;
(4) 模拟召开剪彩仪式。

训练组织：

（1）将两个学习小组并为一大组；

（2）按剪彩者 5 人，协助剪彩的礼仪小姐 6 人，其他宾客 5~7 人，分配并模拟各角色；

（3）在班级进行模拟表演。

实操评价： 由观摩的同学们予以评议，然后由教师进行讲评。

实操训练 7-3

签约仪式

训练目标： 掌握签约仪式礼仪。

训练背景与内容：

（1）2017 年 5 月 16 日，荣升公司总经理秘书小王走进了总经理刘刚的办公室，告诉他签字仪式将安排在下个月的 5 日，并向他请示有关工作。刘总说董事长张强很重视这次两家公司的合作，他让小王认真拟订这次签字仪式程序，整个仪式务必尽善尽美。

请制订一份签约仪式程序。

（2）5 月 18 日，小王将签字仪式程序给刘总看过后，就着手准备。小王从技术执行经理赵立军那里，拿到了已经起草好并经双方同意的《技术合作协议》，小王将协议书进行严格的校对，确认无误后，印制、装订成为待签文本，文本包括正本两份、副本两份。

请演示秘书准备待签文本的过程，并制订一份《技术合作协议》样本。

（3）5 月 22 日，小王到希尔顿大酒店，与酒店大堂经理黄先生共同布置签字仪式会场。小王告诉黄先生，这次签字仪式双方共有 12 人参加，其中双方主签人各 1 名、协助签字人各 1 名、陪同签字人各 4 名，设长方桌，桌上放置双方的国旗、席卡、文具，会标用红底金字，还要准备香槟酒和酒杯，四周要有鲜花装点。

请演示布置签字仪式会场的过程。

（4）5 月 24 日，签字仪式已准备就绪，为扩大宣传，小王特地给市有线电视台打电话，找到杨记者，请他来采访报道这次签字仪式。杨记者一口答应，并说要约本市日报的记者朋友一起参与。小王表示十分感谢，并告知仪式的具体时间及安排。

请演示一下主办方电话邀请媒体的过程。

（5）6 月 5 日上午 9:00，签字仪式正式开始，主方主签人：张强董事长；协助签字人：小王；陪同签字人：总经理刘刚、商务执行经理何超、人事行政执行经理魏国强、技术执行经理赵立军。客方主签人：新安汽车有限公司总经理赵大成；协助签字人：林秘书；陪同签字人：新安汽车有限公司副总经理王建国、技术部主任林长生、开发部主任刘志、销售部主任孙晓光。签字仪式由总经理刘刚主持，上述出席仪式的双方按预定位置入席，双方签字完毕，小王端出已经倒好的香槟酒，双方共同举杯庆贺。电视台杨记者和报社的记者在旁拍摄。

训练要求： 请模拟签字仪式的完整过程。

训练指导：

（1）理论联系实际，将所学知识运用到模拟演练中，认真进行每一环节的操作；

（2）可将训练移至会议室进行，或将教室桌椅重新摆放，本着厉行节约的精神，因陋就简地进行实训；

（3）全体学生应着装整齐、庄重；

（4）签约所需物品应齐备，形成仿真效果，以获取演练的最佳效果，签约仪式如图所示。

图1　　　　　　　　　　　图2　　　　　　　　　　　图3

训练组织：

（1）全班同学分为两大组，自行组成或按照学号划分；

（2）每组同学可自报角色，根据资料的提示，可增删、创新，进行签约仪式的实操训练；

（3）两组准备完毕后，进行展示表演。

实操评价： 由学生评议组进行评议，教师讲评。

五、课后作业

（1）请设计一份某公司大型商厦开业庆典的请柬，并列出应邀请的嘉宾名单。

（2）利用互联网搜索开业仪式、剪彩仪式、签约仪式、交接仪式的策划案，开阔眼界，拓展思维，加深理解所学知识。

项目 8 商务旅行礼仪

> 美德是精神上的一种宝藏，但是使它们生出光彩的则是良好的礼仪。
> ——［英］约翰·洛克

【项目目标】

❖ 知识目标：
1. 了解商务旅行的准备工作有哪些，了解商务旅行中的基本礼仪原则与禁忌。
2. 掌握商务旅途中步行、乘坐交通工具的礼仪与禁忌。
3. 掌握商务人员出国旅行的礼仪与注意事项。
4. 掌握入住宾馆、酒店的礼仪。

❖ 能力目标：
1. 能够做出商务旅行前的各项准备，遵循商务旅行基本原则。
2. 能够遵循旅途中步行、乘坐交通工具的礼仪。
3. 初步掌握出国旅行的礼仪与禁忌。
4. 初步具备商务人员文明旅行的良好形象。

❖ 素质目标：
培养学生从事商务旅行活动的文明之举，做到时时处处保持文明礼仪的良好形象，形成彬彬有礼的商务出行者的职业素养。

【项目导入】

商务人员经常外出进行市场调查、联系业务、拜访客户、客座谈判等活动，不仅前往本市、本地区、本国其他地区，而且也有很多出国的商务旅行。这是一支商务出行大军，如果每个人的言行举止都很有礼，每次出行都做好了周密的计划，这将对整个社会秩序和风尚具有很好的影响，同时也能顺利地实现商务人员的出行目的，完成商务工作任务。

那么，商务人员应该遵循的商务旅行礼仪有哪些？商务旅行中有哪些禁忌？应该如何实施商务旅行礼仪？这些就是我们要学习和掌握的。

导入案例

张华是学国际贸易专业的,毕业后就职于某公司。公司决定让他先做秘书工作,一来是让他熟悉一下公司的机构、工作流程;二来可以发挥他的外语特长,为公司担任翻译工作。

上班没几天,公司交给他一项工作,为总经理即将进行的商务旅行制订一份计划书。这可难坏了张华。他花费了很长时间,列出了总经理出行计划,可是总经理看后直摇头。

请你思考一下:如何能使商务出行顺利、有序、圆满?

任务1 做好商务旅行的准备工作

商务旅行不比说走就走的一般旅行,它是要围绕出行的目的,预先做好周密、细致的计划和安排,准备好所需用品,设计好行程,提前预订车、船或机票及下榻的酒店,还要遵循商务旅行中的基本礼仪原则,明了商务旅行禁忌等,以保障顺利的成行及实现预定的目的。可见做好商务旅行准备工作十分重要。那么,商务旅行要做好哪些准备工作?商务旅行中的基本礼仪原则与禁忌有哪些呢?

一、商务旅行前的准备工作

1. 确定旅行目标

(1)明确主要目标。比如,参加一个洽谈会,要与对方达成贸易协议。为此可能要宴请对方,举行谈判会议等。

(2)搞清次要目标。如会见老同学、老朋友,联络老客户,寻找新朋友,了解当地市场情况等。再有时间也可能顺便参观游览一下当地的名胜古迹。

2. 计划旅行日程

要做一份行程清单,如出发时间、旅程路线、到达时间、所到目的地、顺访地、在当地的停留时间,以及各项活动的日程安排。然后要注意做到以下几点。

(1)及时汇报。日程计划好后要及时向领导汇报,看看计划的时间与领导的要求是否吻合,待调整后,最后确定计划日程表。

(2)多方请教。要多向有经验的同事请教,征求他们的建议,汲取其中的成功经验。

(3)留下联系方式。将手机号码和电子邮件等联系方式留给工作人员或同事,商量好联系的时间。

3. 选择交通工具

在旅行前，一定要确定选择的交通工具是什么，如需要乘坐的汽车、火车、飞机、轮船等，安排好时间，然后提前订票。

4. 选择下榻的宾馆、饭店

对于拟定下榻的宾馆，需要提前预订；如果计划在酒店举行商务宴请也要提前预订，临行前可再确认一下。如果计划因故发生了改变，应该及时取消预订。

5. 安排好手头工作

商务人员有出行计划，但不能不管不顾，"一走了之"，对单位的本职工作该移交的移交，该交代的交代。能当面交代的最好当面亲自交代、安排好。

6. 准备出行所用的物品

为了最大限度地减轻负担可以只带必需的物品，以简单、轻装为原则。

二、商务旅行中的基本礼仪原则

（1）着装得体。商务人员抵达目的地后，必定有一些商务活动，要出席正式场合，所以，着装应注意与场合、地点相适应，以体现自尊和尊重对方。

（2）互相尊重。在商务旅行中，商务人员面对交往对象，无论是生意伙伴、还是竞争对手，或是服务、接待人员，都应以礼相待，互相尊重。

（3）遵守秩序。商务人员应遵守社会公德，在乘车、住店、就餐、购物等各方面要遵守秩序，该等候的耐心等候，该排队的自觉排队，展现出现代商人的文明风貌。

（4）学会适应。俗话说：在家千日好，出门一日难。出门在外要学会适应，适应目的地的气候、饮食、住宿、语言、风俗等。这样才能有良好的心态和充足的精力去完成工作任务。

（5）集体旅行注意角色和地位。若是多人集体旅行，就要注意自己的角色和地位，年轻的职员要将表示身份、舒适的座位留给领导同志和年纪大的同事，凡事积极主动，不辞辛苦。处处尊重领导，照顾年长同事。

（6）集体旅行注意协商与合作。多人集体旅行，遇事要注意协商，大家出谋划策，要共同合作，完成好既定任务。

三、商务旅行中的禁忌

（1）忌惹是生非。
（2）忌不明事理。
（3）忌暴饮暴食。
（4）忌语言粗野。

（5）忌轻易交友。

（6）忌马虎大意、丢三落四。

总之，做好了充分的旅行准备工作，并遵循商务旅行中的基本礼仪原则，注意商务旅行的禁忌，就能够保障商务旅行的顺利进行，以及商务旅行任务的圆满完成。

【任务实战】

商务旅行要带好哪些物品

作为商务旅行，准备好必要的物品，以保证商务旅行任务的顺利完成，是每一个商务出行者必须认真对待的一项工作。一般来说，商务旅行时要带的物品有如下几类。

（1）准备有关的业务资料。

① 协议或合同文本。

② 公司资料，如公司简介、产品说明、报价资料、产品样本及媒体宣传报道材料等。

③ 客户及潜在客户名录，以及对方公司的相关资料等。

④ 宣传性的礼品，如印有公司标志的小礼品。

（2）准备要用的办公用品。

① 公文包：最好采用夹、提等方式。

② 名片：带上足够的名片，使用名片夹。

③ 笔：钢笔或签字笔，黑色或蓝黑色的。

④ 记事本。

⑤ 笔记本电脑及移动存储设备等。

⑥ 发票和印章等。

（3）准备好通信工具。如手机和备用电池及充电器等。

（4）准备一些个人用品。

① 身份证（护照、签证）、旅行日程、联系人姓名及电话、车票、机票等。

② 现金、信用卡、支票、手表。

③ 常用或急救药品。如治疗感冒、腹泻的药，或外用创可贴等。

④ 轻便、不易起褶皱的职业服装。

⑤ 公务晚会服装、女士须携带与服装配套的饰品。

⑥ 袜子、换洗内衣、睡衣。

⑦ 舒适的鞋。

⑧ 洗漱用品、化妆用品或剃须刀等。

还要根据商务旅行的目的、任务来考虑要带哪些物品。

任务2 掌握商务出行旅途中的礼仪

商务人士在旅行过程中的行为举止，不仅呈现出个人的道德水平，同时也是在展示自己的商务形象，因此要随时随处做到彬彬有礼。虽然在旅途中，因事务繁忙，节奏加快，让人感觉疲惫，心情烦躁，但这时若能继续保持商务人士应有的礼仪，则更能体现自身的素质和礼仪素养。千万不要认为是在陌生的环境里，就可以放松自我约束、自我要求，以致给自身和企业的形象带来负面影响。那么，商务人士在商务出行旅途中应该遵守的礼仪规范有哪些呢？

一、商务人士步行的礼仪

1. 基本要求

（1）要遵守交通规则，自觉行走在人行道上，注意人行道口的红绿灯。
（2）注意步行的仪态，多人同行时不要勾肩搭背。
（3）问路要有礼貌。
（4）问候、交谈不要妨碍交通。
（5）多人并行要注意位置的选择。男士、年轻人、职位低的应走在行进方向的左侧。一般来说，以右为尊。三人行时，中间为尊。

2. 应杜绝的十大交通陋习

（1）过马路不走斑马线，走斑马线不看信号灯，低头看手机。
（2）走路、骑车闯红灯。
（3）不走人行横道，横穿马路不看左右。
（4）在道路上嬉笑打闹，并排行走，并排骑车。
（5）为抄近路践踏草坪或翻越交通隔离设施和护栏。
（6）骑车逆行、带人。
（7）与机动车争抢道路，在车流中穿行。
（8）闯入封闭高速道路。
（9）眼看信号灯闪烁要变换，仍然慢慢走在斑马线上。
（10）在车行道上招呼出租汽车。

二、商务人士驾车出行的礼仪

（1）应遵守交通规则，谨慎驾驶。

(2) 如遇堵车，应遵守秩序，按序前进。
(3) 行驶在路上不得肆意换道、穿梭前进。
(4) 应服从管理，接受路检，主动配合。
(5) 注意安全行驶。树立安全意识，杜绝不安全操作行为，开车时不接打电话，如有急事，可停靠路边接打。
(6) 应礼让他人。路遇行人，应提早减速，待行人通过后再行。不能鸣笛催促行人。

三、商务人士乘坐轿车的礼仪

1. 上下车礼仪

(1) 尊卑有序。在商务场合乘坐轿车时，应请女士、长者、上司或嘉宾先上车。

① 若与女士、长者、上司或嘉宾同乘一辆双排座轿车时，应先请嘉宾、上司、长者、女士从右侧后门上车就座，再依照尊卑顺序，依次让位，即后排左座、后排中座，自己最后在副驾驶位置上就座。到达目的地后，自己先下车，开启右后门，协助嘉宾、上司、长者、女士下车。

② 乘坐有折叠椅的三排座轿车时，依序应当由在中间一排折叠椅上就座的人，最后登车，最先下车。

③ 乘坐三排九座轿车时，应当由低位者，即男士、晚辈、下级、主人先上车，而请高位者，即女士、长辈、上司、客人后上车。下车时，其顺序则正好相反。唯独坐于前排者可优先下车，拉开车门。

④ 若主人亲自开车时，出于对乘客的尊重与照顾，可以由主人最后一个上车，最先一个下车。

(2) 举止优雅。商务人员应为客人、上司、长者、女士开关车门，必要时要做"护顶"，以防客人碰到头部。上下车时，动作应当优雅。不要大步跨上、跨下，连蹦带跳。

女士上、下车姿态应该是怎样的？

女士上、下车时，应"背进正出"。即上车时，不要一只脚先跨入车内，然后钻进车内，也不要爬进车里，应先打开车门，站在座位边上，背对着车座，把身体降低，让臀部坐到位子上，然后手扶座椅，将并拢的双腿提起转向放入车内，双膝一定要保持合并的姿势（见图8-1），然后带上车门。下车时，应先靠近车门，打开车门后，面向车门，先将并拢的双腿提起转向车外，双脚着地后，再扶车门框站立起来，站稳以后撤退两步离开车门，然后轻轻关上车门（见图8-2），这样做能显示身姿优雅，姿态从容。

2. 乘车中的礼仪

商务人员应注意自己在车上的谈吐、举止。车在行驶过程中，可以与同车人略做交谈。但不要与司机过多交谈，不要谈论私密内容。不要在车内吸烟和对着车内后视镜补妆。

3. 乘坐轿车的注意事项

(1) 商务人员应当注意提前联系好车辆，不要让车等你，或因联系不及时，过久等车，浪费了时间。

（2）中途搭乘他人轿车，应以不妨碍对方为前提。

图 8-1　上车姿态　　　　　　　图 8-2　下车姿态

四、商务人士乘坐公交车的礼仪

商务人员在乘坐公共交通工具时，要自觉遵守社会公德，照顾老弱妇孺。

1．排队候车

（1）要在指定地点自觉排队候车，等车停稳后再上车。
（2）乘车时应事先准备好乘车零钱或乘车卡，以免耽误大家的时间。
（3）按照前门上、后门下的规定有序乘车。
（4）上车后主动投币或刷卡。
（5）进入车厢内要向后走，不要站在车门口处，影响他人上下车。

2．上下车要互谅、互让、相互包容

（1）乘车人多时，难免会出现一些小碰撞、小摩擦，大家应相互体谅，碰到他人应真诚致歉，被碰到也不要过分计较。
（2）乘车时应主动为老、幼、病、残、孕和抱小孩的乘客让座。
（3）得到他人的帮助或给予了方便应立即道谢。

3．车内要讲卫生，并确保安全

（1）商务人员应自觉保持车站、车厢内的清洁卫生，不在车站和车厢内吸烟、吐痰、乱丢废弃物，不向窗外扔垃圾。
（2）不在车内嬉戏打逗，大声喧哗。
（3）乘车时不将头、手伸出窗外。
（4）应确保安全。不带易燃、易爆品和危险品上车，不去私自开启车门，不在车辆未停稳时上下车。
（5）商务人员应注意保管好随身物品，发现失窃应立即通知驾乘人员或报警。

(6) 发生危急情况时，应服从驾乘人员安排，及时疏散。

4. 乘车时的着装应得体

商务人士应注意自身形象，在乘车时不可随意脱去外衣，身穿背心或打赤膊，也不得脱鞋脱袜打赤足。

5. 待人有礼，不妨碍他人

(1) 雨雪天上车时应把雨伞折好并放好，把脱下的雨衣叠好。
(2) 人多时，车上遇到熟人要点头示意，不必挤过去交谈。
(3) 欲下车应提前向车门移动，人多拥挤时要客气地请求："借过，谢谢！"

五、商务人士乘坐大型巴士的礼仪

(1) 搭乘观光巴士，切勿喧哗，干扰司机驾车。
(2) 应保持车内清洁，车上不宜吃食物或喝热的饮料。
(3) 与陌生人同车，谈话以聊天、应酬为主，不宜谈论公事或涉及他人隐私。

六、商务人士搭乘地铁的礼仪

在高峰时段乘坐地铁十分便捷。如遇节假日，人潮涌动，乘客往来匆匆，行进间要特别注意安全。

(1) 进入地铁车站后，上下楼梯，要靠右边行走。
(2) 搭乘电动扶梯时，应面向正前方向靠右站立，以免挡到有急事的人。要紧握扶手，双脚立于黄色线框内。
(3) 若有乘客在扶梯上跌倒，要立刻协助按下紧急按钮。
(4) 按月台地面上的指示线，自觉排队候车。待车停稳后，先下后上。
(5) 进入车厢后，应保持安静，手机最好调为静音。
(6) 要礼让老弱妇孺。
(7) 在地铁车厢内，不可吃东西或喝饮料，应保持车厢清洁。
(8) 到站下车时，不要争抢，要按先后顺序有序下车。

七、商务人士乘坐列车的礼仪

1. 自觉遵守候车规则，上车有序

(1) 持有效车票上车。
(2) 自觉排队不拥挤，有序上车。
(3) 携物按照铁路运输的规定，无易燃、易爆、危险品，不携带超重、超大行李。
(4) 按照要求放好行李，自觉维护车厢环境整洁。

2. 准确落座

（1）上车后不在过道停留，按照票面上的座位号准确落座。

（2）中途上车寻找座位时，要客气礼貌。

（3）年轻人与领导、长辈、女士同行时，应将上座让与他们。列车上的上座为与列车行进方向一致的座位或铺位，还有临窗的座位，有的人为出入方便喜欢挨着过道的座位，但也要尊重个人意愿。

3. 路途中注意言行举止要有礼

（1）要文明着装。在车上切勿当众更衣、脱鞋。

（2）注意举止文明。不得当众吸烟、吐痰、打喷嚏、挖鼻孔。

（3）坐卧姿态要优雅，不有碍观瞻。不把自己的脚放在对面座椅或铺位上。

（4）注意保持车厢内的安静，聊天、娱乐等不要打扰他人。

（5）照顾身边老弱妇孺，帮助他们放取行李。

（6）废弃之物应放在指定之处，不要随处乱扔，自觉维护车厢内的环境卫生。

（7）不要长时间占用卫生间和盥洗池，使用后要保持清洁，以利他人使用。如遇人多，应自觉排队。

（8）手机应设为振动，不要干扰其他乘客。应答电话要轻声细语，不可妨碍邻座乘客的安宁。

4. 文明用餐

（1）在餐车用餐时应文雅、礼貌，注意吃相。用餐时间不宜过久，以免减少他人用餐的机会。

（2）在车厢内用餐要不妨碍他人休息，不要在车上吃气味刺鼻的食品。餐后应倒掉废物垃圾，收拾干净桌面。

（3）在车厢内主动禁烟。需要吸烟时，应到吸烟区吸烟。

5. 旅途中稍做交际

（1）商务人士应主动问候邻座乘客，稍做交际。

（2）交谈的音量、内容应适度。

（3）在途中应与邻座乘客相互关照。

6. 下车不慌张

（1）车到站前应提前做好下车准备。

（2）礼貌地与他人道别。

（3）带齐自身物品，检查有无遗漏，然后排队下车。

八、商务人士乘坐飞机的礼仪

1. 上下飞机礼仪

（1）为确保顺利登机，应在航班起飞前 1.5 小时到达航站楼，航班起飞前 30 分钟将停止办理乘机手续。

（2）登机前要耐心排队办理手续，并认真配合例行的安全检查，不得违规携带有碍飞行安全的物品。

（3）身份证、护照、签证、现金、票据等贵重物品应随身携带。

（4）登机时应尊重乘务员，点头微笑回应乘务员的问候。

（5）对号入座后，要对安全设备、安全常识进行了解，认真观看由飞机乘务员演示的或通过小电视播放的安全常识。在座椅背后的物品袋内备有安全常识图示，一定要认真阅读，并且牢记在心。

（6）上下飞机时，要注意依次而行。

（7）在飞机上放置自己随身携带的行李时，应与其他乘客互谅互让。

（8）在飞机降落停稳后，应耐心等待，待机舱门打开，方可起立，携带好随身物品，依次有序地离开飞机。

（9）下飞机前，应将耳机留在前排座椅背后的兜子里，将毛毯稍做整理后搁在椅座上。

2. 乘坐途中的礼仪

（1）在飞机上应以礼律己，以礼待人。

（2）在飞机飞行期间，商务人士应熟知各项有关安全乘机的规定，知晓氧气面罩、救生衣的位置及正确的使用方法；明确紧急出口所在的位置及疏散、撤离飞机的办法。

（3）切勿乱摸、乱动机上的安全用品。

（4）当飞机起飞和降落时，应按要求系好安全带，自觉关闭电子通信设备，收起小桌板，把座椅调直。

（5）当飞机受到高空气流的影响而发生颠簸、抖动时，也要系好安全带。

（6）不要随意在过道里走动。要去卫生间可视指示灯状况而定，不要去排长队等候。

（7）不要当众脱衣、脱鞋，尤其是不要把腿、脚乱伸乱放。

（8）当自己休息时，不要触碰到他人。

（9）不要将座椅调得过低，以免妨碍后排乘客。

（10）与同伴交谈应降低音量。

（11）不要过多使用香水，也不应使用味道浓烈的化妆品。

（12）不要在飞机上吸烟。

（13）不得长时间占用卫生间。呕吐时，务必使用清洁袋。自觉将废弃物装入清洁袋。

（14）跟身边的乘客可以打招呼或稍做交谈，但不应影响对方的休息。

（15）注意谈话内容。不要谈及令人不安的事件。

（16）享用免费食品、饮料要量力而行。

总之，在商务旅行的路途中，随时随地都应遵循礼仪规范严格律己，礼待他人，这样才能确保旅途愉快和顺利。

【任务实战】

商务人士如何遵循轿车座次礼仪

商务人士在接待来宾引导其乘车时，应遵循座次礼仪，恰当地将客人请让到上座。通常认为：轿车的后排右座为上座。但在具体实施时，还应当结合具体情况，如是谁在开车、轿车的类型、安全座位及宾客本人的意愿等。

（1）要考虑司机的身份。不同身份的人驾驶轿车，座次安排也不同。驾驶轿车的要么是主人，要么是专职司机。

① 当主人亲自驾车时，为了表示对主人劳动的尊重，客人要坐在副驾驶位置上，以体现与主人同甘苦。如果同车有多位客人，当坐在副驾驶座位上的主客中途下车时，坐在后排的客人应马上补上，坐于副驾驶位置上。

② 当专职司机驾驶轿车时，应将客人引导到后排右座的位置上。

a. 乘坐双排四座位轿车时，座位的尊卑次序如图8-3所示。

b. 乘坐双排五座轿车时，座位的尊卑次序如图8-4所示。

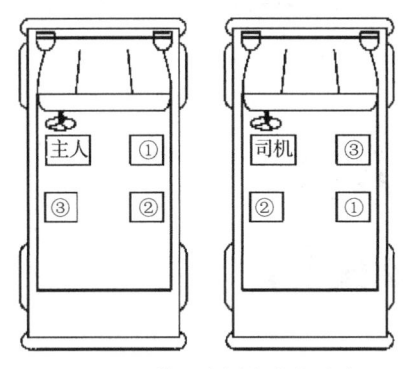

图8-3 双排四座轿车座位次序 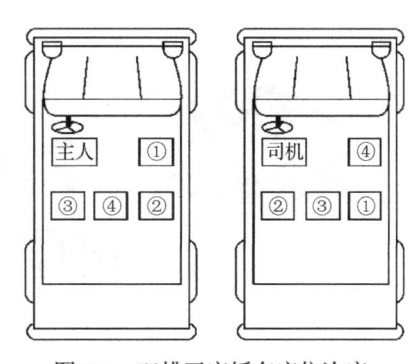　　　　图8-4 双排五座轿车座位次序

c. 乘坐三排七座轿车时，座位的尊卑次序如图8-5所示。

d. 乘坐三排九座轿车时，座位的尊卑次序如图8-6所示。

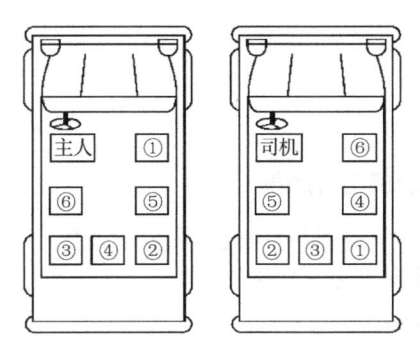

图8-5 三排七座轿车座位次序 　　　　图8-6 三排九座轿车座位次序

(2) 考虑轿车的类型。上述方法适用于双排、三排轿车。但在吉普车上，副驾驶座位是上座，其视野开阔，风光尽收。其后排座位的尊卑次序也是右座为上、左座次之、中座更次之。

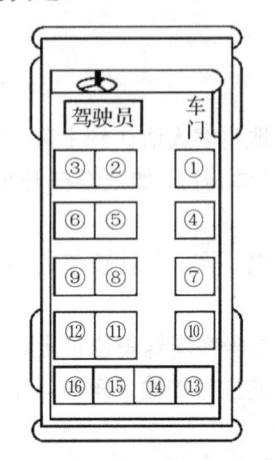

在大中型轿车上，其座位的尊卑顺序依次为前排高于后排，右侧高于左侧，如图 8-7 所示。

(3) 考虑车上的安全性。乘坐轿车外出，除了迅速、舒适之外，安全的问题不容忽视。在轿车上，后排座比前排座要安全，最不安全的座位为副驾驶座位，最安全的座位为后排左座。有时候，出于安全考虑，也会请贵客坐在司机后面，也就是后排左座，这个座位也很舒适，窗外的景色一目了然。

按国际上的通例，不将女宾安置在副驾驶座位上，除非女宾有意愿。

(4) 考虑宾客本人的意愿。如果宾客自己选择了座位坐下，虽不是后排右座，但也不宜请宾客挪动，要尊重宾客的意愿，此时，"宾客坐哪哪就是上座"。

图 8-7　大、中型轿车座位次序

若宾主不乘坐同一辆轿车，主人的车应行驶在前，开道和带路。其他车辆的尊卑先后顺序，也应由前往后排列，但主方应派一辆车行驶在队尾，以防止客方的车辆掉队。

任务 3　掌握商务人员出国旅行的礼仪

随着国际交往与合作的日益增多，我国商务人员的出国旅行机会也逐渐增多。为了更好地向世人展示文明古国、"礼仪之邦"的风范，商务人员更应该掌握出国旅行的礼仪规范，并自觉遵循出国旅行礼仪规范，谨言慎行，随时随处彬彬有礼，以更好地完成出访的任务。

一、出国商务旅行的相关准备

1. 了解目的地国家的基本情况和有关规定，确保出行顺畅

(1) 了解我国对出国人员的有关规定和要求，严格按照有关规定和要求去做。
(2) 了解所到国家的商务情况和生活习俗，做到"知己知彼"。
(3) 了解要前往国家的海关规定，以便准备行装。
(4) 了解对方国家使用的电压，决定是否带电器或电压转换器、转换插头等。

（5）阅读一些当地文化礼仪、旅游指南、风俗等资料，做好功课，准备好攻略。

（6）筹划旅行时，掌握各种事件的最新动态。

（7）最好不要把旅行安排在对方的宗教节日或公休假日期间。

2. 检查相关证件

（1）申办或携带护照。凡出国人员必须持有护照，以便接受检查，证明其国籍和身份。护照是各主权国家发给本国公民出、入国（境）和在国（境）外旅行、居住的合法身份证件和国籍证明。首次出国要申办护照。已有护照的要检查护照的有效日期并携带好。

外交护照、公务护照、因公普通护照、港澳通行证由外交部或者外交部授权的地方外事部门颁发。

因私普通护照、中华人民共和国出入境通行证等由公安部或者公安部授权的地方公安机关颁发。

（2）申请签证。签证是一个主权国家主管机关同意外国人出入、留居或经过其国境的许可证明。

护照办好后，还应申请所去国家和中途经停国家的签证。申请前往国签证，一般是向该国驻我国的使领馆申请办理。

3. 提前预约票务和住宿酒店

（1）机票的预定。订购机票（车、船票），要选择航空公司及航班，注意行程所用时间，考虑时差，预留足够的时间，以从容安排商务活动。

（2）预定住宿的酒店及房间，选择好等级，也要注意时差问题。

二、出国前应杜绝 7 种陋习

一脏：即不注意公共卫生，缺乏公德心，随处吸烟，随地吐痰，随手扔垃圾；

二吵：即大声讲话、接打电话，在飞机上、车船上、餐厅里，毫无顾忌地大声喧哗；

三抢：即争抢，在航班上争抢行李箱空位；在餐厅里争抢座位；在餐桌上争抢菜肴；

四粗：即粗鲁，缺乏对他人起码的尊重及礼仪，不礼让，碰到他人不道歉；

五俗：即俗气，将家乡习以为常但难与国际接轨的行为举止带出国门，如拍打对方，勾肩搭背；

六窘：即窘态，虽衣着光鲜，却举止不适当、体态不雅观；

七泼：即撒泼，在海外遇到纠纷的时候，不是粗言恶语就是拳脚相加。

三、出国参观游览礼仪

1. 参观游览的基本礼仪

（1）不违反禁止拍照的规定。许多国家在规定的禁区或禁止拍照的地方，都会有明显的标志。但在边境口岸、机场、博物馆、新产品展览处、古文物、私人宅院等地方，即使是没有不准拍照的标志也是禁止拍照的。不要违反这些规定。

(2) 拍照有礼。不能随意对着不相识的人照相。拍照时注意不要妨碍他人游览、影响他人通行。

(3) 爱护动物。外国的街心公园、动物园、植物园里和一些较大的家院里常有松鼠、候鸟、鸽子、天鹅等动物，禁止用手抓捕和挑逗。

(4) 爱护花草。外国的私人宅院、街道两旁、街心公园等均有花草树木，不要随便采花摘叶，攀登树木或践踏绿色草坪。

(5) 遵守规则。在街上行走、过马路要注意安全，遵守交通规则。不要乱扔果皮、纸屑等，应自觉放入垃圾箱，否则会被罚款。

(6) 不去随处吸烟。在公众场合不得吸烟。一般在工作、参观、谈判、观看表演时亦不得吸烟，休息时可到吸烟室吸烟。

(7) 多了解对方。尽可能了解前往国的历史、政治经济和文化背景等情况。尽量多学几句东道国的语言，如"您好""谢谢""再见"等日常寒暄用语。

2. 使用卫生间的注意事项

(1) 注意标示，切莫入错。每个地方的标记各不相同，一般除了用几种主要客源国不同的文字标明外，也有不少地方是用图案来代替的，男厕所多是烟斗、胡子、帽子、拐杖；而女厕所则多以高跟鞋、裙子、洋伞、嘴唇等来表示。

(2) 有序排队。不论男士还是女士，在卫生间没有空位的情况下，后来者必须排队等待，即在卫生间最外处依序排队。在飞机、轮船、游览车、火车等交通工具上，卫生间是不分性别的，所以男女会只排一队。

(3) 要文明使用。

① 在使用卫生间时应尽量小心，若有污物染到外侧，应尽可能地加以清洁。

② 妇女用品千万不要顺手扔入马桶中，以免造成马桶堵塞。

③ 不得蹲在马桶上使用，这样会影响他人的使用，并且也容易损坏马桶。

④ 不能浪费卫生纸，更不能将卫生纸据为己有。

(4) 便后要冲水。便后冲洗是文明之举，让后来人可以有清洁的如厕环境。

(5) 最后离开时不必关门。若在无人排队的情况下，自己用后不必把厕所门关闭，应该留下一些缝隙，让后来者不需要猜疑就可以知道是无人的。

(6) 要慎用洗手池。

① 洗手时注意放低手位，不要将水喷到洗手台上。

② 洗手台旁会有擦手纸或吹干机。洗手后用擦手纸擦干手，然后把纸扔入垃圾桶，或用吹风机把手吹干。

(7) 要付费使用。

① 在欧洲诸国，上卫生间是需要付费的。商务人士应事先观察或询问清楚。

② 有的卫生间是在出口处的桌子上摆着一个碟子，使用完的人可以放置一些硬币当作清洁费。

③ 有的卫生间是在入门处清楚标明每人的如厕费用，有些要事先付费。

④ 还有一些卫生间使用投币机。在入口设有一个自动投币栅门，投下一个硬币门就

可以开启一次。

总之，商务人士出国旅行，代表着国家的形象，应该给人留以来自文明古国、"礼仪之邦"的美好印象。

【任务实战】

出国旅行如何遵循乘坐飞机的礼仪

国际航班搭载着各个国籍的人员，往来于世界各国，这是最能展现国际礼仪的地方，从出发前的订位，确认机位、行李件数、行李重量的限制、管制物品，到通关时的手续、飞机座位的就座、机上用餐的礼仪、洗手间的使用，以及过境、转机、下飞机时的注意事项，都需要予以重视。

一、提早抵达机场办理手续

（1）预留充足时间。商务人士最好提早到达，以免仓促。

（2）行李以简为宜。办理登机手续时，要将欲托运的行李过磅，超重部分需要付相当昂贵的运费，故行李以简为宜。

二、避免携带大量现金

（1）现金虽然是最方便使用的货币，但一旦被窃就损失重大，故旅行时不要携带太多，且不要放在同一个地方。

（2）用银行卡或信用卡等代替付现金是比较理想的做法。

三、主动确认机位

为安全考虑，航空公司于班机起飞前会清舱，确定旅客名单，因此乘客在出发前要主动确认机位，防止机位被取消。

四、不携带违禁物品

乘坐国际航班，不携带违禁物品。还要特别注意，剪刀、小刀、尖锐铁器、指甲刀、饮料、罐头食品等，不可放在随身背包里，不要违反航空安全相关规定。

五、顺利就座

（1）进入机舱后，如不知座位在何处，可将座位卡交给乘务员，切勿争抢。

（2）座位次序是依照姓氏的英文前缀来编排的，如同行者无法毗邻而坐，应请乘务员代为协调，切勿未经同意就坐在别人的位置上。

六、妥当安置行李

（1）放好随身行李。乘务员会协助旅客将行李放置妥当，小背包要放在行李柜里，小件物品要放好，免得在打开行李柜时物品掉落。

（2）放好手提包。听从乘务员安排，可将手提包放在椅座的下方，但不要占用过道。

七、知晓安全注意事项

（1）认真听广播。起飞前所有人员都必须就位，应认真听广播，并按照乘务人员的提示去做，在飞机起飞和降落前要收好小桌板，扶正椅背，并系好安全带，直到安全指示灯显示可以打开为止。

（2）注意观看救生示范。乘务员会先示范救生衣的使用，要注意认真观看。前座靠背后的袋子里放有救生设备使用图册，可以翻看。

（3）自觉关闭通信设备。机舱内禁止使用手机及电子通信器材，因为这些器材会干扰机上设备。商务人士应自觉关闭电子通信设备。

（4）正确使用呼叫按钮。如需乘务员服务时，请按服务呼叫按钮，不可因好奇而乱按、乱试。不要对乘务员大呼小叫，或碰触乘务员身体。

（5）接受乘务员帮助。乘务员受过各种专业训练，掌握急救方法。如有身体不适或是特殊医疗需求，可以请其协助。遇到重大干扰气流时候，也要听从乘务员的指令。

（6）不妨碍他人。如需要休息欲放下椅背时，应主动向后座的人知会一声，提醒后座乘客的注意，同时不要放置得太低，以免给他人造成不便。

八、机上用餐要注意礼仪

（1）用餐时，应将前座背后的小桌板放下来，以方便使用。

（2）用餐时间，不要在座位间进出行动，给邻座乘客带来不便。

（3）用餐期间，无论个人是否需要用餐，均应将椅背竖直，以便后座乘客可以顺利用餐。

（4）自己邻近餐车，应主动接过餐盒传递给靠窗的乘客，这样既减少乘务员的劳动，又方便靠窗的乘客。

（5）要文明用餐，注意吃相。

（6）用餐完毕，要将丢弃物放于餐盒中，盖好盒盖，以便乘务员摆放。待乘务员回收餐盒时递给乘务员。

九、文明使用卫生间

（1）若有多人等候使用卫生间，应依次排队有序使用，不应争抢。

（2）进入卫生间应将门锁上，使用后要按键冲水。

（3）机舱内及卫生间内禁止吸烟。
（4）洗好手后，要将水槽四周擦干，以便他人使用。

十、有序购买免税商品

购买免税品时，请勿离开座位争相抢购，应等乘务员推着货品车靠近时再购买物品。

十一、填写入境记录

（1）有些国家要求外国人在入境时，上缴入境记录卡。通常会在飞机上，由乘务员将入境记录卡发给旅客来填写，最好在下飞机前就填妥，从姓名到发照日期为止的各项，只要按照护照上的记录填写，就不会发生错误。

（2）入境卡上的签名需要由本人书写，不可由旅行社或他人代签名。

任务 4 掌握入住宾馆、酒店的礼仪

宾馆、酒店是为商务人士提供住宿和餐饮服务的场所，常被称为"家外之家"。出差在外的商务人员，如果能及时入住酒店，出行方便，服务网点便利，则有利于开展商务活动。同时，掌握入住宾馆、酒店应遵循的礼仪规范，自觉遵守宾馆、酒店的规章制度，则既能体现自身的道德素质，又能给人留下深刻而美好的印象。那么，入住宾馆、酒店的礼仪包括哪些具体内容呢？这是我们要学习和掌握的。

一、入住宾馆、酒店的礼仪

1. 预约礼仪

商务活动中外出旅行要提前预订宾馆、酒店，这样既能方便自己，又有利于宾馆、酒店的管理。通过电话、互联网提前预订宾馆、酒店房间，尤其是赶上旅游旺季或者节庆假日出门，更是要提前预约。预约时的语言一定要谦恭有礼，预定成功要向对方表示感谢。预约要考虑以下几个问题。

（1）要考虑地理位置。为方便进行商务活动，预订宾馆、酒店时首先要考虑其地理位置。

（2）要考虑宾馆、酒店的品牌。出于安全、服务质量方面的考虑，对宾馆、酒店的品牌要精心选择。

（3）要考虑价格。一般团体对商务人员的旅行住宿标准有明文规定，所以必须考虑价格问题。

（4）如有变化应及时取消预约。当行程发生变化，不能按时入住宾馆、酒店时，应及时电告宾馆、酒店方面，礼貌地取消原定的住宿预约。宾馆、酒店方面若要扣除一定的费用，应该予以理解。

2. 发生不愉快的事情时应谨记的要点

（1）不要怒气冲冲、大发雷霆。
（2）说话不要夹带脏字或有辱服务员自尊心的词语。
（3）不要因为他人的过失责备无端受过的人。
（4）不要因为入住宾馆的服务不如自己以前住过的好而责备他们。
（5）发生了不愉快的事情后，不论事情如何解决，都不要喋喋不休，抱怨不停。
（6）可以向宾馆方面表达自己的意见与批评，或写信给总经理。

二、出国旅行住宿的礼仪

1. 提前预订

（1）最好提前用电话、互联网预约目的地宾馆、酒店。国外各航空公司都可以办理预订宾馆房间的手续，可加以利用。
（2）如果不能如期抵达入住，为避免被取消预定，要提前联络沟通，取消或延时预定。如果要取消房间，要礼貌致歉并接受扣罚。

2. 入住有礼

（1）不在房间待客。最好在宾馆大厅或咖啡厅接待来访的客人，并且应提前在大厅等候。
（2）不妨碍他人。出入房间要轻声关门；最好不要站在走廊里交谈，更不要窥视陌生人的房间。
（3）保障自己的休息。当自己要休息时，可以在门外悬挂"请勿打扰"的牌子，以此来避免打扰。
（4）衣着得体。在宾馆大厅和餐厅等公共场所，一定要衣着得体。不允许身着内衣、睡裙、背心、裤衩在房间外的公共场所活动。
（5）爱护设施。住入后应爱护客房内的设施和物品，保持卫生整洁，不要随地吐痰和乱扔废弃物。
（6）在宾馆及客房内，最好不要吸烟。
（7）不能违反宾馆、酒店规定。
① 不能在客房内煮饭，或是点燃焚烧个人物品。
② 宾馆一般不允许在房间里洗大量衣物，要填写洗衣单，将衣物装入洗衣袋，由服务员送入洗衣房。
③ 不要在客房内晾晒衣服，尤其不要悬挂在公共走廊或临街的窗子、阳台上。小衣物可晾在卫生间。

（8）文明使用卫生间。用完卫生间后要清理干净。洗浴后要把掉在地上的头发收拾干净。

（9）自备电热杯。国外宾馆一般不供应开水，有的宾馆房间设有冰箱，摆有酒水等各种饮料，如饮用则需要付款，而且价格很高，有的饮料一拿出冰箱后就自动记在取用者的账上了。最好根据出访目的国的电压，自带电热杯。

3. 付小费的礼仪

在国外多数国家，付小费是对从事服务性工作人员的一种正常的付费方式。

对客人来说，付小费本身也具有丰富的含义：既能代表客人对服务人员付出劳动的尊重，也可以表达客人对服务工作的一种肯定和感谢。在国外入住酒店，应注意付小费的礼仪。

（1）付小费的数额。一般情况下，只要按实际消费数额的10%～15%付小费即可。如果去一个新的地方，也可以事先向熟悉情况的人了解付小费的做法、比例。

（2）付小费的场合。抵达酒店，对帮忙开关车门和搬运行李的服务员，以及清扫客房的服务员，都应酌情付些小费。如果要求服务员将早茶、饮料等送进房间，也应适当付些小费。

（3）付小费的方式。在不同的场合付小费的方式也不相同。在国外很多地方付小费是在私下进行的。

有的是在感谢服务员时塞在他们的手里；有的是将小费放在茶盘、酒杯下面；也有的是在付款时，只将找回来的整票拿走，零钱就算是小费了。

（4）哪些国家有付小费的习惯？

亚洲的泰国，欧洲的英国、瑞士、法国、意大利，美洲的美国、加拿大、墨西哥以及中东等国家和地区；

在新加坡，付小费是被禁止的，如若付小费，则会被认为服务质量差。在澳大利亚也没有付小费的习惯。

小资料

关于小费

小费是服务行业中顾客感谢服务人员的一种报酬形式，源于18世纪英国伦敦。当时酒店的饭桌中间摆着写有：to insure prompt service（保证服务迅速）的碗。顾客将零钱放入碗中，将会得到招待人员迅速而周到的服务。把上面几个英文单词的头一个字母联起来就成了tips。大概付总支出的5%～25%。

小费所付对象如飞机场的行李搬运工人、出租车司机、看门人、停车场服务员、酒店客房服务员、门房、餐厅或酒吧服务员。

在一些国家也不是必须给小费的，包括日本、澳大利亚、中国。也不用把小费给医生、交通协管员、老师、售货员、裁缝或者牧师。但是，必须在教堂的集资盘子里放点实际的东西。

总之，商务人员在出国旅行前，应尽量多了解一些国外饭店的特殊规矩，以及相关行业的有关规定，做好各项准备工作，掌握商务出行住宿宾馆、酒店的礼仪规范，这样才能安全、舒适、高效、顺利地完成商务出访任务。

【任务实战】

商务人士如何遵循住宿礼仪

一、登记入住宾馆、酒店的礼仪

（1）主动出示身份证等证件进行登记。到达预约的宾馆或酒店后，应首先到前台出示有效证件进行登记。如果人多，应该静候并拉开一定的距离，不要站得很近。

（2）享受服务要有礼有节。如果行李过多，门童会帮助客人搬运行李。商务人士应礼貌地表达谢意，然后便可持钥匙进入客房。

二、入住后的礼仪

（1）爱护客房内的设施，保持电器、家具、用具的完好。
（2）保持房间整洁卫生。用完卫生间要清理干净，洗浴后把掉落的头发收拾干净。
（3）尊重并感谢服务人员付出的劳动。
（4）不大声喧哗，不高开电视音量，以免影响他人休息。
（5）外出或夜晚应锁好房门，注意安全。

三、离开宾馆、酒店的礼仪

（1）宾馆、酒店的结账时间是中午12点前，超过时间则可能要加付房费。
（2）结账离店之前，可先给前台打个电话通告一声，如果行李较多，可请酒店安排人帮忙拿取。
（3）一次性洗漱用品、纸质拖鞋及信笺、针线包等小物品可以带走，但不能拿走毛巾、烟灰缸、睡衣、衣服挂或其他物品。
（4）如果不小心损坏了室内物品，不要隐瞒、抵赖，要承担责任加以赔付。
（5）结账完毕，要礼貌地致谢、道别。

项目小结

本项目围绕商务人士的出行，通过四项任务，介绍了商务出行礼仪。同学们应了解商务旅行前应做的准备工作，以及商务出行的基本礼仪原则，掌握商务旅途中步行及乘坐交通工具的礼仪与禁忌，掌握出国旅行的礼仪与注意事项，以及入住宾馆、酒店的礼仪，为走向职场后的商务旅行能文明出行、礼貌入住奠定良好的基础。

自检内容

项目 8 商务旅行礼仪

1. 商务旅行的准备工作有哪些？
2. 简述商务旅行中的基本礼仪原则与禁忌。
3. 简述商务旅途中步行、乘坐交通工具的礼仪与禁忌。
4. 商务人员出国旅行的礼仪与注意事项有哪些？
5. 入住宾馆、酒店的礼仪有哪些？

能力培养与训练 8

一、能力培养目标

（1）帮助学生掌握商务旅行前的准备工作及商务旅行基本原则。
（2）知晓并能够遵守旅途中步行、乘坐交通工具的礼仪。
（3）掌握出国旅行的礼仪与禁忌。
（4）初步具备商务人员文明旅行的良好形象。

二、思考与训练

1. 判断题
（1）为了很好地完成商务旅行的任务，应该尽可能全地多带所用物品。（   ）
（2）当商务人员走在路上时，男士、年轻人、职位低的应走在行进方向的右侧。（   ）
（3）当由专职司机驾驶轿车时，商务人员应将客人引导到副驾驶座位上。（   ）

2. 单选题
（1）下面各项中哪一项不属于商务出行基本礼仪原则？（   ）
　　A．互相尊重　　B．穿着休闲　　C．遵守秩序　　D．学会适应
（2）如用吉普车接待客人，可将客人引导到（   ）上。
　　A．副驾驶座　　B．后排中座　　C．后排左座　　D．后排右座
（3）女性商务人员在乘坐轿车出行时，应注意上下车的姿态优雅。可采取（   ）的方式。
　　A．"背进背出"　　　　　　　　B．"正进背出"
　　C．"背进正出"　　　　　　　　D．"正进正出"

3. 多选题
（1）商务人士乘坐轿车要遵循座次礼仪，在确定轿车座次时，应考虑（   ）等因素。
　　A．乘车的安全性　　　　　　　B．司机的身份
　　C．轿车的类型　　　　　　　　D．宾客本人的意愿
（2）商务人士乘坐火车出行时，要注意遵守出行礼仪。下列符合礼仪的做法是（   ）。
　　A．在餐车用餐时间不宜过久　　B．在车厢内吸烟要征得邻近乘客同意

C. 应主动问候邻座乘客　　D. 不在车上吃气味刺鼻的食品
(3) 出国参观游览一定要遵守基本礼仪，即（　　）。
　　A. 不违反禁止拍照的规定　　B. 拍照有礼
　　C. 爱护动物　　D. 爱护花草

三、案例分析

案例分析 8-1

他坐对了吗

一位年轻的经理，与董事长及其他两名经理，搭乘由公司总裁驾驶的轿车去省城开会，他上车后就坐在副驾驶座上，随行的董事长和其他两名经理，坐在后面的位置上。

试分析：这位经理应该这样坐吗？谈谈你的认识。

案例分析 8-2

再忙也不能忽略的事

刘强是一名刚毕业的大学生，在某贸易公司做业务员。一次公司派他去参加广州商品交易会，由于时间紧迫，他没有来得及预订宾馆。到广州后才发现展览中心附近地区的宾馆房间已经被客商预订满了。

没办法，他只好到了距离会场比较远的一家宾馆。他按照预先安排的行程预订了 5 天客房。但是到了最后一天，他约一位重要客户下午 2 点钟在宾馆见面，由于这段时间一直忙于洽谈业务，他忘记宾馆 12 点退房的规定。

到了中午，宾馆服务员来收房，他才想要延迟退房，可是这家宾馆马上就要接待一个旅行团，所以他只好拎着皮箱在宾馆门口约见客户了。

试分析：刘强此次商务旅行存在怎样的问题？你从中得到了怎样的启示？

四、实操训练

拟写商务旅行计划书

训练背景：

沈阳某公司的王总经理近期要去北京，参加 5 月 10 日在北京举行的药品展销会。他 12 日上午出席本公司的一个新产品推广会，17 日要去西安，参加西部药业发展论坛。考虑到北京药品展销会与西安的论坛尚有一定的空隙，王总经理有意在北京期间到公司驻北京办事处，听听他们下半年的打算，做些沟通，再拜访一下老同学。

假如你是该公司总经理办公室的职员，请为王总经理拟写一份商务旅行计划书。

训练组织：

(1) 以个人或小组为单位，根据背景资料，拟写商务旅行计划书。

(2) 可利用网络资源作为参考，完成训练任务。

实操评价：教师对每一份商务旅行计划书进行评判，予以打分，记录成绩。

项目 9 涉外商务礼仪

礼貌是人类共处的金钥匙。

——[西班牙]松苏内吉

【项目目标】

❖ 知识目标：
1. 明确商务人员涉外商务礼仪的原则及规范。
2. 知晓世界主要国家的风俗和禁忌。
3. 理解世界主要国家在商务交往中涉及的礼俗与禁忌。

❖ 能力目标：

能够遵循商务人员涉外商务礼仪的原则及规范，知晓世界主要国家的风俗和禁忌，了解世界主要国家在商务交往中涉及的礼俗与禁忌，在涉外商务交往中拥有恰当的言行和举止。

❖ 素质目标：

培养学生形成律己、敬人的商界文明人士的职业素养，为将来从事涉外商务活动打下良好的基础。

【项目导入】

当今时代，随着经济全球化进程的加快，中国与世界上其他国家和地区的贸易往来、文化交流更加频繁。作为现代商务人员，熟悉国际商务活动的礼仪规范，掌握涉外商务活动的礼俗与禁忌，做到"入乡随俗"，是非常必要的。在涉外商务交往中，以礼仪为桥梁，不仅有助于增进友谊，促进合作，还有助于维护自身形象和国家尊严，体现我国"礼仪之邦"的风采。

> 导入案例

谦 虚

一位英国老妇到中国旅游观光，对接待她的导游小姐评价颇好，认为她服务态度好，语言水平也很高，便夸奖该导游小姐说："你的英语讲得好极了！"导游小姐按照中国人的习惯，谦虚地回应说："我的英语说得不好。"英国老妇一听生气了，心想："英语是我的母语，难道我都不知道英语该怎么讲？"她越想越气，第二天坚决要求旅行社给她换导游。

随着我国对外交往的日益频繁，中外文化的差异也逐渐显现并为人们所了解。商务人士要在涉外商务交往中，更多地知晓和掌握世界主要国家的礼俗与禁忌，这样才能在商务交往中真正做到尊重对方、和谐相处。

任务1 明确涉外商务礼仪的原则与规范

前面我们学习了礼仪及商务礼仪的原则，知晓从事商务活动一定要遵循这些原则，以保证商务活动的顺利进行。同样，在越来越多的涉外商务交往中，无论是团体还是个人，也都应该遵循涉外商务礼仪的原则，其言行举止都应符合涉外商务礼仪规范，才能保证各项涉外商务交往的顺畅进行。那么，涉外商务礼仪的原则及规范有哪些呢？这就是我们现在要学习和掌握的。

一、什么是涉外商务礼仪

涉外商务礼仪是指在涉外商务交往中，用以维护自身形象、企业形象和本国形象，并向外宾表示尊重、友好、礼貌的各种礼节及惯用形式。

二、涉外商务礼仪的原则

涉外商务礼仪的原则，是从涉外商务交往活动的实践中归纳提炼的，对我国商务人员在涉外商务活动中的行为具有普遍的指导意义。周恩来总理曾说过："外交无小事。"作为商务人员，不仅有必要了解、掌握涉外商务礼仪原则，而且必须在实际工作中认真地遵守、应用涉外商务礼仪原则。

1. 不卑不亢原则

在国际交往中，任何国家之间的关系都应当是平等的和相互尊重的。在涉外商务交往中，我们要把握热情友好的分寸，既不能唯我独尊，以强欺弱；也不应卑躬屈膝、妄自菲薄、丧失民族气节，这就是不卑不亢的原则。

2. 平等互利原则

平等就意味着相互尊重。尊重对方就要不论对方的国家是否强大，企业是否庞大，或者风俗习惯、宗教法律等是否和我们相同，做到一视同仁。在涉外商务交往过程中，要特别注意对任何交往对象一视同仁，给予平等的尊重与友好。所谓互利，就要使合作双方都在合作中得到恰当的利益。人与人之间，企业与企业之间，国与国之间只有平等互利才能相互理解，消除误会，从而建立起稳定和良好的关系，达到双赢的效果。

3. 维护形象原则

商务人员在涉外商务交往中，必须时时刻刻注意维护自身形象，特别要注意维护自己在正式场合留给对方的第一印象。这是因为：

（1）个人形象，真实地体现着个人的教养和品位。例如，一名男子身穿黑色西装，脚穿白色袜子，就会被认为衣着不得体，有损个人形象，并且会使人感到他品位不高。

（2）个人形象，如实地展现了其对待交往对象的重视程度。在涉外交往中，如果对自我形象毫不修饰，是对于交往对象的不尊重，属失礼行为。

（3）个人形象，是其所在单位的整体形象的有机组成部分。对商务人士而言，个人形象就是品牌，就是服务，就是效益，就是企业最重要的无形资产。

（4）个人形象，在涉外商务交往中代表着国家、民族的形象。一个中国商人在对外交往中要是不注意维护自身形象，就有可能在一定程度上损害整个国家和民族的形象。

在涉外商务交往中，每个人都必须时时刻刻注意维护自身形象，特别是要注意维护自己在正式场合留给交往对象的初次印象。

4. "入乡随俗"原则

商务人员在涉外交往之中，要真正做到尊重交往对象，就必须遵循"入乡随俗"原则。要对当地所特有的风俗习惯，加以认真地了解和尊重。这是因为：

第一，世界上各个国家、各个地区、各个民族，在其历史发展的进程中，形成了各自的宗教、语言、文化、风俗和习惯，并且存在着不同程度的差异。

第二，商务人员在涉外交往中尊重交往对象所特有的习俗，容易增进中外之间的理解和沟通，有助于更好地向交往对象表达我方的尊敬、友好之意。

要真正做到"入乡随俗"，就必须做到：

（1）充分了解交往对象国家或民族的习俗。《礼记·曲礼》上记载："入境而问禁，入国而问俗，入门而问讳。"这启示我们在面对不同文化的交往对象时，应充分了解与其相关的文化习俗。

（2）必须尊重交往对象国家或民族的习俗。在涉外商务交往中，对于交往对象国家或民族所特有的习俗，不能少见多怪、妄加非议，应当无条件地认真地予以尊重。

5. 信守约定原则

信守约定原则，是指在一切正式的涉外商务交往之中，都必须认真而严格地遵守自己的所有承诺，说话务必算数，许诺一定兑现，约会必须如期而至。在涉外商务交往中，要真正做到信守约定，必须在以下3个方面严格要求自己。

（1）在商务交往中，许诺必须谨慎。不管是答应交往对象所提出的要求，还是自己主动向对方提出建议，或是向对方许愿，都一定要深思熟虑，量力而行，一切从自己的实际能力以及客观可能性出发。对于所做的承诺或约定，必须慎之又慎，一定要字斟句酌、考虑周全，既不要含糊不清、模棱两可，也不要说大话、信口开河。

（2）对于自己已经做出的承诺或约定，务必认真地加以遵守。承诺一旦做出，就必须兑现；约定一经做出，就必须如约而行。唯有如此，才会赢得交往对象的好感与信任。在涉外商务交往中，要真正做到"言必信，行必果"。

（3）若不能守约，要主动说明问题。如果由于难以抗拒的因素，致使自己单方面失约，需要尽早向有关各方进行通报，如实地解释，并且还要郑重其事地为此事向对方致歉，并且主动地负担按照规定和惯例而给对方所造成的某些物质方面的损失。

总之，在涉外商务交往中，务必诚实守信，绝不能在信誉方面损害自身形象。

6. 热情适度原则

热情适度，是涉外商务礼仪的基本原则之一。它要求人们在涉外商务交往活动中，要把握好待人热情、友好的分寸。否则，就会事与愿违，过犹不及。

在涉外商务交往中，要遵守热情适度这一原则，关键是要掌握好四个方面的度，即"关心有度""批评有度""距离有度""举止有度"。也就是说，与交往对象相处之际，切勿因为自己言谈举止过分随意，从而引起误会，或是失敬于人。在涉外商务交往中不要有不文明、不礼貌的动作，比如，当众抓痒、脱鞋，也不可随意采用某些意在显示热情的动作，如拍别人的肩膀、摸小孩的头顶或脸蛋等。

7. 谦虚适当原则

在涉外商务交往中，过度地在交往对象面前谦虚、客套往往会使交往对象误解。在商务交往中不敢肯定自己，不会宣传自己，往往会坐失良机。如果确有必要，在实事求是的前提下，要敢于并且善于对自己进行正面的评价或肯定。当外国友人赞美自己的相貌、衣饰、工作、产品或服务时，要大大方方地道上一声"谢谢"，而不必表现中国人的含蓄、自谦。

8. 尊重隐私原则

在国际交往中，人们普遍讲究尊重个人隐私，并且将能否尊重个人隐私视为一个人有无教养，能否尊重和体谅交往对象的重要标志之一。因此，中国商务人员在涉外商务交往中，务必严格遵守"尊重个人隐私"这一涉外商务礼仪的主要原则。

9. 女士优先原则

"女士优先"是国际社会公认的一条重要的礼仪原则。"女士优先"的含义是：在一切社交场合，每一名成年男子，都有义务主动自觉地以自己的实际行动，去尊重妇女、照顾妇女、体谅妇女、关心妇女、保护妇女，并且还要想方设法、尽心竭力地去为妇女排忧解难。

10. 依法办事原则

许多国家的司法体系都比较完善，公民的法律意识也比较强。而随着我国法律体系的逐步建立和完善，我国涉外商务人员，更应具备守法的意识。忽视这一点，会造成意想不到的被动。我国的一家企业，有一次为前来洽谈合作项目的外商购买回程机票，但由于当时是旅游旺季，机票很难买到，为了买到机票就托人疏通，但是没有想到的是，外商听说了这件事情以后，非但不感激，反而将双方谈好的项目取消了。这位外商说，既然最基本的法律都不能在这个地区得到遵守，那么他的投资肯定也无法得到真正的保护。这个教训要牢记在心。

阅读资料

中外礼俗 7 个不同

我国和西方国家商务交往较多。由于文化背景的不同，导致在具体礼仪上有很多截然不同的地方。具体来说有 7 个方面，必须首先有所了解。

1. 对待赞美。

我们和西方人在对待赞美的态度上大不相同。别人赞美的时候，尽管内心十分喜悦，但表面上总是表现得不敢苟同，对别人的赞美予以礼貌的否定，以示谦虚："还不行！""马马虎虎吧！""哪能与你相比啊！""过奖了！"等。

而西方人对待赞美的态度可谓是"喜形于色"，总是用"Thank you"来应对别人的赞美。

2. 待客和做客。

我们和人相处的时候，总是习惯从自己的角度去为别人着想。这表现在待客和做客上，尽责的客人总是尽量不去麻烦主人，不让主人破费，因而对主人的招待总是要礼貌地加以谢绝。比如，主人问客人想喝点什么，客人一般会说"我不渴"或"不用麻烦了"；主人在餐桌上为客人斟酒，客人总要加以推辞，说"够了，够了"，而事实上，客人并不一定是不想喝，往往只是客气而已。所以，称职的主人不会直接问客人想要什么，而是主动揣摩客人的需求，并积极地给予满足。在餐桌上，殷勤好客的主人总是不停地给客人劝酒劝菜。所以，中国人的待客和做客场面往往气氛热烈：一方不停地劝，另一方则不停地推辞。

而外国人特别是西方人，无论是主人还是客人，大家都非常直率，无须客套。当客人上门了，主人会直截了当地问对方"想喝点什么"；如果客人想喝点什么，可以直接反问对方"你有什么饮料"，并选择一种自己喜欢的饮料；如果客人确实不想喝，客人会说"谢谢！我不想喝。"在餐桌上，主人会问客人还要不要再来点，如果客人说够了，主人一般不会再向客人劝吃请喝。

3. 谦虚和自我肯定。

我们一直视谦虚为美德，不论是对于自己的能力还是成绩，总是喜欢自谦。如果不这样可能会被指责为"不谦虚""狂妄自大"。比如，中国学者在做演讲前，通常会说："我学问不深，准备也不充分，请各位多指教"；在宴会上，好客的主人面对满桌子的菜却说："没有什么好菜，请随便吃"；当上司委以重任，通常会谦虚地说："我恐怕难以胜任。"

而外国人特别是西方人没有自谦的习惯。他们认为，一个人要得到别人的承认，首先必须自我肯定。所以，他们对于自己的能力和成绩总是实事求是地加以评价。宴请的时候，主人会详尽地向客人介绍所点菜的特色，并希望客人喜欢；而被上司委以重任的时候，他们会感谢上司，并表示自己肯定能干好。

4. 劝告和建议。

无论是中国人，还是西方人，都喜欢向自己的亲朋好友提一些友好的建议和劝告，以示关心和爱护。但中西方人在提劝告和建议的方式上却有很大区别。

中国人向朋友提建议和劝告的时候，往往都非常直接，常用"应该""不应该""要""不要"这些带有命令口气的词。比如，"天气很冷，要多穿点衣服，别感冒了！""路上很滑，走路要小心！""你要多注意身体！""你该刮胡子了！""你该去上班了！"等。

西方人在向亲朋好友提劝告和建议的时候，措辞非常婉转，比如，"今天天气很冷，我要是你的话，我会加件毛衣""你最好还是把胡子刮了吧。"一般来说，双方关系越接近，说话的语气越直接。但即使是最亲密的人之间，也不会使用像我们那样的命令语气。否则，会被认为不够尊重自己独立的人格。

5. 个人隐私权。

西方人非常注重个人隐私权。在日常交谈中，大家一般不会涉及对方的"私人问题"。这些私人问题包括：年龄、婚姻状况、收入、工作、住所、经历、宗教信仰等。同时，人们还特别注重个人的私人生活空间。别人房间里的壁橱、桌子、抽屉，以及桌子上的信件、文件和其他文稿都不应随便乱动、乱翻（如果需要借用别人物品，必须得到对方的许可）。假如别人在阅读或写作，也不能从背后去看对方阅读和写作的内容，即使对方只是在阅读报纸或杂志。

空间距离上也很在意。在公共场所，大家都十分自觉地为对方留出一定私人空间。比如，排队的时候他们总是习惯和别人保持 1 米以上的距离。

我们的个人隐私观念比较淡薄。特别是在亲朋好友之间，大家喜欢不分你我，共同分享对方的私人生活。另外，长者往往可以随意问及晚辈的私人生活，以显示关心。

6. 时间安排。

西方人大多时间观念很强，日程安排很紧凑。如果要拜会或是宴请西方人，一定要提前预约，预约时间通常在一周以上。如果你没有预约而突然拜访或是临时约请对方，对方一般会拒绝你。而且，对于工作时间和个人时间有严格的区分。如果是工作交往，应选择在对方的工作时间里进行；如果是私人交往，就要选择在对方下班的时间里进行。

另外，时间上，忌讳日期 13 和星期五。特别既是 13 号也是星期五的日子，往往不安排任何外出事宜。

而我们很多人的时间观念不是太强。没有预约的突然造访和临时约请都相当普遍，即使提前预约也往往在一周以内。

另外，职业人士在时间分配上往往公私不分，下班以后谈公事或是上班时间谈私事都是寻常之事。

7. 礼尚往来。

西方人（除拉美人）不是很重视礼尚往来，尽管他们也常常在节日、生日和拜访时向亲朋好友赠送礼物。他们一般不看重礼品的价值（因而喜欢赠送一些小礼物），认为向朋友赠送礼物不是为了满足朋友的某种需求，而只是为了表达感情。而中国人大多比较看重礼品的价值，礼品的价值一定程度上代表了送礼人的情意。

另外，在送礼的方式上，东西方也存在明显的差异。西方人在收到礼物的时候，一般要当着送礼人的面打开礼物包装，并对礼物表示赞赏。如果不是当面打开礼物包装，送礼人会以为对方不喜欢他（她）送的礼物。

而我们大多不会当着送礼人的面打开礼物包装，除非送礼人要求对方这么做。这么做的目的是为了表示自己看重的是相互间的情谊，而不是物质利益，如果当着送礼人的面打开礼物包装，就有重利轻义的嫌疑。

三、涉外商务礼仪规范

在国际交往中有一些通用的礼仪规范，这些规范可以消除误会隔阂、增进沟通交流，是国际交往中的"世界语"。在涉外商务活动中也必须以此来规范商务人员的言行。涉外商务交往的主要礼仪规范有下列一些。

1. 遵守外事纪律，注重保守机密

遵守外事纪律就是在涉外商务工作中，要坚持维护国家主权和民族尊严，自觉遵守外事纪律，不得泄密；不利用工作之便营私牟利、索要礼品；不去背着组织与外国机构及个人私下交往；不去私自答应外国人提出的不合理要求；参加涉外商务活动，要严格按规章制度办事。

据说我国过去独有的景泰蓝工艺，就是在一次日本访问团到一家很有名的景泰蓝厂参观时泄密的，当时这家工厂的陪同人员在介绍各种工艺流程时，把绝密的制作工艺无意中泄露了出去，对方得到了花大价钱都买不到的情报。结果日本的景泰蓝制品很快就在国际市场上出现了，把我国占据的景泰蓝市场夺走了。

2. 遵守时间，不得失约

参加各种涉外商务活动，都要按时抵达。过早抵达，会使主人紧张忙乱；过迟到达，会使主人与客人久等，所以按时抵达为好。若因故不能赴约，要提前礼貌地告知，并表示歉意。

3. 注重形象，仪表得体

文明程度高的国家或民族，其国民就讲礼貌、懂礼节。在交往中，人们对于交往对象的个人形象非常关注，这不仅是因为个人形象真实地体现着个人的教养和品德、精神风貌和生活态度，还因为个人的形象总是与国家形象、民族形象、企业形象密切相关。

在涉外商务活动中，对商务人员形象的具体要求如下。

（1）仪容整洁。注重仪容整洁，梳理好头发，修剪好指甲。男士要刮净胡子，口气清新，女士应化淡妆。

（2）衣着得体。男士穿西装要打好领带，穿中山装要扣好领扣、领钩，衣领袖口要干净，皮鞋要上油擦亮。女士应穿着西服套裙，庄重典雅，饰物点缀应少而精。

（3）体态端庄。应注意体态礼仪，站有站相，坐有坐相。举止要大方，表情自然，和蔼可亲。

（4）言谈有礼。态度要诚恳，语气要和蔼，表达要准确，谈话内容要事先准备。手势不要过多，注意倾听。谈话不涉及个人隐私，不要随意谈论对方国的内政、外交、宗教等问题。

（5）遵守公共秩序、自觉礼让，不妨碍他人、不打扰他人。

4. 尊老爱幼，尊重女性

尊老爱幼是中华民族的传统美德，在涉外交往中，通过商务人员尊老爱幼的言行举止，可以更好地向世人展示"礼仪之邦"风范。尊重女性是国外成年男子应具有的义务。商务人士应以自己的实际行动去尊重女性、照顾女性、保护女性，尽心竭力地去为女性排忧解难。

5. 通晓习俗，知书识礼

在涉外商务活动中，事先了解对方的习俗礼仪尤为重要。预先了解了对方的习俗、禁忌，就可以遵从对方的礼俗习惯，避免误会，从而表现出对对方的尊重，成为一个彬彬有礼、受人欢迎的客人或是一个知书识礼、体贴周到的主人。在涉外商务交往中，互相尊重，互相理解，求同存异，才能取得合作与共赢。

6. 尚礼好客，客随主便

在涉外商务交往中，作为主人，理应热情好客，待客要彬彬有礼、讲究规格。当作为客人参加涉外商务活动时，不能一味地我行我素，给主人增添麻烦或让主人无所适从，而应客随主便，做到"入乡随俗"，只有这样才能成为受欢迎的客人，这才是真正体现了"礼仪之邦"的风范。

7. 表态慎重，信守约定

在涉外商务交往中，商务人员应该表态慎重，并且要信守约定。在中国，一些商务人士对迟到、改约、失约甚至违约不以为然，认为无关大局。但是在涉外商务交往中，很多国家的人们时间观念很强，守时守信，常常把信誉、商誉和荣誉连在一起，做事很认真，也很有计划性，一旦做出承诺，便信守诺言。我们应该向其学习，认真而严格地遵守承诺，做到言而有信。

8. 谨言慎行，不犯禁忌

在涉外商务交往中，与人谈话不能涉及年龄、婚恋、收入、健康状况、经历、政治见解等个人隐私，不谈论交往对象的宗教信仰和政治派别。可以谈一些天气、交通、体育之类的话题，这有助于良好谈话气氛的建立。

9. 不宜先为，不必过谦

"不宜先为"是说在涉外商务交往中，面对自己一时难以应付、举棋不定，或者不知道到底怎样做才好的情况时，最明智的做法是尽量不要急于采取行动，尤其不宜急于抢先，冒昧行事，可先行观察，待他人行动再有样学样，以免失礼。

"不必过谦"是说在涉外商务交往中，涉及自我评价时，虽然不应该自吹自擂，自我标榜，一味地抬高自己，但是也没有必要妄自菲薄，自我贬低，自轻自贱，过度地对交往对象进行谦虚、客套。

10. 保护环境，爱护动物

环境是人类社会赖以生存和发展的基础。每个人都有义务对环境加以爱惜和保护，不论是为了发展经济还是为了提高生活质量，都不能以牺牲环境为代价。保护环境具体包括三重含义：其一，要求保护人类的生存环境；其二，要求保护地球的自然环境；其三，要求维护公共场所的卫生环境。

另外，还应爱护动物。动物是维持自然界生态平衡不可缺少的元素，也为美化人们的生活提供了丰富的内容。所以，应当爱护动物，遵守各国有关动物保护的规定或条例。

【任务实战】

在涉外商务交往中如何遵循"尊重隐私原则"

一般而言，在涉外商务交往中，下列 8 个方面的私人问题，被视为个人隐私问题，商务人员务必要牢记，在商务交往中千万不能涉及。

（1）年龄大小。在国外，人们将自己的年龄当作"核心机密"。这主要是因为，外国人一般都希望自己永远年轻，而对于"老"字则讳莫如深。中国人听起来非常顺耳的"老人家""老先生""老夫人"这一类尊称，在外国人听起来却如诅咒谩骂一般。

（2）健康状况。在国外，人们在闲聊时一般都是"讳疾忌医"，非常反感其他人对自己的健康状况关注过多。因为在市场经济条件下，每个人的健康状况都被看作是重要的"资本"。

（3）恋爱婚姻。许多外国人认为，面对交往不深的朋友，被问及"有没有恋人""结了婚没有""有没有孩子"等，都不仅不会令人愉快，反而会让人难堪。在一些国家，跟异性谈论此类问题，极有可能被视为无聊之至，甚至还会被对方控告为"性骚扰"，从而吃上官司。

（4）经济状况。个人收入的多寡，一向被外国人看成自己的脸面，十分忌讳他人直接或间接地打听。那些可以反映个人经济状况的问题，例如，纳税数额、股票收益、私宅面积、汽车型号、服饰品牌、度假地点等，因与个人收入相关，所以在与外国人交谈时也不宜提及。

（5）家庭住址。在一般情况下，外国人一般都不大可能邀请外人前往其居所做客，非常忌讳别人无端干扰其宁静。他们不喜欢轻易地将个人住址、住宅电话号码等纯私人的信息"泄密"。

（6）所忙何事。在国内，熟人见面，免不了要询问一下对方："忙什么""上哪里去"。但是，外国人对于这一类的问题"顾左右而言他"，甚至还会缄口不语。

（7）个人经历。初次会面时，中国人往往喜欢打听一下交往对象"是哪里的人""哪一所学校毕业的"，想打探一下对方的"背景"。然而外国人却大都将这些内容看作是"秘密"，并且坚决主张"英雄莫问出处"，反对询问既往经历。

（8）信仰政见。要真正实现交往的顺利、合作的成功，必须不以社会制度划线，抛弃政治见解的不同，处处以友谊、信任为重。对于交往对象的宗教信仰、政治见解品头论足，甚至横加责难、非议，是对于交往对象不友好、不尊重的表现。

商务人员在涉外商务交往中，对以上8个方面的私人问题绝不涉及，就能够很好地遵循"尊重隐私"原则，尊重交往对象，与交往对象友好相处。

任务2 理解世界主要国家商务礼俗与禁忌

俗话讲"十里不同风，百里不同俗"，更何况是异国他族了。那么，了解异国他族的风俗、禁忌及其在商务交往中的礼俗，都是我国商务人员应该做到的，同时在涉外商务交往中应该遵从与谨记。

一、世界主要国家在商务交往中涉及的礼俗与禁忌

在涉外商务交往中，多了解一些世界各国的风俗习惯和禁忌，才能真正做到尊重他人。

1. 日本

日本人十分讲究礼貌，注重礼节。在与人交谈时总是语气柔和，面带微笑，躬身相待。语言有敬体、简体两种。凡对长者、上司、客人说话都要用敬语，以示尊敬；对平辈、平级、小辈、下级一般用简语讲话。日本人最常用的敬语有"拜托您了""请多多关照""打扰您了"等。

日本人与人见面多行鞠躬礼，初次见面向对方鞠躬90度，而不一定握手，只有见到老朋友才握手，有时还拥抱。日本人接待客人不是在办公室，而是在会议室、接待室，他们不会轻易领人进入办公机要部门。

日本人重视仪表，认为衣着不整齐是不礼貌的行为。在商务场合及其他工作场合主要以西服为正式服装。

日本的商务人士没有偕夫人出席宴会的习惯。商界的宴会多为鸡尾酒会，以酒待客时，斟酒者右手持壶，左手托底，壶嘴不能碰到杯口。客人则需右手持杯，左手托杯底。客人若善饮，杯杯都喝光，主人会高兴并鼓励多喝，但主人和其他客人并不陪饮。

日本人坚信"优胜劣汰"的道理，他们绝不同情弱者，尊敬的是强者。与他们合作一定要有自己的主见。自己的能力越强，实力越雄厚，他们越瞧得起你，也唯有凭着自己的实力做后盾，才能获得信赖，关系才能更长远。

日本人相当重视信誉，和日本人洽谈业务，他们总是随身携带一个记事本逐项记录。对已经言明的事情会逐项核对，看看你究竟有没有做到。如果让他们觉得你在诚信方面有问题，那就很难长期合作下去了。

日本人将送礼看作是向对方表示心意的物质体现，认为礼不在厚，赠送得当便会给对方留下深刻印象。送日本人礼品要选择适当，中国的文房四宝、名人字画、工艺品等最受欢迎。所送礼品的包装不能草率，应精心打理。按日本习俗，向个人赠礼须在私下进行，不宜当众送出。

日本人忌荷花图案，因为在日本，荷花是被用来纪念亡人的；日本人不愿接受菊花或有菊花图案的东西作为礼物，因为菊花是皇室家族的标志；看望病人忌送盆花或带着泥土的花，因为这种花的日本发音与"卧床不起"相似。

日本商人忌2月和8月，因为这两个月是营业淡季。

日本人常以筷子为用餐工具，用筷子有八忌：

忌舔筷、忌迷筷、忌移筷、忌扭筷、忌插筷、忌掏筷、忌跨筷、忌剔筷。

以上习俗多为传统习俗，现代年轻人不太注重这些。

2. 韩国

韩国人尊重长者，长者进屋时大家都要起立。吃饭时应先为老人或长辈盛饭上菜，老人动筷后，其他人才能吃。

韩国人见面时的传统礼节是鞠躬。晚辈、下级走路时遇到长辈或上级，应鞠躬、问候，站在一旁，让其先行，以示敬意。男人之间见面打招呼是互相鞠躬并握手。鞠躬礼节一般在商务活动中不使用。女人一般不与人握手。"先生"这称呼在韩国使用得很普遍。韩国人也很乐意交换名片。

在韩国，如应邀赴宴，应带小礼品，最好挑选包装好的食品。韩国人用双手接礼物，但不会当着客人的面打开。不宜送外国香烟给韩国友人。酒是送韩国男人最好的礼品。在赠送韩国人礼品时应注意，韩国男性多喜欢名牌纺织品、打火机、电动剃须刀等；女性喜欢化妆品、提包、手套、围巾类物品和厨房里用的调料；孩子则喜欢食品。如果送钱，应放在信封内。若要拜访必须预先约定。韩国人很重视交往中的接待，宴请一般在饭店或酒吧举行，夫人很少在场。韩国人用餐时不交谈，更不能发出声音。

在大街上吃东西、在众人面前清理鼻子，都被认为是粗鲁的行为。

3. 新加坡

新加坡民族构成多元化，导致其宗教信仰多元化，官方语言多元化，文化习俗也多元化。各民族各有特色，各行其礼。华商保持中华遗风，通常的见面礼是握手；印度血统的人因多数信奉印度教，故仍保持着印度的礼节和习俗，如妇女额上点檀香红点，见面行合十礼；而马来血统、巴基斯坦血统的人则按伊斯兰教教规待人接物。

新加坡人视黑色为不吉利，黑、白为其禁忌色。与新加坡人谈话，忌谈宗教与政治方面的问题。

4. 泰国

泰国人通常见面施"合十礼"，朋友相见，双手合十，稍稍低头，互相问好，但因辈分不同，手的高度不同，双手举得越高表示越尊敬对方。官员、学者、知识分子也握手，但男女之间不握手。平民拜见国王施跪拜礼。

泰国人喜爱红色和黄色，禁忌褐色。广告、包装、商标、服饰均使用鲜明的颜色，并习惯用颜色表示不同的日期：星期日为红色，星期一为黄色，星期二为粉红色，星期三为绿色，星期四为橙色，星期五为淡蓝色，星期六为紫红色。民众常按不同的日期，穿着不同色彩的服装。过去白色用于丧事，现在改为黑色。

凡是初到泰国的商务人士，必须注意遵守泰国人的风俗礼节，不然很容易发生误会。泰国人认为门槛下住着神灵，因此千万不要踩踏泰国人房子的门槛。在泰国，若有位尊者或长者在座，其他人应坐地或蹲坐，头部不得超过尊、长者头部，否则是极大的失礼。由于左手被泰国人视为不洁净，所以交换名片、接受物品都必须使用右手。

访问政府机关时宜穿西装。商界见面穿着衬衫，打领带即可。拜访大公司或政府机关须事先预约，准时赴约是一种礼貌。交往中宜使用英文、泰文、中文对照的名片。

泰国人经商一般不喜欢冒险，办事小心谨慎，宁可依靠自己的力量，积少成多地发展，也不愿大数额地贷款，大范围地投资。由于谨慎，泰国人往往不轻易相信别人，很多企业带有浓重的家族色彩。

泰国商人十分注重人际关系，在他们看来，与其你争我斗，费尽心思才获得一些利益，倒不如把这些利益让给那些忠实于人性的对手。对于商品，他们重视质量甚于牌子，只要商品货真价实，即使是名不见经传的产品，也能获得认可。

此外，与部分华人一样，他们很注重面子，十分重视别人对自己的看法，如能让其获得心理上的满足，无疑可以使谈判在十分融洽的气氛中进行。

人们说泰国是"微笑之国"，他们对外国人特别和蔼可亲。泰国商人做生意基于对个人的信赖，形式上的契约书依然有被轻视的倾向。在众目睽睽之下与人争执，咄咄逼人的表现会被泰国人认为是最可耻的行为。

5. 英国

在商务交往中，英国商人重交情、和善、友好、易于相处。他们好交际，善应变，有很好的灵活性，对建设性的意见反映积极。

与英国人第一次见面时，一般以握手为礼，当众一般不行拥抱礼，不像东欧人那样常常拥抱。随便拍打客人被认为是不礼貌的行为，即使在公事办完之后也如此。

英国人很重视礼节礼貌，十分讲究服饰礼仪，什么场合穿什么服饰，只要一出家门，就得衣冠楚楚。

英国人语言文明、含蓄。常说的两句话是"谢谢"和"对不起"，这样使生活变得很和谐。英国人的绅士风度世界闻名。他们很重视传统，喜欢称世袭头衔或荣誉头衔，若无头衔至少要用"先生""夫人""阁下"等称呼；不谈政治、宗教与皇室的小道消息，谈天气是世界著名的"英国话题"。

英国人的特征，是各人依自己的想法生活，而不随声附和他人的意思。他们的基本想法是："除非受人之托，否则就不干扰他人之事。"亦即坚持自己的步调。

若英国人请你到家赴宴，你可以晚去一会儿，但不可早到，因为有可能主人还没有准备好，早到仍会失礼。受到款待之后，一定要写信表示谢意，否则会被认为是不懂礼貌，赠送小礼品更能增进友谊。去英国人家里做客，最好带一点价值较低的礼品，因为花费不多不会有行贿之嫌。礼品一般可以是高级巧克力、名酒、鲜花，特别是我国具有民族特色的民间工艺美术品，他们格外欣赏。

英国人下班后不谈公事，特别讨厌就餐时谈公事。安排英国客人住宿时，要特别注意他们喜欢住大房间并愿独住的特点。与英国人坐着谈话，应避免两腿张得过宽，更不能跷起二郎腿，若站着谈不可把手插入衣袋。英国人还忌讳当面耳语，以及说话时互相拍打肩背。

与英国人做生意，首先从建立信用着手，然后考虑要"有助"于人。所以当交涉中某些事项未能如愿时，千万不能强人所难，这在英国的商界是行不通的。遇到这种情况时，就得另想办法或等待下一次机会，诉之于感情的做法也是行不通的。

此外，英国人做事很有耐心，在任何情况之下都不会面露焦急之色。与英国人做生意，凡事都有一定的程序，不能操之过急。他们守时守约，照章办事，公私分明。

在商业生活中，英国也和别的国家一样，有了商业关系后，就会有私下的应酬。英国人招待客人的时间较长，先喝果汁苏打，接着换成白葡萄酒和红葡萄酒，然后是雪茄烟，最后再加一瓶白兰地酒，总共大约要花上三个小时。对于确定了的约会，英国人会排除万难赴约。总之，凡事都要规规矩矩，不懂礼貌或不守约束的话，是难以顺利办事的。商务活动在2~6月、9~11月最适宜，最好避开圣诞节及复活节前后的两周。

6. 法国

法国人性格开朗、语言明快、待人热情、彬彬有礼，礼貌语言不离口；不喜欢听蹩脚的法语。在公共场所从不大声喧哗，稍有不当，如偶尔碰了别人一下，就认为自己失礼而马上说"对不起"。与法国人约会，必须事先约定时间。赴约要守时，不然会被认为是缺乏礼貌的表现。

法国人见面时一般以握手为礼，男女之间见面时，常以亲面颊或贴面颊为礼。在一定的社会阶层中"吻手礼"也颇为流行。法国人衣着讲究，尤其是妇女，早、午、晚的服饰都要有变化。妇女尤爱打扮，对化妆品十分看重。法国人购物，注重的是"物美"而不是"价廉"。

法国人初次见面不送礼，但第二次见面要送点礼（精美的艺术品最受欢迎），否则被视为失礼。法国人比较喜爱香槟酒、白兰地、糖果、香水这类礼品，喜欢有文化价值和艺术水平的礼品，能体现文化修养的书籍、画册等深受欢迎。

法国人很珍惜假期，他们会毫不怜惜地把一年辛辛苦苦工作所积存下来的钱，在假期中花光。8月的法国一片寂静，全国都在放假，几乎不可能谈生意。所以在商务交往中，如果法国人告诉你他要度假，你千万不要劝说他们推延假期。

法国人是"边跑边想的人种"，这一点与德国人大相径庭。德国人在商谈时会将所有细节完全研讨过，并且确认感到满意之后才会签约，而法国商人在谈妥了50%的时候，就会在合同上签字了，但昨天才签妥的合同，也许明天又要求修改，这一点令对手头疼。

法国人说话、谈问题不拐弯抹角，但不急于做出结论，做出结论后都明确告知对方。在尚未成为朋友之前，是不会跟你成交大笔买卖的。

法国商人在工作之余是不会在晚上被邀或邀请对方在外面举行宴会的，家庭宴会是最隆重的款待。但无论是家庭宴会还是午餐招待，都不会被看成是交易的延伸。因此当我方要招待时，若对方发现你有利用交际来促使商业交易能更为顺利的意图的话，他们会断然拒绝。

如果法国人在谈判时有足够的经济实力逼迫你让步，那么他们是不会手软的。如果协议有利于他们，他们会要求你严格遵守协议；如果协议对他们不利，他们就会一意孤行地撕毁协议。因此，必须仔细检查合同。

7. 德国

德国人非常注重规则和纪律，干什么事都十分认真。凡是有明文规定的，德国人都会自觉遵守；凡是明确禁止的，德国人绝不会去触犯它。

德国人非常守时，对约定好的时间，无特殊情况，绝不轻易变动。如果你在商业谈判时迟到，那么德国人对你的那种不信任的厌恶心理就会溢于言表。因此，你要准时到达。

德国人比较注意礼仪。两人相遇时，不管认识不认识，也不管是在路上还是在办公室、宾馆、电梯等地方，都相互打招呼，问声"您好"。在餐馆吃饭时，也要向邻座已就座的顾客点头问候。在宴会上，女士离开席位和返回席位时，男士要站起来以示礼貌。朋友见面以握手为礼，告别时亦如此。

德国人很重视穿戴。工作时穿工作服，下班后虽可以穿得随便些，但只要有客人来访或外出活动，就一定会穿戴整齐。

德国人一般不会约在晚上见面，因为一般人认为晚上是与家人团聚的时间。

通常来讲，同德国人打交道比较干脆。凡是他们能办的，他们都会马上告诉你"可以办"；凡是他们办不到的，他们也会明确告诉你"不行"，很少摆架子或者给人以模棱两可的答复。

与德国人交谈时，可谈有关个人业余爱好和体育运动，但注意不要谈篮球、垒球和美国式的橄榄球运动。见面与告别时要握手致意。

德国人在从事商业活动的时候，会凭借对自己本国产品的信心而坚持己见。在商谈中，他们常会以本国产品作为衡量的标准。德国人喜欢购买本国产品，因为国内公司比国外公司要受到更仔细的审查。不要认为你可以轻易地把你那具有独特价值的产品卖给德国人，即便这种产品是他们急需的，从他们的谈判方式上，你也绝看不出这点。

德国商人的谈判风格是严谨、稳重。在谈判过程中，他们一般强调自己方案的可行性，不大愿意向对手作较大让步，而且有时显得十分固执，毫无讨价还价的余地。

德国人非常擅长商业谈判，他们一旦决定购买就会想尽办法让你让步。德国谈判者经常在签合同之前的最后时刻，还试图让你降低价格，因此，要有所提防，或者拒绝，或者做出最后让步。

德国人最擅长讨价还价，这并不是因为他们具有争强好胜的个性，而是因为他们对工作一丝不苟、严肃认真。在德国，做生意面临着一个竞争的环境。谈判者会利用这一事实对你的价格施加压力，他们经常提到潜在的竞争，使你不至忘记这一点。此外，德国人以信用交易居多，不大使用支票来支付。

8. 意大利

意大利原意为"牧羊场"，是一个古老而美丽的国家，有"欧洲花园""欧洲炼油厂""旅游之国""航海之国"等美称。

意大利人喜欢绿色和灰色，忌紫色。送礼物时，千万注意要具有某种快乐的含意，比如塞满巧克力的银白色糖衣吊桶，或者像古典名著、艺术品等精致典雅的物品。送花时注意要送单数。手帕、丝织品和亚麻织品绝不能当作礼品，送给朋友或他人。意大利人对自然界的动物有着浓厚的兴趣，喜爱动物图案，对狗和猫尤其偏爱。

意大利企业的决策权大多在总经理之手，因此，和总经理谈生意成交的居多。和总经理谈生意，谈话时间都很仓促，前往拜访一定要事先预约。

同意大利人进行商务往来，最好穿着比较庄重的深颜色的三件套西装。他们对初次见面的客人非常礼貌，也特别客气。因此，第一次面谈任何生意，他们的答复都是模棱两可，但经过几次见面后，如果你能给对方留下一个良好的印象，那么今后的生意洽谈就会顺利得多。

意大利人的生意观念是买卖双方处于对等地位，而不是"顾客至上"。与商人打交道时少谈政治、经济等敏感的问题。意大利商人的精明是举世公认的，而且商业道德水准也很高，在交往中一定要尊敬他们，特别是在说话时必须注视对方，否则会被认为很失礼。

意大利人大多性格开朗，善于交际，也很重视友谊。如果能取得他们的信任，生意就会持续下去。夏季为度假高峰期，很多人要到国外度假，圣诞节、复活节前后两周勿去。

9. 俄罗斯

俄罗斯人性格豪放、开朗，组织纪律性强。注重礼貌，与人见面时开口先问好，再握手致意。拥抱礼也是一种常施的礼节，男子对特别尊重的已婚女子，一般施吻手礼。朋友间会拥抱并亲吻面颊。

俄罗斯人时间观念强，组织纪律性强，喜欢统一行动。俄罗斯人豪爽大方，如果说他们小气是对他们最大的污辱。

他们尊重女士，有男士在场便不能让女士去干重活。为了表示男士的勇气和责任，男士通常都走在女士的左边。俄罗斯人重视文化教育，喜欢艺术品和艺术欣赏。送礼喜爱用单数，认为双数不吉利。他们偏爱"7"这个数字，认为"7"预兆办事成功，还可以给人带来美满和幸福。

俄罗斯人对盐十分崇拜，认为盐具有驱邪的力量。在隆重的场合，他们用面包加盐的方式迎接贵宾，以表示最高的敬意和最热烈的欢迎。

10. 美国

美国人不拘泥于正统礼节，没有过多的客套。与人相见不一定握手为礼，时常以点头微笑致意，礼貌地打个招呼就行了。如果别人向他们行礼，他们也会用相应的礼节作答，如握手、点头、行注目礼、行吻手礼等。

给美国人送礼可送一些并不贵重的礼物，以表示祝贺和友好。一般在每年的圣诞节，在业务上有联系的人士可送些办公用品，如日记本、日历、笔、纸或一瓶酒等。另外，到达美国或离开美国的日子可以送礼。最合适的礼物是来自你家乡的东西。不要送不值钱的项链，特别是忌讳带有你公司标志的便宜东西。男士可送一些有本国特色的东西给美国人的妻子或孩子。一般送礼不要在公开场合。

美国人不太讲究穿戴。他们穿衣以宽大舒适为原则，自己爱穿什么就穿什么。只有在正式的社交场合才讲究服饰打扮。忌讳与穿着睡衣的人见面，他们认为穿睡衣就等于没穿衣服。

美国的社会风俗跟别国的社会风俗大不相同的一点，就是对名字的称呼。美国人不重视"地位"，尤其是社会地位。大多数美国人不愿意自己因年龄或社会地位的关系而特别受人尊敬，这样会令他们觉得不自在。许多美国人甚至觉得"先生""太太""小姐"的称呼太客套了。不论年龄，大家都喜欢直呼其名，这是友善亲近的表示。

美国人在讲话中常使用礼貌用语，在同别人交谈时喜欢夹带手势。交谈时与对方总保持一定的距离，认为靠得太近或太远都是失礼。

美国人通常不主动送名片给别人，只在对方提出想保持联系时才送。不提倡人际交往中送厚礼，将送厚礼视为别有用心。

与美国人做生意，"是"和"否"必须表达清楚。当己方无法接受对方提出的条款时，要明白地告诉对方你不能接受，而不要含糊其词，使对方存有希望。

与美国人谈判，绝对不能指责他人的缺点，因为美国人在谈到第三者时，都会避免损伤对方的人格。美国人对商品的包装比较讲究。在美国，一些日用品花费在包装上的费用占到商品成本的很大比例。由于美国犹太人甚多，因此应注意当地的犹太人节日。圣诞节与复活节前后两周不宜到访。另外，美国人6—8月多去度假，同样不宜到访。

与美国人打交道应注意以下几点：

（1）要注意一定要盯住美国人的眼睛说话；

（2）要注意不要谦虚；

（3）要注意餐桌上的礼仪。

11. 加拿大

加拿大地广人稀，资源丰富，经济发达，技术先进，为世界发达的资本主义工业国之一。加拿大有"枫叶之国""万湖之国""真诚的北疆"的美称。

如果你应邀去加拿大人家里做客，可以事先送去或随身携带一束鲜花给女主人，但不要送白色的百合花，白色的百合花只在葬礼上才使用。

加拿大人不喜欢外来人过分地把他们的国家和美国进行比较，喜欢外来人谈论有关他们的国家和人民的长处。

加拿大人性格开朗，重实惠，自由观念较强，行动上比较随便，不太注重礼节。但他们在生活起居方面比较讲究，住房要求整洁、舒适，卫生设备齐全。

在他们举行的宴会上，一般是双数的席次。他们喜欢过圣诞节。节日中，火鸡和丁香是他们不可缺少的菜肴，节日活动的内容则与欧洲其他国家相似。

在加拿大谈生意，应该因人种而变换手法，否则会吃亏。例如，与英国后裔谈判时，从进入谈判到决定价格这段时间是很艰苦的，但是，一旦签订了契约，事情就变得很稳妥。法国后裔则恰恰相反，他们非常和蔼可亲，容易接近，对客人很亲切，款待远道而来的客人，无微不至。但是，一旦坐下来进行正式谈判时，就判若两人，讲话慢吞吞的，难以捉摸。要谈出一个结果来是很费劲的。因此，签订了契约之后，也仍旧会有不安。

一般而言，加拿大的商人属于保守型，谈判时宜穿保守式样的西装。销售宜在上班时间以正式的方式提出，态度也要谨慎。他们不喜欢产品的价格经常波动。

12. 巴西

在巴西，以棕黄色表示死亡，紫色表示悲伤，黄色表示绝望。他们认为人死好比黄叶落下，所以忌讳棕黄色。巴西人认为紫色会带来悲伤，还认为深咖啡色会招来不幸，因而非常讨厌这两种颜色。不管那里的天气怎么热，穿深色服装都是适宜的。

另外，巴西的印第安人有一种习俗颇为有趣，洗澡和吃饭是他们生活中最重要的内容。若有人到家中做客，他们便邀请客人一起跳进河里去洗澡，有的一天要洗上10多次。据说，这是他们对宾客最尊敬的礼节，而且洗澡的次数越多，表示对宾客越客气、越尊重。

巴西人晚餐时间早则8、9点开始，晚则于午夜12点开始。巴西饮水不安全，只可喝烧开的水或瓶装饮料。在巴西人家里做客后的第2天，应托人给女主人送一束鲜花或一张致谢便条。

巴西人特别喜爱孩子，谈话中可以夸奖他的孩子。巴西的男人喜欢笑，但客人应避开涉及当地民族的玩笑，对当地的政治问题最好闭口不谈。

巴西人不羞于表露感情，人们在大街上相见也热烈拥抱；无论男女，见面和分别时都握手。妇女们相见时脸贴脸，用嘴发出接吻时的声音。

巴西幅员辽阔，风景亦佳，外国人到此，看到牧场一片翠绿，有瞧一瞧的想法，但必须按章办事，小心为妙。巴西有个规定，要进入私人的土地或住处，必须先获得主人的准许。如果访客被问了 3 次而仍不回腔，对方可以举枪射击。

巴西人的生活跟咖啡有不解之缘，一天之内喝数十杯咖啡是常见的事。巴西人会见客人时，会请客人喝浓咖啡，用很小的杯子一杯一杯地喝。

吃鱼在巴西人当中还没有完全普及，通常只是在星期五和复活节时吃鱼。然而，他们喜欢吃虾，不过价钱很贵。在周末愉快的会餐中，巴西人喜欢把大块的肉放在火上烤着吃。

和巴西商人进行商务谈判时，要准时赴约。如对方迟到，哪怕是 1～2 个小时，也应谅解。像大部分拉美人一样，巴西人对时间和工作的态度比较随便。和巴西人打交道时，主人不提起工作时，千万不要抢先谈工作。谈话时要亲热，要离得近些，但不要有失计策。

13. 澳大利亚

澳大利亚由 6 个州和两个领地组成，各州都有各自的宪法，法律也不相同，各州之间的地区观念比较浓，铁路及地区开发、教育等是州政府各自办理的。澳大利亚主要输出农产品、矿产资源，输入工业品。

澳大利亚的人口中，90%是欧洲后裔，以沉着型居多，不喜欢生活环境被干扰。澳大利亚由于地广人稀，因而很重视办事效率。谈判中，澳方派出的谈判人员一定都是具有决定权的人。因此谈判的另一方也应该派出一样具有决定权的人，否则他们会很不高兴。在谈及价格时，不喜欢对方报高价，然后再慢慢地减价，他们极不愿意在讨价还价上浪费时间。所以，他们采购货物，大多采用招标的方式，根本不给予讨价还价的机会，所以必须以最低价格议价。

澳大利亚人的成见比较重，所以谈判人员必须给他们良好的第一印象，这样才能使谈判顺利进行。

14. 新西兰

新西兰人的生活质量一般比较高，通常对衣、食、住、行比较讲究。他们大多喜爱户外运动，除喜爱赛马外，还特别喜爱橄榄球。在新西兰，毛利人仍保留着浓郁的传统习俗。当遇到尊贵的客人时，他们要行"碰鼻礼"，即双方鼻尖碰鼻尖两三次，再分手离去。据说，按照其风俗，碰鼻子的时间越长，就说明礼遇越高，越受欢迎。

新西兰人绝不说人家的坏话，对朋友的政治立场、宗教信仰等都不闻不问。通常在星期五晚上和朋友相约到酒吧，一边喝啤酒，一边聊天，这使他们感到兴趣盎然，主要的话题是运动，私人事情大多避免触及。

新西兰主要的交通工具包括计程车与公共汽车两种，商务人士最好搭乘计程车。计程车司机都很亲切，可以不必给小费。旅社、饭店也不用另加服务费或税金。

新西兰人在饮食上习惯吃英式西菜，口味喜清淡。一般爱喝咖啡、红茶，爱吃水果。

按照新西兰的商务礼俗，宜穿着保守式样的西装。拜访商界或政府机构大多须预约。新西兰的商界气息被认为接近伦敦，保守刻板，与澳大利亚不同。在新西兰，凡是当地能生产制造的产品都不准进口。

新西兰人见面和分手时都握手。和妇女相见时，要等对方先伸出手来再握。商务活动最好事先预约，客人要先到一会儿，以示礼貌。

新西兰商人通常喜欢请客户到自己办公的酒店吃午饭，会谈一般在当地人的办公室里进行。如果你应邀到新西兰人家里吃饭，可以带一盒巧克力或一瓶威士忌酒作为礼物。礼品不要太多或太贵重。

按照新西兰的商业习惯，交易基于公平的原则。在这里做生意不能讨价还价，一旦提出一个价格就不能再变更。如果对方询及交货日期、品质、付款条件，生意大概就成交了。生意谈成之后，为了表示谢意，可以宴请有关人士，这样做的效果甚佳。

二、欧洲其他国家的习俗略述

希腊人爱午睡，是亚热带气候所致。说"午安"可包括深更半夜，最后分手才道"晚安"。希腊人做生意的方法比较传统，讨价还价到处可见。

奥地利人不喜欢在新年期间食用虾类。因为虾类会倒着行走，象征不吉利，若吃了虾，新的一年生意就难以进取。

西班牙人强调个人信誉，宁愿受点损失也不愿公开承认失误。如果你认为他在协议中无意间受到了损失而帮助他们，那么便永久地赢得了他们的友谊和信任。做交易的旺季为10月到来年的6月。在西班牙，女士上街需要戴耳环，如果没有戴耳环，就会像个正常人没有穿衣服一样，会被人笑话。

爱尔兰人忌用红、白、蓝色组（英国国旗色），系政治、历史原因所致，另外爱尔兰的法律禁止爱尔兰人离婚。

卢森堡人是日耳曼人的后裔。由于国家小，多数人中午驾车回家吃饭，午间不会办公，此外喜用握手礼节。

荷兰人曾是欧洲最正统的民族，爱清洁、讲秩序，做生意时希望你在到达荷兰前就进行约定，性格坦率，开诚布公。

葡萄牙人很像希腊人，随和，喜欢社交。尽管天气热也穿着西装，和他们谈判时应衣着整洁，并在工作和社交场合戴上领带。

比利时人爱把做生意和娱乐结合在一起。喜欢招待别人，也喜欢被别人招待。注重外表，注重生意伙伴的头衔。

匈牙利人较迷信，新年的餐桌上不许摆放禽类菜肴。认为那样的话，幸运会随着禽类飞走。在匈牙利，不论是住店还是用餐，千万别弄碎玻璃器皿，如果有人不小心打碎了玻璃器皿，就会被人认为是要交噩运的先兆，你就成了不受欢迎的人。

丹麦人喜欢桑拿浴和饮酒。商务活动中倘若招待一场桑拿浴或多带几瓶苏格兰威士忌酒，便可增加谈资并作为最佳馈赠。

挪威人讲究守时及与人谈话时保持一定距离。拜访或出席家宴时，要准备鲜花或糖果等礼物送女主人，出外郊游时不要惊吓了河鸟（挪威国鸟），普遍视红色为流行色。

三、与东南亚人交往时要注意的问题

同东南亚人交往，一般要注意以下几方面问题。

（1）要了解一些他们的传统习惯，如大象被一些东南亚国家视为吉祥的动物。泰国人一直对荷花的评价很高，越南人有染齿（黑色）的习惯等。

（2）与东南亚人交谈时，最忌讳跷起二郎腿让对方看到自己的脚底。在泰国，人们用红笔写死人的姓氏，故忌讳红色。在佛教盛行的国家不能随意抚摸别人的头。

（3）打招呼时，一般可以握手、点头，也可以鞠躬。但在泰国等一些佛教盛行的国家行合十礼。

（4）和东南亚人的交往，约会时最好都事先联系然后准时赴约。受邀到印尼、马来西亚、新加坡等国家的朋友家做客时，进屋前一定要先脱鞋，并摘去太阳镜。到泰国朋友家做客，千万不要踩对方屋子的门槛。

（5）与马来西亚人可以谈家庭、体育及用餐；同新加坡人可以谈及他们几十年的经济成就。和印尼、马来西亚人共进餐时，千万不要用左手。在赴宴或做客时，可以给主人带一些小礼物，也可事后寄张明信片，写几句感激的话。

（6）在泰国，男女授受不亲，即使在公开场合跳舞，男女身体也不可接触。

四、阿拉伯国家的习俗

阿拉伯人的热情好客是久负盛名的，有客来访，他们总是要煮浓浓的、香香的咖啡招待客人。含酒精的一切饮料均属禁品。阿拉伯人吃饭习惯席地而坐，用手抓饭吃。阿拉伯的妇女必须时时刻刻戴着面纱，并且要从头到脚全部蒙上，仅在眼部留下两个小洞，以供观物。

阿拉伯人不太有时间观念。在与阿拉伯人交往时，与男士谈话不能主动问及其夫人的情况，与女士交往只能简单问候几句，不能单独或长时间地与她们谈话，也不许给她们拍照。

伊斯兰教的斋月期间，信奉伊斯兰教的阿拉伯人，在日出后和日落前不能喝水、吸烟、吃东西，当地绝大多数的餐馆和饮品店在这个时间关门停业，公司虽然上午半天工作，但实际上办不了事，因此，到阿拉伯国家访问或做生意等要注意避开当地的斋月。

中国的工艺品在阿拉伯地区很受欢迎，造型生动的木雕或石雕动物，古香古色的瓷瓶、织锦或檀香木扇，绘有山水花鸟的中国画和唐三彩，都是馈赠的佳品。向阿拉伯人送礼要尊重其民族传统和宗教习俗，不要送仕女图，不要送酒，向女士赠礼，一定要通过她们的丈夫或父亲转赠，赠予女士饰品更是大忌。

【任务实战】

知晓涉外商务活动中常见的禁忌

一、对数字的忌讳

（1）忌数字"13"。在许多国家，人们认为"13"这个数字是凶险和不吉利的。西方人还认为"星期五"也是不吉利的，因为按基督教的传说，耶稣就是在星期五这天被处死的。还有一种传说是，星期五这天是亚当和夏娃因偷吃禁果而被赶出伊甸园的日子。

（2）忌数字"4""9"。日本和韩国等东亚国家特别忌讳"4"这个数字，将其视为预示厄运的数字而尽量加以回避。此外，"9"的发音与日语"苦"的发音相近，因而也为日本人所忌讳。

二、对颜色的忌讳

在不同的国家，人们对各种颜色的看法是不同的。颜色在人们眼中具有社会意义和文化意义，所以形成了对颜色的忌讳。许多欧美国家以黑色为丧礼的颜色，认为黑色庄重，可表示对死者的悼念。

德国人忌讳用黑色、白色或咖啡色的包装纸包装礼物。意大利则忌讳紫色。巴西人以棕黄色为凶丧之色，所以特别忌讳棕黄色。墨西哥人不喜欢紫色的物品。日本人忌讳用绿色。巴基斯坦人、叙利亚人和埃塞俄比亚人都忌用黄色。泰国人忌用褐色。蓝色在埃及被视为恶兆。比利时人也忌用蓝色。

三、对花卉的忌讳

花的颜色有不同的含义。一般来说，红色的花代表爱情，粉红色的花代表友谊，白色的花象征纯真，橙黄色的花意味着希望；浅色的花象征温柔，深色的花表示坚定。但要注意不同国家和民族对花的不同忌讳。

英国人认为白色的百合花象征死亡，而菊花只用于万圣节或葬礼。在法国，黄色的花被认为是不忠诚的象征，菊花代表哀伤，只在葬礼上送，康乃馨也被视为不祥。荷花在日本被视为不祥之物，意味着祭奠。菊花在拉丁美洲被视为"妖花"。在墨西哥，黄色的花代表死亡，红色的花代表诅咒，也不喜欢紫色的花。在国际交往中忌讳将菊花、杜鹃花或黄色的花送给客人。

四、对动物图案的忌讳

在英国人眼里，大象是愚笨的象征，所以忌用大象图案。山羊图案在英国也不受欢迎，人们将其与不正经的男人联系在一起。美国人最忌讳蝙蝠，将其视为凶神恶煞。法国人不喜欢孔雀，把它看作淫鸟、祸鸟。仙鹤在我国和日本象征着吉祥长寿，而法国人则把它当作蠢汉和淫夫的代称。日本人对饰有狐狸和獾的图案的物品很反感，认为它们是贪婪、狡诈的象征。在伊斯兰教盛行的国家和地区，忌用猪做图案，也不使用猪皮制品；我国的熊猫因形状像猪，在伊斯兰教国家也属禁忌之列。以狗的图案作为商标的物品在一些非洲国家不受欢迎。

项目小结

　　本项目围绕涉外商务礼仪的基本原则和规范，以及世界主要国家的礼俗与禁忌等做了介绍。同学们应明确涉外商务礼仪的基本原则和规范，并对世界主要国家商务交往方面的礼俗与禁忌有所了解，以便在今后从事涉外商务交往活动中做到彬彬有礼，不犯禁忌。

自检内容

1. 什么是涉外商务礼仪？
2. 涉外商务礼仪的原则有哪些？
3. 涉外商务礼仪规范包括哪些？
4. 在涉外商务交往中如何遵循"尊重隐私原则"？
5. 世界主要国家在商务交往中涉及的礼俗与禁忌有哪些？

能力培养与训练 9

一、能力培养目标

（1）帮助学生理解涉外商务礼仪的原则与规范。
（2）初步理解和学会运用涉外商务礼仪原则与规范。

二、思考与训练

1. 判断题

（1）涉外交往中的维护形象原则，就是要商务人员在涉外商务交往中，必须时刻注意维护国家形象。（　　）

（2）一般而言，在涉外商务交往中，下列问题被视为个人隐私问题：年龄、健康状况、恋爱婚姻、经济状况、家庭住址、所忙何事、个人经历、信仰政见。（　　）

（3）英国人认为白色的百合花象征死亡，而菊花只用于万圣节或葬礼。（　　）

2. 单选题

（1）在涉外商务交往中，我们要把握热情友好的分寸，既不能唯我独尊，以强欺弱；

也不应卑躬屈膝、妄自菲薄、丧失民族气节,这就是(　　)原则。

A．信守约定　　B．入乡随俗　　C．热情适度　　D．不卑不亢

(2)日本和韩国等东亚国家特别忌讳(　　)这个数字,将其视为预示厄运的数字而尽量加以回避。

A．3　　　　　B．4　　　　　C．5　　　　　D．6

(3)俄罗斯人送礼喜爱用(　　)这个数字,认为它预兆办事成功,还可以给人带来美满和幸福。

A．9　　　　　B．8　　　　　C．7　　　　　D．6

3．多选题

(1)涉外商务礼仪的原则,对我国商务人员在涉外商务活动中的行为具有普遍的指导意义。具体包括下述几方面原则(　　)。

A．谦虚适当原则　　　　　　B．信守约定原则
C．尊重隐私原则　　　　　　D．依法办事原则

(2)涉外商务活动中的常见忌讳有(　　)。

A．数字的忌讳　　　　　　　B．气味的忌讳
C．颜色的忌讳　　　　　　　D．几何图形忌讳

(3)在涉外商务交往中,与美国人打交道要注意(　　)。

A．说话时注视对方的眼睛　　B．6—8月适宜前往访问
C．注意不要谦虚　　　　　　D．注意餐桌上的礼仪

三、案例分析

赴　约

刘伟是一家大型国有企业的总经理。他获悉有一家著名的英国企业的经理布朗夫人来本地寻求合作伙伴,便想办法取得了与对方面谈的机会。

双方会面的那一天,刘总经理对自己的形象刻意地进行了一番修饰,身穿名牌夹克衫、牛仔裤,脚踩旅游鞋,最后还特意挑了一束百合花送给这位女士。

然而事与愿违,布朗夫人显得很不高兴。

试分析:刘总经理的错误在哪里?你若是他,会怎样赴约?

参考文献

[1] 金正昆. 商务礼仪教程（第五版）[M]. 北京：中国人民大学出版社，2016.
[2] 金正昆. 涉外礼仪教程（第四版）[M]. 北京：中国人民大学出版社，2014.
[3] 罗树宁. 商务礼仪与实训（第二版）[M]. 北京：化学工业出版社，2012.
[4] 金正昆. 社交礼仪教程（第四版）[M]. 北京：中国人民大学出版社，2013.
[5] 张兰平、罗元. 商务礼仪实训指导[M]. 北京：化学工业出版社，2007.
[6] 吴静芳. 服装配饰学[M]. 上海：东华大学出版社，2004.
[7] 李津. 销售商务礼仪[M]. 北京：同心出版社，2004.
[8] 郑成刚. 现代礼仪社交大全[M]. 长春：吉林大学出版社，2004.
[9] 陈平. 商务礼仪[M]. 北京：中国电影出版社，2005.
[10] 鲍秀芬. 现代社交礼仪基础[M]. 北京：机械工业出版社，2003.
[11] 扬眉. 现代商务礼仪[M]. 大连：东北财经出版社，2005.
[12] 邱岳宜. 实用礼仪教程[M]. 香港：香港天马图书有限公司，2005.
[13] 赵景卓. 现代礼仪[M]. 北京：中国物资出版社，2006.
[14] 徐汉文. 商务礼仪[M]. 北京：高等教育出版社，2005.
[15] 宋学军. 商务礼仪[M]. 北京：九州出版社，2004.
[16] 吕维霞、刘彦波. 现代商务礼仪[M]. 北京：对外经济贸易大学出版社，2003.
[17] 胡晓娟. 商务礼仪[M]. 北京：中国建材出版社，2003.
[18] http://image.baidu.com
[19] http://www.oabar.com
[20] http://www.welcome.org.cn/